内蒙古师范大学60周年校庆
学术著作出版基金资助出版

呼和浩特市土地利用景观生态系统功能研究

HUHEHAOTE SHI TUDI LIYONG
JINGGUAN SHENGTAI XITONG GONGNENG YANJIU

郝润梅 赵明◎著

中央民族大学出版社
China Minzu University Press

图书在版编目（CIP）数据

呼和浩特市土地利用景观生态系统功能研究/郝润梅，赵明著. —北京：中央民族大学出版社，2012. 4

ISBN 978 - 7 - 5660 - 0182 - 5

Ⅰ. ①呼… Ⅱ. ①郝…②赵… Ⅲ. ①城市—土地利用—景观—生态环境—系统功能—研究—呼和浩特市 Ⅳ. ①F299. 272. 61②X321. 226. 1

中国版本图书馆 CIP 数据核字（2012）第 056845 号

呼和浩特市土地利用景观生态系统功能研究

作　　者　郝润梅　赵　明

责任编辑　张林刚

封面设计　汤建军

出 版 者　中央民族大学出版社

北京市海淀区中关村南大街 27 号　邮编：100081

电话：68472815（发行部）　传真:68932751（发行部）

68932218（总编室）　68932447（办公室）

发 行 者　全国各地新华书店

印 刷 厂　北京春飞无限彩色印刷技术有限公司

开　　本　787 × 1092（毫米）　1/16　印张：22. 5

字　　数　345 千字

版　　次　2012 年 6 月第 1 版　2012 年 6 月第 1 次印刷

书　　号　ISBN 978 - 7 - 5660 - 0182 - 5

定　　价　56. 00 元

前　　言

景观生态系统功能评价，特别是景观生态系统服务功能价值评估是当前区域自然资源综合利用、实现“三效益”共同提高、避免生态风险的重要研究与应用领域，是自然地理学、景观生态学、土地科学及其相关学科的研究热点。土地利用类型和景观生态类型往往具有高度的一致性，但亦有显著的区别，运用景观生态学方法、自然地理学规律和土地科学理论把二者有机地结合起来进行综合研究，无疑将会对半干旱地区有限土地资源的可持续利用管理、土地规划管理与维持脆弱生态环境稳定起到积极的推动作用，在理论和实践上，是一种新的尝试。

“呼和浩特市土地利用景观生态系统功能研究”是我们主持的内蒙古自然科学基金重点项目《呼和浩特市土地资源合理利用与景观生态功能响应研究》（批准号：200711020602）和内蒙古自然科学基金项目《呼和浩特市特殊生态功能保护区区划研究》（批准号：20010905－02）的主要成果汇总，并在此基础上，根据最新资料对部分成果做了更新，课题组全体成员先后完成了多次外业调查与核实、资料收集与整理、集体讨论与研究、研究成果的专家征询与验收等工作，因此，本项成果也是课题组全体成员多年来对呼和浩特市土地资源利用与景观生态环境研究辛勤劳动的结晶。

成果基本内容及编写分工：第1章“概述”由郝润梅、李素英编写；第2章“呼和浩特市土地利用变化与景观生态环境变迁研究”由王考、郝润梅、高海林编写；第3章“呼和浩特市特殊生态功能保护区区划研究”、第4章“呼和浩特市土地利用景观生态系统服务功能评价”由郝润梅、郭忠良编写，第5章“专题研究”由郝润梅、柴玲、王建强、马玲玲、张修江编写，最后由郝润梅、赵明统稿并定稿；雷军、玉山、郭忠良完成了部分图件处理、数据统计工作，张富、田晓娟、温都苏完成了外调、数据统计工作。参加两个基金项目的还有海春兴老师、孙志芬老师等，并在课题研究内容、评估体系确定、结题报告审查、验收等方面做出了很大的贡献。另外包玉海老师、苏根成老师、胡春元老师、周延林老师、吴全老师在课题研究验收、书稿修改等方面给予很大帮助，课题主持人在此表示衷心的感谢!

在两项课题研究过程中，内蒙古遥感与地理信息系统重点实验室不仅提供了基础影像资料，而且提供了软、硬件实验室研究条件，为课题基础资料的整理与分析提供了方便；水利部水利科学研究院牧区水利研究所昭和定位观测站（内蒙古师范大学地理科学学院合作单位）为本项研究提供了部分观测数据资料。在课题外业实证调查和研究过程中，还得到地理科学学院领导和同事的关心和支持，和林格尔县、武川县等各旗县区国土资源局的大力帮助，在此一并表示感谢。

由于编著者能力有限，书中疏漏和值得商榷之处在所难免，祈盼读者不吝指正。

郝润梅

2011 年 12 月

目　　录

1 概　　述

20 世纪 60 年代以来，全球生态环境问题的出现导致了人类对地球生存环境的担忧，若干旨在协调人类经济社会活动与自然生态系统关系的研究工作相继展开，生态系统服务功能研究就是其中的重要组成部分。生态系统服务功能的概念是由美国学者 Dairy 在 1997 年正式提出的。同年，美国学者 Costanza 等人对全球 16 类生态系统的 17 项服务功能价值进行了评估，在世界范围内引起了轰动，同时掀起了生态系统服务功能研究的热潮。

生态系统服务功能价值评价涉及多个学科和领域的理论与方法，研究的问题也具有多重性。从国内外的相关研究可知，在空间尺度上，既有大尺度的宏观研究，如全球陆地生态系统服务功能价值评估，也有中小尺度的区域性生态系统功能研究；在研究内容上，既有基本理论、评估体系研究，也有评估方法、估算模型等研究；在研究对象上，既有某一时期生态系统现状的静态研究，也有时间尺度上的动态变化研究；既有单项生态系统类型的功能研究，又有区域生态系统总价值研究。但总的趋势仍然以动态研究、区域研究为主，并考虑人为干扰下的土地生态系统服务功能价值研究为主，加强区域土地生态服务功能评价体系的建立。

土地利用生态系统服务功能及其价值的研究，即土地生态系统功能的研究，无论研究内容还是研究方法，均经历了从借鉴国外相关研究到国内学者不断创新的过程，逐渐发展成为地理学、生态学、土地学科中的热点研究领域之一，这不仅是人们越来越关注人类社会生存的生态环境保护问题、关注人类社会活动——土地资源利用对生存环境影响问题的必然结果，也是土地资源可持续利用的必要条件之一。

近些年来，随着人们环境保护意识的增强，绿色 GDP 的提出，生态服务功能价值核算研究逐渐兴起。在生态环境大系统中，土地生态系统作为其中的一部分，有着许多其他生态系统所不具有的独特功能，也是人类利用自然资源中最直接的、与人类生活关系最密切的生态系统，因此对其进行研究直接关系到人类自我生存的可持续性问题。我国半干旱地区广大、土地生态环境相对脆弱，研究半干旱地区的土地生态系统服务功能价值的变化有助于了解我们的土地利用活动是否危及到生态系统的可承受阈限，进而适时调整我们的土地利用行为，维持脆弱生态环境的稳定，如采用生态服务功能对土地利用总体规划中的环境进行影响评估，成为土地利用总体规划方案选择的基础。

土地生态系统服务价值是土地资源价值的组成部分，在目前的土地估价和土地交易中，主要反映的是土地的经济功能和部分社会价值，而对土地的生态功能和生态价值反映得很少。在土地估价和土地交易中科学真实地反映土地的生态价值及其变化，是进行土地生态系统管理和保护的基础，对正确处理土地利用中经济效益、生态效益和社会效益之间的矛盾、促进土地可持续利用和土地管理具有重要作用和意义，同时也是积极推进绿色 GDP 核算，把自然资源和环境因素纳入国民经济核算体系，建立资源环境与经济一体化核算体系的要求。合理的土地生态系统服务价值量，也是提醒人们注重土地的生态价值保护、合理利用土地资源为社会经济发展服务的重要依据。

相同的土地利用条件下，景观生态服务功能的正常发挥还受到区域自然、社会经济特征、土地利用者的行为习惯、科学技术发展水平、生态系统结构特征、土地利用方式等多种因素的影响。因此，探求土地资源合理利用与景观生态系统服务功能的相应关系，对于区域生态环境安全与土地资源可持续利用具有重要的意义。而土地评价越来越多地从传统土地适宜性、土地潜力评价、土地经济评价拓展到了土地质量评价、土地生态评价、土地可持续发展评价等方面，而且越来越受到了人们的重视。特别是自 2004 年以来，新一轮的土地利用总体规划修编工作在全国陆续展开，强调各级土地利用总体规划的生态环境评价和土地用途分区中生态环境安全控制区的准确划分是本轮土地利用总体规划编制的特色之一，土地生态系统服务功能价值评价也成为“市县级土地利用总体规划规程”中土地生态环境评价的重要方法之一，因此，此项研究无论在理论方面，还是在土地资源管理等应用领域都具有重要的科学意义。

从区域研究意义上来讲，呼和浩特市域地处典型的半干旱地区，地貌类型齐全，较为多样的区域环境条件是本课题研究内容的理想区域；同时，呼和浩特市域位于农牧交错带的南缘，作为内蒙古自治区首府城市，其城市化进程不断加快，人类活动对于自然环境的干扰不断增强，特别是土地资源开发利用过程中导致的景观生态格局变化、生态环境变化较为显著，对市域经济社会可持续发展产生了重大的影响。新一轮市、县两级土地利用总体规划修编中各种用地矛盾十分突出，因此，研究在促进区域社会经济发展的同时，如何使土地资源利用和生态环境保护达到协调一致，寻找保证区域生态环境安全的土地利用结构和景观生态格局模式，对该区域的土地资源管理与宏观环境保护策略的调整具有重要的现实意义。

1.1 土地利用、景观生态系统功能内涵

1.1.1 土地利用及土地利用类型

1.1.1.1 土地利用内涵

人类社会的发展史和文明史，实际上就是一部土地利用史，从原始社会的渔猎游牧与刀耕火种，到现代社会的工业、农业，土地利用与人类的生存和发展休戚相关。但对何为土地利用，学术界却存在着不同的看法，其代表性的观点主要有以下几种。

周诚提出，土地利用是指对于某一集团、某一地区、某一单位之土地，在社会需要的不同方式上，在国民经济各部门之间，在各个不同项目上的分配与使用（土地经济学原理，2003 年）。

刘书楷则认为，土地利用是人们根据土地资源的特性功能和一定的经济目的，对土地的使用、保护和改造（土地经济学，2004 年）。

毕宝德指出，土地利用是人类通过与土地结合获得物质产品和服务的经济活动过程，这一过程是人类通过与土地进行的物质、能量和价值、信息的交流、转换过程（土地经济学，2011 年）。

陆红生认为，土地利用是指人类通过一定的活动，利用土地的性能来满足自身需要的过程。土地利用可以是生产性的活动，如种植作物、养殖动

物、建造工厂等；也可以是非生产性的活动，如建造住宅、设旅游风景区、施行自然环境保护等（土地管理学总论，2007 年）。

林英彦认为，土地利用是指人类对特定土地投入劳力资本；以期从土地得到某种欲望的满足。

王万茂将土地利用定义为，土地质量和人为干预所决定的土地功能。

联合国粮农组织对土地利用的定义则是“由自然条件和人的干预所决定的土地的功能”。

虽然对土地利用的定义各有不同，但从中我们可以得到如下认识：

（1）人类与土地是密不可分的，土地是人类生存与发展的载体与劳动对象，人类在利用土地过程中改造了土地，土地质量、土地利用类型及土地利用方式等随人类社会经济与科技发展而发生变化。

（2）人类需要土地，不是需要土地物质本身，而是土地的各种功能，即从土地利用中获得物质产品和服务。人类对土地的需求实质是对土地功能的需求。人们利用土地就是为了满足人类社会经济发展的需要，从而也决定了土地的具体功能。

（3）对土地的利用不仅要考虑满足人类的需求，同时必须与土地本身的质量特性相一致，由于人类需求的多样化，土地利用方式也具有多样性。

（4）作为一种资源，土地具有稀缺性，因此，集约与节约利用土地、可持续利用土地是人类社会可持续发展的基本条件，这就要求土地利用方式、土地利用结构必须具有“可持续发展”前提下的合理性和可行性。

（5）土地具有空间上的固定性，不可移动和分割，因此，每块土地利用的后果，不仅影响到自身的经济利益、生态环境，必然也影响到邻近土地，甚至整个区域的生态环境与经济利益。即土地利用具有明显的社会性和外部性，各种土地利用方式相互协调，土地利用必须在社会的统一管理控制下进行。

综上所述，土地利用指人类通过一定的活动，利用土地的性能来满足自身需要的过程；是土地的利用方式、利用程度和利用效果的总称。它可以是生产性活动，如种植业、养殖业等；也可以是非生产性活动，如旅游业、服务业、工业与城市建设等。同时，土地利用也是一个动态变化过程，人类根据一定的社会经济目的来确定土地的用途、在部门和行业间合理分配土地资源、采取各种措施（开发、整治、经营）对土地资源进行长期性或周期性的开发利用、改造和保护等，以期提高土地利用效果。

影响土地利用的因素是多种多样的，归纳起来，主要有以下几个方面：

（1）自然因素

影响土地利用的自然因素是指土地的自身状况和环境状况，包括土地的地理位置、地貌、水文、气候、土壤、植被、矿藏等。土地的自然条件对其适合用途的选择起着决定性的作用。土地的自然属性是土地利用的基础，人类在土地上的生产和生活活动时刻都会受到土地自然属性及其他外部环境条件的制约。

（2）社会经济因素

社会经济因素主要指社会制度、政策、土地的区位条件、交通条件，土地利用的成本、效益，土地利用现状等。土地是经济活动中一种供给有限但用途无限的特殊经济资源，是社会经济活动的空间和载体，经济条件决定着土地利用的可能性、广度与深度的加强程度。国家的社会制度和经济政策对土地利用有着重要的影响，如土地分配制度、土地管理制度、土地流转制度等均决定着土地的利用方式、程度和强度。

（3）人的文化素质

人们的知识水平、科学技术水平，对土地利用的整体性、长远性的认识，都会给土地利用带来深远的影响。提高对自然规律和社会经济规律的认识，从而做到自觉地、合理地利用土地。

因此，土地利用又是一个复杂的系统，是多个子系统复合而成的典型自然经济社会复合系统，是完整的土地生产力系统。由自然、经济、社会等要素组成，发展目标为经济有效性、生态安全性、系统协调性、结构适宜性。

土地的基本属性决定了土地问题始终是事关国家经济发展、社会安定和政治稳定的重大问题。随着人口的继续增加，工业化、城镇化的快速成长，土地与人口、土地与农业、土地与市场、土地与发展、土地与环境、土地与法制、土地与社会稳定的关系等问题和矛盾不断变化，各历史时期寻求解决问题和矛盾的途径构成了各时期学术与实践研究的重要内容。

1.1.1.2　土地利用类型

土地利用类型是指一定土地单元经过长期开发改造而形成的具有特定土

地用途、利用方式的地域单位。人类在以不同的方式利用土地的同时，也在不断地认识土地和土地利用自身的特征，并按照人类不同时期的土地利用目的、用途等将土地利用划分为不同的土地利用类型，即根据土地利用的用途、方式、结构及其特征的相似性与差异性而进行的归并或划分，形成了不同时期、不同用途的土地利用分类系统。

（1）国外土地利用分类

关于土地利用分类，不同的国家，因国情、国土面积、不同时期的分类用途不同，也形成了多个土地利用分类系统。如英国分别在 1931 年和 1960 年进行了两次全国性土地利用普查，就分别形成了两个土地利用分类系统，土地利用类型也从 9 大类增至 13 大类；美国土地利用分类系统因调查部门不同而有所不同，分别有用于土地税收的土地利用分类和用于土地资源保护的遥感分类体系；日本用于土地利用规划的 5 大类分类体系等；联合国粮农组织 1976 年发布的《土地评价纲要》（FAO，1976），它将土地利用分两个层次，即土地利用大类（major kind of land use），依用途划分的城、乡土地利用两个类型；每个大类下又包含若干土地利用方式，并从 11 个方面给予描述。

（2）我国土地利用分类

我国土地利用分类历史悠久，科学的土地利用系统分类出现于 20 世纪 40 年代的贵州遵义土地利用调查时，由著名地理学家任美锷提出的 6 类分类系统（水田、旱地、森林、道路与房屋、荒地及其他用地）。新中国成立后，通过几次大规模的土地资源调查，初步确立了中国土地利用分类系统：1978 年后，我国开展了土地利用现状调查研究，并制定了两套土地利用分类系统，即中国 1∶100 万土地利用图分类系统和县级土地利用现状调查分类系统。中国 1∶100 万土地利用图分类系统分为两级类型，11 个一级类，42 个二级类。经过试点县实践后，1981 年全国农业区划委员会土地资源及土壤普查专业组提出了《土地利用现状分类及其含义（草案）》，分为 11 个一级类，48 个二级类。随着土地资源调查和土地管理工作全面发展，1984 年我国出台了首个《土地利用现状调查技术规程》，其分类系统修改为 8 个一级类，46 个二级类，并用于全国第一次土地利用现状调查（又称土地详查）。同时为了城镇土地管理，原国家土地管理局于 1989 年制定了《城镇地籍调查规程》，提出了“城镇土地分类及含义”。

新《土地管理法》（1999 年 1 月 1 日）颁布实施以后，将我国土地管理事业进一步推向城乡土地统一管理的新水平，为推进实行土地利用总体规划指导下的用途管制制度，以及严格限制农用地转为建设用地、控制建设用地总量、实行基本农田保护制度，国土资源部 2001 年编制了新的城乡一体化的土地分类系统，并于 2002 年 1 月 1 日实行。该土地分类是一个全国统一的多级连续分类制的分类系统，实行三级分类，设有 3 个一级类（农用地、建设用地和未利用地）、15 个二级类和 71 个三级类，全面用于历年土地利用现状变更调查工作，并经历了《全国土地分类系统》（过渡）、《全国土地分类系统》（试行）两个阶段。为了全面查清土地利用状况，掌握真实的土地基础数据，建立和完善土地调查、统计和登记制度，实现土地调查信息的社会化服务，满足经济社会发展及国土资源管理的需要，新一轮全国土地利用现状调查工作全面展开，2007 年 7 月 15 日颁布实施的《第二次全国土地调查技术规程》（TD/T1004—2007），土地利用现状分类采用二级分类，即 12 个一级类，57 个二级类的分类系统。其中农村土地调查类型为 8 个一级类，38 个二级类，并于相关分类系统做了详细的转换对照。

另外，在土地利用规划、土地整治规划等的编制与应用中，还从土地用途出发，进行土地利用规划用途分类，如新一轮的土地利用总体规划将土地利用类型划分为 3 个一级类、10 个二级类和 28 个三级类。

陈婧、史培军等人从土地利用的功能角度对其进行了分类（2005 年），在综述已有的土地利用分类体系的基础上，以土地利用的生态、生产、生活功能为立足点建立了土地利用功能分类体系，包括生活用地、生产用地、生态用地 3 个一级类型，并针对不同的用地部门，划分了 65 个二级类型。

无论是哪一类土地利用分类系统，均较好的解决了一定时期土地资源调查、规划、利用和保护问题。在本项研究中，我们从各土地利用类型所起的作用与发挥的功能角度出发，土地利用类型采用全国第二次土地调查中农村土地调查中使用的 8 个一级类，38 个二级类的分类体系。

1.1.2　景观与土地利用景观生态系统

19 世纪初期德国地理学家洪堡（A. V. Humboldt）最早提出“景观”作

为地理学的中心问题，探索由原始景观变为人类文化景观的过程。德国生物地理学家特罗尔（Carl Troll）于20世纪30年代（1939年）将景观的概念引入生态学，首次提出了“景观生态”和“景观生态学”的概念，来表述一个地区不同区域单位的自然—生物统一体的相关分析。在之后的关于景观和景观生态学的研究发展中，出现了若干理解和定义，具有代表性的如：Naveh的“景观是自然生态和地理的综合体，包括所有的自然与人为格局过程”；Haber的“景观是为生物和人类所感知的土地，而不考虑其单个成分”；Forman的“景观是由相互作用的生态系统空间镶嵌组成的异质区域”；我国学者肖笃宁认为“景观是一个由不同土地单元镶嵌组成、具有明显视觉特征的地理实体，它处于生态系统之上、大地理区域之下的中间尺度，兼具经济、生态和文化的多重价值”（1997年）。之后，还有许多学者对“景观”和“景观生态系统”进行了不同方面的诠释，但均在上述几个观点的框架下进行了完善。

对于景观的不同理解，其分类系统也有所不同，国际上没有统一的分类标准和分类体系。苏联景观地理学家A. P. 伊萨钦科曾提出过一套复杂的景观分类体系，但没有得到推广应用。而加拿大的土地生态分类，将土地视为生态系统，综合反映景观的形成和发生过程，在加拿大和澳大利亚等地都得到了广泛的应用。Forman也将景观按照人类影响强度分为自然景观、经营景观和人工景观。2000年为了满足全欧洲景观规划、保护、评价和管理的需要，《欧洲景观公约》号召制作全欧洲统一的景观定量分类图，2010年由Mucher等完成了面向用户的新欧洲景观分类制图（LANMAP），该分类体系认为景观是由自然因素、生物因素和人类活动等长期综合作用的结果，此分类体系适用于大尺度、定量的景观分类与制图，2008年Dumas等人提出的地中海城市—森林界面分类（Mediate Iranian Urban - Forest Interface Classification，MIUFIC）系统，依据遥感影像和景观格局指数对城市景观进行定量分类，是定量与模块化相结合的分类系统，突破了以往分类只把景观要素作为划分景观类型的决定因素，该方法较好地反映了景观要素之间的空间关系特征。

景观生态学是研究景观空间格局与形态特征对生物活动和人类影响的科学（肖笃宁，2003），景观生态分类主要基于生态学理论，在分类时强调景观的生态功能特征，是景观分类的一种主要流派，如湿地景观生态分类、森林景观生态分类、农业景观生态分类等。近年来，由于研究者的不同需要，也产生了其他的景观分类方法，如 Bock 等详述了欧洲自然保护空间指数（SPIN）工程的目标和值得仿效的结果，并选择了 8 个监测区域，通过面向目标分类方法制作景观分类地图，这是一种基于案例的推理方法，可作为规划和管理地方土地利用的支持工具。K. yhk. 和 Sk. nes 采用综合功能景观分类方法来评价景观变化动力和可持续性。吴次芳、徐宝根等专家在对土地生态系统及其功能进行研究时，根据土地生态系统的用途，将土地生态系统分为农用地生态系统、建设用地生态系统和未利用地生态系统，并讨论了土地生态和景观生态分类的区别与联系，强调土地生态系统“其主要功能体现在净化污染物、无机能转为有机能、承载、养育、交换等方面”（吴次芳、徐宝根，土地生态学，2007）。

综合国内外关于“景观”和“景观生态”的各方面研究，可以认为：景观生态研究景观空间格局的异质性与形态特征，在人类社会发展至今日，这种异质性不完全是自然地理区域差异的结果，也是人类活动干扰和影响的结果，三者之间已无因果关系，而是相互作用、相互依存的关系，连接三者的纽带其实就是人类对土地资源利用导致的随时随地在变化着的区域土地利用类型和结构，或称为“土地景观”，这一景观实体又以其自身完整的土地生态系统的结构与功能、能量流、物质流、信息流等在维持着区域自然与人文环境的稳定。因此，基于土地利用类型的宏观差异，我们将其命名为“土地景观生态系统”或“土地利用景观生态系统”，以期表达作为一个具有完整的生态功能的、自然与生物因素和人类活动长期综合作用的土地景观实体的含义。

考虑到人类在土地利用和土地管理过程中，借鉴景观生态学原理和方法来进行土地生态问题、土地可持续问题、土地利用规划环境影响问题等方面的研究，土地利用景观生态系统可以按照土地利用类型划分为农田景观生态系统、草地景观生态系统、林地景观生态系统、水域与湿地景观生态系统、建设用地景观生态系统等类型。

1.1.3 土地利用景观生态系统服务功能

土地资源一般具有经济功能、社会功能和生态功能。从土地生态系统角度来看，这三种功能也可统称为“土地生态系统服务功能”或“土地利用景观生态系统服务功能”，对其服务功能价值的估算往往具有重要的意义。

“生态系统服务”概念第一次在20世纪60年代使用（King，1966；Helliwell，1969）。20世纪70年代初，SCFP在《人类对生态环境的影响》（1970）报告中第一次使用“service”一词，生态系统服务价值的研究也受到越来越多的关注，报告列出了自然生态系统的“环境服务功能”如去虫控制、昆虫授粉、气候调节和物质循环等。Holdren和Fhrlich（1974）将其拓展为“全球环境服务功能”，并在环境服务功能清单上增加了生态系统对土壤肥力和基因库的维持功能。随后Fhrlich等（1977）又提出了“全球生态系统公共服务功能”，后来逐渐演化出“自然服务功能”（Westman，1977），最后由Holdren和Fhrlich（1981）将其确定为“生态系统服务”。

生态系统服务功能（Ecosystem service）因研究学者的不同称谓也有所不同，比较常见的主要有：生态系统服务、生态服务、自然服务、自然系统服务、环境服务等等。Daily在其生态系统服务研究兴起的标志性著作《自然服务：人类社会对自然生态系统的依赖》一书中将生态系统服务定义为：指生态系统与生态过程所形成及所维持的人类赖以生存的自然环境条件与效用，它不仅给人类提供生存必需的食物、医药及工农业生产的原料，而且维持了人类赖以生存和发展的生命支持系统。Costanza等人则将生态系统提供的商品和服务统称为生态系统服务功能。Caims认为生态系统服务功能是对人类生存和生活质量有贡献的生态系统产品和生态系统功能。将生态系统服务功能定义为：人类从生态系统获取的利益，包括提供产品、调节功能、支持功能、文化服务等。我国的欧阳志云、王如松等学者对生态系统服务功能的概念作了概括：“生态系统服务功能是指生态系统与生态过程所形成及所维持的人类赖以生存的自然环境条件与效用。”董全认为，生态系统服务是自然生物过程产生和维持的环境资源方面的条件和服务。

国外对生态系统服务的研究通常集中在生态系统服务分类方面，包括功能分类，如调节、承载、栖息、生产和信息服务（Daily，1997），组织分类，描述分类等，其中功能分类便于生态系统服务功能评价研究而被广泛使用，如 Daily 将生态系统服务功能分为 15 类。最具代表性的是 Costanza 等人（1997）对全球生态系统的生态服务及其所产生价值进行研究，将生态系统服务功能分为 17 个类型（见表 1—1）。谢高地等人指出，生态服务功能研究具有诸多的局限性（谢高地，2006 年），如评估结果的准确性问题、物理量评估方法的不确定性、价值量评估的不确定性、生态系统功能与服务的复杂性等。

因此，目前还没有一个统一的或权威的衡量标准。土地利用景观生态系统服务功能及其价值的确定更多的取其相对意义，而不是以其某一土地利用景观类型或某一生态功能作为评价标准，更多的应该注重在人类活动过程中土地资源利用变化引起的景观生态功能变化过程及其效应的研究。综合上述观点，我们认为生态系统服务功能是指自然生态系统及其组成物种产生的对人类生存和发展有支持作用的状况和过程，即自然生态系统维持自身的结构和功能过程中产生的对人类生存和发展有支持和效用的产品、服务、资源和环境。生态系统服务功能可分为两大类，第一大类是直接服务功能，如 Costanza 的 17 个生态系统服务类型中的原材料、基因资源、食物生产、授粉、供应水资源等；第二大类是间接服务功能，如调节气候、水分涵养、保持土壤、养分循环等。土地利用景观生态系统服务功能是指以土地利用景观作为生态系统的主体，在与人类社会环境进行物质或能量交换过程中，为人类社会提供的、一般不能进入市场的公共服务或者公共产品。

表 1—1　生态系统服务功能（Costanza，1997）

序号	效益类型	生态系统服务	功能举例
1	调节大气	调节大气的化学成分	CO_2/O_2 平衡、O_3 的紫外线防护、SO_2 的水平
2	调节气候	全球温度、降水和其他生物媒介的全球或区域范围内的气候过程	温室气体调节，影响云形成的颗粒物
3	干扰调节	生态系统的容里、抗干扰性和完整性对各种环境变化的反应	防御风暴、控制洪水、干旱恢复和其他生境对环境变化的反应。主要由植被结构决定

续表

序号	效益类型	生态系统服务	功能举例
4	调节水分	调节水的流动	农业或工业过程或运输的水供应
5	供应水资源	储存和保持水分	流域、水库和地下含水层的水供应
6	控制侵蚀与沉积物滞留	生态系统中的土壤保持	防止土坡因风、径流和其他移动过程而河流湖泊或湿地中的淤泥淤积
7	土壤形成	土壤形成过程	岩石风化和有机物积累
8	养分循环	养分的贮藏、循环及获取	氮的固定，氮、磷及其一些元素或养分的循环
9	废物处理	流动养分的补充、去除或破坏次生养分和成分	废物处理，污染控制，解毒作用
10	授粉	花配子的运动	为植物繁殖提供花粉
11	生物控制	种群的营养级动态调节	主要捕食者对被捕食物种的控制，顶级捕食者对食草动物的控制
12	避难所	永久居住者和暂时人口的栖息地	育婴室，迁徙物种的停留地，本地丰盛物种的区域性栖息地，或越冬场所
13	食物生产	从第一生产力中可作为食物提取的部分	通过狩猎、采集、农业生产或捕捞而生产的水产、野味、庄稼、野果和水果
14	原材料	从第一生产力中可作为原材料提取的部分特有生物材料和产品资源	木材、材料或食料生产
15	基因资源	特有生物材料和产品资源	药品、材料产品、抗植物病原体和庄稼，害虫的基因、宠物及各种园艺植物
16	娱乐	提供娱乐活动的机会	生态旅游、垂钓和其他户外活动
17	文化	提供非商业用途的机会	生态系统的美学、艺术及文教价值

1.2　国内外研究简述

1.2.1　土地利用变化研究

土地利用变化研究是伴随全球环境变化研究而逐渐开展起来的，国际上有关土地利用变化的研究正式始于 1992 年联合国制定的“21 世纪议程”。1993 年，隶属于国际科学联合会（ICSU）的“国际地圈与生物圈计划（IGBP）”和隶属于国际社会科学联合会（ISSC）的“全球变化人文计划（IHDP）”积极筹划全球性综合研究计划，于 1995 年共同拟定并发表了《土地利用/土地覆被变化科学研究计划》，即 LUCC 计划。1994 年，联合国环境规划署（UNEP）启动了“为全球环境保护的土地利用研究”（LU/GFC）项目。国际系统应用研究所于 1995 年启动了为期三年的欧洲和北亚土地利用/土地覆被变化模拟项目，预测该区域未来 50 年土地利用/土地覆被变化的趋势。1996 年 10 月土地利用与土地覆被变化国际项目办公室的成立，标志着这一领域的研究正式走向国际合作化（李秀彬，1996，2001）。

随后，更多的国际组织和国家启动了各自的土地利用变化研究项目，取得了一系列成果，并形成了不同的研究流派。北美流派主要从宏观的角度定性地研究全球规模大尺度上的土地利用变化状况及其与全球环境变化的相互关系，紧密跟随 IGBP&HDP 有关的 LUCC 研究计划，研究土地利用变化机制，其研究成果多为概念性模型；欧洲流派以 IIASA 的 LUC 计划为代表，从福利分析出发，在对土地资源与食品政策进行研究的基础上构建土地利用变化相关模型，并对未来的情景以及由此造成的自然环境与资源改变进行模拟研究；日本流派主要利用数量模型与经济学模型，定量研究和预测区域性土地利用变化等。总体来看，土地利用变化的研究正朝着更加广度和深度的方向发展，一方面区域的、整体的、系统的研究体系正在逐渐形成，土地利用变化和区域生态安全、土地持续利用等紧密结合的研究思路和研究方向不断被强化；另一方面越来越重视土地变化的过程与机理，模拟与虚拟研究、土地变化引发的环境变化评价等已成为解决资源、环境与灾害问题途径的重要手段。2002 年，IGBP 和 IHDP 两大国际组织对以往的研究计划进行了总结，提出了今后 10 年的土地计划（Land Project），并提出了“土地变化科学（Land Change Science）”概念。土地计划的目标是系统全面了解人类和自然系统的相互作用、发展与政策相关问题，从而支持人类和自然系统的持续发展，减少全球变化条件下人类和自然系统的脆弱性。研究主要包括三个方面：（1）土地系统变化的原因和规律（Causes and Nature of Land System Change）；（2）土地系统变化的结果（Consequences and Land System Change）；（3）综合分析与模拟（Integrative Analysis and Modeling）。土地变化科学将通过定点研究、长期观测和实验、过程模型分析、决策支持模型和综合模型来进行其研究，并强调将区域研究和过程研究相结合，进行综合模拟。

2005 年 10 月 LUCC 研究计划完成以后，IGBP 和 IHDP 联合发起成立了“全球土地计划”（Global Land Project，GLP），主要研究土地系统变化的原因和本质、土地系统变化的后果以及土地可持续性的综合分析和模拟，其核心目标是测量、模拟和理解人类—环境耦合系统变化，以及局部、区域以及全球尺度上该系统所能承受的限度，并进一步延伸到区域性和全球性的短期预测研究，以及较长期的综合因子和环境效应研究。

我国土地利用变化遥感研究开始于 20 世纪 70 年代，即中国科学院 780 工程的“腾冲县大型综合航空遥感试验研究项目”。进入 80 年代后，我国出版了 1∶100 万全国土地利用图、土地资源图等。90 年代以来，结合 IGBP 和 IHDP 提出的 LUCC 计划，我国重点研究了土地利用变化对陆地生态的影响和人类活动对土地利用状况的影响。我国的 LUCC 研究主要集中在经济热点地区和生态脆弱地区。如黄河三角洲、中国东北地带，滇北生态脆弱区、喀斯特生态脆弱区、农牧交错带等。

进入 21 世纪，我国经济社会可持续发展中，资源开发利用与生态环境面临着诸多的矛盾和问题，如土地资源供给与持续利用、保护与改善生态环境、促进生态系统良性循环、减轻灾害所造成的损失、协调人与自然关系等，如何从理论高度和实践领域解决不断出现的新问题，是各相关学科研究的重要任务。土地科学是集自然科学和社会科学于一体的综合性很强的学科，土地问题也涉及多种错综复杂的自然因素和社会经济因素，进行土地利用变化、土地资源可持续利用、土地生态等学科前沿领域的研究，促进人口、土地、环境和发展的协调，无论在学科理论基础方面，还是在学科应用研究方面均具有重要意义。我国学者提出土地科学未来发展的若干前沿领域中（王静，2007），“对地观测土地资源与生态环境研究计划”、“土地资源时空演变与地球表层过程研究计划”、“土地生态安全与可持续发展研究计划”、“土地资源优化配置新理论与新技术研究计划”等指导着近期以及今后一定时期的土地利用变化科学研究领域的研究重点和研究方向。

1.2.2 景观生态研究

“景观生态学”一词首先由德国著名生物地理学家特罗尔（C. TrolL）于1939年提出，其目的是为了协调统一生物学和地理学这两个领域中科学家的研究工作，并将其定义为研究某一景观中生物群落之间错综复杂的因果反馈关系的学科。1986年，Forman R. T. 和 M. Godron 在他们所著的《Landscape Ecology》一书中，从景观的组成结构、功能动态和景观管理角度出发，认为景观生态学是研究景观结构、功能和变化的一门科学，较好地概括了景观生态学的研究内容。景观本身是人类经济活动的资源与开发利用对象，具有自然历史价值、生态价值、社会价值、文化价值等多重内在实践价值，人类所有的社会经济活动最终都要落实在“土地”这一空间实体上，表现为土地利用及其时空变化。因此，景观是反映过去人类土地利用实践历史和遗迹的证据，可以作为可持续土地利用的活样板（肖笃宁，钟林生，1998）。土地与景观生态学的研究对象在空间实体上具有相似性，土地利用涉及景观生态学的研究内容，景观生态学原理可以应用于土地可持续利用研究。

从景观生态学的发展过程也可看出：土地从开始就是景观生态学的主要研究对象，景观生态学的产生始于 C. TrolL（1939，1968）利用航空相片对东非土地利用的研究（NaVeh，ZLieberman AS，1984）；土地的利用、管理和恢复等实际问题一直与景观生态学的发展密切联系（Urban DL，1987）；现代景观生态学的应用主要以土地利用为主，注重土地利用如何影响物质流和能量流，注重结构和过程的相互关系分析，及其与空间土地利用规划关系密切，因此景观生态学理论也是土地利用规划和管理的理论基础。

自20世纪80年代以来，我国学者在景观生态学研究的理论与实践方面取得了一系列成果，对我国自然资源的管理、保护与开发起着越来越大的作用。其中第一批结合中国实际情况进行研究的成果有“长白山高山苔原的景观生态分析”（黄锡畴等，1984）和“土地生态评价与土地生态设计”（景贵和，1999）；在景观生态学基础理论研究方面，以肖笃宁、邬建国等人所作的研究为最有代表性；在景观生态学方法论研究方面，我国学者主要以遥感（RS）和地理信息系统（GIS）专题、景观模型以及景观实验三个方面的研究为主。经过近30年的研究和实践，我国景观生态学研究的理论体系主要包括三个方面：以格局—过程关系为中心的生态空间理论、以有序的人类活动为中心的景观生态建设理论和以发挥景观多重价值为中心的景观规划理论。

1.2.3 景观生态功能区划研究

“景观”一词被引入地理学、生态学后，其自身含义和相关研究内容不断丰富，人类在重新认识自身与自然协调、需求的同时，重新选择对象（景观要素）和其结构配置的过程，称之为“景观生态规划”、“景观规划”、“景观规划设计”、“农业或乡村景观规划”等。生态区划与景观规划设计的结合，着眼点是土地利用的评价和调整，以达景观整体性和各异质体功能的发挥和协调，为解决环境问题和发展问题，恢复生物多样性的空间分析，确定生态多样性保护等提供了辨析途径，同时在区域生态安全格局构建、城市生态功能恢复和重建上也提供了一种新途径。

国外开展生态区划和农业（乡村）景观规划较早的主要是欧洲一些国家，如捷克、德国、荷兰等，并逐渐形成了完整的理论和方法体系，对世界的农业与乡村景观规划起了推动作用，如LANDEP系统、DLU策略系统等，形成了完整的理论和方法体系，对保护和恢复乡村的自然和生态价值，协调城镇边缘绿地和乡村土地利用之间的特殊关系等方面起到特别重要的作用。

生态区划是对生态系统客观认识和充分研究的基础上，应用生态学原理和方法，揭示各自然区域的相似性和差异性规律，从而进行整合和分异，划分生态环境的区域单元。由于自然界的复杂性，除生态学外，生态区划还必须结合地理学、气候学、土壤学、环境科学和资源科学等多个学科的知识，同时考虑人类活动对生态环境的影响以及经济发展的特点，因此，生态区划是综合性的功能性区划。现代生态区划从完全以自然要素及其关系为主，到把人类活动作为重要因子考虑，从以利用自然为主发展农业，研究依赖水热条件的生态区划或自然区划，到既考虑利用自然，也维护和修复重建受损生态系统的生态区划，代表了生态区划的发展趋势，如我国著名生态学家侯学煜应用生态区划名称提出了22个生态区及相应的大农业发展思路的中国生态区划方案（侯学煜，1988），以指导我国大农业发展。

可持续发展目标下的生态区划是判别生态因子的空间分异，确定其承载力，明晰生态资产的空间分布；表明不同生态因子和生态过程对人类胁迫反映的敏感程度，揭示区域生态环境问题的形成机制，提供综合整治对策，为区域发展提供资源开发、环境保护、生态系统重建的决策依据，为形成保护区和生产限制性区域的管理补偿机制提供依据，实现可持续发展要求的人类与自然的共同创造。20世纪中后期，发展完善了自然生态系统服务（Ecosystem Service）价值计算、生态足迹量算等。这为现代生态区划提供了新的认识和实施途径。类似的研究有生态资产区划、生态胁迫过程区划、生态敏感性区划、生态环境综合区划等，研究成果也颇多。“可持续发展目标下的生态区划和景观规划”（李玉辉，2003年）、“中国生态区划方案”（傅伯杰等，2001年）、“景观生态区划的理论研究”（李国政等，2006年）等。

生态功能，又为“生态服务功能”，是指自然生态系统支持人类社会和社会发展的功能。我国2000年国务院印发了《全国生态环境保护纲要》（国发［2000］38号）。其中第24条规定“各地要抓紧编制生态功能区划，指导自然资源开发和产业合理布局，推动经济社会与生态环境保护协调、健康发展”；2002年正式发布《生态功能区划暂行规程》，用以指导和规范各省开展生态功能区划。规程指出，生态功能区划是指根据区域生态环境要素、生态环境敏感性与生态服务功能空间分异规律，将区域划分成不同生态功能区的过程。通过生态功能区划明确区域生态环境特征、生态系统服务功能重要性与生态环境敏感性空间分异规律，确定区域生态功能分区，其目的是为制定区域生态环境保护与建设规划、维护区域生态安全、以及资源合理利用与工农业生产布局、保育区域生态环境提供科学依据。

随着对全球性生态环境问题与生态系统退化关系研究的深入，人们认识到各类生态系统不仅为人类提供了食物、医药及其他工农业生产的原料和服务，更重要的是支撑与维持了地球的生命支持系统，维持了人类赖以生存和发展的生态环境条件。长期以来，由于人类对生态系统的服务功能及其重要性不甚了解，导致了生态环境的损坏，从而对生态系统服务功能也造成了明显损害，威胁着人类可持续发展能力。也就是说，目前城市与区域生态环境危机，如水土流失、土地退化、沙漠化、生物多样性丧失、自然灾害频繁、环境污染等，其实质是其生态系统服务功能的损害与削弱。实施生态保护与生态建设的主要目的是恢复与重建受损与退化的生态系统，恢复生态系统的服务功能。《生态功能区划暂行规程》中确定了生态功能区划的原则与任务，即生态功能现状评价、生态环境敏感性评价、主要生态环境问题的形成机制、生态服务功能重要性评价、生态功能分区等五个方面。它是我国第一部完整的关于生态区划方面的规范性行业标准，也是我国众多专家学者多年的研究结晶。

生态功能区划作为生态系统空间异质性的直观反映，往往是区域生态规划和可持续发展规划的前提和基础，并为资源环境利用、管理提供依据。与可持续发展受到的普遍关注相呼应，生态区划也受到了广泛的重视。主要研究成果如城市区域景观生态功能区划方面的“乌鲁木齐景观生态功能区划及生态调控研究”（周华荣等，2001 年），“沈阳市城市景观分区研究”（李团胜等，2002 年）；区域生态功能区划方面的“海河流域生态功能区域划分研究”（何萍等，2002 年），“我国生态功能区划的目标原则与体系”（燕乃玲等，2003 年），“江苏省生态功能区划研究”（燕守广等，2008 年）等。

1.2.4 景观生态功能及其价值估算研究

（1）国外相关研究

人类很早就意识到了生态系统对人类生存和发展的重要性，20 世纪 40 年代一些学者大量的对生态系统结构与功能的研究逐渐兴起。美国学者 Gcorge Marsh 是第一个用文字记载生态系统服务功能的人（“Man and Nature”，1864）。但直至 20 世纪 70 年代，生态系统服务功能才真正开始成为一个科学术语及生态学与生态经济学的研究分支。关于生物多样性和生态系统服务功能经济价值评估方法的研究和探索才逐渐多了起来，Holdren 和 Ehrlich 对生态系统在维持生物多样性功能方面进行了系统的讨论，研究结果表明生态系统服务功能丧失的快慢与生物多样性丧失的快慢呈正相关，从长时期来看，试图采用其他手段来弥补生物多样性的损失是不可取的，提醒了人们维持生物多样性具有重要的现实意义。随之而来的大量研究使生态系统服务价值研究成为国际生态学界和生态经济学界研究的热点，并在生态学、环境科学、地理学、土地科学等领域被广泛使用，国际科学联合会环境问题科学委员会（SCOPE）于1991年召开的生物多样性间接价值定量研究会议，进一步促进了生态服务功能及其价值的研究。

与此同时，Daily负责的研究小组系统地研究了生态系统服务功能的概念、研究进展、价值评估理论、不同生态系统的服务功能，并在1997年出版了《Nature's Service：Societal Depen－dence on Natural Ecosystem》一书，对以后生态系统服务价值的研究起到了重要指导作用。Costanza等人在世界上最先开展了全球范围内的生态系统服务价值研究，划分生态系统服务功能类型，并对每种类型的服务价值进行了估算。Costanza等人在《Nature》上发表的《The value of the world's ecosystem services and natural capital》（《全球生态系统服务与自然资本的价值》）一文引起强烈反响，该研究成果主要通过非市场价值评估法对全球的16类生态系统的17项生态服务功能价值进行分类核算，得出全球平均生态系统服务功能价值为每年33万亿美元。之后许多的学者和专家分别从各个方面对生态系统服务功能进行了研究，比较有代表的研究主要有：Bolund P等人通过对不同的城市生态系统服务功能进行研究，指出了生态系统服务功能对人类生活的重要性，建议合理的利用土地结构；Bjorklund等人研究了瑞典不同生产压力下农业生态系统服务功能价值的关联性；Loomis J等运用条件价值法对恢复受损河流生态系统服务功能的经济价值进行了估算；Bockstael和Holmund等分别从城市生态系统和鱼类生态系统进行了服务功能及其价值评估；Tobias利用旅行费用法评价了Costa Rican热带雨林的生态价值；Heal提出单纯地研究生态系统服务及其价值评价有一定的局限等等。随后《Ecological Economics》对生态系统服务功能的经济学和生态学概念、不同系统分类及其价值评价、生态系统服务功能的分类和生态系统产品等问题分别进行了专论，此杂志综合了生态学和经济学的观点，使生态系统服务功能的研究更加系统和完善。2000年启动的千年生态系统评估项目是继Costanza等人之后的首次在全球范围内开拓性地对生态系统及其对人类福利的影响进行的多尺度综合评估。

目前，关于生态系统服务功能价值评估的研究有很多，主要从两个角度进行：一是针对不同生态系统的服务功能价值展开的研究，如 Andrew 等（2000）以 Costanza 的研究为基础，对巴西湿地的服务功能进行了定性评价和重新估算，并对 Costanza 确定的各种生态系统服务功能价值进行了修正。二是针对不同研究区域进行研究，如 Costanza 等人是针对全球生态系统展开研究，越来越多的学者开始针对国家或者区域层面进行研究，对城市地区的生态系统服务功能价值进行评估，随着“3S”技术的发展，利用遥感数据对区域生态系统服务功能进行比较研究等也在各国展开。

（2）国内研究

国内生态系统服务功能的研究起步比较晚，国内生态价值的评估始于 20 世纪 80 年代初，1984 年马世骏先生发表了《社会经济自然复合生态系统》的文章，代表生态学家涉足经济学领域。李金昌研究员编著出版的《生态价值论》（1998），系统分析了生态价值的有关基础理论，并就其量化方法进行了深入的研究。生态系统服务功能的研究进入了繁荣时期，基于各种时空尺度的环境与自然资源价值评估研究从生态系统服务、生态系统资本、生态资产、生物多样性等角度大量展开，从 1999 年以来，我国学者分别在不同类型生态系统服务价值研究，区域生态系统服务价值研究以及土地利用变化下的生态系统服务价值研究方面有了很大的进步。

在农田生态系统服务功能研究方面，主要从农田提供农产品、固定碳功能、改良土壤、维持生态平衡、休闲文化、农业生态系统服务与可持续利用对策、一定时期内农田生态系统服务功能估算等方面对农田生态系统服务功能进行了研究。

在森林生态系统服务功能研究方面研究较多，张嘉宾等估算了西双版纳州的森林涵养水源服务功能的价值；侯元兆等对森林生态系统的涵养水源、防风固沙、净化大气三种服务功能的经济价值进行了评估；李金昌等出版的《生态价值论》阐述了森林生态服务价值计量的理论和方法；蒋延玲等根据全国第三次森林资源清查资料，参考 Costanza 等的服务功能分类及价值计算方法，估算了我国 38 种主要森林类型的生态系统服务功能总价值；肖寒等划分了海南岛尖峰岭热带森林生态系统服务功能的类型，并评价了海南岛尖峰岭地区热带森林生态系统服务功能；施晓清、陈袁袁等讨论了森林生态系统净化服务功能的机理和类型；吴楚材、鲁绍伟等对森林旅游价值和涵养水源价值进行了评估；赵同谦等以 2000 年为基准年，对中国森林生态系统的林木产品，林副产品、气候调节、涵养水源、土壤保持、净化环境、养分循环、防风固沙、释放氧气及维持生物多样性 10 项功能进行了评价；靳芳等论述了森林生态系统服务功能评价的进展、意义、评价方法，并采用频度分析法、专家咨询法构建指标体系对我国森林生态系统服务功能进行估算。

在草地生态系统服务功能研究方面，刘起对全国草地生态系统的有机物生产、固碳释氧、营养物质贮存与循环三种服务功能进行了估算；谢高地等参照 Constanza 等人提出的方法，逐项估计了我国 18 类草地生态系统的 17 项生态系统服务价值；赵同谦等估算了中国草地生态系统的侵蚀控制、截留降水、土壤 C 累积、废弃物降解、营养物质循环和生境提供 6 类服务功能；敖登高娃、于格等分别对草地生态系统服务功能进行了研究。

在城市生态系统服务功能研究方面，宗跃光等人对城市生态系统服务功能的价值结构进行了分析；夏丽华等人从理论上对经济发达地区城市生态服务功能研究的意义、内容和方法做了探讨；徐俏以广州市为例，运用环境经济学的方法对其生态系统服务价值进行了评估；宋治清、王仰麟等人以深圳市为例，研究了城市区域生态系统服务功能；彭建等人也针对深圳市生态系统服务功能价值评估进行了探讨。

水域生态系统评价的研究起步较晚，赵同谦、欧阳志云、刘蕾等、周祖光分别从不同角度、采用不同方法研究了水域生态系统服务价值。

另外，近些年来湿地生态系统服务价值的研究也受到人们的重视，相关研究逐渐兴起。

生态系统服务功能具有明显的地域性特征，在众多学者对生态系统价值评估研究中，大部分是对区域生态系统服务功能生态经济价值的估算。赵景柱等通过测算了包括我国在内的 13 个国家的生态系统服务价值；欧阳志云等、陈仲新等、何浩等都分别采用不同方法估算了中国陆地生态系统的生态服务价值；张乃莉、徐俏、陈云峰、刘兴元等分别对吉林省、广州市、襄樊市、兰州市生态系统服务价值进行了评估；谢高地等参考 Costanza 的研究成果，在对我国 200 多位生态学者进行问卷调查的基础上，制定了我国陆地生态系统单位面积生态服务价值当量表，确定出 1 个生态服务价值当量因子的经济价值量（表 1—2，表 1—3）。

表 1—2　中国陆地生态系统单位面积生态服务当量表（谢高地，2006）

生态服务功能类型＼生态系统类型	森林	草地	农田	湿地	水体	荒漠
气候调节	3.5	0.8	0.5	1.8	0	0
气体调节	2.7	0.9	0.89	17.1	0.46	0
水源涵养	3.2	0.8	0.6	15.5	20.38	0.03
土壤形成与保护	3.9	1.95	1.46	17.1	0.01	0.02
废物处理	1.31	1.31	1.64	18.18	18.18	0.01
生物多样性保护	3.26	1.09	0.71	2.5	2.49	0.34
食物生产	0.1	0.3	1	0.3	0.1	0.01
原材料	2.6	0.05	0.1	0.07	0.01	0
娱乐、文化	1.28	0.04	0.01	2.55	4.34	0.01

表 1—3　中国不同陆地生态系统单位面积生态服务价值表（谢高地，2006）

生态服务功能类型＼生态系统类型	森林	草地	农田	湿地	水体	荒漠
气候调节	3097.0	707.9	442.4	1592.7	0.0	0.0
气候调节	2389.1	796.4	787.5	15130.9	407.0	0.0
水源涵养	2831.5	707.9	530.9	13715.2	18033.2	26.5
土壤形成与保护	3450.9	1725.5	1291.9	1513.1	8.8	17.7
废物处理	1159.2	1159.2	1451.2	16086.6	16086.6	8.8
生物多样性保护	2884.6	964.5	628.2	2212.2	2203.3	300.8
食物生产	88.5	265.5	884.9	265.5	88.5	8.8
原材料	2300.6	44.2	88.5	61.9	8.8	0.0
娱乐、文化	11326.6	35.4	8.8	4910.9	3840.2	8.8

1.2.5　土地利用变化与景观生态功能相关性研究

土地覆盖影响着能量交换、水分循环、土壤侵蚀与堆积、生物地球化学循环和作物生产等陆地主要生态过程的结构和功能。土地覆盖的变化或多或少会引起区域乃至全球大气环境、水环境、生态环境的变化。人类社会发展时至今日，土地利用是改变土地覆盖格局的主要的人文因素，因此，土地利用/土地覆盖变化的环境效应研究也就成为LUCC研究的主要内容之一。

对于土地利用与生态环境关系问题的研究，国外的研究起始于工业革命后期。1865年，G. P. Marsh在研究地中海地区环境变化时，认识到人类对环境影响的巨大。他在《Man and Nature》一书中首次科学地论述了土地利用与生态环境之间的依存关系。关于土地利用与生态环境关系的应用研究，生态规划设计之父I. Mcharg认为，各项土地利用应充分体现生态适宜性和自然资源固有的价值，重视人类对自然的影响，强调人类、生物和环境三者的合作关系。此后，E. P. Odum、Haber、Ruzicka、Forman等生态学家也从景观生态学的角度对土地利用与生态环境的关系不同方面进行了研究，日本国立科学院全球环境研究中心提出了“为全球环境保护的土地利用研究”（LU/GFC）项目。美国全球变化委员会则将土地利用/覆被变化和气候变化、臭氧层的损耗一起，列入全球变化研究的主要领域之一。

近年来，国外学者在此领域的研究取得了重大进展，如Kalnay（Kalnay E.，2003）研究认为，每一百年大约0.27℃的平均地表气温增温是由于土地利用变化引起的，这一数字大大高于因城市化导致的气温增值的研究结果；Matson认为农业面积扩张和集约程度的增强是这个世纪显著的全球变化之一，土地转化和利用强度增加会改变生态系统生物相互作用和资源可得性的格局，导致负面的局地影响、负面的区域影响，以及负面的全球影响等。目前LUCC研究成果多侧重土地利用/土地覆被变化的全球变化影响和效应，而缺乏对区域生态环境和生态过程的研究。且大多数学者对土地利用变化引起的区域气候、土壤、水文、地质等生态因子变化及其对生态系统影响的研究，都基于土地利用与某一因子之间的线性关系，缺乏系统的整合与概括，难以真实的反映区域土地利用与生态环境之间复杂的反馈关系。

国内关于土地利用变化对生态环境的影响研究，主要集中在以下几个方面：首先，土地利用对气温、降水、土壤等微观生态因子的影响，如土地利用变化影响降水、气温、土壤性质及成分、气体排放、水文因子等（高学杰，2003；史培军，2000；李克让，2002；肖笃宁，2001；史培军，袁艺，2001；郭旭东，2001；刘世梁，2002；朱连奇，许叔明，2003）。其次，土地利用变化对宏观生态系统的影响，土地利用在不同的尺度上对生态系统的结构与功能产生很大的作用，引起景观结构、生态系统结构与功能、生物多样性等方面的变化（万荣荣，杨桂山，2005；王宗明，张树清，2004；高清竹，何立环，2006），对于了解区域生态环境乃至全球环境变化具有重要的意义（傅伯杰等，1999）。第三，区域土地利用对生态环境的综合影响研究，国内不少学者对区域 LUCC 的环境效应也展开了深入研究（郑海金，2003；岳天祥，程彤，张红旗，1997；刘纪远，庄大方，1997&1998；孙红雨，李兵，1998；傅伯杰等，1999；顾朝林，1999），基于 TM 影像，运用 RS、GIS 技术研究区域土地利用时空变化特征及其生态环境效应进行研究（李晓文，方精云，2003；欧维新，杨桂山，2004；王兆礼，2004）。随着二者相关性研究内容的丰富和深度增强，景观生态学的理论和方法越来越广泛的应用于土地利用管理与生态环境保护管理等中（于兴修等，2003；马克明，2000）。

土地利用变化与生态服务功能价值相关性研究的内容大多是参考谢高地等人和 Costanza 的研究成果，以土地利用变更数据或遥感数据为基础进行的。如肖玉等参考谢高地的研究成果，以 1990 年和 2000 年土地利用数据为基础，对莽措湖流域生态系统服务功能进行了价值评价，并分析了土地利用变化下生态系统服务价值变化的原因。王宗明等采用谢高地等人的研究成果，以 1980 年和 2000 年的土地利用数据为基础，评价了研究期内土地利用变化与生态系统服务价值的关系。王新华等在影像数据的支持下，分析了黑河流域两期土地利用变化情况，并评估了土地利用变化引起的生态环境质量变化情况。陈强等运用“3S”手段，研究了近 20 年来艾比湖沿岸绿洲生态系统服务价值的变化情况。沈叶琴等、蔡银莺等、蔡邦成等分别对浙江、大连和昆山市的土地利用生态系统服务价值进行了研究。在相关研究中，学者们越来越注重土地利用动态变化下的生态系统服务价值变化，在研究手段上也越来越重视采用“3S”、模拟分析、模型应用等先进技术。

土地利用生态系统服务功能价值的研究，经历了从引进国外相关方法到国内学者不断创新的过程，逐渐发展成为生态学和经济学科中的前沿热点问题，这是人们重视环境保护，重视土地利用的必然结果，也是土地可持续利用所需要研究的课题。土地生态系统服务功能价值评价涉及多学科、多领域，研究手段也具有多重性；在空间范围上，既有全球性、洲际性的大尺度研究，也有自然流域、行政县域等小尺度研究；在研究内容上，既有理论研究，也有技术方法研究；从研究时段来看，土地利用变化与生态服务功能价值相关性分析，既有静态研究，也有动态研究；从研究对象来看，既有单项功能研究，又有区域总价值研究。笔者认为土地利用变化与生态服务功能价值相关性研究应是逐渐以动态研究、区域研究为主，加强区域研究体系的建立。

1.2.6　研究区域相关研究

关于内蒙古及呼和浩特市范围内的土地利用与景观生态方面的研究在近几年中不断涌现，主要集中在借助 RS 和 GIS 技术的景观功能分类、景观格局分析与指标定量化评价、土地利用变化对环境影响效应等方面。王玉梅等提出了城市景观生态分类系统（2004 年）；董建军、张继平等利用呼和浩特市 TM 遥感图像，对土地利用时空变化及其景观格局和生态环境效应进行了研究（2008 年）等。关于生态服务功能方面，王爱玲，朱文泉的“内蒙古生态系统服务价值遥感测量”（2009 年）、郭永盛的“内蒙古大青山中段水源涵养林功能机理与经营模式”（2008 年）取得了一定的成果。另外，在呼和浩特市城市可持续发展综合评价指标数据库和城市的可持续发展支撑条件、环境质量动态变化方面（刘丽梅，2004 年；周雪妮，2008 年）、内蒙古黄土丘陵沟壑区生态系统健康进行了评价（黄和平，2005 年）内蒙古中西部农牧区生态恢复的途径（张明铁，2005 年）、呼和浩特市土地利用综合效益（孙兴辉，2008 年）等方面也有一定的研究。

1.3 理论基础与研究过程

1.3.1 理论基础

1.3.1.1 土地经济学理论

（1）土地稀缺理论

古典经济学家威廉·配第说过："土地是财富之母，而劳动则为财富之父。"马克思也曾说过："土地是一切生产和一切存在的源泉。"土地作为人类社会中最基本的生产资料，人类活动的载体，具有有限性和稀缺性，据有关统计，陆地上仅有7000万km^2能够被人类利用，随着人口的增长，经济的发展，城市化、工业化的快速进程，我们不仅需要更多的耕地为我们提供食物，而且各项建设也需要占用包括耕地在内的农用地和未利用地；稀缺的土地资源同时也在起着维持人类生存环境的稳定，人类发展无时无刻不在改造、利用着如此稀缺的土地资源。因此，利用有限的土地资源最大限度地发挥其多重功能，是人类在利用土地资源首先要考虑的问题。

（2）地租理论

地租是直接生产者在生产过程中所创造的剩余生产物被土地所有者占有的部分。地租是土地所有权在经济上的实现形式，是社会生产关系的反映。马克思主义地租理论将地租分为级差地租、绝对地租和垄断地租。马克思指出："就级差地租Ⅰ来说，级差结果本身就是可以区别的，因为它们是在不同的、互相分开的、彼此靠近的土地上，在假定每英亩进行标准投资以及与此相应地进行标准耕种的情况下形成的。就级差地租Ⅱ来说，级差结果必须先变成可以区别的，事实上必须再转化为级差地租Ⅰ"。

土地虽然不是劳动产品，但有使用价值，并存在价格，土地价格的实质是地租的资本化，土地租金是出租土地的资本化收入。土地收益现值的总和就表现为土地价格，是一定时期的土地收益，土地价格是为购买土地而支付的、用货币表示的交换价值。

（3）价格与价值理论

劳动价值论：马克思的劳动价值论认为，价值是凝结在商品中的一般的人类劳动，商品的价值是由生产商品的社会必要劳动时间决定的。运用马克思的劳动价值论来考察生态系统价值，首先要看生态系统是否凝聚着人类的劳动，但事实上，不管人类对生态系统是否投入劳动，它无时无刻不在发挥着维持环境稳定的作用、提供人类生存所必需的物质，即生态系统的生态服务功能时刻在起着作用，而生态系统的失衡崩溃，则不同程度的影响到人类生存环境的变化、社会经济的发展等。因此，随着人类社会的进步，对生态系统必要的社会劳动投入、维持生态系统稳定，最大限度的发挥其生态服务功能，在很大程度上起到了推动人类社会文明发展的作用，而不能简单地认为生态系统没有劳动投入就没有价值。

价值工程理论：价值工程理论起源于美国20世纪60年代末，“价值工程价值论”中的“价值”与政治经济学中的价值含义不同，它追求的是经济与技术之间的动态平衡，是一种技术经济指标，经常将它作为评价事物有益程度的尺度，或者用来评价产品给企业、用户带来的经济效益以及对产品的功能所做的一种综合测评，从这种意义上理解，生态系统生态服务功能的综合测评，是判定生态系统对人类活动有益程度的重要方法，因此，生态系统生态服务功能符合“价值工程理论”中对价值的界定，即生态环境具有功能价值。

哲学价值论：根据价值哲学的观点，价值是客体与主体之间的一种关系，即主体有某种需要，而客体能够满足这种需要，对于主体来说客体就是有价值的，而主体需要的满足就是客体价值的实现。生态系统对人类生存与发展具有重要作用，能够满足人类生存与发展的根本需要。从这个意义上讲，生态系统对于人类社会及人类社会的进步具有巨大价值。

生态环境价值论：生态环境价值论是一种将西方效用价值论和马克思的劳动价值论相结合起来的价值体系。生态环境是指以人类为中心或为主体的，与人类生存、发展和享受有关的，一切外界有机或无机的物质、能量及其功能的总体。“环境”不仅表现为有形的物质实体，而且具有无形的舒适性服务的生态功能，生态环境能够提供满足人类生存、发展和享受所需要的物质性商品和舒适性服务，生态环境具有价值。随着人类社会对环境条件的需要从生存、发展到舒适等不断增大，生态环境的价值也就会越来越大，因此，生态环境的价值，决定于它对人类的需求性的大小。

各种生态系统是为人类提供物质、美学、内在或精神的产品和服务等，这种产品和服务的提供是支持生命和改善生活质量的必要条件。由于市场和货币经济的广泛性，使用货币作为衡量生态系统生态服务功能价值，更易被多数人所接受。

1.3.1.2　景观生态学理论

由于景观生态学是研究景观空间结构和形态特征对生物活动和人类影响的科学（肖笃宁，2003），是景观科学的一个重要组成部分；又由于景观生态学的多向性和综合性，使得不同学科背景的研究者对其学科定位、内涵鉴定均有所不同。但研究生态系统的空间关系、空间尺度的重要性和空间异质性、格局与过程空间联系、格局的产生机理以及人类活动对景观的影响等，是大多数学者的共识，特别是研究土地利用景观以及因土地利用变化导致的景观生态系统空间格局的改变是景观生态学关心的话题。景观生态学主要概念包含：

尺度：这是一个原引自地理学研究中描述关于自然界所固有的特征或规律而被生物有机体所感知的研究对象，表达一个时间上和空间上的范围。在景观生态学中，尺度表示一定范围和一定条件下的生态系统均质体，反应不同范畴的空间异质性，因此，国内学者（肖笃宁，2003）在时间和空间上将其分为四个水平，即微观尺度、中观尺度、宏观尺度、超级尺度等。

空间异质性：空间异质性是景观生态系统的复杂性和变异性的重要标志，反映景观生态系统的空间结构、组成、相关性特征。对景观生态系统的功能和过程也有重要影响，是自然干扰、人类活动影响和生态系统内部变化共同作用综合表现。景观生态学通常强调空间异质性的绝对性和空间同质性的相对性。

格局和过程：空间格局是生态系统或系统属性空间变异程度的具体表现。它包括空间异质性、空间相关性、空间规律性等内容，决定着资源地理环境的分布组分和形成。生态过程包括生物生产力、生物地球循环等过程。决定着景观生态系统的稳定性，以及对人类活动影响的抗干扰能力等。影响基本生态过程的空间格局参数主要有斑块大小、斑块形状、斑块密度等。

景观多样性：多样性是生物学中使用很广的概念，现代生物多样性的研究包括多个层次和水平的多样性，从遗传、物种、生态系统直到景观的多样性。景观多样性通常是指景观结构单元和功能方面的多样性，反映景观的复杂程度，又包括斑块多样性、类型多样性、格局多样性等。格局多样性在反映景观类型空间分布的多样性和景观空间格局（如林地、草地、农田等不同的配置）时，深受人类对土地资源利用和原生自然环境的影响；格局特征又反过来影响地表径流等近地面物质与能量的迁移转化。

另外，重要的景观生态学概念还有景观连接度、景观边界与边缘效应、干扰、廊道等。在景观生态学的发展中，围绕着生态学中空间关系和空间效应的核心领域，还有等级理论、空间种群理论、渗流理论和源—汇系统理论等。

多学科综合是景观生态学的学科特点，尽管其理论体系不甚完善，但我国学者肖笃宁将景观生态学原理归纳为七个方面（2003），即景观系统的整体性和异质性原理、格局过程关系原理、尺度分析原理、景观结构镶嵌性原理、景观生态流与空间分配原理、景观演化的人类主导性原理、景观多重价值与文化关联原理，较为全面的涵盖了景观生态学的全部研究内容和研究特征，也准确地把握了该学科的学科特征。随着景观生态学科的发展和应用领域的拓展，其内容会越来越丰富。

土地生态学就是近年来兴起的一门新兴交叉学科，它是以一般生态学、特别是景观生态学原理为基础，研究土地生态系统组成与特征、结构与功能、发展与演化、优化利用与调控机制的科学（徐保根，吴次芳，2003），目的在于运用景观生态学原理研究土地生态系统，特别是景观人类改造利用后的土地利用景观生态系统的格局变化、结构变化、功能变化等特征，从而为土地评价、土地规划、土地开发、土地整治、土地保护和管理等方面提供理论依据。

1.3.1.3　可持续发展与人地协调理论

可持续发展（Sustainable development）是一种注重长远发展的经济增长模式，联合国大会在1980年3月首次提出了“可持续发展”概念。1987年世界环境与发展委员会公布了《我们共同的未来》，报告中将可持续发展定义为“持续发展是在满足当代人需要的同时，不损害人类后代满足其自身需要的能力”，明确提出保护环境的根本目的在于为了确保人类的持续存在和持续发展，并于1987年在联合国第42届大会上通过了此文件。可持续发展理论走向实践的一个转折点是在1992年6月巴西的里约热内卢召开的“联合国环境与发展大会”，《21世纪议程》中阐述了可持续发展涉及的40个领域的问题，提出了120个实施项目。1993年我国制定的《中国21世纪议程》中指出“走可持续发展之路，是中国在未来和下世纪发展的自身需要和必然选择”。将“实施可持续发展，推进社会主义事业全面发展”作为国家的战略目标。

可持续发展战略旨在促进人类之间以及人类与自然之间的和谐，其内涵包括社会持续发展、经济持续发展和生态持续发展。从一定意义上讲，可持续发展问题与土地利用和土地问题相关联，土地可持续利用是资源与环境持续性和社会经济可持续发展的物质基础和重要组成部分，是解决当前面临重大问题的必由之路，对土地资源的可持续利用不但要注重本代人的公平，而且还要注意代际间的公平，还要协调在经济发展过程中与其他资源、人口和环境的关系，达到社会、经济、生态的最佳综合效益。

土地可持续利用是指土地的利用不能对后代的持续利用构成危害，即土地利用既要满足当代人的需求，又不要影响人类今后的长远需要，土地可持续利用包含两层含义：1）土地资源本身的高效持续利用；2）土地资源与社会其他资源相配合共同支撑经济、社会持久发展。土地可持续利用包括：在资源数量配置上与资源的总量稀缺度高度一致；在资源的质量组合上与资源禀赋相适应；在资源的时间安排上与资源的时序完全相当；土地资源配置应当考虑各地区差异。合理利用和配置土地资源需遵循：先评价规划后开发利用、珍惜节约和合理集约利用土地；均衡协调开发与合理布局；国土整体开发与农业优先利用，充分合理有效地利用各类土地；开发利用与整治保护相结合；加强法制和依法管理。

人地协调理论：人地关系是指人类社会活动与地理环境之间的关系。作为人地关系主体的人类社会，在人地关系协调发展中起决定性作用。人类应该在尊重客观规律的前提下，发挥自身的主观能动性，在实践中对地理环境进行合理改造和有效利用，建立新的、协调的人地关系。“以占世界7%左右的耕地面积养活了占世界22%的人口”是我国人地关系的现状，人地关系矛盾尖锐是我国普遍存在的问题，因此，寻找协调人地关系，维持土地生态平衡与人类对土地资源的消耗、促进社会经济和谐发展途径是土地相关学科的重要任务。

1.3.2　土地利用景观生态功能研究的一般过程

良好的景观生态环境是人类生存和生活的基本条件和物质基础，土地利用变化是人类活动对景观生态系统结构改变过程，直接关系到景观生态系统结构的稳定和功能的正常发挥。因此，研究土地利用变化导致的景观生态格局变化和景观生态功能变化，对探索区域土地资源合理利用与社会经济协调发展、维护生态安全有着重要的作用。其一般过程为：

（1）现状评述

当前条件下研究区域土地利用现状特征与相应的土地生态系统格局特征是土地利用景观生态系统功能研究的基础，也是区域自然、历史、人文过程综合作用的结果，当前环境条件下存在的土地生态环境问题直接或间接地影响到区域土地利用景观生态系统功能的发挥，因此有必要在分析区域土地利用现状特征的基础上对土地生态环境做出评述。

（2）景观生态功能区划研究

“景观生态功能”是一个综合特征的体现，对于不同尺度的空间区域来讲，景观生态功能类型的组合是不同的，以主导景观生态功能作为维持区域生态环境稳定、获得最大经济利益是人类追求的目标，因此，有必要首先要对研究区域内景观生态功能进行区划研究，进而较为合理的反映不同功能区景观生态功能类型，以便更加合理的调配土地资源利用，达到真正意义上的“三效合一”。

（3）变化过程研究

“过程研究”是当前土地利用变化和景观生态变化研究领域的重要内容，也是人类认识在自身发展过程中，协调人地关系的一个必然的历程，在不同的人类发展历史时期，土地利用变化过程的模式、程度、方向均有所不同，即一定的时空尺度范围内，由于人类社会发展与进步，全球城市化进程的加快，特别是对土地资源的开发利用过程中，导致土地利用类型、结构、分布的变化过程不同，这种变化直接或间接地影响到土地利用景观生态系统功能的发挥和区域生态环境的稳定。研究特定历史时期土地利用变化过程以及驱动力，对于掌握由此引起的景观生态功能变化、预测未来变化趋势有着重要的作用，这也是在时间尺度上研究土地利用与土地景观生态系统功能之间相互关系的主要内容。

（4）构建评价体系

无论生态环境现状评述，还是景观生态服务功能的确定，均需要有一套较为合理可行的评价体系，构建评价体系是土地利用景观生态系统功能研究的核心内容，如土地利用现状评价、景观生态环境脆弱性评价、景观生态服务功能价值评价等，均需要从评价单元、评价因素、因子、指标、从属关系、评价方法、模型应用等方面来构建评价体系。在本项研究中，首先以旗、县、区等行政区为评价单元建立景观生态环境脆弱性多层次评价体系，并评价因子和评价方法，完成对研究区景观生态环境现状的脆弱性评价；其次以旗、县、区等行政区和特殊生态功能分区为评价单元，构建土地利用景观生态系统服务功能价值多层次评估体系，选择评价项目和评价因子，以“年度”为评价时间尺度，完成 1996—2009 年间不同时段的县级行政辖区土地利用景观生态系统服务功能价值估算，以及特殊生态功能区中主要土地利用景观生态系统服务功能价值估算，从不同角度发现近 14 年来研究区主要土地利用景观生态系统服务功能价值的变化特点与规律。

（5）土地利用与景观生态功能响应关系研究

采用定量和定性相结合的分析方法，研究土地利用数量变化与景观格局变化、土地利用变化和生态服务功能变化的相关性，探寻研究区土地资源合理利用与景观生态功能的响应关系。同时，有条件下可进一步研究土地资源质量与景观生态服务功能的相关性，更为准确的反映土地利用景观生态功能的意义。

土地利用景观生态功能研究的一般过程见图 1—1：

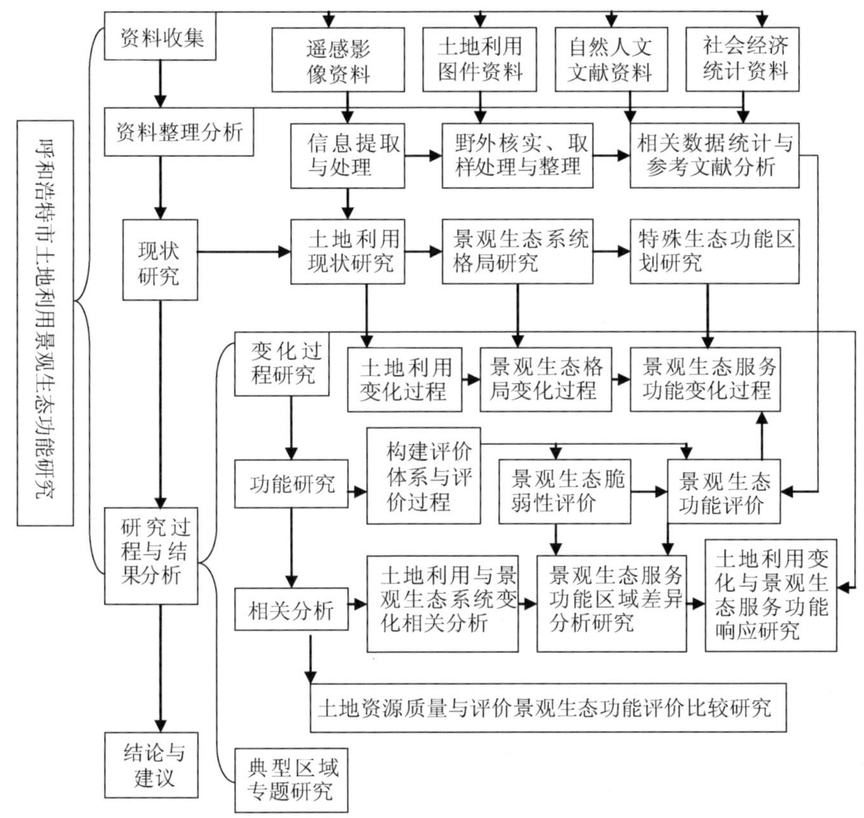

图 1—1　呼和浩特市土地利用景观生态功能研究一般过程

1.3.3　分类系统确定

（1）土地利用现状分类系统

本项研究获取 1993—2009 年各时期的土地利用数据，不仅数据源不同，而且土地利用数据分类系统也有所不同，如土地详查时的 8 大类（38 个二级类）分类系统（1984—2000 年）、《第二次全国土地调查技术规程》中 12 个一级类（57 个二级类）土地利用现状分类系统、我国历年土地利用现状调查中使用的 3 大类分类系统、中科院系统使用的 6 大类土地利用分类系统等，因此，本项研究首先要将各分类系统相应的土地利用类型进行转换，转换对照表见表 1—4。

（2）景观生态系统分类

近年来众多专家及专著有许多不同的景观生态类型划分方案和研究成

果，本次研究过程中，在借鉴他人研究的基础上，注重景观生态功能的发挥与生态功能区划的需要，确定景观生态分类系统，并完成土地利用与景观生态类型的基数转换工作。

①分类原则

主导功能性原则充分考虑景观生态系统在区域环境中支持人类社会和社会发展的主导功能及其功能是否能够良好发挥，这是生态功能区区划和生态服务功能价值估算的基本要求。

景观生态类型与土地利用类型相结合原则从土地利用和管理的角度看，景观生态系统更多的是在现代人类活动影响下的各种土地利用方式条件下的土地生态组合，即半自然或半人工生态系统，因此，将土地利用类型和景观生态功能结合起来划分景观生态类型更有利于从研究目标角度认识系统功能，也可称之为“土地利用景观生态系统类型”。

景观结构的完整性原则景观生态系统是由多各组成要素相互作用、相互制约构成的，是“具有序内部结构的复杂地域综合体”（傅伯杰，2002），景观结构特征决定着其各种功能的发挥程度，因此，功能类型需景观结构完整。

自然优先原则景观生态功能的发挥首先是自然生态系统维持其正常运转的基本功能。因此，尊重自然规律客观地、科学地进行其生态类型划分。

综合性原则理论与实践相结合，遥感图像与实际调查相结合，景观生态功能与人类对土地资源的利用相结合。

②分类系统

根据上述原则，将研究区景观生态类型划分为：分为 3 个一级类型，即自然景观、半自然景观和人工景观；从组成景观类型的基质植被类型出发，考虑到景观生态功能和结构特征，又将其划分为 10 个二级类型；对个别差异显著的景观又划分出三级景观，共划分出 19 个景观生态类型，见表 1—4。

表 1—4　呼和浩特市景观生态类型与土地利用类型对照转换表

<table>
<tr><th colspan="4">景观类型</th><th rowspan="2">土地利用类型
（六大类）</th><th rowspan="2">土地利用类型
（二调分类系统）</th></tr>
<tr><th>一级</th><th colspan="2">二级</th><th>三级</th></tr>
<tr><td rowspan="15">自然景观</td><td rowspan="6">林地景观</td><td rowspan="3">乔木林景观</td><td>山地针、阔叶林景观</td><td>林地、疏林地</td><td>有林地</td></tr>
<tr><td>平原针、阔叶林景观</td><td>林地、疏林地</td><td>有林地</td></tr>
<tr><td>丘陵针、阔叶林景观</td><td>林地、疏林地</td><td>有林地</td></tr>
<tr><td rowspan="3">灌木林景观</td><td>山地灌木林景观</td><td>灌木林地</td><td>灌木林地</td></tr>
<tr><td>平原灌木林景观</td><td>灌木林地</td><td>灌木林地</td></tr>
<tr><td>丘陵灌木林景观</td><td>灌木林地</td><td>灌木林地</td></tr>
<tr><td colspan="2" rowspan="4">草原景观</td><td>石质低山丘陵草原景观</td><td>高、中、低密度草地</td><td>天然草地，人工草地，荒草地</td></tr>
<tr><td>黄土丘陵草原景观</td><td>高、中、低密度草地</td><td>天然草地，人工草地，荒草地</td></tr>
<tr><td>山地灌丛草原景观</td><td>高、中、低密度草地</td><td>天然草地，人工草地，荒草地</td></tr>
<tr><td>平原草原景观</td><td>高、中、低密度草地</td><td>天然草地，人工草地，荒草地</td></tr>
<tr><td colspan="2" rowspan="2">水域与湿地景观</td><td>河流湖泊水面景观</td><td>河流、湖泊、水库</td><td>河流、湖泊、水库</td></tr>
<tr><td>河岸湖滨湿草甸、沼泽景观</td><td>滩涂、沼泽</td><td>滩涂、沼泽</td></tr>
<tr><td colspan="2" rowspan="2">裸地景观</td><td>盐碱地</td><td>盐碱地</td><td>盐碱地</td></tr>
<tr><td>沙地景观、裸岩景观</td><td>沙地、裸岩等</td><td>沙地、裸岩等</td></tr>
<tr><td colspan="5" style="display:none"></td></tr>
<tr><td rowspan="2">半自然景观</td><td colspan="2">农田景观</td><td>农田景观</td><td>山区丘陵平原耕地</td><td>耕地及其上的沟渠、道路、田坎等</td></tr>
<tr><td colspan="2">人工林景观</td><td>果园、苗圃等人工林景观</td><td>园地、造林地</td><td>果园、苗圃、其他林地</td></tr>
<tr><td rowspan="3">人工景观</td><td colspan="2" rowspan="3">城乡建筑景观</td><td>城市、城镇景观</td><td>城镇用地</td><td>城镇用地</td></tr>
<tr><td>乡村居民点景观</td><td>农村居民点用地</td><td>农村居民点用地</td></tr>
<tr><td>工矿景观</td><td>工矿用地、特殊用地</td><td>工矿用地、特殊用地</td></tr>
<tr><td colspan="3">备注</td><td colspan="3">土地利用类型中的交通用地等线状用地类型归并到所在的景观类型图斑中</td></tr>
</table>

1.4 研究方法与信息来源

1.4.1 研究方法与手段

（1）过程研究方法

传统的过程研究方法主要有历史资料统计、定性与定量分析等。随着“3S”技术的日益普及，利用遥感影像作为数据源来研究包括土地利用变化等变化过程已成为人们研究的常规手段和方法。但数据源时相、图像处理技术、研究者对图像的识别能力等均影响到研究结果的合理性和准确性，因此，目前大多数研究者仍然采用内、外业相结合的方法、历史资料验证方法等来获得较为准确的过程资料，即不同时段土地利用类型和景观生态系统类型的数据信息。

另外，借助资料收集、实证调研、数理统计、专家咨询等分析方法也是研究的主要手段。

（2）景观生态系统格局研究方法

采用模型分析方法仍然是目前研究景观生态系统格局的主要手段。

（3）生态系统服务功能价值估算方法

生态系统服务功能价值评估中主要是各种价值量的确定，目前主要是借助于环境经济学原理和思想，采用经过修正的环境经济学方法进行评估。由于生态系统提供的服务功能不同，所以各种方法的适用性也不同，常用方法见表1—5。

表 1—5　生态系统服务功能主要价值评价方法

类型	具体评价方法	方法特点
市场价值法	生产要素价格不变	将生态系统作为生产中的一个要素，其变化影响产量和预期收益的变化
	生产要素价格变化	
替代市场价值法	机会成本法（OC）	以其他利用方案中的最大经济效益作为该选择的机会成本
	影子价格法（SV）	以市场上相同产品的价格进行估算
	替代工程法（RE）	以替代工程建造费用进行估算
	防护费用法（AC）	以消除或减少该问题而承担的费用进行估算
	恢复费用法（RC）	以恢复原有状况需承担的治理费用进行估算
	因子收益法（FI）	以因生态系统服务而增加的收益进行估算
	人力资本法（HC）	通过市场价格或工资来确定个人对社会的潜在贡献，并以此来估算生态服务对人体健康的贡献
	享乐价值法（HP）	以生态环境变化对产品或生产要素价格的影响来进行估算
	旅行费用法（TC）	以游客旅行费用、时间成本及消费者剩余进行估算
假象市场价值法	条件价值法（CVM）	以直接调查得到的消费者支付意愿（WTP）或（WTA）来进行价值计量
	群体价值法（GV）	通过小组群体辩论以民主的方式确定价值或进行决策

Costanza 的生态系统服务价值（ESV）估算公式进行计算。

$$ESV_K = A_K \times \sum VC_{fK}$$

$$ESV_f = \sum (A_K \times VC_{fK})$$

$$ESV = \sum ESV_K = \sum ESV_f$$

式中，ESV_K 是第 K 土地类型的生态服务价值（元）

A_K 是研究区 K 种土地利用类型的面积（hm^2）

VC_{fK}是第 K 种土地利用类型 f 生态功能的价值系数（元/$hm^2 \cdot a$）

ESV_f 是第 f 种生态功能的单项服务功能价值（元/$hm^2 \cdot a$）

ESV 是区域总生态系统服务价值（元）。

近年来，在 Costanza 提出的生态系统服务功能的 17 大类的基础上，我国众多学者以土地利用类型作为生态系统的类别，对不同土地利用类型的生态服务功能价值进行深入研究。谢高地、鲁春霞等人研究制定的中国陆地生态系统服务价值当量因子表（见表 1—2，表 1—3），计算出全国不同陆地生态系统服务价值总和，并在青藏高原生态系统服务功能价值的估算中得到应用，该项研究具有较好的代表性和较强的针对性，该表定义 1hm^2 全国平均产量的农田每年自然粮食产量的经济价值为 1，其他生态系统服务价值当量因子是指生态系统产生该生态服务相对于农田食物生产服务贡献的大小，并确定 1 个生态服务价值当量因子的经济价值等于全国平均粮食单产市场价值的 1/7，以此将权重因子转换为生态系统服务单价表。

在上述方法的基础上，采用生物量订正生态服务价值单价的方法也被应用到研究当中，该方法将生态系统服务功能与所研究区域的生物量建立联系，来修订生态服务单价，这里生态服务类型的基准单价是将 Costanza 的部分成果与对中国专家的生态问卷调查结果相结合得到的。因此对物质量评价时应提高土地覆盖面积空间尺度测量精确度，保证对生态系统服务功能价值估算更精确。

1.4.2 信息来源与数据处理

为使研究基础资料更具客观性，本次研究资料获取与整理主要有五个方面：

一是影像资料。采用内蒙古自治区遥感与地理信息系统实验室接收并处理的 2000 年、2005 年、两期 TM 遥感影像获取 2000 年和 2005 年的基础数据，2009 年的基础数据采用全国第二次土地调查提供的 SPORT－5 数字正射影像图（DOM）获得。按照分类系统进行土地利用类型和景观生态类型的归并与整理，分别形成相应时期的图件资料和数据资料统计，用于空间分析和统计分析。

二是土地利用调查成果。采用地理信息系统软件功能（MAPGIS），利用 1996 年土地利用现状图获得 1996 年土地利用现状数据和景观生态类型，满足四期景观生态服务功能研究需要，同时利用 1993—2009 年土地利用变更资料，完成专题研究。

三是实验资料。主要是利用野外研究基地定位观测数据和实验室土壤实验数据资料，获得部分景观生态服务功能评价指标值，提高研究成果的准确性。

四是统计年鉴资料。收集1996—2011年内蒙古经济统计年鉴、1996—2011呼和浩特市经济统计年鉴资料、土壤普查资料等，获得景观生态服务功能评价指标值。

五是外业调查问卷统计资料，作为部分专题研究。

图1—2　呼和浩特市TM影像图

1.5 呼和浩特市概况

1.5.1 自然地理环境

呼和浩特市位于内蒙古自治区中部，地跨东经110°31′~112°20′，北纬39°35′~41°25′。北接包头市达茂旗、乌兰察布市四子王旗，东连乌兰察布市卓资县、凉城县，南与山西省交界，西与鄂尔多斯市准格尔旗、包头市土默特右旗、固阳县毗连。据2009年内蒙古统计年鉴，市辖四区（赛罕区、新城区、回民区、玉泉区）和五个旗县（和林格尔县、土默特左旗、托克托县、武川县、清水河县），市域行政辖区土地总面积为17200km^2。

（1）地形地貌特征

呼和浩特市地处内蒙古高原向黄土高原过渡的地带，总的地势是由东北向西南倾斜，北高南低、东高西低，大青山山地横亘中北部，形成市四区的天然屏障，山地最高海拔2246m，平原平均海拔1050m。区域内地质地貌条件复杂多样，一级地貌单元可分为：后山石质低山丘陵地区、大青山—蛮汉山山地区、地默特平原区及南部黄土丘陵区等。其中山地占30.4%，平原占30.6%，丘陵占37.6%，其他地貌类型占1.4%。在空间分布上至北向南依次为石质低山丘陵、中低山山地、土默川平原和黄土丘陵地。其间还有许多小的山间盆地、河谷等成为人类活动较为集中的地带。

（2）气候与水文特征

呼和浩特市属温带大陆性季风气候，春季干旱多风，夏季炎热短促，降水集中，秋季凉爽多风，冬季寒冷干旱。多年平均气温2—6.5℃。≥10℃积温2000—3000℃，无霜期平均150—210天，大部分地区年日照时数2800—3100小时，适于农作物一季生长。多年平均降水量400mm，集中于6—8月，占全年降水总量的63%—66%，降水变率大，蒸发量大于降水量3—5倍。大风日数较多，多集中于春秋两季，后山武川县境内全年≥8级的大风日达25—50天；山前大风日较少。

呼和浩特市市域内大小河流21条，分属黄河水系和内流区水系。黄河水系有黄河、大黑河、什拉乌素河、清水河、古力半几河、抢盘河等，特别是大青山山前洪积扇地区及大黑河、黄河冲积湖积平原，地下水位高、水量较为丰富，但近年来由于地下水长期超采，地下水位逐年下降，引起地下水资源减少。内流区水系主要分布在大青山北侧武川县境内。

（3）土壤与植被特征

呼和浩特市属典型的干草原—栗钙土地带，除地带性的植被、土壤类型外，非地带性植被与土壤类型十分丰富。主要的植被类型有典型草原、山地草甸草原、山地灌丛草原、山地乔木林、河漫滩草甸、沙生植被、沼泽、盐生植被等，植物种类较为齐全，大青山阴坡有丰富的药用野生植物资源。主要的土壤类型有地带性栗钙土、山地灰褐土、粟褐土、草甸土、沼泽土、风沙土及耕作潮土、黑垆土、黄绵土、草甸栗褐土等等，为区域内农牧业发展提供了良好的土壤条件和土地利用基础，使得土地利用方式多样。

（4）矿产资源

呼和浩特市矿产资源种类相对较为丰富，主要的金属、非金属矿产约40多种，主要有铁、铅、铜、金、锌、水晶、磷灰石、石灰岩、白云岩、大理石、石墨、沸石珍珠岩、石棉、金云母、粘土、煤和泥炭及各种建筑石料、砂石等。主要分布在北部大青山和东部蛮汉山山地，大多为呼和浩特市中小型工矿企业的原料产地。

1.5.2　社会经济发展概况

呼和浩特市是内蒙古自治区首府和政治、经济、科技、文化中心。我国北方沿边开放地区重要的中心城市和商业贸易中心，国家历史文化名城之一。从地区发展意义上来看，呼和浩特市是内蒙古中部地区“呼—包—鄂”金三角经济区的主要成员，地理位置优越，交通便利，是自治区中西部对内外联系的重要门户和枢纽，近几十年来，逐步发展成为以高新技术产业、商贸、旅游等为主导的综合性城市，对地区经济的发展具有十分重要的带动作用。

根据2010年内蒙古统计年鉴，2009年全市总人口270.85万人，其中乡村人口108.63万人，人口密度为157人/km^2。市辖四区2009年总人口116.71万人，占全市总人口的43.68%，五旗县的总人口占全市总人口的

56.32%，农业人口占全市农业总人口的76.35%。呼和浩特市是一个多民族的大家庭，主要有汉、蒙古、回、满、朝鲜、达翰尔等20多个民族构成。

经过几十年改革开放的发展，呼和浩特市工、农、林、牧、副、渔各业飞速发展，城镇化水平也不断提高，2009年末国内生产总值115.9亿元，第一产业104.3亿元，第二产业117.2亿元，第三产业116.1亿元；人均地区生产总值为114.3元，目前呼和浩特市已初步形成了各旗县区分工协作，协调发展的新产业格局；形成了以毛纺、奶业食品、电子、机械为支柱，化工、冶金、轻工业等协助的工业体系；形成了以市区为中心，由近及远的卫星城镇、开发区相伴的城镇化体系等大都市格局。使得呼和浩特市正向现代化大都市方向迈进。

参考文献：

［1］李秀彬：《全球环境变化研究的核心领域——土地利用/土地覆盖变化的国际研究动向》，载《地理学报》1996年第6期。

［2］史培军、宫鹏著：《土地利用覆盖变化研究的方法与实践》，科学出版社，2000年。

［3］欧阳志云、王效科等：《中国陆地生态系统服务功能及其生态经济价值的初步研究》，载《生态孕报》1999年第5期。

［4］傅伯杰、陈利顶等：《景观生态学原理及应用》，科学出版社，2001年。

［5］肖笃宁：《景观生态学研究进展》，湖南科学技术出版社，1999年。

［6］景贵和：《土地生态评价和土地生态设计》，载《地理学报》1986年第1期。

［7］侯学煜：《中国自然生态区划与大农业发展战略》，科学出版社，1988年。

［8］傅伯杰、陈利顶等：《中国生态区划的目的、任务及特点》，载《生态学报》1999年第5期。

［9］马世俊、王如松：《社会—经济—自然复合生态系统》，载《生态学报》1984年第1期。

［10］杨勤业、李双成：《中国生态地域划分的若干问题》，载《生态学报》1999年第1期。

［11］傅伯杰、刘国华：《中国生态区划方案》》，载《生态学报》2001年第1期。

［12］谢高地、鲁春霞：《中国的生态空间占用研究》，载《资源科学》2001年第6期。

［13］〔美〕R·福尔曼、M·戈德罗恩著，肖笃宁译：《景观生态学》，科学出版社，1990 年。

［14］〔美〕Forman R. T. T:《Land Mosaics ——the Ecology of Landscapes and Regions》. Cambridge University Press , 1995。

［15］肖笃宁、李秀珍：《景观生态学的学科前沿与发展战略》，载《生态学报》2003 年第 8 期。

［16］邱扬、傅伯杰：《土地持续利用评价的景观生态学基础》，载《资源科学》2000 年第 6 期。

［17］赵海珍、李文华等:《拉萨河谷地区青稞农田生态系统服务的评价》，载《自然资源》2004 年 5 期。

［18］于格、鲁春霞等：《草地生态系统服务功能的研究进展》，载《资源科学》2005 年第 6 期。

［19］何浩、潘耀忠等:《中国陆地生态系统服务价值测量》，载《应用生态学报》2005 年第 6 期。

［20］沈叶琴、李凤全等：《土地利用变化对浙江生态系统服务价值的影响》，载《资源开发与市场》2005 第 5 期。

［21］孙新章、周海林等:《中国农田生态系统的服务功能及其经济价值》，载《中国人口·资源与环境》2007 第 4 期。

［22］阂捷、高魏等:《武汉市土地利用与生态系统服务价值的时空变化分析》，载《水土保持学报》2006 年第 4 期。

［23］董建军、张庆等:《呼和浩特市土地利用变化及其景观格局和生态环境效应分析》，载《内蒙古大学学报》2008 年第 4 期。

［24］张继平、常学礼等:《基于 3S 的呼和浩特市土地利用变化及其生态效应》，载《生态学杂志》2008 年第 12 期。

［25］刘军会、高吉喜:《北方农牧交错带生态系统服务价值测算及变化》，载《山地学报》2008 年第 2 期。

［26］程江、杨凯等:《基于生态服务价值的上海土地利用变化影响评价》，载《中国环境科学》2009 年第 1 期。

［27］梁发超、刘黎明:《景观分类的研究进展与发展趋势》，载《生态学报》2011 年第 6 期。

［28］杨久春、张树文:《景观生态分类概念释义及研究进展》，载《生态学杂志》2009 年第 11 期。

[29] 陈婧、史培军:《土地利用功能分类探讨》, 载《北京师范大学学报(自然科学版)》2005 年第 5 期。

[30] 曲福田:《可持续发展的理论与政策选择》, 中国经济出版社, 2000 年。

[31] 谢高地:《生态系统服务研究: 进展、局限和基本范式》, 载《植物生态学报》2006 年第 3 期。

[32] 燕乃玲、虞孝感等:《我国生态功能区划的目标、原则与体系》, 载《长江流域资源与环境》2003 年第 6 期。

[33] 李玉辉:《可持续发展目标下的生态区划和景观规划》, 载《思想战线》, 2003 年第 5 期。

[34] 李国正、王仰麟等:《景观生态区划的理论研究》, 载《地理科学进展》, 2006 年第 5 期。

[35] 燕守广、邹长新等:《江苏省生态功能区划研究》, 载《国土与自然资源研究》, 2008 年第 3 期。

[36] 徐晓芳、王让会等: 基于 3S 的极端干旱区县域生态功能区划研究》, 载《干旱区资源与环境》, 2007 年第 3 期。

2 呼和浩特市土地利用变化与景观生态环境变迁研究

2.1 土地利用现状及其变化特征

2.1.1 土地利用现状

2.1.1.1 土地利用数量与结构特征

根据呼和浩特市2009年末土地利用现状变更调查结果显示，全市土地调查总面积17186.12km²，共包括8个一级地类，32个二级地类，全市一级类面积比统计结果见表2—1，图2—1。

表2—1 呼和浩特市土地利用一级类分类面积比统计

单位：km²，%

行政区域名称	行政区总面积	耕地占辖区总面积比	园地占辖区总面积比	林地占辖区总面积比	草地占辖区总面积比	城镇村及工矿用地占辖区总面积比	交通运输用地占辖区总面积比	水域及水利设施用地占辖区总面积比	其他土地占辖区总面积比
全市合计	17186.12	32.89	0.22	21.51	34.63	4.91	1.23	3.06	1.54
玉泉区	207.17	41.51	0.06	3.31	15.27	31.55	3.04	4.27	0.98
新城区	660.56	14.85	0.43	46.79	23.04	11.69	0.88	2.01	0.31
回民区	194.46	5.88	1.80	31.66	32.15	23.25	2.10	3.00	0.15
赛罕区	1002.95	44.68	0.31	14.85	14.57	15.09	2.53	7.14	0.83

续表

行政区域名称	行政区总面积	耕地占辖区总面积比	园地占辖区总面积比	林地占辖区总面积比	草地占辖区总面积比	城镇村及工矿用地占辖区总面积比	交通运输用地占辖区总面积比	水域及水利设施用地占辖区总面积比	其他土地占辖区总面积比
土默特左旗	2764.97	42.12	0.73	21.36	21.97	5.42	1.58	4.27	2.53
托克托县	1407.76	47.60	0.41	13.01	17.79	7.12	2.42	5.17	6.48
和林格尔县	3447.78	31.85	0.04	28.97	30.85	3.42	1.22	1.93	1.72
清水河县	2818.14	22.27	0.03	38.20	34.90	2.19	0.83	0.98	0.61
武川县	4682.34	30.95	0.01	6.87	56.68	1.60	0.58	3.00	0.31

从图2—1中可以看出，全市土地利用现状结构中，仍然以草地、耕地、林地占为主，三者比例为1∶0.65∶1.05；城镇工矿及交通用地共占6.14%；水域及水利设施用地占3.06%，其他土地占1.54%；各旗、县、区的地类面积比差异较大。

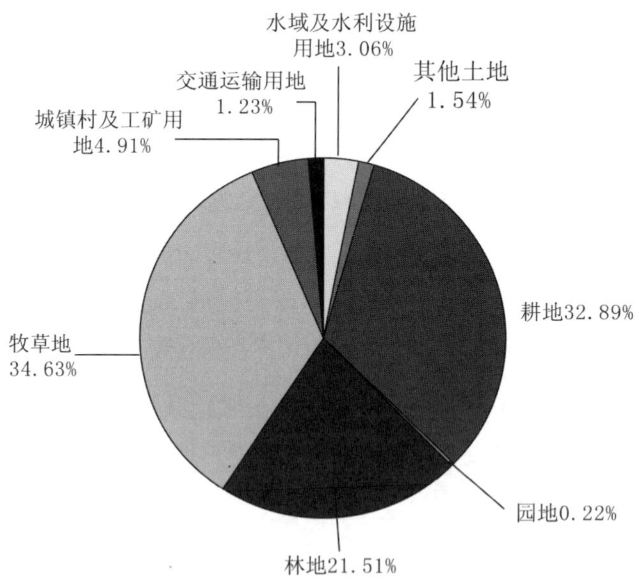

图2—1　2009年呼和浩特市土地利用现状一级地类结构

（1）耕地

全市耕地总面积5653.36km^2，耕地占辖区土地总面积32.89%。从旗县统计来看，土默特左旗、武川县、和林格尔县三旗县耕地数量占全市耕地的65.66%，武川县数量最多；从耕地类型来看，水浇地和菜地占耕地总面积的40.18%、旱地占59.82%。旱地仍然是主要的耕地利用方式；从各旗县区水、旱比例来看，清水河县、武川县、和林格尔县、新城区以旱地为主，占耕地比例均大于50%，其他旗县区则以水浇地为主。（见图2—2，表2—2），

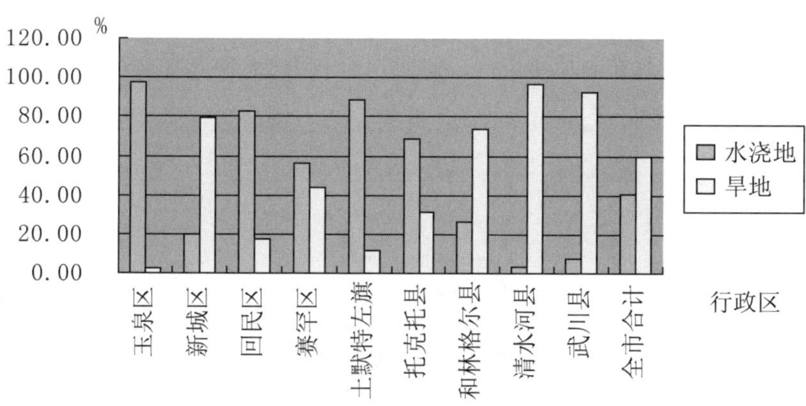

图2—2　2009年呼和浩特市耕地结构

表2—2　呼和浩特市各旗县耕地数量统计

单位：km^2，%

行政区名称	土地总面积	耕地		水浇地		旱地	
		占本区土地比例	占全市耕地比例	占本区土地比例	占全市耕地比例	占本区土地比例	占全市耕地比例
玉泉区	207.17	41.51	1.52	97.88	3.70	2.12	0.05
新城区	660.56	14.85	1.74	20.15	0.87	79.85	2.32
回民区	194.46	5.88	0.20	82.61	0.42	17.39	0.06
赛罕区	1002.95	44.68	7.93	56.18	11.08	43.82	5.81
土默特左旗	2764.97	42.12	20.60	88.25	45.24	11.75	4.05
托克托县	1407.76	47.60	11.85	68.47	20.20	31.53	6.25

续表

行政区名称	土地总面积	耕地		水浇地		旱地	
		占本区土地比例	占全市耕地比例	占本区土地比例	占全市耕地比例	占本区土地比例	占全市耕地比例
和林格尔县	3447.78	31.85	19.42	26.72	12.91	73.28	23.80
清水河县	2818.14	22.27	11.10	3.44	0.95	96.56	17.92
武川县	4682.34	30.95	25.64	7.25	4.62	92.75	39.75
全市合计	17186.12	32.89	100.00	40.18	100.00	59.82	100.00

（2）园地

全县园地总面积仅 37.99km^2，园地占辖区土地总面积 0.22%，其中果园 32.00km^2；其他园地 5.0km^2，主要集中在土默特左旗（见表 2—1，图 2—3）。

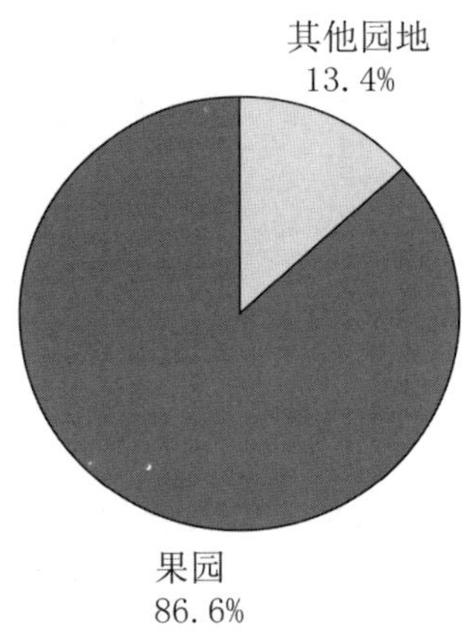

图 2—3　2009 年呼和浩特市园地结构

（3）林地

全市林地总面积 3697.23km^2，占土地总面积的 21.51%，主要包括有林地、灌木林地和其他林地等，从全市三级类林地结构来看（图 2—4），其他林地数量相对较大，其次为有林地，灌木林地；从各旗、县、区林地数量占全市林地比例来看（见表 2—3），土默特左旗、和林格尔县、清水河县三旗县最多；但从林地类型来看，有林地数量最多的是和林格尔县、土默特左旗、和武川县，而其他林地数量则清水河县最多，占全市总量的 55%，主要为山地丘陵区生态退耕以来的造林地和幼林地；另外和林格尔县、土默特

左旗、清水河县的灌木林地也较多，

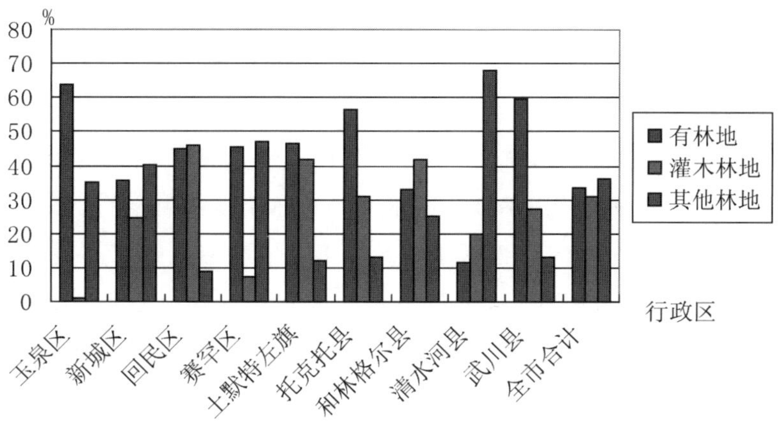

图 2—4　2009 年呼和浩特市林地结构

表 2—3　呼和浩特市各旗县林地数量统计

单位：km²，%

行政区名称	土地总面积	林地合计		有林地		灌木林地		其他林地	
		占本区土地比例	占全市林地比例	占本区土地比例	占全市有林比例	占本区土地比例	占全市灌木林地比例	占本区土地比例	占全市其他林地比例
玉泉区	207. 17	3. 31	0. 19	63. 99	0. 36	1. 11	0. 01	34. 89	0. 18
新城区	660. 56	46. 79	8. 36	35. 44	8. 89	24. 41	6. 62	40. 14	9. 37
回民区	194. 46	31. 66	1. 67	45. 08	2. 25	46. 10	2. 49	8. 82	0. 41
赛罕区	1002. 95	14. 85	4. 03	45. 26	5. 47	7. 45	0. 97	47. 29	5. 32
土默特左旗	2764. 97	21. 36	15. 97	46. 45	22. 26	41. 58	21. 53	11. 97	5. 34
托克托县	1407. 76	13. 01	4. 95	56. 22	8. 36	30. 82	4. 95	12. 96	1. 79
和林格尔县	3447. 78	28. 97	27. 02	32. 81	26. 60	42. 08	36. 85	25. 11	18. 94
清水河县	2818. 14	38. 20	29. 11	11. 72	10. 23	20. 08	18. 95	68. 20	55. 43
武川县	4682. 34	6. 87	8. 70	59. 68	15. 58	27. 08	7. 64	13. 25	3. 22
全市合计	17186. 12	21. 51	100. 00	33. 33	100. 00	30. 85	100. 00	35. 82	100. 00

（4）草地

全市草地面积 5951.55km²，草地占土地总面积 34.63%。在二级类中（图 2—5），其中天然牧草地面积最大，占草地总面积的 63.71%；人工牧草地较少，其他草地占草地总面积的 35.73%。

从各旗、县、区的草地数量来看（见表 2—4），武川县占全市草地面积的 44.59%，其次为和林格尔县和清水河县；从草地类型来看，武川县、和林格尔县和土默特左旗的天然草地数量最多，清水河县则以其他草地为主，占全市其他草地面积的 48%。人工草地主要集中在和林格尔县和土默特左旗。但从各旗、县、区各类型草地的占本区域草地比例来看，除武川县、和林格尔县和土默特左旗外，其他均以其他草地为主。

表 2—4　呼和浩特市各旗县区草地数量统计

单位：km²，%

行政区名称	土地总面积	草地		天然牧草地		人工牧草地		其他草地地	
		占本区土地比例	占全市草地比例	占本区土地比例	占全市天然草地比例	占本区土地比例	占全市人工草地比例	占本区土地比例	占全市其他草地比例
玉泉区	207.17	15.27	0.53	0.00	0.00	4.10	3.89	95.90	1.43
新城区	660.56	23.04	2.56	0.04	0.00	0.08	0.36	99.89	7.15
回民区	194.46	32.15	1.05	0.02	0.00	0.00	0.00	99.98	2.94
赛罕区	1002.95	14.57	2.46	0.05	0.00	0.01	0.03	99.94	6.87
土默特左旗	2764.97	21.97	10.21	69.64	11.16	0.52	9.44	29.84	8.53
托克托县	1407.76	17.79	4.21	0.00	0.00	4.24	31.88	95.76	11.27
和林格尔县	3447.78	30.85	17.87	81.25	22.79	1.49	47.55	17.26	8.63
清水河县	2818.14	34.90	16.53	0.00	0.00	0.10	3.04	99.90	46.20
武川县	4682.34	56.68	44.59	94.36	66.05	0.05	3.81	5.59	6.98
全市合计	17186.12	34.63	100.00	63.71	100.00	0.56	100.00	35.73	100.00

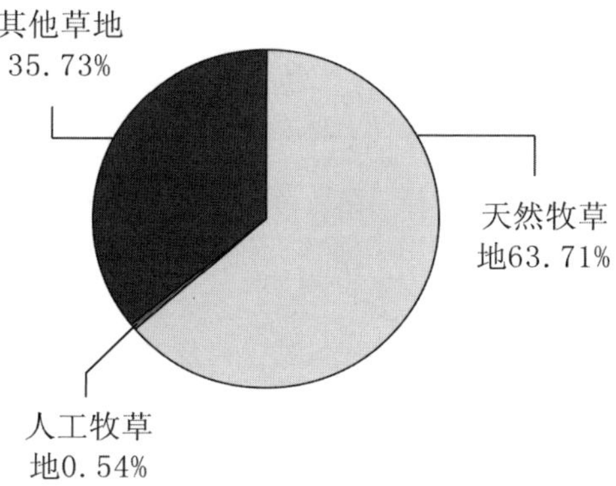

图 2—5 2009 年呼和浩特市草地结构

（5）城镇村及工矿用地

全市城镇村及工矿用地总面积 843.93km²，占全市土地总面积 4.91%，包括城市、建制镇、村庄、采矿用地、风景名胜和特殊用地等 5 个二级类，全市二级类结构如图 2—6。

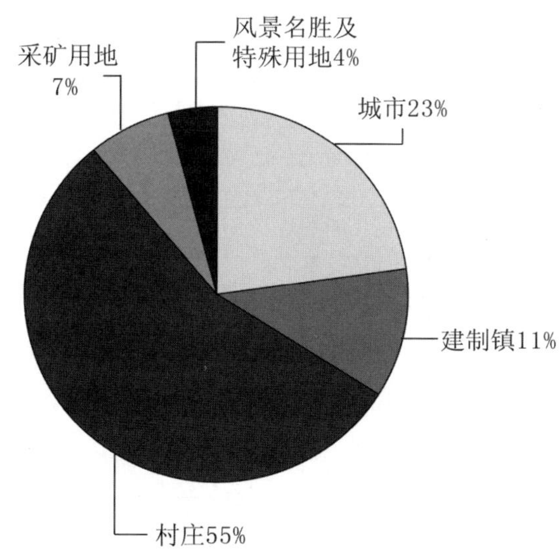

图 2—6 2009 年呼和浩特市城镇村及工矿用地结构

从图上可以看出，村庄用地是城乡及工矿建设用的主要类型，占城镇村及工矿用地总面积的 55%，城市用地占 23%，建制镇比例相对较小，仅占 11%；从全市及各旗县城镇村及工矿用地内部结构来看（表 2—5），各旗、县、区也均村庄用地数量较大，建制镇则近郊的土默特左旗、和林格尔县、托克托县面积较大；从各旗县区城镇村及工矿用地面积占全市本地类面积比来看，城市用地集中分布于市四区，城镇用地和村庄用地则外五旗县为主，其中建制镇以土默特左旗、和林格尔县两个近郊旗县的面积较大，占全市建制镇总面积的60.22%，武川县、和林格尔县和托克托县三县的村庄用地则占全市的59.73%。

表2—5　呼和浩特市各旗县城镇村及工矿用地数量统计

单位：公顷，%

行政区名称	土地总面积	城镇村及工矿用地		城市用地		建制镇用地		村庄用地		采矿用地		风景名胜及特殊用地	
		占本区土地总面积比例	占全市比例	占本区城镇村用地比例	占全市城镇村用地比例	占本区城镇村用地比例	占全市城镇村用地比例	占本区城镇村用地比例	占全市城镇村用地比例	占本区城镇村用地比例	占全市城镇村用地比例	占本区城镇村用地比例	占全市城镇村用地比例
玉泉区	207.17	31.55	7.75	61.03	20.53	0.00	0.00	31.59	4.43	6.11	7.26	1.27	2.68
新城区	660.56	11.69	9.15	62.70	24.91	1.68	1.35	23.81	3.95	6.04	8.48	5.77	14.39
回民区	194.46	23.25	5.36	70.90	16.50	0.00	0.00	21.71	2.11	1.45	1.19	5.94	8.67
赛罕区	1002.95	15.09	17.93	48.86	38.06	0.00	0.00	39.10	12.71	8.67	23.85	2.00	9.76
土默特左旗	2764.97	5.42	17.77	0.00	0.00	22.82	35.66	64.32	20.71	8.18	22.29	4.68	22.69
托克托县	1407.76	7.12	11.87	0.00	0.00	17.07	17.83	78.93	16.98	1.90	3.46	2.11	6.82
和林格尔县	3447.78	3.42	13.98	0.00	0.00	22.05	27.11	66.74	16.91	6.19	13.27	5.02	19.13
清水河县	2818.14	2.19	7.31	0.00	0.00	12.72	8.18	78.01	10.33	2.44	2.74	6.83	13.61
武川县	4682.34	1.60	8.89	0.00	0.00	12.62	9.87	73.66	11.87	12.79	17.45	0.93	2.26
全市合计	17186.12	4.91	100.00	23.02	100.00	11.37	100.00	55.18	100.00	6.52	100.00	3.67	100.00

（6）交通运输用地

全市交通运输用地总面积211.97km^2，占辖区土地总面积1.23%。农村道路面积最大，占交通运输用地总面积59%；公路用地占34%；铁路用地仅占7%；各二级类结构如图2—7。从交通用地在各旗、县、区的数量分配来看，市四区及托克托县交通用地比较大（见表2—1）。

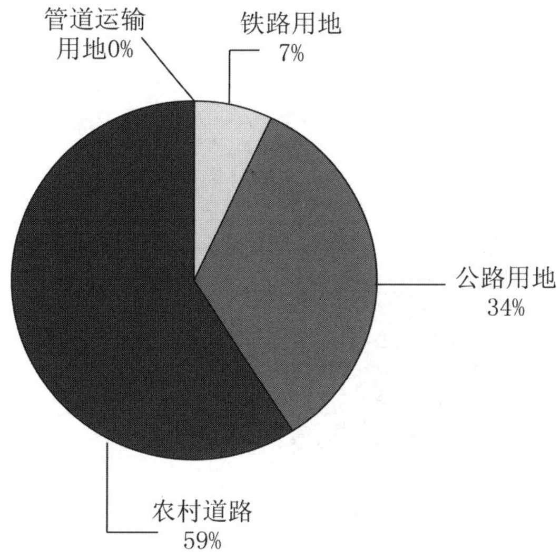

图 2—7 2009 年呼和浩特市交通用地结构

（7）水域及水利设施用地

全市水域及水利设施用地总面积 525.33km²，占辖区土地总面积 3.06%。其中内陆滩涂面积最大，占本项总面积的 55%；主要为黄河、浑河、大黑河常年流水河流两侧的滩涂，河流水面仅占 13%；各二级地类面积比例见图 2—8。

（8）其他土地

全市其他土地总面积为 264.76km²，占辖区土地总面积 1.542%。包括田坎用地、设施农业用地、盐碱地、沙地、沼泽地、裸地等，面积比较大的有盐碱地、裸地及田坎等，各地类面积所占比例见图 2—9。从二级类组成结构来看，盐碱地占其他土地总面积的 55%，其次为裸地和设施农用地类型面积较大。

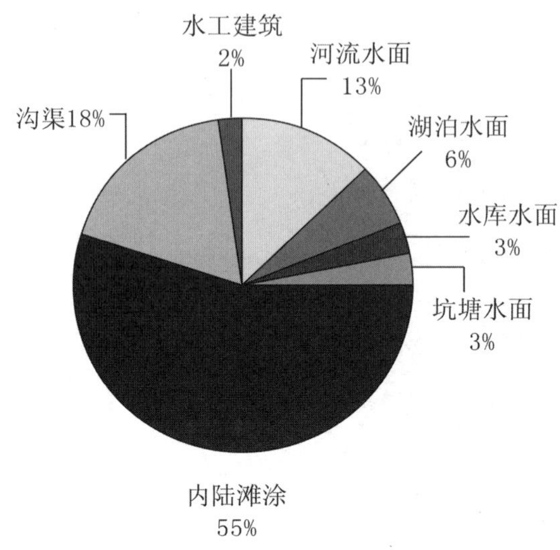

图 2—8　2009 年呼和浩特市水域及水利设施用地结构

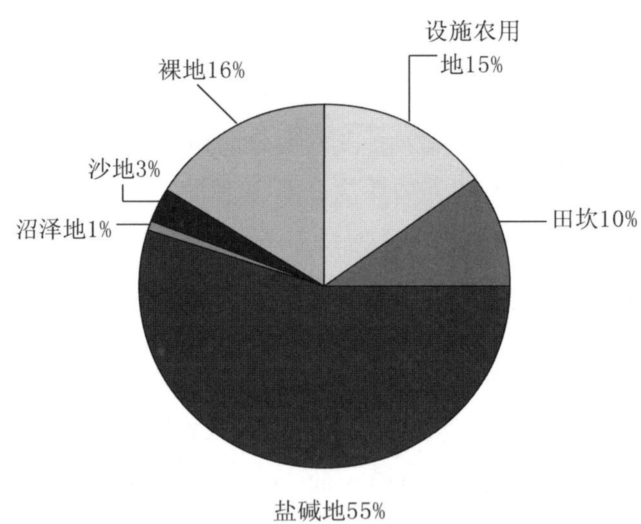

图 2—9　2009 年呼和浩特市其他土地用地结构

2.1.1.2　土地利用类型空间分布特征

从全市 2009 年土地利用现状分布示意图可以看出（见图 2—10），全市土地利用类型分布格局基本保持不变，主要地类的空间分布格局特征表现在以下几个方面：

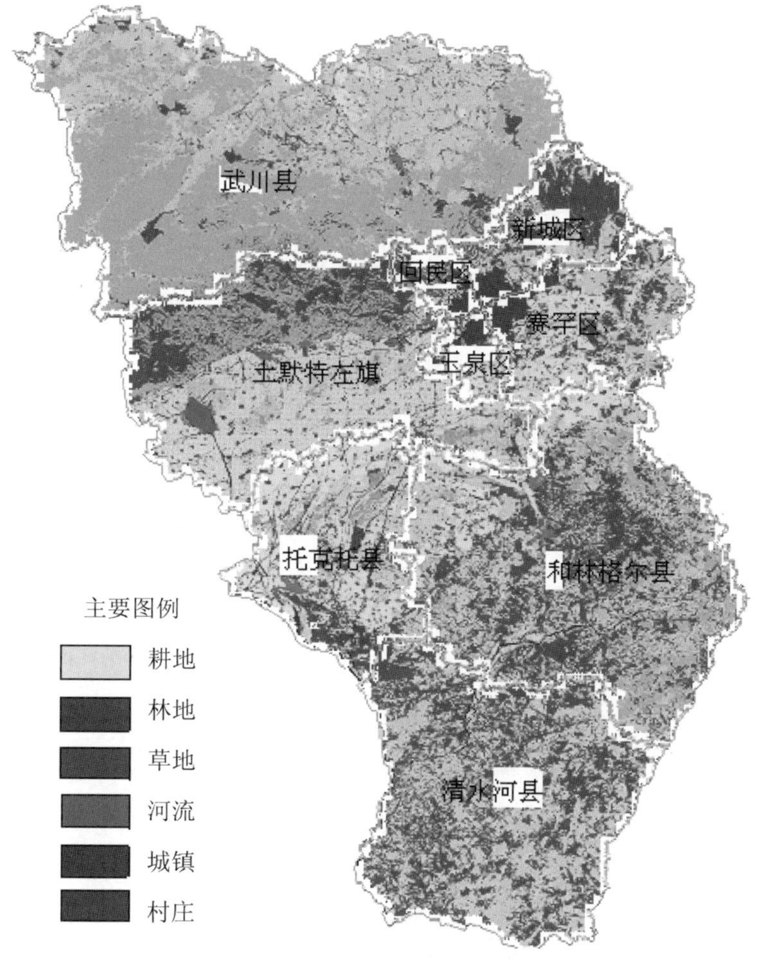

图 2—10 呼和浩特市 2009 年土地利用现状分布示意图

（1）耕地主要分布于土默特平原地区、武川盆地以及南部黄土丘陵地区。

从图 2—10 可以看出，地处于平原区的土默特左旗、托克托县、赛罕区、玉泉区、和林格尔县西北部等地是耕地分布最为集中的区域，从表 2—2 可知，四旗县区平原区耕地面积占全市耕地总面积 57% 以上，特别是水浇地占水浇地总面积的 90% 以上，旱地广布于后山武川县东部的盆地和清水河县、和林格尔县南部等地的黄土丘陵区，其中清水河县和武川县旱地占本县耕地比例均在 90% 以上，这些地区旱地多为中低产田，以种植玉米、马铃薯、谷物等农作物为主。

（2）林地分布于大青山、蛮汉山山区以及东南黄土丘陵区。

从图2—10中可以来看，大青山林区主要分布于土默特左旗、回民区、新城区；蛮汉山林区分布于林格尔县中部；东南黄土丘陵区林地主要分布于清水河县，从表2—3也可看出上述几个旗县林地面积较大、比例较高。

（3）草地集中分布于大青山北麓石质丘陵地区和东南部黄土丘陵地区。

从图2—10中可以来看，草地主要分布在后山武川县境内西部石质丘陵区，该县草地面积占全市草地总面积的44.59%，其次为和林格尔县和清水河县；从草地类型来看，质量良好的天然牧草地和人工草地则主要分布于武川县、和林格尔县和土默特左旗，而其他草地则较为广泛的分布于清水河县的黄土丘陵地区，占全市其他草地面积的48%（见表2—4）。

（4）城市用地分布集中，近郊建制镇用地已形成卫星城镇格局，村庄用地广布。

从呼和浩特市建设用地空间布局来看，由四市区组成的中心城市和由近郊旗县及开发区组成的卫星城镇格局已形成。由交通用地贯穿的远郊旗县建制镇呈辐射状分布，农村居民点为主的村庄用地散布的密集程度由中部平原区向南北逐渐降低。

2.1.1.3　土地利用效果分析

（1）土地利用程度分析

土地利用程度是指土地资源已开发利用的水平和土地可开发潜力的大小，这里可用土地利用程度综合指数和土地垦殖率来表示。

土地利用程度综合指数：这是土地利用程度最常用的一个衡量指标。

$$I = \sum_{i=1}^{n} (A_i \cdot C_i) \cdot 100 \qquad \text{（公式 2—1）}$$

式中：I 为研究区域的土地利用程度综合指数

A_i 为第 i 类土地利用程度分级指数

C_i 为该区域第 i 类土地利用类型的面积百分比，指数数值越高，表明该区域的土地利用程度越高。

在中国资源环境数据库中，刘纪远等人从生态学的角度出发，提出了土地利用程度分级标准，将土地利用类型分为四个利用程度等级与土地利用程度分级指数（表2—6），对表中的地类按照《土地利用现状分类》进行了归并和拆分，形成了呼和浩特市市土地利用程度分级指数（表2—7）。

表2—6 土地利用程度分级指数表

利用程度类型	未利用	低度利用	中度利用	高度利用
土地利用类型	未利用土地、其他土地	林地、天然草地	耕地、园地、改良草地和人工草地、其他农用地、水利设施用地	居民点工矿用地、交通用地
分级指数	1	2	3	4

注：此表源于刘纪远《中国土地利用变化的遥感时空信息研究》中的分级表，根据《全国土地分类》（过渡期间适用）中的类型略作调整。

表2—7 呼和浩特市市土地利用程度分级指数表

利用程度类型	未利用	低度利用	中度利用	高度利用
土地利用类型	河流水面、湖泊水面、水库水面、沿海滩涂、内陆滩涂、冰川及永久积雪、盐碱地、沼泽地、沙地、裸地、其他草地	林地、天然牧草地	耕地、园地、人工牧草地、农村道路、坑塘水面、沟渠、水工建筑用地、设施农用地、田坎	城镇村及工矿用地、铁路用地、公路用地、机场用地、港口码头用地、管道运输用地
分级指数	1	2	3	4

根据公式2—1，计算呼和浩特市土地利用程度综合指数为233.35，各旗县区计算结果如表2—8，从表中可以看出，呼和浩特市土地利用程度比较高，市四区土地利用指数均高于全市的土地利用程度平均指数值；近郊的土默特左旗、和林格尔县、托克托县等的土地利用综合指数也较高，而远郊的清水河县和武川县则土地利用程度综合指数较小，利用程度较低。

表 2—8　呼和浩特市各旗县区土地利用程度对比

区域	均值	玉泉区	新城区	回民区	赛罕区
土地利用程度综合指数	225.73	253.02	258.02	256.27	252.91
区域	土默特左旗	托克托县	和林格尔县	清水河县	武川县
土地利用程度综合指数	230.97	224.00	227.18	208.97	201.37

土地垦殖率：一定区域内耕地面积占土地总面积的比例，即为土地垦殖率。土地垦殖率也表示一个国家或地区土地资源开发利用的程度，是反映土地资源利用水平的重要经济指标。

土地垦殖率＝耕地面积/总土地面积×100%　　（公式 2—2）

全市及各旗县的土地垦殖率计算结果见表 2—9，从表中可以看出，呼和浩特市的土地垦殖率相对较高，平均值为 31.85%，耕地在全市的比重较大，特别是赛罕区、土默特左旗、托克托县、武川县、和林格尔县等耕地数量较大的旗县区（见表 2—9）。

表 2—9　呼和浩特市土地垦殖率（%）

行政区名称	土地总面积	耕地面积	土地垦殖率（%）
玉泉区	207.17	85.99	41.51
新城区	660.56	98.10	14.85
回民区	194.46	11.44	5.88
赛罕区	1002.95	448.10	44.68
土默特左旗	2764.97	1164.66	42.12
托克托县	1407.76	670.13	47.60
和林格尔县	3447.78	1098.15	31.85
清水河县	2818.14	627.51	22.27
武川县	4682.34	1449.30	30.95
全市合计	17186.12	5653.36	32.89

（2）土地城镇化比率

土地城镇化比率是一定区域内城镇面积占土地总面积的比例，是表示一个地区城镇化水平的一个标志，土地城镇比率的计算公式：

土地城镇化比率＝城镇土地面积/总土地面积×100%　　　（公式2—3）

利用公式2—3计算全市各个旗县区土地城镇化比率（表2—10），可以看出，除市四区外，近郊旗县的城镇化率相对较低。

表2—10　呼和浩特市市土地城镇化比率

单位：公顷，%

行政区名称	土地总面积	城市与建制镇面积	城镇化率	行政区名称	土地总面积	城市与建制镇面积	城镇化率
玉泉区	207.17	39.89	19.26	托克托县	1407.76	17.10	1.21
新城区	660.56	49.70	7.526	和林格尔县	3447.78	26.01	0.75
回民区	194.46	32.05	16.4846	清水河县	2818.14	7.84	0.28
赛罕区	1002.95	73.94	7.376	武川县	4682.34	9.47	0.20
土默特左旗	2764.97	34.21	1.24	全市合计	17186.12	290.23	1.69

2.1.1.4　土地利用的经济效益分析

根据相关性原则及资料的可获取性，采用地均GDP、建设用地地均第二产业产值、建设用地地均第三产业产值三个指标来衡量呼和浩特市土地利用的经济效益。据2010年呼和浩特市经济统计年鉴，计算全市土地利用的经济效益（见表2—11），可以看出，2009年呼和浩特市地均GDP为2668.38元/公顷；建设用地地均第二产业产值为68568.17元/公顷；建设用地地均第三产业产值为3611.17元/公顷。除建设用地地均第二产业产值较高外，其他值相对较低。总的来看，呼和浩特市地均产业结构仍呈现出“二、三、一”的格局，工业经济整体实力不断的增强，第三产业仍保持平稳较快的发展势头，争取使呼和浩特市市生产总值产业结构早日呈现出“三、二、一”的格局。

表2—11　呼和浩特市市土地利用经济效益（2008年）

行政区域	地均GDP（元/公顷）	建设用地地均第二产业产值（元/公顷）	建设用地地均第三产业产值（元/公顷）
呼和浩特市	2668.38	68568.17	3611.17

资料来源：《呼和浩特市统计年鉴》（2009年）。

2.1.1.5　土地利用现状总体特点及存在的主要问题

（1）土地利用现状总体特点

从上述分析可以得出呼和浩特市市域土地利用总体特点有以下几点：

①土地利用类型以草地、耕地和林地等农用地为主

呼和浩特市土地利用类型以草地、耕地和林地为主，三类土地面积之和达到15302.13km^2，占土地总面积的89.04%。

②土地利用地域差异明显

呼和浩特市地貌类型多样，自然环境多样，使得土地利用上呈现明显的地域差异分布。总体来看由北向南，表现为草地—耕地分布带、林地—草地分布带、耕地带分布、草地—耕地—林地交错分布带的变化格局。即武川县、和林格尔县和清水河县山地丘陵区的草地和林地分布较多，其中以武川县的草地最多，占全市草地总面积的44.59%；耕地主要分布在土默川平原的土默特左旗和大青山北麓的武川县。

③建设用地分布较为集中，城镇与村庄用地分布不均

呼和浩特市辖四区集中分布于土默特平原东部，各旗、县政府所在地的城镇用地、村庄用地均分布于交通沿线的盆地或宽谷中，广大的山地丘陵区建设用地较少，除少数采矿用地外，农村居民点用地较少，随着生态移民工程的进一步实施，预计还会减少，这一点也有利于市域生态环境的改善自然与恢复。

（2）土地利用中存在的主要问题

①土地资源供需矛盾突出

1997—2009年，是呼和浩特市社会经济各业飞速发展的时期，城市空间拓展迅速，全市建设用地总量由637.58km^{2}增加到796.02km^2，城市建成区面积由87.77km^{2}扩展到152.14km^2，随着呼和浩特市城镇化、工业化进程的加快，以及西部大开发战略和呼和浩特市“一核双圈”规划的实施，呼和浩特市在能源、交通、水利、电力、城市基础设施和生态环境建设等方面投资进一步加大，非农业建设用地的需求不可避免将进一步增长，然而受土地政策、建设用地指标限制、规划滞后等的影响，土地资源供需矛盾进一步加大。

②局部地区土地利用生态环境脆弱

2009 年林地面积占土地总面积的 18.18%，林地主要集中分布在大青山和蛮汉山山地，而后山石质丘陵和南部黄土丘陵地区则林地面积较小，生态环境脆弱。尤其是南部清水河县、和林格尔县的丘陵区沟壑纵横，植被稀疏，水土流失严重。

③城郊结合部土地污染有加重趋势

随着城市经济发展以及人口的增加，城市垃圾、大气、工业“三废”排放量迅速上升，对城市环境、近郊土地造成污染，并有蔓延的趋势。

④村庄用地面积大，利用率低

呼和浩特市村庄用地内涵复杂，居住、生产、畜牧养殖等用地类型混合，其中，内部布局比较松散，特别是山地丘陵区，无人村、少人村居多，节约集约利用程度较低，通过土地复垦利用的可能性较小，大多数靠缓慢的自然恢复。

2.1.2　呼和浩特市 1997—2009 年土地利用动态变化分析

以呼和浩特市各区县 1996—2009 年历年土地利用现状变更数据为数据源，应用数理统计方法对该区域土地利用进行分析。根据 2001 年 8 月国土资源部颁布的《全国土地分类（试行）》，土地利用现状分类系统按三级进行分类，其中一级类型 3 个，二级类型 15 个，三级类型 71 个。在此之前土地利用现状分类采用两级分类系统，考虑到 1997—2009 年的数据在分类统计时的差异以及数据可得性，根据研究的需要，将 2001 年以后各年的土地利用现状数据按照旧的土地两级分类系统重新归类为耕地、园地、林地、牧草地、城镇村及工矿用地、交通运输用地、水域及水利设施用地、其他土地共 8 种类型。

2.1.2.1　土地利用变化的时间序列

时间序列分析是为了了解 1996—2009 年 14 年间呼和浩特市土地利用状态在时间轴上的变化，即土地利用的数量、结构、方式和强度随时间发生的改变。内蒙古 2000 年进行了西部大开发国土资源大调查工作，在随后全面展开的生态退耕还林还草工程中，呼和浩特市土地利用类型变更最为显著的是 2002 年末土地利用现状变更统计，即生态退耕还林还草工程建设引起的农用地内部结构调整最为显著，因此，为了更好的分析土地利用在时间轴上的变化特点选取具有标志意义的2002年作为中期数据，以1996年、2002年、2009年三期现状数据来分析前后两个时段研究区土地利用变化特征。

（1）土地利用数量变化分析

呼和浩特市1996—2009年14年间土地利用类型的变化见图2—11。由图可知，14年间耕地、草地呈逐渐减少的趋势；林地、城镇村及工矿用地、交通运输用地、水域及水利设施用地呈递增的趋势；而园地呈先增后减、其他土地呈先减后增的趋势。

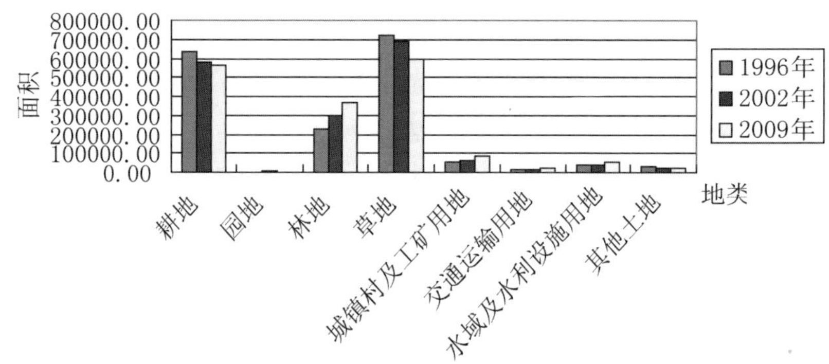

图2—11　1996—2002—2009年呼和浩特市土地利用类型变化统计图

表2—12　1996—2009年呼和浩特市土地利用类型面积统计表

单位：公顷

土地利用类型	1996年	2002年	2009年	净增减量	
				1996—2002年	2002—2009年
耕地	631439.62	582107.97	565335.90	－49331.65	－16772.07
园地	3522.62	4655.11	3799.33	1132.49	－855.78
林地	231317.13	296961.62	369722.53	65644.49	72760.91
草地	722262.25	691603.99	595154.63	－30658.26	－96449.36
城镇村及工矿用地	52351.19	64862.69	84393.48	12511.50	19530.79
交通运输用地	14048.99	15999.92	21197.37	1950.93	5197.45
水域及水利设施用地	35900.23	36310.25	52533.06	410.01	16222.81
其他土地	27769.98	26110.47	26475.65	－1659.51	365.18

由表2—12可以看出，1996—2002年时段土地利用类型变化：林地>耕地>草地>城镇村及工矿用地>交通运输用地>其他土地>园地>水域及水利设施用地；2002—2009年时段土地利用类型变化：草地>林地>城镇村及工矿用地>耕地>水域及水利设施用地>交通运输用地>园地>其他土地。14年来呼和浩特市的土地利用结构发生了很大变化：

①耕地逐年减少。这主要是由于经济发展、人口增长和农业结构内部调整所致，但2002—2009年时段的净变化率比1996—2002年时段净变化率降低了4.93%，呼和浩特市实行的严格保护耕地的措施已见成效，但随着基础设施建设力度的不断加大，建设用地占用耕地、设施农业发展导致的农业结构调整等均会在一定程度上引起耕地的减少，因此，严格耕地占补平衡制度，加大土地整理开发与耕地储备库建设，合理调整各类用地的空间结构，应该是呼和浩特市维持保有量的主要途径。

②林地在逐年增加。2002年以来，从保护和改善生态环境出发，将易造成水土流失的坡耕地和易造成土地沙化的沙地，有计划、有步骤地停止继续耕种，本着宜乔则乔、宜灌则灌、宜草则草的原则，因地制宜地造林种草，恢复植被。呼和浩特市政府将治理生态环境作为首要任务，全面贯彻"进一退二还三"的政策，实施以小流域治理为重点的综合治理政策措施，2002—2009时段年比1996—2002时段年多增加了7115.97公顷。

③草地在逐渐减少。而且2002—2009年时段比1996—2002年时段多减少了65791.10公顷，一是由于呼和浩特市2002以来土地开发整理工作的力度加大；二是由于农业结构内部调整的结果。

④城镇村及工矿用地、交通运输用地、水域及水利设施用地呈增长趋势。2002—2009年时段比1996—2002年时段增加的力度要大。由于呼和浩特市经济的快速发展，城镇建设用地逐步扩大，居民点及工矿用地、交通用地也呈现增长趋势。特别是在政府"大力发展中小城镇"的政策导向下，近些年呼市周边旗县城镇村及工矿用地的发展速度比较快，特别是土默特左旗，其城镇村及工矿用地占全县总土地面积的16.42%。

⑤其他土地和园地的变化相对较小。

（2）土地利用变化的速度分析

土地利用的动态度可定量描述区域土地利用动态变化速度。本项研究采用单一土地利用动态度（K），来表达在一定时段内区域内土地利用类型的数量变化特征。其计算公式为：

$$K = \frac{U_b - U_a}{U_a \times (T - 1)} \times 100\% \qquad \text{（公式 2—4）}$$

式中，U_a 为研究的起始时刻某类土地利用类型的面积

U_b 为研究的截止时刻某类土地利用类型的面积

T 为监测时段的时间尺度。

利用上述公式计算出呼和浩特市的耕地、园地、林地、草地、城镇村及工矿用地、交通运输用地、水域及水利设施用地以及其他土地的单一土地利用类型动态变化度（见表 2—13）。

表 2—13　1996—2009 年呼和浩特市土地利用动态度

单位：%

地类 时段	耕地	园地	林地	草地	城镇村及工矿用地	交通运输用地	水域及水利设施用地	其他土地
1996—2002 年	-1.12	4.59	4.05	-0.61	3.41	1.98	0.16	-0.85
2002—2009 年	-0.41	-2.63	3.50	-1.99	4.30	4.64	6.38	0.20

从表 2—13 可以看出，两个变化时段的动态度是不一样的，1996—2002 年时段土地利用度：园地 > 林地 > 城镇村及工矿用地 > 交通运输用地 > 耕地 > 其他土地 > 草地 > 水域及水利设施用地；2002—2009 年时段土地利用类型变化：水域及水利设施用地 > 交通运输用地 > 城镇村及工矿用地 > 林地 > 园地 > 草地 > 耕地 > 其他土地。其中 1996—2002 年时段年际变化速度较快的园地、林地，在 2002—2009 年时段开始降低，分别为 -2.63% 和 3.5%；而城镇村及工矿用地、交通运输用地、水域及水利设施用地的土地利用动态度，2002—2009 时段年比 1996—2002 年时段都有所增加，其中水域及水利设施增加最快，达 6.38%，这势必会对耕地资源造成一些危害，因此今后发展地方经济要充分体现土地集约节约的政策；耕地的土地利用动态度后半时段也比前半时段减少，由 -1.12% 变为 -0.41%，充分说明破坏耕地的现象得到一定程度的缓解，今后仍需坚持严格的耕地保护措施。草地的动态变化度有所增加，由 -0.61% 增加到 -1.99%，说明草地近七年的变

化有所加快。比较不同时期的动态度发现，耕地和林地的后一段时期的动态度均低于前一时期的动态度，而城镇村及工矿用地、交通运输用地以及水域及水利设施用地后一段时期的动态度均高于前一时期的动态度，这表明呼和浩特市在城市化进程中的用地结构呈现一种不协调的发展趋势。

2.1.2.2 土地利用变化的空间序列分析

空间序列分析是为了反映14年间呼和浩特市的土地利用变化在空间分布上的差异。由于自然条件、社会经济条件等因素，呼和浩特市土地利用变化差异显著，可用某一特定土地利用类型相对变化率来表示，

$$R = \frac{K_a/K_b}{C_a/C_b} \qquad \text{（公式 2—5）}$$

式中，K_a、K_b 分别代表某区域某一特定土地利用类型研究期初及研究期末的面积

C_a、C_b 分别代表全研究区某一特定土地利用类型研究期初及研究期末的面积。

如果某区域某种土地利用类型的相对变化率 $R>1$，则表示该区域这种土地利用类型变化较全区域变化大；若 $R=1$，则表示二者变化相同；若$R<1$，则表示该区域这种土地利用类型变化较全区域变化小。

利用上述公式计算出呼和浩特市所辖县、旗区的耕地、园地、林地、牧草地、城镇村及工矿用地、交通运输用地、水域及水利设施用地和其他土地的相对变化率见表2—14。

表2—14 1996—2009年呼和浩特市土地利用类型相对变化率

地类 行政区	耕地	园地	林地	草地	城镇村及工矿用地	交通运输用地	水域及水利设施用地	其他土地
市辖四区	1.03	0.98	1.03	1.36	0.83	1.20	0.82	5.13
土默特左旗	0.88	0.88	1.60	0.99	1.18	1.07	1.64	0.23
和林格尔县	0.95	4.04	0.99	1.12	1.01	0.73	1.32	0.50
托克托县	0.82	0.31	1.85	1.45	0.94	0.78	1.19	0.12
武川县	1.10	8.91	1.09	0.77	1.40	1.38	0.25	6.88
清水河	1.24	3.46	0.50	1.25	1.11	0.89	1.47	2.56

由表2—14可以看出，各区域土地数量变化存在明显的区域差异，且变化大的区域和变化小的区域也存在较大差距。

从地类来看，耕地变化的区域差不是很明显，以清水河县为最大，相对变化率达到1.24，武川县和市辖四区次之，分别为1.10和1.03，托克托县变化最小，也为0.82；园地变化的区域差较为明显，以武川县最大，为8.91，区域差最小的是托克托县，仅为0.31；林地的变化托克托县最大，清水河最小；城镇村及工矿用地变化以武川县最大，市辖四区最小；交通运输用地武川县最大，土默特左旗最小；水域及水利设施用地变化以土默特左旗最大，武川县最小；其他土地变化以武川县最大，托克托县最小。

从地域分布来看，市辖四区，耕地、草地、交通运输用地、其他土地的相对变化率$R>1$，说明该区域的经济建设对这些地类的需求量较大，今后该区域在大力发展经济的基础上加强耕地保护政策的实施。土默特左旗的林地、城镇村及工矿用地、交通运输用地、水域及水利设施的相对变化率$R>1$，其变化主要集中在建设用地上；和林格尔县和托克托县的变化主要集中在农用地上，其中和林格尔县的园地的相对变化率较大，为3.93；武川县和清水河八大地类中均有六大地类的相对变化率$R>1$，说明该区域这十多年土地利用的变化较大，远远超过了全市各类用地的平均变化率。

综上所述，呼和浩特市土地利用变化总体特征表现为：

①14年间土地利用结构变化较小，农用地占总土地面积百分比降低4.62%，其中耕地与草地降低，林地则增加了3.16%，建设用地与其他土地比例增加，建设用地比例2.88%。

②从各土地利用类型数量变化来看，总体呈现耕地、草地面积减少、林地和建设用地面积增加的特点；其他地类变化较小。

③土地利用动态变化幅度来看，草地、建设用地、未利用土地变幅较大，耕地变化较小；土地利用类型变化强度依次是草地>林地>城镇及采矿>其他土地>耕地>水域等特征，动态度计算值显示，除耕地外，其他地类均表现出1996—2002年阶段变化程度大于2002—2009年阶段。

④在对三期土地利用现状图进行叠加后可知，各地类变化方向以耕地向林地、草地和建设用地的转化为主；空间上以城郊结合部、独立工业开发区、生态退耕集中的丘陵山区变化最为显著。

2.1.3 变化原因解析

探究土地利用类型、数量、空间分布等方面变化的原因，对于正确认识呼和浩特市14年来伴随着社会经济发展而发生的土地利用变化历程、以及土地资源管理在国民经济发展中发挥的作用等有着重要的意义。

（1）自然环境条件变化

14年来呼和浩特市域自然环境条件变化虽然较小，但一些经常发生的自然灾害仍然也是造成部分土地利用类型变化的客观原因，如旱灾、短时暴雨冲刷、春夏季大风吹蚀等导致山地丘陵区的石质阳坡地带的部分天然草地、耕地退化为荒草地，少数疏林地变更为草地等；平原区还有少量地下水位高、盐碱化较为严重的天然草地变更为荒草地；河道干枯导致的土地类型变化等等，因此，自然环境条件变化也是土地利用类型变化的重要因素，但引起呼和浩特市土地利用类型变化更多的还是社会经济和政策方面的因素。

（2）人口因素

人口因素是影响土地利用变化的最具有活力的驱动力之一，近十几年来呼和浩特市人口增长迅速，特别是城镇人口的增加迅速，使得人们对粮食、住房及公共设施的需求量增大，城市、城镇等建设用地量不断增加，加之各类开发区建设，四辖市区近郊以及各旗县政府所在城镇周边的耕地减少迅速；与此同时，农村常住人口减少，耕地撂荒弃耕现象较为普遍，导致部分土地的利用方式发生变化。

（3）经济因素

呼和浩特市的农业生态环境比较脆弱，农业生产成本不断上升，粮食生产结构不断调整，近几年的统计年鉴显示，全市总的农作物播种面积在持续降低，尤其是小麦的播种面积在不断减少，经济效益较好的玉米播种面积在不断上升，经济结构变化对土地利用影响显著：一是产业结构变化将影响土地利用结构，工业的快速发展，开发区和园区建设，会带来土地利用结构中建设用地比重的上升；二是随着居民生活水平的提高，消费结构发生变化，间接影响到土地利用结构和数量变化。

由于市区对周边旗县的城市辐射作用的不同，以及各旗县土地资源禀赋的差异，使得各旗县社会经济发展区域差异较为显著。除市辖四区外，土默特左旗、托克托县、和林格尔县等三个近郊旗县，社会经济发展较快，土地利用类型变化幅度相对较大，同时，随着城镇化、工业化进程，特别是盛乐经济开发区的发展对周边地区的带动作用，使得建设用地面积大幅增加。远郊旗县土地利用变化较小，交通条件差、农业基础设施薄弱，经济条件落后，农牧业生产收益较低，农村劳动力外流，农用地类型之间变化较为显著，建设用地面积变化很小。

（4）社会政策因素

呼和浩特市地处农牧交错带，自然生态环境比较脆弱，大力发展经济，提升地区经济实力的同时，生态环境建设是首要任务，是社会经济发展的基础，因此，全面贯彻“进一退二还三”的政策，实施以小流域治理为重点的综合治理政策措施起到了良好的效果，使得研究期内林地大幅度增加。另一方面，在“大力发展中小城镇”的政策导向下，建制镇用地逐年增加；城市化速度的加快，又使城市用地逐年增加。

从区域差异来看，平原区土地利用类型变化较小，这里农业基础设施良好、交通方便，社会经济相对较发达，经过十几年的基本农田整理建设以及养殖业发展，耕地、设施农业用地、畜禽养殖用地等有较大的增加，相应的天然草地、林地和未利用的有所减少；而山地丘陵区变化相对较大，其退耕还林还草政策实施是这一变化的主要原因，在逐年实施退耕还林计划，在坡耕地退耕还林的同时，大力实施宜林荒山荒地造林工程，有效地减少了山地丘陵区水土流失和风蚀沙化的发生。保护和改善了全市山区生态环境，这也是直接导致全县耕地、林地和草地之间面积变化的主要原因。

2.1.4 土地资源可持续利用对策

（1）认真贯彻执行国家土地政策，严格耕地保护

呼和浩特市14年来耕地在逐年减少，虽然通过土地开发整理复垦补充了一部分耕地，但占用的是质量较好的耕地，补充的大部分为质量较差的土地，致使土地生产力下降。所以凡被批准占用的耕地必须占一补一，并且与所占耕地质量等同。任何单位和个人不得擅自改变用途和占用、弃荒闲置，国家重点建设项目无法避开需占用的，必须按《基本农田保护条例》的规定严格审批，按照耕地总量动态平衡的要求。

（2）增强规划的科学性和约束作用

加强土地管理，使各种规划得以实施。呼和浩特市以及各区域的土地利用总体规划一经批准，必须严格执行，不得随意调整和修改。基本农田一经划定，必须成为不可逾越的红线，不得随意占用。规划确定的各项指标都必须坚决执行。同时建立和加强规划实施督查制度。

（3）优化农业用地结构，提高土地利用综合效益

全市根据不同地区的土壤类型和气候条件，优化农用地结构，因地制宜的实行退耕还林、退耕还牧，以创建有序进行的农业生态系统尤其是耕地生态系统，提高农业经营及耕地资源开发利用的抗灾能力；优化各类农用地内部结构，积极推广、耕种各种适销对路的农业新品种，从而提高土地资源开发利用经营效益。

（4）优化建设用地结构和布局，促进土地集约利用

随着呼和浩特市经济的发展，加强城镇建设用地的规划，逐步使居民点由零散转向集中布局，减少村镇分散分布对于土地的过多占用；工业用地布局尽量安排在城镇建成区内，以充分利用城镇的基础设施，提高非农业用地效益；独立工矿用地尽量安排在非耕地，同时也要注意不污染环境；交通、水电等基础设施重点项目用地要优先保证，以改善投资环境，发展地区经济，但在项目选址时要注意避开农田，尽量少占耕地；农业土地经营向规模经营发展，切实提高农业用地集约经营程度与经济效益。

2.2 呼和浩特市景观生态环境变迁历程*

2.2.1 地质历史时期景观生态环境变迁

据相关研究结果，地质历史时期影响内蒙古中部地区景观变化的主导因素是地壳运动与古气候变迁，特别是冰期一间冰期变化，呼和浩特地区主要经历了以下几个阶段：

（1）森林景观生态环境

呼和浩特市域范围正处于内蒙古高原南缘的阴山山地与黄土高原北缘的黄土丘陵的过渡地带，古地质历史与地层组成相对较为复杂。作为内蒙古南部古陆的一部分，早在震旦纪早期的吕梁运动之后，就成为陆地，随后在漫长的地质年代里，又经历了三次大的海侵和海退，直至晚古生代海西运动之后，阴山山地等多条东西向陆缘山系的隆起，海水逐渐消退，才完全稳定成陆。

从晚古生代成陆开始，直至新生代早第三纪，本区域一直以森林景观为主，但随着地壳运动的不断发生，大地貌格局的改变与气候条件的变化，森林景观的类型也发生了很大变化：石炭至二叠纪时期，海退刚刚结束，地势低平，气候湿热，沼泽广布，树林繁盛，呈现出一派原始热带森林景观景象；三叠纪末地壳发生了印支运动，这一地区以起伏的地堑一地垒式地形为主，但气候仍然炎热多雨，湖泊众多，植物以苏铁类松柏类、银杏类以及多种蕨类植物为主，呈现着热带、亚热带常绿林景观，因此，这一时期也是内蒙古中西部重要的成煤时期。

中生代白垩纪末燕山运动，使得阴山山地进一步隆起，将东北—西南走向的大兴安岭隆起带的西侧沉降带—呼伦贝尔鄂尔多斯沉降带分隔为两个盆地，即阴山北麓和阴山南麓。虽然经历了二次地壳运动，但受东南暖湿气流的影响，内蒙古仍保持着亚热带气候，从阴山北侧的四子王旗的孢粉分析表

* 注：本部分内容是《呼和浩特市特殊生态功能保护区区划研究》（20010905—02）成果之一。

明，阴山山地为针叶林，平地为亚热带常绿阔林和常绿针阔叶混交林。白垩纪末，受燕山运动影响，地壳整体上升，西伯利亚海北退，气候逐渐干燥，湖水浓缩，裸子植物衰亡，被子植物代之而起，被子植物组成的森林景观占优势。

进入第三世纪，燕山运动造成的崎岖不平的山地，经过几千万年相对稳定的夷平阶段，山地进入准平原状态，阴山以北为温暖带阔叶、针阔叶混交林，白垩纪末期年均气温比现在高 10℃，从古新世到渐新世，气候进一步变干，气温开始下降，湖水咸化。山地森林中适应寒冷的云杉、落叶松等增加，42°N 以北的暖温带南移，针阔叶混交林占据了大部分地区，草本植物禾本科的针茅属植物出现。

（2）森林草原景观生态环境

草本植被在内蒙古最早出于第三纪渐新世，并随着环境变迁逐渐替代了森林植被；逐渐形成了今日的草原观景。渐新世末发生的喜马拉雅运动，导致已经被削平的内蒙古高原和山地沿原来的构造线重新隆起，阴山北侧成为内蒙古高原，阴山南侧形成断陷沉降带。古特提斯海（古地中海）西退消失，使得内蒙古中西部远离大海，气候大陆性明显加强，干旱程度加剧。植被由落叶阔叶林、针叶林逐渐被温带疏林草原所替代。乔木多分布于起伏较大的阴山山地，种类由喜暖湿的杉科、柏科植物变为耐寒冷的云杉、冷杉、落叶松树种等；落叶阔叶树也以耐温凉的榆、栎、桦、杨等种类为主。草本植物在长期的演化过程中，成为本区域植物群落的主要成分，特别是禾本科的针茅属植物从渐新世出现，经中新世、上新世的发展，在第四纪早更新世已发展成为草原景观的主要成分。

第四纪以来，随着青藏高原的进一步隆起，不仅使得印度洋暖湿空气几乎不能到达本区，同时加强了蒙古高压控制干冷气团的势力，从而使得内蒙古气候进一步变干、变冷，但第四纪四次冰期、间冰期的交替出现，阴山南北两侧的草原景观也随之发生着小幅波动：早更新世第一次冰期（鄱阳冰期）结束，阴山以北内蒙古高原具明显的大陆气候，植被景观由上新世的疏林草原演变为草原，阴山以南的河套沉降带，则随着间冰期（鄱阳大姑间冰期）的到来，阴山南麓湖泊广布，气候暖温，发展了新的森林草原景观。

（3）荒漠草原景观生态环境（荒漠化时期）

中更新世至晚更新世是内蒙古荒漠化时期，早更世形成的森林草原、干草原景观随着第二次冰期（大姑冰期）的来临，气候再度变冷变干，植被进一步旱化，特别是阴山山地永冻层的出现，使得其南麓的河套沉降带演变为以荒漠草原和荒漠景观，主要建群种以藜科、禾本科及菊科蒿属植物为主，而阴山以北的内蒙古高原则成为寒冻荒漠；冰期过后，（大姑一庐山间冰期）气候转暖，但水分减少，耐旱的草原动、植物又繁盛起来。

至晚更新世早期，随着第三次冰期（庐山冰期）的来临，内蒙古高原气候又向寒旱方向发展，生物群落中，耐寒的种类增多；但间冰期的迅速到来（庐山—大理间冰期），大大减缓了气候的寒旱趋势，使得自然景观大体上保持了中更新世以来的荒漠草原、干草原和荒漠化草原特征，山地则为云杉、冷杉、松等为主的森林景观。

晚更新世后期，第四次冰期（大理冰期）来临，海平面大幅下降，陆地向海洋扩大，内蒙古地区四周距海洋均十分遥远。加之青藏高原已隆起接近现代高程，且冰期西伯利亚高压势力极强，使得内蒙古全境经历了地质历史上最范围最广，程度最大的寒旱荒漠化时期。荒漠化草原仅保留在东南边缘，部分地区年降水量仅 50—150mm，年均温 -3℃—10℃，为典型荒漠气候，地表干燥，风蚀强烈，为沙漠和沙地景观，专家们称这一时期为内蒙古的荒漠化时期。王静爱认为晚更新世冰期造成了内蒙古由东南至西北的四个荒漠景观带，即荒漠化草原带、草原化荒漠带、荒漠带和极端荒漠带。

（4）现代草原景观生态环境

第四纪全新世的地质历史时期最后一次大的冰期过后，全球回暖，海面回升，内蒙古的古地理环境也相应有所改变，至中新世内蒙古年平均气温比现代高 2—3℃，年降水量比现代多 150—250mm，达到 350—700mm/年，晚更新世形成的沙漠与沙地大部分固定下来，大部分地区荒漠景观受夏季风带来的暖湿气流的影响又逐渐恢复为草原景观。自东向西，森林草原逐渐替变为典型草原、荒漠草原，荒漠景观仅保留在遥远的内蒙古西部阿拉善地区，但草原景观带中仍有若干固定沙丘残余。

2.2.2 人类历史时期景观生态环境变化

自全新世人类出现以来，内蒙古自然环境的演变不仅受到全球气候变化的控制，同时还受到人类活动的影响。从变化趋势来看，有许多迹象表明内蒙古自然地理环境有向干旱化方向发展趋势，如干旱周期缩短，干旱区东扩，草原带缩小，沙漠扩展，湖泊干涸与数量减少等。虽然主要是气候变化的结果。但从局部区域景观格局变化来看，人类活动在其间的作用不容忽视。据史料分析，大青山山地和土默特平原地区人类历史时期景观格局变化主要可分为下面几个阶段：

（1）破坏微弱——原始森林、草原景观生态环境阶段

这一时期大约为旧石器时期至公元前 8 世纪，土默特平原是内蒙古地区人类最早繁衍生息和开发的地区之一。三四十万年前的旧石器时期，平原气候暖湿，主要分布着典型草原、河滩草甸、河湖沼泽、乔灌木丛等景观，北部山地覆盖着茂密的森林，平原上栖息着成群野生的动物。人类也以原始的采集活动微弱地影响着区域生态环境。距今六七千年前，研究区气候趋向于干旱化，平原上湖沼面积缩小，地带性草甸草原逐渐被典型草原、荒漠草原所替代。进入新石器时代，人类利用原始的精制石器生产工具和弓箭进行着简单的农牧业活动，如家畜驯化、狩猎等，对野生物种有一定的影响；烧制陶器使得平原北部山麓地带森林也受到一定影响。但农耕没有形成一定规模，人畜数量不多，流动性大，人类与自然生态系统仍然处于弱相关的适应阶段。

（2）破坏加剧——半农半牧景观生态环境交替阶段

这一时期大约为公元前 8 世纪至公元 16 世纪末，漫长的奴隶制和封建制社会，土默特平原得天独厚的自然条件和大青山的天然屏障作用，使得这里成为各朝代、各部落频繁争夺的地方。在 2500 多年的历史中，曾多次出现牧业和半农半牧经济与文化交替变化的现象，其间夹杂着无数的战争，大青山的原始森林彻底被毁，生态环境发生了极大的变化。

春秋战国时期：北方各游牧民族生活在大青山山麓的土默特平原上，畜牧业有一定的发展，史籍中有与中原交易牲畜“万余”的记载；之后赵武灵王筑长城，大青山的山林景观遭到一定的破坏；秦实行移民戍边政策，使

土默特平原人口剧增，设置郡县，兴修水利，进行农垦，成为匈奴的耕牧之地，也首次出现了农耕文化，但区域生态环境仍然为草原生态系统占主导地位。大青山的樵采也随之加剧，但至汉时，大青山森林仍十分可观，据《汉书·匈奴传下》记载：“阴山东西千余里，草木茂盛，多禽兽。”

魏晋南北朝—隋唐时期：北魏西征北扩，阴山森林大量被伐用于制造工具，大青山白道岭即为当时滥伐而变为童山；同时，北魏政府要求刺勒人除畜牧外，还要农耕，“各修水田，通渠灌溉”；唐朝贞观十五年（641）年，突厥部迁至白道川，以农牧业为生，“人民羊马，遍满山谷”，给草原生态环境造成了巨大的压力；到公元5—6世纪，大青山南麓农业生产已初具规模，大面积的草原已开垦为农田，使区域景观生态环境发生了较大的变化，由自然草原生态系统开始向半自然农田生态系统演变。

宋元明时期：政府曾重视保护山林，故大青山在当时仍然保存着尚好的原始森林植被。但山麓及山前平原地区农业已较为发达，当时的丰州城（辽金时呼市旧址）繁荣昌盛，元朝初期两次大的移民，使土默特平原各族杂居，人口大增，加上驻军戍卒，农业发展较快，曾一度呈现出“央路离离禾黍稠”的景象。

但是元末明初，丰州城毁于战火，农、牧、商、手工业均遭战争破坏，农业迅速衰落。至阿勒坦汗时期，重视畜牧业发展，从《阿勒坦汗法典》可知，阿勒坦汗采取了一系列保护畜牧业的措施，严厉惩罚纵火者，严禁盗窃牲畜；奖励在灾害中救护畜群者，禁猎马鹿、野驴等野生动物。土默特平原又一度以草原生态环境占优势。16世纪上半叶开始，明、清政府常调兵遣将入川袭扰，杀戮人口，抢夺马匹，焚烧草场，加之灾荒、疫病，致使土默特平原人畜难度冬春。阿勒坦汗决定重新发展农业，广招汉族农民前来垦田种地。迁入汉人多达5万—10万，他们在黑河下游广建板升（村庄），“连村数百”，开田达数万顷。至1581年归化城（旧呼和浩特市）建立，土默特平原土地利用已基本上由半农半牧经营转向农业经营为主。生态环境发生了前所未有的变化，自然草原景观逐步被半自然农田景观替代，成为本区主要的景观类型。

（3）濯濯童山——农田生态环境阶段

这一时期大约为公元17世纪至今，自清朝以来随着土默特平原出现的

“现代小冰期”和“近代变暖期”等气候波动，土默特平原刚刚形成的农田生态系统受到了一定的影响。但人口的增加最终导致农田生态系统的稳定发展。

清至解放前期：清初，板升农业区的土地曾一度因战火而荒弃，经过一个时期的安定生产，土默特平原的畜牧业又有所发展，草原生态环境得以一时的恢复。但康熙、雍正、乾隆时期，清朝廷大量划拨、放垦土默特平原的牧地，且规模越来越大，加上当地蒙汉居民的私放私垦，使本地区以牧业为主的经济形态迅速变为农业经济。乾隆以后，农民开渠打井，引水灌田，使得土默特平原农业逐步由粗放耕作向精细耕作过渡，农业生态环境得以稳定发展。1861 年的《归绥识略》中记载有“大青山在归化城北二十里，广三百余里，袤百余里，内产松柏林木，远近望之，岗光翠霭，一带青葱，如画屏森列”。可见当时还是有一定面积的原始森林景观。

土默特平原汉族人口一直保持上升趋势，到 20 世纪 30 年代居住在土默特平原的汉族人口总数已愈百万；当时又有军阀部队或驻扎或过境，特别是日本侵略者的烧杀、抢掠，在人口和战争的双重压力下，区域生态环境受到了很大的破坏，大青山景观生态环境彻底被改变，大青山森林剧烈减少，绝大部分山地成为名符其实秃山，仅在人迹罕至之处和庙宇附近有少量天然林和单株油松、桦、云杉等存在。草原景观面积迅速减少。

植被缓慢恢复时期：新中国成立之后，大青山林业局在 20 世纪 50 年代初成立，使山地植被得到了有效的保护，天然次生林开始缓慢恢复，同时，营造了大面积的人工林，大青山的生态环境得到了初步的稳定，但其恢复速度较慢，林业经历了三个时期：1947—1957 年为恢复时期，以护林为主，造林为辅。1958—1974 年为徘徊时期，植树造林工作时快时慢，时起时落。特别是三年困难时期，毁林开荒现象十分严重。1975—1982 年为发展时期，大搞四级育苗造林。

新中国成立初期，土默特平原的畜牧业生产发展速度较快。土默特平原上各旗县认真贯彻执行了内蒙古自治区“以牧为主，照顾农业，保护牧场，禁止开荒”的牧业政策，有些地方天然草场牧草高达 1 米，有放羊不见羊之说。公社化后，大力推行“以粮为纲”的政策，开垦牧场更为严重。部分旗县人民委员会颁布了《严禁开垦牧场的命令》等文件，对牧场的保护起到一些作用，但没有从根本上控制和扭转牧场退化、缩小的趋势。加之人口的自然增长未得到有效控制，给各地的生态环境带来巨大的压力，人地矛盾加剧，导致扩大耕地面积，广种薄收，造成水土流失、土壤盐渍化、耕地质量下降等生态环境问题的产生，所以这一时期，生态环境的恶化速度远远大于其恢复速度。

另外，呼和浩特市武川县境内在自然地理单元上属阴山山地（大青山）向内蒙古高原过渡地带，低山丘陵地形缓慢过渡为高原面。人类历史时期，由于农耕文化的北扩，逐渐替代了游牧文化，因此，现代生态景观以旱作农田景观占优势。土默特平原东南部的和林格尔县、清水河县的黄土丘陵地带是我国黄土高原的北边缘，人类历史时期，由于水热条件的适宜性，暖温型的草原景观也逐渐被旱作梯田式和坡地农田景观所取代。

2.2.3 1996—2009 年景观生态系统空间格局变化

随着“3S”技术的广泛应用，资源调查方法和手段也在多样化，通过卫星遥感影像解译获得区域景观相关信息，根据景观生态学原理，获得调查年份的景观生态系统空间格局指数，利用景观格局指数来表示景观生态格局变化特征是研究景观生态系统空间格局变化的常规方法。因此，对于现代景观生态环境变化特征，以最近 14 年来呼和浩特市景观生态格局变化特征来说明。

用数量方法来对景观空间格局特征进行研究是近年来景观研究常用的定量化方法，通常包括景观空间格局指数，如景观单元特征指数（斑块面积、斑块周长、斑块数等）、景观异质性指数（多样性指数、镶嵌度指数、距离指数、破碎化指数）；景观格局分析模型，如空间自相关分析、地统计学方法、小波分析、波谱分析、分维分析等。

本项研究中，选取最常用的斑块破碎度（斑块密度）、景观多样性指数、景观斑块均匀度、景观斑块分离度等景观格局指数来说明研究区在研究时段的景观生态格局变化特征，各指数含义如下：

景观斑块破碎度（F）：反映景观破碎化程度，同时也反映景观空间异质性程度。

$$F = \sum_{i=1}^{m} N_i / A \times 100\% \qquad （公式 2—6）$$

式中，N_i 表示景观中各斑块类型总块数或一种景观类型的斑块数；A 为景观总面积或景观类型面积。F 值越大，即景观斑块密度越大，景观破碎化程度越高。

景观多样性指数（H）：景观多样性指数的大小反映景观要素的多少和各景观要素所占比例的变化，即表示景观类型的复杂程度，如果各景观类型所占比例差异增大，则景观多样性下降。

$$H = -\sum_{i=1}^{m} (P_i) \times \mathrm{Log}(P_i) \qquad （公式 2—7）$$

式中，H 为景观多样性指数；P_i是景观类型 i 所占面积的比例；m 为景观类型的数目。

均匀度（E）：景观均匀度指数的大小反映各景观斑块类型在空间上分布的不均匀程度。通常用多样性指数和其最大值之比来表示：

$$E = H/H_{\max} = -\sum_{i=1}^{m} (P_i l_n P_i) / L_n(\mathrm{n}) \qquad （公式 2—8）$$

式中，H 是多样性指数；$H_{\max}$是其最大值；n 是景观中最大可能的景观斑块类型数。显然当 E→1 时，景观斑块类型分布的均匀程度愈高，多样性也越大。

景观优势度指数（D）：景观优势度指数通常用多样性指数的最大值与实际值之差来表示，由此可反映某种景观斑块类型在景观中所处的位置，同时也反映景观中各斑块类型的相对多少及重要性。

$$D = H_{\max} - H = H_{\max} + \sum_{i=1}^{m} (P_i \ln P_i) \qquad （公式 2—9）$$

式中，D 为优势度指数；$H_{\max}$是多样性指数 H 的最大值；P_i 是第 i 斑块类型在景观中出现的概率。通常以该类型的面积占景观总面积的比例来获得，m 是景观中斑块类型的总数。通常 D 值越大，即多样性指数与其最大值之间的差距越大，表示景观斑块类型间的差异也越大，常由一个或少数几个斑块类型在景观中占主导地位。

景观的分离度（F）：景观分离度是指某一景观类型中不同斑块个体分布的分离程度。本文中只考虑斑块的面积与个数对分离程度的影响。

$$F_i = \frac{D_i}{S_i} \qquad \text{（公式 2—10）}$$

$$D = 1/2\sqrt{\frac{n}{A}} \qquad s_i = A_i / \mathrm{A}$$

其中，F_i为景观类型 i 的分离度；D_i为景观类型 i 的距离指数；S_i为景观类型 i 的面积指数；n 表示景观类型 i 中的斑块个数；A 为景观的总面积；A_i表示景观类型的面积。

采用四期遥感影像解译数据和土地利用类型转换等方式，获得不同时期各景观类型斑块的面积、周长、斑块数等基础数据，利用上述各指数计算模型，得出研究区各期景观格局指数值，见表 2—15。

表 2—15　1996—2009 呼和浩特市景观生态格局指数

景观格局指数	斑块破碎度	多样性指数	均匀性指数	分离度指数
1996 年	1. 0436	2. 3204	0. 5432	1. 2147
2000 年	0. 9633	1. 9475	0. 6418	0. 9864
2005 年	1. 1345	2. 1302	0. 6735	0. 9903
2009 年	1. 1237	2. 2313	0. 8986	1. 035

通过景观格局指数计算可知：

①从四期景观类型数量与结构变化、空间分布特征来看，与周期土地利用类型相似：林地景观、城乡建筑景观、裸地景观面积不断地增大，农田景观、水域与湿地景观变动不大，草原景观则不断地减少。

②14 年间景观格局发生了较大的变化，呼和浩特市域景观格局总体呈现出破碎化增大、优势度减少、多样性增加方向发展；各种景观类型的斑块数明显增加，斑块平均面积减少，斑块密度增加，景观异质性增加。

③景观格局的空间差异十分显著：后山的低山丘陵区草地景观、耕地景观的连通性增加，景观异质性和破碎度相对减小，而南部黄土丘陵区则结果相反，中部大青山山地水源涵养区和土默特平原区则变化不大。

2.3　景观生态环境受损评价研究

2.3.1　景观生态格局现状分析

2.3.1.1　景观生态格局现状特征

利用2009年土地利用现状变更调查的遥感影像数据，进行景观生态类型与土地利用类型转换，形成呼和浩特市景观生态类型现状数据（表2—16）。

表2—16　呼和浩特市景观生态现状统计表

km^2，%，个，km

景观生态类型			面积	占土地总面积	斑块数	周长	平均斑块面积
一级类	二级类						
自然景观	森林景观	乔木林	1232.21	7.17	21436	29813.32	0.06
		灌木林	1140.64	6.64	8934	20785.53	0.13
	草地景观		5951.55	34.63	36763	103150.30	0.16
	湿地景观		425.60	2.48	4334	16816.10	0.10
	裸地景观		195.19	1.14	3125	5124.58	0.06
半自然景观	农田景观		5813.51	33.83	88098	112251.12	0.07
	人工林景观		1362.36	7.93	13194	32065.99	0.10
人工景观	城乡工矿建筑景观		1065.04	6.20	80041	17511.65	0.01

考虑到研究区范围广，景观类型复杂，数据量大的特点，采用较为简单的景观异质性指数和基本的景观生态类型特征来说明研究区景观的空间格局特征（见表2—17）

表2—17　呼和浩特市域景观空间格局特征指数

	多样性	均匀度	优势度	破碎度
无基底景观异质性指数	2.2313	0.8986	0.703	1.1237

从景观空间格局的宏观分析来看，研究区主要有以下几个特征：

第一，景观生态类型组合的地域差异显著。受大的地质地貌因素制约，研究区景观自北向南分别由草原—农田景观，山地森林草原景观，平原农田景观，南部草原一农田景观等几个典型的地带组成。在各地带内部，由于人类活动的影响和自然条件差异，又有所不同。如后山的草原—农田景观带，东西差异较大，东部盆地以农田景观为基质，其连通性较高，而西部石质低山丘陵区则以草原景观为基质，连通性较差。

第二，农田景观在呼和浩特景观格局中占主导地位。从上述几个景观带的类型组合状况来看，除山前土默特平原区农田景观占绝对优势外，武川盆地，浑河谷地南部黄土丘陵等均以农田景观为主，草原景观占一定比例。

第三，山地森林景观与草原景观相间分布，但以山地灌丛草原景观分布最广。大青山、蛮汉山山地是研究区内两个山地垂直带景观分异较为显著的地带，虽然经过多年的人工抚育，但“草山”景观仍然是该地带的主体。

第四，黄土丘陵区景观类型的镶嵌分布现象明显。由于沟谷纵横，地表切割强烈，研究区南部的黄土丘陵区，人工造林地景观、草原景观、农田景观类型呈镶嵌状分布，连贯性均较高。

第五，平原区农田景观地带景观类型多样。这一地带虽然基质为农田景观，但草原景观占一定比例，其他斑块状景观类型齐全，特别是以盐碱地为主的裸地景观，以河流盐化草甸为主的湿地景观星罗棋布，破碎化程度较高。

综上所述，研究区景观分布格局总体上具有大规律小分散的特征。这与研究区大地貌单元控制、小区域地形复杂，水分差异显著的区域地理环境特征是密切相关的。

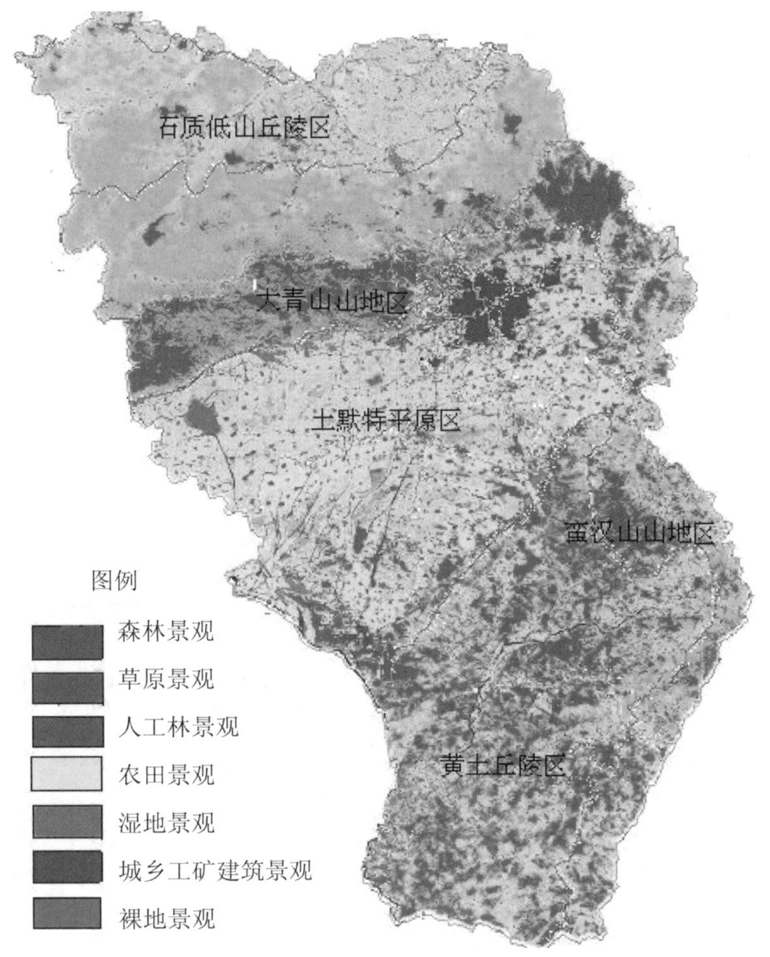

图 2—12　2009 年呼和浩特市景观类型分布示意图

2.3.1.2　存在的主要生态环境问题

研究区有着三四百年的垦殖历史，粗放经营与广种薄收是本区低山丘陵地带主要的农牧业生产方式，农牧交错带的不断摆动以及农垦区域的不断北扩，对区域内景观生态环境影响较大，景观受损现象普遍。

（1）土地风蚀沙化仍然是区域内的普遍现象

研究区风蚀沙化现象主要集中在阴山山地北坡的武川县境内，特别是该县的西北部地区；其次是叠加于南部黄土丘陵与低山石质丘陵水蚀之上的风蚀；另外，大青山南麓的剥蚀台地上也存在风蚀沙化问题，最严重的时期为

20 世纪 80—90 年代。据武川县 20 世纪 80 年代有关部门统计，仅武川县的沙化土地达 2600km^2，其中有 27% 是严重沙化和中度沙化。2005 年遥感调查景观类型调查中，沙地面积达 692. 67km^2。2009 年土地资源调查该县沙裸地面积 9. 08km^2，但风蚀沙化导致的荒草地面积达 148. 42km^2，较前两次统计明显减少。在武川境内农田景观与草地景观呈交错镶嵌分布格局，西北部低山丘陵区，几无基质景观类型；而东部丘陵滩川区，基质景观已成为农田景观，原始草原植被已成为破碎的斑块状镶嵌于农田景观之中，草地景观仅占总面积的 28. 32%。

就后山地区沙化的原因来看，干旱多风的气候条件仍然是其沙化的主要动力，垦殖面积的不断扩大是沙化的直接原因。第一，大青山北坡及山麓地带是阴山山地向蒙古高原过渡的地带，地势南高北低，地形开阔，起伏和缓，为蒙古高压控制的西北风长驱直入创造了良好的路径；第二，东南暖湿气流受山地阻挡难以到达的，使得这里干旱、大风、降水稀少成为其主要的气候特征。据有关统计，干旱频率达 70%—90%，平均≥8 级大风日数长达 63 天，且有逐年增加趋势；第三，土壤母质具沙性也是风蚀沙化的一个重要的物质基础，大部分土壤形成于松散的风积沙土和砂岩风化壳母质上，表层植物和有机质土层被破坏。另外，稀疏草原植被覆盖率低和耕作后大部分时间地表裸露也是沙化的一个自然因素。

后山地区风蚀沙化的直接影响因素还是人类活动的结果。近百年的人口增加，一次又一次的垦殖高潮，使得草原景观被农田景观取代。一年仅三个月的生长期，使得大部分时间地表裸露，为风力侵蚀提供了便利条件。据武川县统计，20 世纪 80 年代全县沙化土地占总土地面积 53. 22%。随着人口增加→耕地扩大 + 牲畜增多→过牧过垦加剧的恶性循环不断发生，使得耕地一再北扩，沙化的面积不断扩大。区域内目前人口密度平均达 46 人/km^2，大大超过了联合国粮农组织规定的干旱半干旱地以 20 人/km^2 为适宜人口密度的标准。而近期土地资源调查结果沙裸地面积和严重沙化面积减少主要得益于国家西部大开发生态退耕还林还草工程的实施和禁牧圈养、草库伦建设等农牧业政策的实施。

以风蚀为主的另一个区域是阴山山地南麓的剥蚀台地，这里地表本来疏松物质较少，以中温型的草原植被为主，夏季风送来相对较多的水分。但近几十年来，山前开垦，过渡放牧使得植被稀疏，为通过山口南下的西北风创造了物质条件，因而也是近年来风蚀较严重的地区。

（2）南部黄土丘陵区风水两相侵蚀强烈

呼和浩特市域水土流失较为严重的区域主要集中在其东南部的清水河县及和林格尔县的大部分地区，这里属蛮汉山山地和黄土高原北部边缘的交错地带，由低山石质丘陵和黄土丘陵组成。黄土丘陵地表支离破碎，相对高差较小。石质丘陵土层极薄，均极易被冲蚀；旱作农业是这里主要的生产经营方式，同样使土地裸露疏松土层受到冬季风蚀的同时，夏季雨水集中，强烈冲蚀疏松地表，因此，水蚀风蚀复合侵蚀是这一区域最显著的特征。清水河县多年平均侵蚀模数达 8000—15000t/km^2 · 年，土壤表层大量物质被流水冲入黄河。

究其原因，除自然地理环境提供的疏松且易受侵黄土的物质基础外，人为影响是本区风、水两相侵蚀严重的直接因素。丘陵坡地开垦，使得阻挡水土运移的草本植物根系层被毁，一年一熟的农田作物一方面归还给土壤的有机养分少，对坡面侵蚀的减缓能力小；另一方面冬春季裸地导致的风蚀沙化又为夏季雨水蚀提供了方便；地表破碎陡峭，土层极薄，降水分配不均，干旱频发等又使本区植被恢复较为困难，生态环境受损的恢复任务艰巨。近十几年来，虽然生态退耕还林还草工程得实施使得林草地面积大幅增加，但水土流失的总体趋势还未彻底扭转。2009 年土地资源调查结果显示清水河县沙裸地面积达 13.02km^2，水土流失导致的荒草地面积达 892.53km^2，占该县土地总面积的 34.86%，即有三分之一的土地处于水土流失和风蚀沙化中，导致该县成为呼和浩特市自然生态环境最差的郊县。

（3）平原区盐碱化问题仍然存在

土地盐碱化是区域内存在的另一个生态环境问题，主要集中在土默特平原区低湿地区，表现为盐碱斑裸地与盐化耕地相间分布，互为消长。2005 年遥感调查结果显示，土默特左旗、托克托县、和林格尔县等 3 旗县平原区盐碱斑裸地景观面积 339.68km^2，占土默特平原区景观总面积的 6.7%，2009 年土地资源调查结果，盐碱斑裸地景观仍有 152.23km^2，加上盐化导致的荒草地面积 151.2km^2，共有盐碱化土地面积 303.43km^2。

尽管近年来各旗县区的平原地带土地开发整理力度较大，国家和地方投入的基本农田建设力度很大，各种节水灌溉技术应用推广成效显著，但仅从面积统计来看，平原区盐碱化问题仍然难以彻底坚决。

土默特平原盐渍化产生的原因同样具有自然和人为因素两个方面。一方面土默特平原大部分地处大青山山前洪积扇扇缘地带，地下水埋藏浅、而蒸发量大，使得在非雨季土层中的水分沿毛管孔隙向上运移，盐分向地表集聚，地势低平，土壤水碱性大，更易于盐分表聚；另一方面土默特灌区是呼和浩特市及内蒙中西部重要的“米粮川”，悠久的垦殖历史使得这里自古以来修渠建坝、兴修水利，农田水利较为发达，明、清水利设施至今残存，有的甚至仍在利用。新中国成立后又兴修了大量水利工程设施，虽然在很大程度上改善了农业生产条件，为区域农业高产创造了条件，但各历史时期兴修的水渠在防渗、节水等方面很不完善，至使大水漫灌。水分渗漏、地下水位升高，加速了区域盐渍化程度和土壤次生盐渍化。

（4）草场退化遍布全境

伴随着水蚀、风蚀沙化加剧的过程，一些残存于低山丘陵与平原高地上的原生草原植被的种类组成，结构及外貌也发生了相应的变化，提供给植物生长所需要的土壤营养物质的减少或改变，使得一些对养分需求量高的优质牧草资源的生长与积累受到了影响，从而引起植物群落种类组成上，外貌结构上的变化，群落发生逆向演替变化；一些耐贫瘠的有毒牧草，适口性差的植物生长草场质量下降；同时草群高度降低，根量减少，这些均显示出研究区草场在不断退化。

造成草场退化的主要原因除上述沙化、水蚀外，过牧是直接的人为原因。以武川县为例，据经济统计年鉴统计，20 世纪 50 年代大青山每头牲畜占有草场 0.403km^2，60 年代每头牲畜占有草场 0.673km^2，90 年代每头牲畜占有草场 1.578km^2，而 2000 年平均每头牲畜占有草场 0.371km^2，2009 年武川县平均载畜量为 1.48 羊单位/hm^2，即每头牲畜平均占有草场 0.0067km^2（0.67hm^2），较 60 年代减少了 100 倍；同期，草场产草量不断下降，50 年代鲜草产量为 65kg/亩，而 2000 年则为 45kg/亩，超载过牧使得草场承受着巨大的恢复压力，过量啃食又使丛生禾草的基部受到伤害，来年反青缓慢；过量践踏使土壤结构变差，供肥水能力降低，影响到草原生长。但 2009 年统计鲜草产量为 84kg/亩，较世纪之初有较大的回升，应该与近十几年来禁牧与围封使得草场得到一定的恢复有关。

2.3.2 景观生态环境脆弱性评价

20 世纪中后期以来，随着人类开发自然活动的不断加剧与升温，以气候变化和土地利用变化为代表的全球环境变化日益凸显，生态与环境问题大量涌现，全球环境变化与可持续发展已成为当前人类社会面临的两大重要挑战，全球变化及其区域响应已成为国内外相关研究组织和机构关注的焦点。特别是在快速城市化过程中，城市的输出与输入使得市区与郊县（旗）之间的生态、社会经济联系日渐紧密。生态环境脆弱性评价对认识、保护和改造生态环境，促进人与自然的和谐发展具有重要意义，对于进一步预测城市发展速度和方向，及时纠正城市发展中的不合理因素有着十分重要的意义。生态脆弱性评价作为定量的识别生态环境脆弱状况的重要手段之一。在相对稳定的生态环境和相对脆弱的生态环境之间没有不可逾越的鸿沟，通过采用自然恢复、生态保护以及生态修复等合理的人为活动，可以促进生态环境向着稳定的方向演替，进而提高生态环境抵抗干扰能力和自我修复能力，降低生态环境的脆弱性，将脆弱的生态环境引导向脆弱度指数低的方向。

2.3.2.1 建立评价体系

考虑到研究区资料的可得性和研究结果的应用性，确定以旗县区行政范围为评价单元，但市辖四区的建成区与五旗县在指标选取上差异较大，故景观生态环境脆弱性评价范围仅针对五旗县及市辖四区的乡镇部分（以下简称“市辖郊区”）进行。

根据整体性、层次性、区域特殊性和可操作性原则构建反映呼和浩特市生态环境脆弱性的指标体系，评价指标的选取采用层次分析法（AHP），构建总目标层、分目标层、准则层及指标层等 4 个层次的评价指标体系（见表 2—18）。

表 2—18　呼和浩特市生态脆弱性评价指标体系

总目标层	分目标层		准则层		指标层	
	指标	权重	指标	权重	指标	权重
生态脆弱度	生态敏感度	0.5	水土流失指数	0.3000	侵蚀模数	
			风蚀面积比例	0.1929	沙化率	
			大风日数	0.1286	大风日数	
			平均海拔	0.1500	平均海拔	
			景观指数	0.2286	景观破碎度指数	
	生态压力度	0.25	产业结构指数	0.1857	第一产业比重	
			人口压力	0.2357	人口密度	0.3643
					人均耕地面积	0.6357
			草场载畜率	0.1929	单位草场载畜率	
			垦殖率	0.2000	垦殖率	
			土壤污染	0.0500	化肥施用量	
			恩格尔系数	0.1357	农业人口恩格尔系数	
	生态弹性度	0.25	水文	0.2257	多年平均降雨量	0.4357
					多年6—9月降雨量	0.5643
			植被	0.3357	植被被覆盖度	0.4643
					林地面积百分比	0.5357
			土壤	0.2429	土壤有机质含量	0.4714
					土壤A层厚度	0.5286
			气候	0.1957	大于10度积温	

2.3.2.2　景观生态环境脆弱性评价过程

（1）指标的标准化

对不同评价指标应用极值标准化方法进行无量纲、标准化处理，生态脆弱度评价中生态敏感度指标和生态压力度指标是正向指标，而生态弹性指数是反向指标。

（2）计算模型的选择

应用“敏感—弹性—压力”的评价模型法，根据实际生态脆弱问题，结合指标选择原则，选取分目标层下的代表性指标，分别计算出生态敏感度指数，压力度指数和弹性度指数，通过求和获得生态脆弱度指数：

$$G = \sum_{i=1}^{3} \sum_{j=i}^{n} (P_j R_j) \times W_i \qquad \text{（公式 2—11）}$$

式中，G 为脆弱度指数值；P_j 为 j 指标标准值；W_j 为 j 指标权重；n 为指标个数。

2.3.2.3　结果分析

根据上述模型得到计算结果见表 2—19。

表 2—19　各评价单元生态脆弱性评价指数

	市辖郊区	土默特左旗	托克托县	和林格尔县	清水河县	武川县
水土流失指数	0.0265	0.0266	0.1997	0.2200	0.3000	0.0000
风蚀面积比例	0.0006	0.0000	0.1929	0.0211	0.0075	0.1625
大风日数	0.0257	0.0103	0.0064	0.0000	0.0244	0.1286
平均海拔	0.0100	0.0200	0.0000	0.1044	0.0747	0.1500
景观指数	0.0474	0.2286	0.0116	0.0512	0.0000	0.0070
生态敏感度	0.1102	0.2855	0.4106	0.3966	0.4067	0.4481
产业结构	0.0000	0.1258	0.0510	0.0705	0.1857	0.1229
人口压力	0.0859	0.0881	0.0882	0.1438	0.0710	0.1498
草场载畜率	0.0046	0.0806	0.1929	0.1249	0.0000	0.0345
垦殖率	0.1084	0.1830	0.1608	0.2000	0.0000	0.0794
土壤污染	0.0117	0.0068	0.0500	0.0000	0.0105	0.0036
恩格尔系数	0.0000	0.0583	0.0508	0.1357	0.0891	0.0155
生态压力度	0.2106	0.5426	0.5937	0.6749	0.3563	0.4058
水文	0.1711	0.0375	0.1987	0.0382	0.1071	0.1882
植被	0.1855	0.0000	0.0883	0.2491	0.3332	0.2123
土壤	0.0118	0.0097	0.0000	0.1945	0.2429	0.0916
气候	0.1620	0.0308	0.0000	0.0145	0.0299	0.1957
生态弹性度	0.5304	0.0780	0.2871	0.4963	0.7130	0.6877
生态脆弱度	0.2403	0.2979	0.4255	0.4911	0.4707	0.4974

（1）生态脆弱度敏感度分析

生态脆弱性是生态环境对各种干扰的敏感程度，反映的是其抵抗干扰的能力。研究区各旗县中生态环境脆弱度敏感指数从大到小排列为武川县 > 托克托县 > 清水河县 > 和林格尔县 > 土默特左旗 > 市辖郊区。武川县生态环境脆弱度最敏感，敏感度指数为 0.4481，其次为托克托县、清水河县，敏感度指数为 0.4106、0.4067。市辖郊区的生态环境脆弱度敏感指数最低，仅为 0.1102。武川县生态脆弱的主要是因风蚀化面积比例、海拔和大风日数多造成的，在总敏感度指数中占 98%。清水河县县生态环境脆弱性敏感因素中水土流失，在 5 项敏感度指标中水土流失指数占总敏感度指数的 74%。

（2）生态环境压力度分析

生态系统面临的外来干扰的程度，包括那些可能或已经改变区域生态环境的结构和过程，导致生态系统功能降低、生态退化的外部作用或者事件用生态压力来描述。生态压力评价指在考虑人类的生存需求和社会经济活动对自然资源和环境系统带来的压力。研究区生态环境脆弱性的压力度指数从大到小为和林格尔县 > 托克托县 > 土默特左旗 > 武川县 > 清水河县 > 市辖郊区。研究区 6 个区域的生态压力指数的差距较大，极差为 0.4643。因地而异，导致各旗县的生态脆弱性的压力因素不同。和林格尔县的生态压力位最大，为 0.6749，主要是人口压力、垦殖率、载畜率高，农业人口收入低所造成。垦殖率的压力使对和林格尔县、土默特左旗、托克托县和郊区生态脆弱的共同因素，分别为占全部压力度指标的 30%、34%、27% 和 52%。托克托县草场载畜率和垦殖率的比重在压力度指数中约占 60%。产业结构不合理是造成清水河县生态脆弱的主要压力度指数之一，所占的比重是压力度指数的一半。武川县的生态脆弱性压力主要是产业结构和人口压力，占 67%。其中人均耕地面积在研究区中最大。

（3）生态环境弹性度分析

生态弹性指生态环境在内外扰动或压力不超过其弹性限度时，具有自我调节与自我恢复能力的特性。研究区生态环境弹性度从小到大排序清水河县 < 武川县 < 市辖郊区 < 和林格尔县 < 托克托县 < 土默特左旗。清水河县生态脆弱性弹性指数为 0.713。水文、植被和土壤等自然因素的综合作用使得清水河县的生态弹性度低下。武川县生态脆弱性弹性指数为 0.6877。武川

县和郊区处于研究区中北部地区，水热条件及其植被因素对脆弱度弹性的影响比重最高，占87%和97%。和林格尔县大多处于黄土丘陵区，土壤和植被因素对脆弱度弹性的作用较大，比重占脆弱度弹性指数的89%。

（4）生态脆弱度分析

利用“敏感—弹性—压力”的评价模型法和AHP法来计算出的生态脆弱指数。按脆弱度指数从大到小排序为武川县 > 和林格尔县 > 清水河县 > 托克托县 > 土默特左旗 > 市辖郊区（如图2—13所示）。

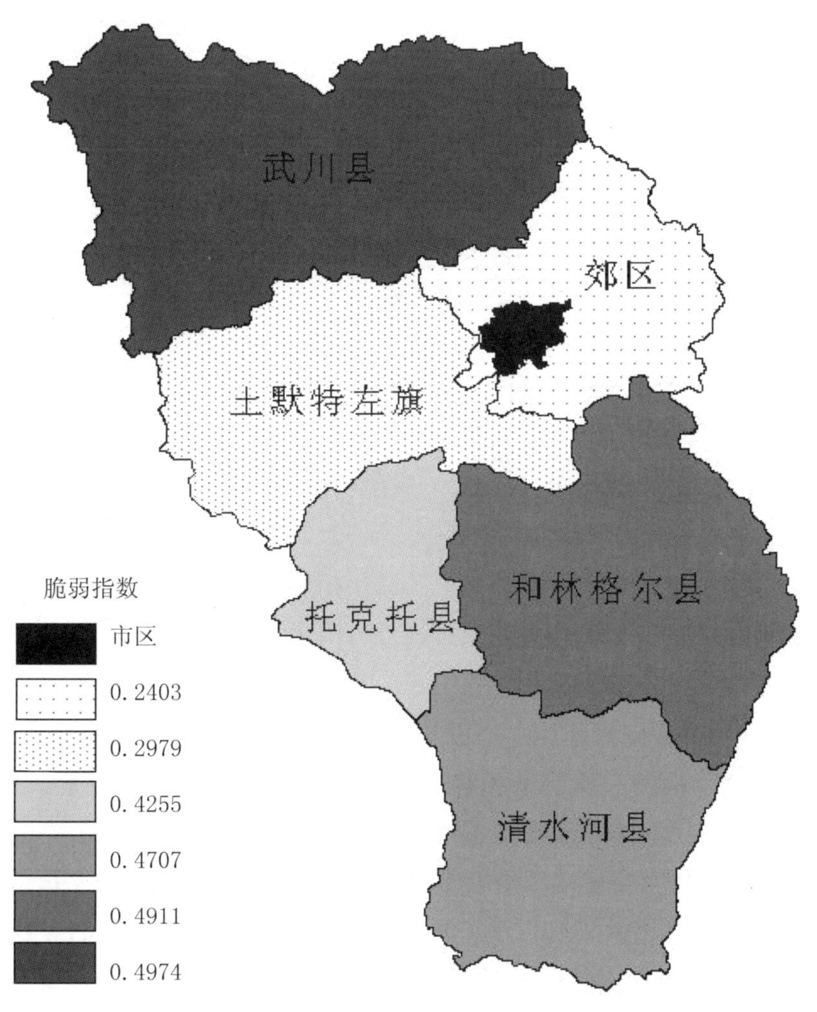

图2—13　研究区生态脆弱指数分布示意图

(5) 生态环境脆弱性等级

在生态环境脆弱性等级划分上，因评价区域的脆弱性指标、评价方法不同和选择指标的不同而等级划分也不同，参照乔青、高吉喜的方法[3]，将生态脆弱度从高到低划分为五级：0.81～1.00为极度脆弱；0.61～0.80为高度脆弱；0.41～0.60为中度脆弱；0.21～0.40为低度脆弱；0～0.20为一般区域。市辖郊区和土默特左旗为低脆弱性，武川县、和林格尔县、清水河县和托克托县均为中度脆弱，脆弱度指数在0.40～0.50。生态环境敏感度和脆弱度的相关系数在0.01的水平上显著（见表2—20），所以生态环境敏感性是呼和浩特市生态环境脆弱的最主要的原因，人类活动是引起生态环境敏感因素变化的最主要的驱动力。

表2—20 各评价因素相关系数矩阵

指标	压力度	弹性度	敏感度	脆弱度
压力度	1	0.4936	0.5681	0.4468
弹性度	0.4936	1	0.2325	0.5014
敏感度	0.5681	0.2325	1	0.9349
脆弱度	0.4468	0.5014	0.9349	1

2.3.2.4 生态脆弱性形成原因

生态环境脆弱性与自然条件的恶劣直接相关，但自然条件的不利只决定了环境脆弱存在的潜在性，而将这潜在危害激化为生态环境脆弱则是人类的干扰活动。

(1) 自然因素分析

气候干旱，风大，大风日数多 呼和浩特市多年平均降雨量355.1—450mm，降水变率大，年均蒸发量1756.2—2577mm，春季风大、大风日数多、降雨量少等的共同作用，植物返青困难，风蚀沙化严重。

土壤结构差 呼和浩特市山丘陵区土体为粗骨质且土层薄，黄土丘陵沟壑区黄土土体为大孔隙性且结构松散，遇暴雨、大风，土体迅速崩解，易发生水土流失。

自然灾害频繁，生态环境脆弱 呼和浩特市是发生自然灾害频繁地区，干旱、风灾、雹灾、洪涝灾害等频繁发生，加剧生态环境的恶化。

（2）人为因素分析

大面积盲目开荒　大面积的草原、荒山被开垦，原始植被遭到毁灭性的破坏，在恶劣的气候条件下，特别是冬春季节，大风吹走裸露的表土，干旱少雨导致植物生长不良，被迫需要更大面积的农地来保证粮食产量，形成了越垦越穷，越穷越垦的恶性循环。

耕作方式原始粗放　土地利用不合理，采取撂荒耕种，对耕地保护不够、只种不养，不断盲目开垦天然草场，新垦农田不断增加，造成了大面积的原始植被被破坏，加剧了水土流失和土壤退化、沙化。

滥砍乱伐，破坏植被，水土流失加重　山丘区居民，长期以来为了解决“三料”问题，滥砍乱伐，破坏了原有植被，使未开垦的土地变为荒地、裸地，致使失去涵养水源的功能和保持水土的作用，加剧了土壤侵蚀和水土流失。

载畜率过高，放牧频率高使草场退化，加剧草地生产力下降，草畜矛盾突出，草地退化严重。　有关资料显示，土左旗大青山地区1949年牲畜总量为6.4万头（只），天然草场面积6.3万 hm^2，每公顷载畜率为2.6个羊单位，草地可满足牲畜正常生长而不受破坏。二十世纪八十年代后盲目追求牲畜数量，结果导致草地极剧退化、沙化，1982年严重退化草场就达67.7%。2007年牲畜总量达到105万头（只），天然草场面积4055.5万 hm^2，平均载畜量为6.0羊单位/hm^2，长时间严重超载放牧，使草地遭到严重破坏而退化。

草原旅游业的兴起，可能引起再一次的生态危机　近几年因人们生活水平的提高，旅游业兴起，来草原旅游的人也越来越多。游客的践踏作用使土壤的孔隙度缩小，土壤质地变硬，降雨入渗变差，易产生径流等因素造成水土流失加剧，植被生长被无选择的抑制。

呼和浩特市恶劣的自然生态环境，形成了脆弱的一面，但人类的经济活动是导致植被破坏生态环境恶化的最直接的原因。早在500年前，还是“风吹草地见牛羊”的大然放牧场，大青山为针叶林和针阔混交林为主的森林植被。呼和浩特地区的生态环境退化主要是由于自然因素和人文因素的干扰下植被覆盖率降低、原建群种消失引起的。

人类很难改变生态环境自然因素，但可以控制和改变人为因素。治理退化的生态环境，首先要从人为因素的控制开始，还要正确利用人为因素才能保护脆弱的生态环境，更好地为人类服务。

目前，生态环境脆弱性逐渐为人们所关注，但不同区域和不同领域的研究者关注的脆弱性各不相同。这是因为研究脆弱性的研究方法、技术手段、数据获取都因研究对象以及研究者主观关注程度不同而有差别，得出的结果缺乏脆弱性本质的认识，同时为决策者提供的信息也变得有限。因此，脆弱性评价研究要努力发展更为有效的研究方法或技术手段来获取指标数据，从而能够得出客观的、定量化的结论，为决策者提供切实有效的决策依据。

2.4 土地利用变化与景观生态格局变化相关性

土地利用的变化影响着生态过程和景观格局变化。但单纯从数据变化来看，无论是土地利用类型的面积增减还是土地利用结构比的变化，与景观格局指数之间很难发现有规律性的相互关系，但从空间分布来看，2000 年实施生态退耕政策以来，山地丘陵区分散的生态退耕地增加是导致景观生态类型图斑破碎的主要原因，而相对耕作条件较好的盆地、平原区由于耕地整理和基本农田建设使得耕地景观的连通性大大增加。二者是景观格局变化的主要影响因素。

2.5 本章结论

（1）1996—2009 年 14 年间，市域土地利用类型变化总体呈现出耕地、草地面积减少、林地和建设用地面积增加趋势；土地利用类型变化强度依次是草地 > 耕地 > 林地 > 建设用地 > 未利用土地 > 水域等；变化方向以耕地向林地和建设用地的转化为主；空间上以城郊结合部、独立工业开发区、生态退耕集中的丘陵山区变化最为显著。

（2）包括地质历史时期研究区景观生态环境的演变与人类历史时期景

观生态环境由天然草原生态环境向半自然、人工生态环境变迁过程中人类活动的对它的影响分析可知。近百年来是研究区景观生态环境变化空前剧烈的时期，其原因是多方面的，其中人口的增加、统治者的政策、战争等是主要原因。

（3）参照国内相关研究成果，将市域景观生态类型划分为3个一级类型、9个二级类型、19个三级类型。结果表明：农田景观和草原景观是两大主导景观，景观格局的区域差异较大，研究区景观格局在无基底平均状态下，景观格局指数的空间差异及综合特征决定了特殊生态功能区的分异。景观格局特点：

①景观生态格局基本呈纬向带状分布，区域差异显著：低山丘陵区以草地景观和旱作农田景观占优势，成为基质景观；大青山山地以草地景观和森林景观为主，其中山地灌丛草原景观是其基质景观类型，林地景观占一定比例；山前土默特平原与南部黄丘陵均以农田景观为基质，占绝对优势。但前者农田景观斑块面积大，破碎化程度低，且以水浇地景观为主；后者农田景观破碎，草地景观占一定比例。

②景观生态类型中，农田景观占优势且为主导景观，城市景观相对集中；景观生态类型间差异大，湿地景观，交通廊道景观等相对偏少。

③景观生态类型均显示出不同程度的受损，景观生态恢复任务艰巨；特别是自然景观生态系统受损程度较大，如草地退化、沙化、水土流失、森林覆盖率低等问题普遍存在。

（4）14年间景观格局也发生了较大的变化，指数计算结果显示，呼和浩特市域景观格局总体呈现出破碎化增大、优势度减少、多样性增加方向发展；各种景观类型的斑块数明显增加，斑块平均面积减少，斑块密度增加，景观异质性增加。

景观格局的空间变化区域差异也较为显著：后山的低山丘陵区草地景观、耕地景观的连通性增加，景观异质性和破碎度相对减小，而南部黄土丘陵区则结果相反，中部大青山山地水源涵养区和土默特平原区则变化不大。

（5）景观生态环境脆弱性评价体系与评价结果显示，按照“敏感—弹性—压力”构建评价体系，对当前研究区生态环境状况进行景观生态环境脆弱性评价，以期说明研究区景观生态环境脆弱性及其影响因素的空间差异性，研究结果表明：各旗县的生态脆弱性从大到小的排序为清水河县 > 和林格尔县 > 托克托县 > 武川县 > 土默特左旗；五个旗县的脆弱因素因地而异，清水河县、和林格尔县风水两相侵蚀仍然是主导因素，后山地区大面积耕地风蚀则是武川县生态脆弱性的根本原因，盐碱化和工业污染是托克托县生态环境脆弱的主要因素。

参考文献：

［1］李博：《中国北方草地退化及其防治对策》，载《中国农业科学》1997 年第 6 期。

［2］傅伯杰：《土地可持续利用评价的指标体系与方法》，载《自然资源学报》1997 年第 2 期。

［3］肖笃宁、李秀珍：《景观生态学的学科前沿与发展战略》，载《生态学报》2003 年第 8 期。

［4］邱扬、傅伯杰：《土地持续利用评价的景观生态学基础》，载《资源科学》2000 年第 6 期。

［5］陈百明：《区域土地可持续利用指标体系框架的构建与评价》，载《地理科学进展》2002 年第 3 期。

［6］彭建、王仰麟：《海岸带土地持续利用景观生态评价》，载《地理学报》2003 年第 3 期。

［7］岳书平、张树文等：《吉林西部沼泽湿地景观变化及其驱动机制分析》，载《中国环境科学》2008 年第 2 期。

［8］李景宜：《渭河下游洪泛区土地景观格局变化及驱动力研究》，载《干旱区研究》2007 年第 5 期。

［9］杨兆平、常禹等：《岷江上游干旱河谷景观变化及驱动力分析》，载《生态学杂志》2007 年第 6 期。

［10］杨国清、吴志峰等：《广州地区土地利用景观格局变化研究》，载《农业工程学报》2006 年第 5 期。

［11］徐广才、康慕谊等：《等生态脆弱性及其研究进展》，载《生态学报》2009 年第 5 期。

［12］乔青、高吉喜等：《生态脆弱性综合评价方法与应用》，载《环境科学研究》2008 年第 5 期。

［13］冉圣宏、金建君等：《脆弱生态区评价的理论与方法》，载《自然资源学报》

2002 年第 1 期。

［14］赵跃龙、张玲娟：《脆弱生态环境定量评价方法的研究》，载《地理科学进展》1998 年第 1 期。

［15］常学礼、赵爱芬等：《生态脆弱带的尺度与等级特征》，载《中国沙漠》1999 年第 2 期。

［16］巫锡柱、晏路明：《脆弱生态环境的综合评判物元模型研究》，载《中国生态农业学报》2007 年第 3 期。

［17］唐凤德、蔡天革等：《辽宁省生态环境脆弱性评价与分析》，载《水土保持研究》2008 年第 6 期。

［18］史振华、程婕等：《天津市生态脆弱性评价》，载《西北林学院学报》2008 年第 6 期。

［19］王瑞燕、赵庚星等：《县域生态环境脆弱性评价及其动态分析》，载《生态学报》2009 年第 7 期。

［20］蔡海生、刘木生等：《生态环境脆弱性静态评价与动态评价》，载《江西农业大学学报》2009 年第 1 期。

3　呼和浩特市特殊生态功能保护区区划研究*

3.1　概　　述

特殊生态功能保护区，是指那些对区域内自然生态环境、社会经济发展以及人民生活水平有着正面或负面影响，且具有一定生态功能的某一主要基质景观占优势所分布的范围。通过对区域内景观生态现环境现状的调查、分析、评价，以及对区域—社会—自然—经济复合生态系统的综合分析，特别是土地利用适宜度、生态环境敏感性等的分析比较，近而确定不同景观基质类型控制下的生态功能差异，即特殊生态功能的确定，从而有利于人类在社会经济活动过程中尽量调整规范自身的行为，使其符合区域自然地理发展规律和生态系统动态平衡规律要求，特殊生态功能保护区划研究，其实质是区域生态环境功能区划的延伸与深入，从生态环境特征和生态环境承载力（容量）与人类活动和谐的角度来确定功能区，以合理布局来协调环境与经济的关系，以特殊生态功能来确定区域生态环境建设与保护目标。

3.1.1　特殊生态功能保护区区划研究现状

对于生态功能区划研究，国内外专门研究专著不多。而对于区域环境保护与建设规划中的分区研究成果较多，如国家环保局的《全国生态环境保

---

* 本章为内蒙古自然科学基金“呼和浩特市特殊生态功能保护区区划研究”（20010905—02）的核心内容，基础数据为2000年。

护“十五”计划和2015年远景目标纲要》，《内蒙古自治区生态环境保护“十五”计划和2015年远景目标》，以及《呼和浩特市“十五”环境规划》等。对于景观的研究多集中于对某一景观单元的分析，以及景观格局、景观尺度方法等方面的理论与实践探讨；也有景观生态学与区域自然地理学相结合进行区域生态环境分区的研究，特别是对区域生态环境建设，区域生态农业的综合开发等方面的研究趋于成熟。运用景观生态学理论与自然地理学理论相结合原理深入研究区域内景观生态功能的正常发挥，以及生态功能对区域社会、经济发展的作用研究，具有理论与实践意义。

呼和浩特市特殊生态功能区的研究开始于九十年代末，伴随着全区生态环境资源普查，呼和浩特市也展开了区域内景观生态环境状况与质量分析，在其“十五”规划中提出了首批建设特殊生态功能区的具体内容与发展方向，同时确定了呼和浩特市景观生态特征的4个基本地带与一个特殊的城市功能区。其次，在对阴山北麓农牧交错带的研究中，编制了“内蒙古阴山北麓特殊生态功能保护区规划”，完成了“呼和浩特市武川县特殊生态功能保护区规划”。呼和浩特市景观生态类型丰富，生态类型组合较为复杂，研究呼和浩特市景观生态系统空间分布格局特征和发展趋势，进行特殊生态功能区划，不仅对呼和浩特生态环境建设有着重大作用，而且可以促进呼和浩特市社会经济的发展。

3.1.2　特殊生态功能保护区划分的原则、依据和方法

3.1.2.1　区划的基本原则

依据景观生态学和自然地理学综合区划的原则，特殊生态功能区划既有自然区划的成分，又深受区域内人类活动的方式、强度及科学技术等的制约，因此，应是一种介于自然综合区划，环境综合区划及人文因素影响下的一种复杂区划体系。主要遵循以下几个方面的原则。

（1）自然属性为主，兼顾社会属性（统一发生学原则）

自然属性是指区域的自然地理特征，在地域分异规律影响下历史发展的产物，区域内的自然景观、生态系统的分异特征都是这一产物的基本表现形式，因此，依照区域内自然属性差异进行区划，是区划的最基本的原则之一，又称统一发生原则。以自然属性为主划分功能区，就要使功能区划符合

区域内的自然地理特征和景观生态规律，反映自然环境的相似性和联系性。社会属性是指在现有科学技术条件和社会经济条件下，人类对区域内自然资源和景观生态环境的需求性特征。特殊生态功能正是这一需求性的具体表现。特殊生态功能区划分，兼顾社会属性，就是要尽量满足现实的人类生产和生活的需求的同时，使其生存环境得到有效改善和可持续发展。

（2）突出主导功能，兼顾其他功能（主导性原则）

主导功能是指影响和决定区域生态环境性质和质量的生态功能，它们对区域社会经济发展也起着重要的影响作用，影响着区域主体资源的利用与开发。突出主导功能就是在区划要充分考虑这些主导因素的现状与发展趋势，使其发挥最大的社会经济和环境效益的。

兼顾其他功能有两方面含义。其一，是指任何一个生态系统的生态功能不是单一的，如草原生态系统既有防风固沙的功能，又有水土保持，维持生物多样性等的功能。因此突出其防风固沙的主导功能的同时，也不忽略其他功能；其二，一个区域是由多个生态系统共同组成的。但决定环境资源利用和生态环境状况是一二个生态系统，因此，识别主导因素，才能较大地发挥其主导功能作用。

（3）生态完整性原则

其是指保持生态元素（生态系统）正常的能量、物质和物种流动关系，保持景观内生命主份具备的调节控制功能。

（4）相对一致性原则（生态功能的同一性原则）

相对一致性原则指划分功能区时尽量使景观生态类型相对一致，因而其主导生态功能相对集中一致，因此，也就能最大限度地发挥其特殊功能作用。

（5）区域共轭性原则

区域共轭性原则是指区划时，同等级分区单位空间不可重复性，任何一个区域单位永远是一个整体，不能存在着彼此分离部分，如山间盆地与山地尽管景观类型、功能不甚一致，但较高等级划分时，必须合并为一个单位。

（6）综合性原则

综合性原则强调必须将影响生态功能的各种内外因素、现代与历史因素、地带与非地带因素综合起来考虑，特别是要素之间的相应关系。既要考虑景观自然的生态功能，又要考虑在漫长的历史演变和人类的活动过程中对其的改造结果，开发利用程度和特点。

（7）满足可持续发展要求、注重区域发展的动态性原则

特殊生态功能区划的目的是要通过对各种功能区的保护，获得区域社会、经济与生态三效益的统一和协调，达到可持续发展的要求。同时随着区域内各要素的发展变化，生态功能区划也有一定的可调整性，但这种变化是有限性，不损害区域可持续发展所必需的生态功能。

（8）注重资源保护、着眼长远利益

对于特殊生态功能区划，还应特别注意各生态功能区资源利用状况，对其资源的潜在利用功能予以重视，必要时，也可根据资源的开发潜力划分特殊生态功能区。

另外，当各种功能不突出，发生功能、资源、利益冲突时，采用长远利益原则，为区域发展服务。

（9）与行政区相一致原则

有利于建设和管理特殊生态功能区生态功能的发挥，特别是人类干预的某些功能的恢复受到人为因素影响较大，行政辖区是实施这干预的主体。因此，特殊生态功能区划在不影响自然属性功能的同时，尽量与行政区界线一致，有利于建设和管理。

3.1.2.2　区划依据

（1）大地貌格局

呼和浩特市具有明显的地貌结构特征，其景观格局受大地貌单元的影响非常突出。内蒙古高原、大青山山地、土默特平原及黄土丘陵等几个地貌单元，决定了温型草原景观、旱作农田景观、山地森林景观、平原灌溉农田景观与暖温型草原—旱作农田景观的基本景观格局。因此，分区首先考虑这一主导因素，结合全市 DEM 图的坡度特征将市域分为四个大地貌单元区，即后山低山石质丘陵地貌区，大青山—蛮汉山山地地貌区，土默特平原地貌区和黄土丘陵地貌区。

（2）景观类型的生态功能

这是景观生态功能保护区分区最主要的依据之一，而且贯彻于高、中、低级各级分区中，景观类型不仅直观地反映了地表区域间的相似与相异，而

且是自然地理环境各要素之间相互作用的综合表现。依基质景观的差异，特别是景观各类型的组成比例来确定特殊生态功能保护区的生态功能类型，如后山内蒙古高原总体上草原景观类型占优势，可划分为一个特殊生态功能区，但区内东西方向上，草原景观类型的比例，连通性破碎化程度等均有较大的差异，据此，又可分出东西两个亚区。再如土默特平原以农田景观占绝对值优势，为基质景观类型，但区域内景观类型的组合又有一定的空间差异，山麓地带草原景观相对集中，洪积扇扇缘地下水溢出带湿地景观显著，据此又可分为 3 个亚区等等。因此，景观生态特征是特殊生态功能区区划贯穿始终的重要依据。

（3）土地利用/覆盖特征

土地利用方式反映了人类活动对自然景观的改造程度，土地覆盖是这一改造活动的直接后果，也是自然景观与人文景观之间相互作用的结果。特殊生态功能一方面是指某种自然景观生态系统在自然环境或人类社会中所起的作用和所具有的功能，另一方面也是指稳定的半自然、人工景观生态系统在区域中所起的生态意义上的功能和作用。所以，土地利用与覆盖特征，能够反映其功能上的区域差异，也是为景观生态功能区划的依据。

（4）行政区划界线

尽管景观生态类型的分布主要受自然生态环境条件的制约，但在进行特殊生态功能区划时，还应考虑到各级行政区的完整性。其原因主要有三个方面：①特殊生态功能保护区生态功能的正常发挥需要人类不断地调控与修复，政府组织实施极为方便、可信，也便于将来规划落实与目标实现。②各级行政区的界线往往也是自然、社会、人文的一种综合表现，具有一定的参考价值。③考虑到近年来国家开发西部的战略转移，退耕还林还草工程实施后的生态维护工作的开展，功能区划尽量与行政界线一致。本次区划，在不影响分区功能的前提下，分区界线尽量与行政界线一致，即与旗县乡镇界线，甚至与行政村界线一致，这不仅可以较为准确地划定分区界线，而且与社会经济统计区域相一致。

（5）生态适宜性和区域生态承载力

通过对景观生态现状中各种生态问题的研究，定性定量分析区域生态适宜性的大小以及区域差异，从而为生态功能区划提供充足的依据。

3.1.2.3 分区方法

功能区划的方法可因区划对象的特征和复杂程度，区划目的与要求水平等不同而有所不同。目前常用的方法主要有定性分析法、专家咨询法、生态叠图法以及模糊聚类分析、“Q 分析”和层次分析法等等。层次分析法是一种定性与定量相结合的功能分区方法，也是常用的一种生态功能分区方法，通过对不同的景观生态单元进行主导因素分析确定其相对重要度，进行相似类型的归并，从而划分为不同的功能区，本次研究采用此种方法。

3.1.2.4 分区步骤

（1）基础研究分析，包括景观生态类型的功能分析、生态适宜分析、不同区域生态承载分析等；

（2）专家评估判断，包括专家打分、初步确定典型区域的生态功能类型；

（3）相似功能区合并与边界的确定与修正；

（4）特殊生态功能区区划方案的形成。

3.1.2.5 特殊生态功能保护区分区方案

通过上述分区原则，依据和方法步骤，确定呼和浩特市特殊生态功能保护区区划方案，将全市分为 5 个一级生态功能区、18 个二级生态功能亚区等。各亚区还可以进一步划分为若干小区，见表 3—1，图 3—1。

表 3—1 呼和浩特市景观生态功能区划分区方案

生态功能区	生态功能亚区	范围	代号
低山丘陵草原恢复与旱作农业区	石质低山丘陵草原恢复亚区	武川西北部二份子乡等五乡	Ⅰ1
	滩川生态农业保护亚区	武川盆地部分乡镇行政村	Ⅰ2
	城镇服务功能亚区	武川可镇	Ⅰ3
大青山—蛮汉山水源涵养区	大青山水源涵养亚区	武川、土左旗大青山区各乡行政村	Ⅱ1
	蛮汉山水源涵养亚区	和林县蛮汉山区各乡行政村	Ⅱ2
	东南山地水源涵养亚区	浑河谷地以南的中低山区各乡	Ⅱ3

续表

生态功能区	生态功能亚区	范围	代号
土默特平原灌溉农业与湿地保护区	土默特平原灌溉农业亚区	土默特左旗大部分乡镇	Ⅲ1
	盐渍化防治与湿地保护亚区	托县与和林县西部3个平原乡	Ⅲ2
	山麓草原恢复亚区	沿山麓各旗县区的行政村	Ⅲ3
	城镇服务功能亚区	察素旗镇	Ⅲ4
	城镇服务功能亚区	托县城关镇	Ⅲ5
城市服务功能区	城市经济服务核心亚区	建成区与东西开发区及石化区	Ⅳ1
黄土丘陵水土保持与梯田农业区	和林水土保持与梯田农业亚区	和林县丘陵区7个乡镇	Ⅵ1
	浑河谷地生态农业保护亚区	和林县浑河谷地沿岸各行政村	Ⅵ2
	清水河水土保持与梯田农业亚区	清水河中西部10个乡镇	Ⅵ3
	新红沙地治理与恢复生态保护亚区	新红治沙站	Ⅵ4
	城镇服务功能亚区	和林县城关镇与盛乐园区	Ⅵ5
	城镇服务功能亚区	清水河乡城关镇	Ⅵ6

3.2　特殊生态功能区分区

3.2.1　低山丘陵草原恢复与旱作农业生态功能区

本区域包括武川县的大青山北部及中西部丘陵滩川地区，行政区包括二份子乡等13个乡镇的绝大部分行政村，总面积2498.41km^2，依景观类型及生态功能差异分为3个亚区。

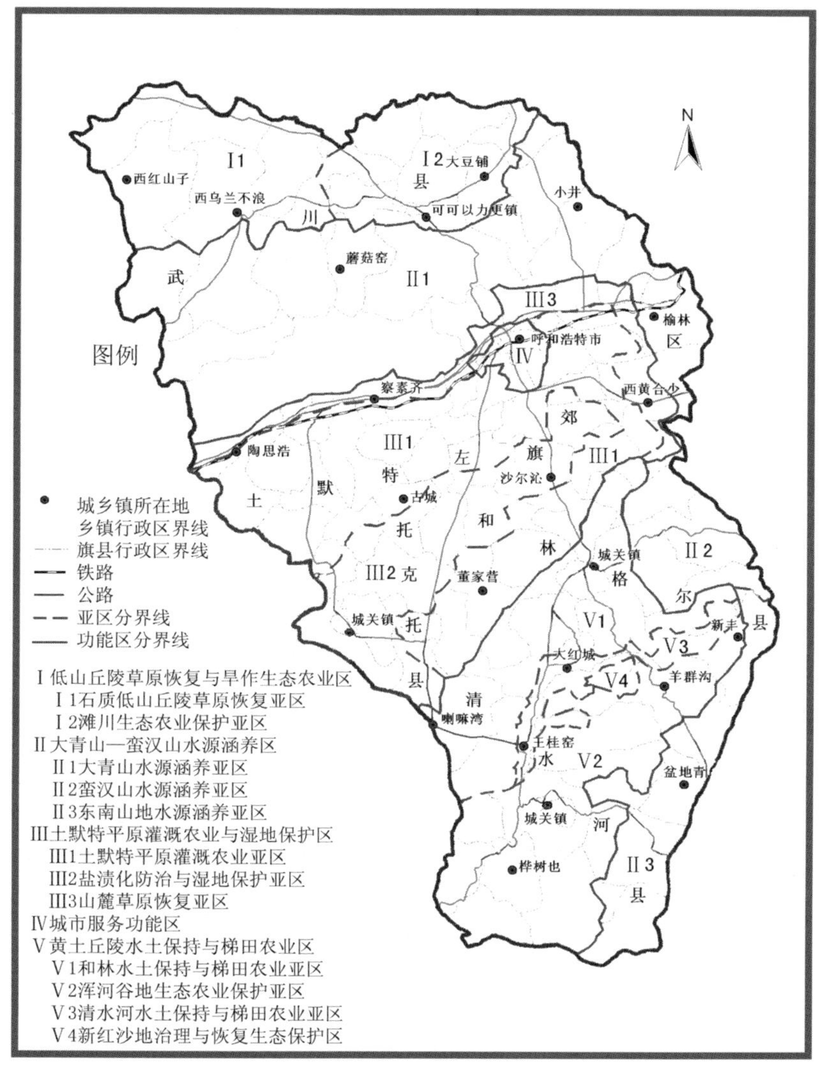

图 3—1　呼和浩特市特殊生态功能保护区分区示意

3.2.1.1　自然生态环境概况

地表以波状起伏的高原丘陵地形为主，西高东低。西部为大青山向内蒙古高原过渡的低山丘陵地，起伏较小。中东部为武川盆地，地势平缓，滩川广布，平均海拔 1300m。这里属典型的大陆性季风气候，冬季长而寒冷，夏季短促凉爽，降水少，温差大，多风沙，≥8 级大风日数 63 天，年降水量

250—360.4mm/年，年积温1958.7℃，年均温3.3℃。

由于冬季漫长，地表裸露，风蚀严重，土壤土层薄，养分含量少，有机质平均含量1.72%，平均侵蚀模数1000—15000t/km^2·a，平均土层流失年厚0.74—11.1mm/a。主要土壤类型为栗钙土、草甸土、石质土、风沙土等。pH值高、盐碱化现象普遍。

本区属内流区，地表水、地下水资源并不丰富，发源于大青山山地的4条较大的季节性内流河汇入盆地中，是本区主要的地表水源。总水量约292000万立方米。

3.2.1.2　社会经济概况

本区是武川县农牧业集中分布的地区，2000年13个乡，总人口达11.12万人，其中农业人口10.9万人，人口密度35.2人/km^2，目前产业结构以农牧业为主，工商企业较少（见表3—2）。2000年国内总产值74309万元，其中农业总产值45690万元，农牧民人均收入1869.0元。2000年耕地总面积1418.48km^2，人均9.18亩，是自治区的3倍多，是全国的7.7倍，但单产值40.47kg/亩，是全国平均16%，自治区29.8%，故急需退耕，改变农牧业产业结构，提高土地生产率与土地质量。

表3—2　低山丘陵草原恢复与旱作农业生态功能区社会经济（2000年）

总土地面积（km^2）	总人口（万人）	农牧业人口（万人）	耕地面积（km^2）	国内总产值（万元）	农业总产值（万元）	工业总产值（万元）	第三产业产值（万元）	粮食总产值（kg）	农民人均收入（元）	牲畜总头数（万头）
2498.41	11.12	10.90	1418.84	74309	45690	62431	17577	147880	1869.0	35.3

3.2.1.3　区域景观生态特征

本区自古“山北丘陵滩川、广袤无垠、水草丰美、从绿遍野”，但历经北魏、明、清等几次大规模的汉民迁入开垦，成为半农半牧区，曾有“后山粮仓”之称。随着开垦历史的增长，地力下降，草地山林被毁，生态环境破坏严重。特别是新中国成立以后，五十年间连续几次的垦殖高潮，不仅人口由6.7万增至17万人，而且半农半牧区也逐渐成为种植业为主的旱作农业区，70年代末耕地总面积曾一度突破800万亩，因而使区域内风蚀沙化水土流失成为最普遍的生态环境问题。

表 3—3 低山丘陵草原恢复与旱作农业生态功能区景观类型结构

景观类型	面积	%	景观类型	面积	%
山地针阔叶林景观	0.21	0.01	河岸湖滨湿草甸、沼泽景观	57.17	2.3
丘陵针阔叶林景观	44.82	1.8	盐碱地景观	5.16	0.21
山地灌木林景观	2.02	0.08	沙地、裸岩景观	13.2	0.53
丘陵灌木林景观	1.39	0.06	农田景观	1441.07	57.55
石质低山丘陵草原景观	712.11	28.66	果园、苗圃等人工林景观	0.19	0.01
山地灌丛草原景观	65.53	2.64	城镇景观	5.65	0.23
河流湖泊水面景观	2.03	0.08	乡村居民点景观	147.84	5.95
合计	2498.39				100

据本次调查结果显示，区域内景观生态特征表现为：农田景观总体上略占优势，主要集中于区域内中东部的大豆铺、哈乐乡、东土城及北部的厂汉木台、耗赖乡等地；而草地景观主要集中于西北部的二份子乡、西红胜乡等地，其中以抢盘河以西较为显著，由此也可将本区分为两个亚区，即西部草原恢复生态功能亚区和东部农牧交错生态农业亚区。从图中可以看出，本区域景观生态特征主要表现在以下几个方面：

（1）景观结构差异较显著

西部低山丘陵以草原景观占优势，且景观联结度较高，对草地的恢复较为有利；东部及东北部则以农田景观为基质，由于农田开垦广泛，不利于草原恢复。

（2）农田景观占优势

本区农田景观总面积数量上占绝对优势，因而使得农田引发的生态问题突出。

（3）景观类型多样

虽然地形较为单调，但由于局部地下水、土壤及人为破坏程度差异，景观类型齐全且分布广泛，特别是沙裸地，盐碱滩景观有增加趋势。

3.2.1.4 区域生态环境问题分析

从景观生态特征及野外调查统计资料中显示，本区域存在的生态环境问题主要有：

（1）农田景观沙化及水土流失严重

由于农田面积广大，裸露时间漫长，导致冬季大风吹蚀地表严重，使得土壤表层不仅质地变粗，沙化加剧，而且养分损失殆尽。土壤肥力下降，土地日渐退化；同时，丘陵起伏，滩川交错，加之夏季短暂的暴雨冲刷，导致水土流失现象也较为严重。因而，本区域旱作农田景观虽然面积广大，但质量差，农田生态系统处于一种弱动态平衡、甚至失衡的状态，熵流的输入已使其到达崩溃的边缘。需采取措施进行生态系统恢复。据有关统计资料显示，本区 13 个乡镇水土流失总面积 1943.11km^2，其中重度水土流失 823.99km^2，中度水土流失 507.48km^2，轻度仅水土流失 611.64km^2。

另外，在武川盆地及各季节性河流的尾闾，由于广大多数河流渗入区域低洼湖沼，蒸发强烈，因此地表盐渍化现象也日趋加重，甚至盐斑分布日渐增多。

（2）草场退化沙化严重

由于天然草原大面积开垦，几十年间，使草原面积锐减，同时随着人口增加，草场减少，单位面积载畜量超载现象日益加剧。导致有限的草场又严重退化，甚至沙化，从后山乡镇草场退化，草场产草量及载畜量来看其程度有所不同（见表 3—5），轻度退化草场盖度基本保持在 30%—40%，植物群落较为稳定，虽产草量减少，但主要物种数量不变，若及时围封恢复，即成为优良牧场，此部分草原在本区分布较少，主要在西部丘陵台地上；中度退化草地覆盖度 15%—25%，草群优势物种显著减少或被演替，牲畜适口性率差，地表有沙化、水蚀等现象，一些适生于沙化生境的小灌木生长良好，此类型草地在本区分布广泛，围封恢复也需较长时间；严重退化草地地表覆盖度仅 10%—15%，物种单调，地表半裸，牲畜适口性差，出现明显的风蚀沙化与水蚀沙化的现象，自然恢复困难。据武川县环保局统计，本区 13 个乡镇沙化面积有 1774km^2，其中重度沙化 610.60km^2，中度沙化 650.62km^2，轻度沙化 512.78km^2。

从上述两个方面的问题来看，其主要原因是人口的增加、旱作耕地面积的扩大、趋载趋种、重收轻养、产业结构不合理等人为因素造成的。

表 3—4　后山低山丘陵草原恢复与旱作农业生态功能区

草场退化、产量、载畜量现状（2000 年）

单位：km^2、%、万斤、绵羊头只

退化草场总面积	轻度草场退化			中度草场退化			重度草场退化		
	面积	产草量	载畜量	面积	产草量	载畜量	面积	产草量	载畜量
2302. 47	149. 79	11234.	14979	553. 07	24888	37709	1599. 6	35991	88867
100	6. 51			24. 02			69. 47		

资料来源：各旗县土地利用总体规划（1997—2010 年）

3. 2. 1. 5　本区生态载力与适宜性分析

按照生态承载力研究结果，后山草原恢复生态功能区生态承载力分布特征表现为：西部低山丘陵区草场承载力虽已接近饱和，但还有一定的容量，滩川草场已超载，不可能继续维持现状；中东部滩川地区土地承载力有一定的空间，但人少地多依靠人均耕地面积大，广各薄收来取得产值，一方面土地承载力水平极不稳定，另一方面加速土地“三化”的严重后果，因此，本区域承载力较差，土地生产力水平低下，自然生态环境恶劣。

从生态适宜性结果来看（见表 3—5），宜牧及草原恢复生态功能的土地面积为 940. 5km^2，占区域总土地面积的 60%，若加上目前不适宜和勉强适宜耕种的农地 808. 99km^2，则宜牧恢复为草地的土地面积 1749. 49km^2，占总土地面积的 70. 02%。可见，目前由于农业垦殖造成草原破坏十分严重，草原恢复的潜力也十分巨大，其他为宜林地及少量生态不适宜的土地，如沙地、裸地、盐碱斑等。

表 3—5　低山丘陵草原恢复与旱作农业生态功能区生态承载力与土地适宜性

功能亚区	生态承载力			土地适宜性				生态适宜
	土地承载力（kg/人）	草场承载力（羊单位/hm²）	生态承载力宜农（hm²）	宜农（hm²）	宜牧（hm²）	宜林（hm²）	不适宜（hm²）	
东部旱作农业亚区	349.0（差）	77.5（超载）	差	81028.49	37099.7	10160.89	6351.75	农田生态
西部低山丘陵草原恢复亚区	470.5（好）	68.7（超载）	较差	37875.3	56055.32	6857.6	4640.19	草原恢复

资料来源：武川县土地利用总体规划（1997—2010 年）

3.2.1.6　生态功能的发挥与保持

通过上述生态环境现状及适宜性分析可知，区域平均状况为生态适宜于牧业生产与草地的生长；其次为少量农业耕地的存在。结合本区所处的全市地理位置与自然环境条件，将本区特殊生态功能确定为防风固沙、草原生态系统恢复。考虑到本区具有长久的旱作农业耕作历史，完全放弃农耕是不现实的。因此，在发挥主要功能的同时，适量保留一部分耕地，提高土地生产效率，走集约化生态农业道路，形成良好的农田生态系统。

区域特殊生态功能的发挥需要从以下几个方面来考虑。①结合国家西部大开发生态建设与退耕还林工程的深入，进行有计划、有步骤的退耕、围封，本着先易后难的原则，逐步扩大林草地面积；②土地质量相对良的耕地集中区，实施粮草间作，部分退耕还草还原，保留一部分耕地，实施生态农业建设，以利生态环境的改善和土地生产力的提高。区域内的哈乐生态示范区，大豆铺农业基地建设等均为本地农牧业发展提供了良好的范例；③实施人工圈养与放养相结合，人工草场与天然草场相结合的牧业生产模式。

3.2.1.7　亚区的划分

据区域景观特征差异，以及土地利用差异，将本区域分为三个亚区，即西部草原恢复功能亚区和东部生态农业生产功能亚区（见图 3—2、图 3—3），以及城镇服务功能亚区。

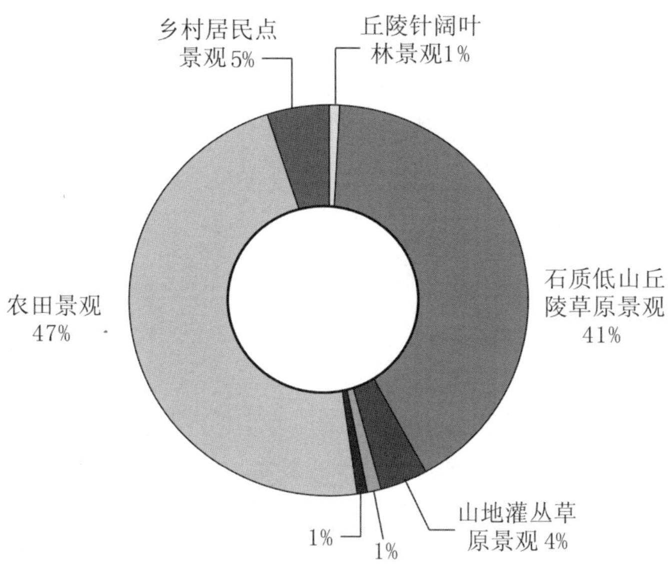

图 3—2　低山丘陵草原恢复亚区景观结构

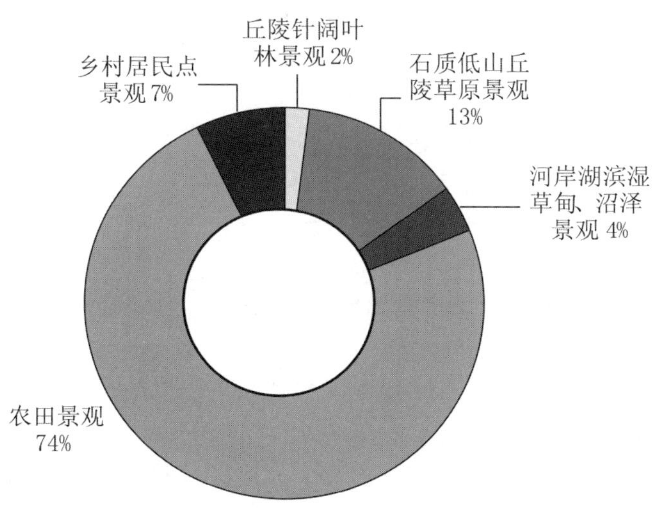

图 3—3　低山丘陵旱作农业亚区景观结构

（1）西部草原生态恢复功能亚区

该亚区地势较高，地形起伏，气温相对较低，土层薄，风沙大，极不利于农业耕作，但目前仍有 46.47% 的农田景观，本亚区石质低山丘陵草原面积景观广大，占亚区景观总面积的40.66%，也是后山地区草原沙化、退化的集中之地，因此恢复草地生态系统，防风固沙是本区最重要最突出的生态功能。全面退耕、恢复草原景观、发展适量畜牧业是本区最基本的产业道路。针对目前农田景观分布广泛的特点，可采取逐步退耕、补种人工牧草、冬季保留部分草地覆盖，农田保持于河谷等措施逐步实施。

（2）东部生态农业亚区

尽管亚区内也存在着显著的土地沙化现象，水蚀退化等生态环境问题，但这里地势平坦低凹、起伏缓和，地表水和地下水资源相对较好，土层相对较厚，而且是后山地区多年的农耕区，本亚区农田景观占亚区景观总面积的72.8%，丘陵草原景观仅占12.38%，且耕作历史长，有较好的农业耕作基础。因此，建议本亚区的生态功能以发挥其现有资源优势为主，进行生态农牧业建设，实施粮草间作的方案，退耕部分耕地，改建田间林网、草网；并且在空间分部上，呈自南向北增多趋势，逐步过度到北部草原景观地带。不仅在生态环境方面起到一定的屏障作用，而且维持了武川盆地成为呼和浩特市后山绿色食品基地的农业优势现状。

（3）城镇服务功能亚区

该亚区是指武川县政府所在地——可可以力更镇城区及其小城镇发展规划区域，其城镇建筑景观面积占亚区总面积的76.95%，为人为协调各亚区生态功能的正常发挥提供经济与政策支持。

3.2.2 大青山—蛮汉山水源涵养生态功能区

本区是以大青山山地、蛮汉山山地以及东南低山丘陵地为主体组成的山地景观为主的特殊生态功能区。范围包括武川县境内的7个乡及部分行政村，土默特左旗大青山乡、城郊东部几个乡镇以及和林县、清水河县的八个乡及部分行政村，平均海拔1500—1800m^2，区域总面积5598.75km^2，景观类型构成见表3—6。由于本区范围跨度大，区域自然地理环境条件差异较为显著，又可分为三个亚区，下面以亚区来分别论述。

表 3—6　大青山—蛮汉山水源涵养生态功能区景观类型结构

单位：km^2，%

景观类型	面积	%	景观类型	面积	%
山地针阔叶林景观	736.47	13.19	平原草原景观	2.67	0.05
平原针阔叶林景观	0.35	0.01	河流湖泊水面景观	29.61	0.53
丘陵针阔叶林景观	38.42	0.69	河岸湖滨湿草甸、沼泽景观	40.95	0.73
山地灌木林景观	1058.59	18.95	盐碱地景观	2.4	57.55
平原灌木林景观	1.22	0.02	沙地、裸岩景观	25.16	0.04
丘陵灌木林景观	24.6	0.44	农田景观	834.01	14.69
石质低山丘陵草原景观	50.16	0.90	果园、苗圃等人工林景观	15.37	0.28
黄土丘陵草原景观	189.62	3.40	乡村居民点景观	100.41	1.80
山地灌丛草原景观	2448.66	43.84	工矿与特殊用地景观	0.03	.001
合计	5598.75				100

3.2.2.1　大青山山地水源涵养亚区

亚区包括大青山山地及其东侧向南延伸的低山地。大青山山地是阴山山地的中段，也是内蒙古高原与土默特平原及黄土高原的分界线，山地不仅阻挡了西北寒冷气流的南下，而且山前的洪积冲积平原成为呼和浩特自然环境条件最优越的地区。就山地本身而言，地势相对较高，山地分水岭北侧坡度较小，缓慢没入内蒙古高原，南侧陡峭，南北宽平均 50.0km，本亚区总面积 3972.35km^2。景观特征山地森林植被、山地草原植被以及山地灌丛分布最广，主要特征见图 3—4。

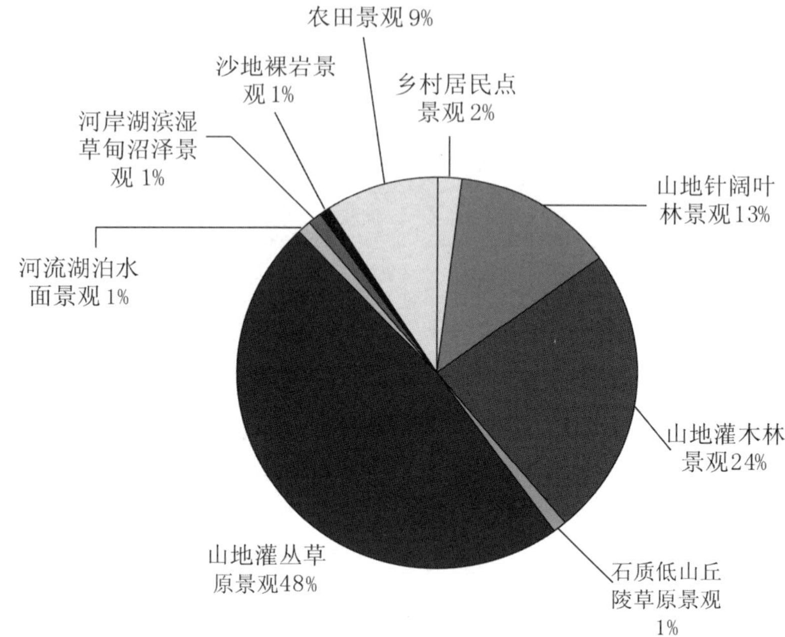

图 3—4　大青山水源涵养亚区景观结构

从植被覆盖的空间分布上来看，山地森林主要分布在山地的西部和东半部，面积不大，在野外补充调查中可以发现，主要是以人工抚育的油松林，云杉林等为主，自然恢复的桦木林及其他阔叶林较少，乔木林景观面积 533.51km²，占亚区景观总面积的 13.5%；在山地阴坡及较高海拔的阴坡上，灌木丛分布广，占亚区景观总面积的 23.5%，是大青山重要的林地覆盖景观；分布最广、面积最大的是山地灌丛草原，总面积达 1909.56km²，占亚区景观总面积的 48.07%，类型繁多，近几年水分条件较好，山地草场恢复较好。

大青山山地是山前和山后各季节性河流的发源地，其水量的大小直接影响着地表水的水量变化及分布状况，是十分重要的水源涵养功能。因此，本亚区的生态特殊功能即为水源涵养功能。

呼和浩特市各级政府重视植树造林工作，进行了大规模的植林造林，大青山山地植被已有一定程度的改变，但造林不见林，死亡率居高不下，成绩不显著仍是本亚区造林中突出的问题之一，加之山地牧场超载，小范围的矿产资源开发带来的环境污染问题等，均使林地质量下降，水源涵养降低。目前仍有少量耕地分布其间，也局部影响到了这一生态功能的发挥。加大造林力度，进一步提高山地森林覆盖率提高造林质量与成活率，是保护这一水源地发挥其功能的主要途径。彻底退耕还林，适量利用山地牧场是本亚区目前的主要任务。

目前，呼和浩特市在本亚区建设有黑大门自然保护区、乌素图国家森林公园、李齐沟自然保护区等若干以森林生态系统为主要保护对象的自然保护区，加大这些自然保护区建设力度也是保护和发挥这一水源涵养地的重要内容。

3.2.2.2　蛮汉山山地水源涵养亚区

本亚区主要包括和林格尔县境内的浑河以北的蛮汉山山地，亚区面积为661.38km^2。以和林格尔县天南门林场、西沟门、胜利营、灯笼素、黑老窑及新店子等部分乡镇行政村为主。平均海拔为1400—1900m，地势西高东低、北高南低。山地的东北部以森林景观占绝对优势，谷地及西部低山以草地景观、农田景观占一定比例，多为低产的坡耕地。另外，本亚区是茶坊河、宝贝河及浑河北侧各支流重要的河源地，具有较为重要的水源涵养功能。

从景观类型构成来看（见图3—5），以山地森林景观和农田景观占优势，山地灌木林及灌丛草原景观占有一定的比例。由于山多沟深，农业开垦相对较少，仅黑老窑盆地农业种植业较发达。调查结果显示，亚区农田景观257.66km^2，占亚区景观总面积40.02%。故需大数量退耕，进行流域水土保持建设，维持本亚区的水源涵养功能森林生态系统的稳定作用。区域内人口稀少，生态承载力较高，易于林牧建设。同时，南天门林场是呼和浩特市的大型林场之一，林区森林茂密，林木覆盖度高，物种相对丰富，2000年呼和浩特环保局已将其作为自然保护区进行建设。因此，其生态功能的发挥与建设相对较为稳定，只需加大投资力度，扩大林地面积。

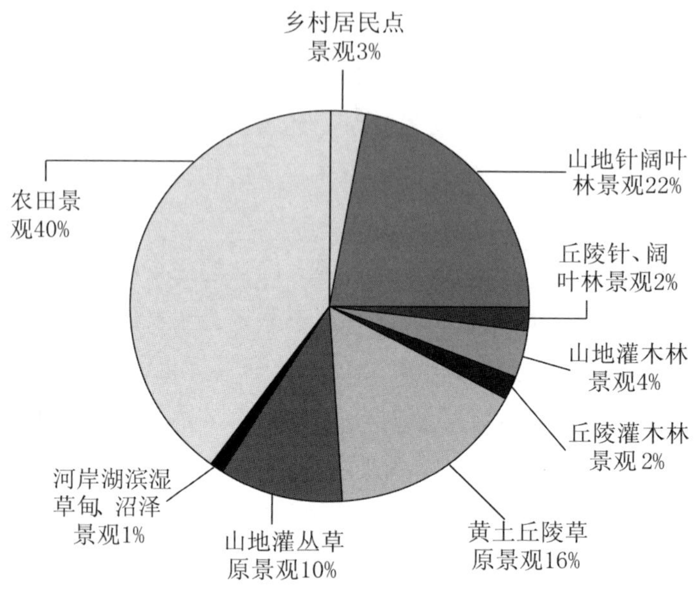

图 3—5　蛮汉山水源涵养亚区景观结构

3.2.2.3　东南低山水源涵养亚区

本亚区范围为浑河、清水河、古力半几河等几条河流的源头山区，平均海拔 1400—1600m。以中低山为主，石质山地和黄土丘陵相间分布，通常在东西走向山地的南坡有黄土覆盖，而北坡多以石质裸岩为主。境内土壤贫瘠、沟壑纵横，地表、地下水资源缺乏；年均温 3—6℃，降水量 350—400mm/年；地势度西高东低。行政区包括和林格尔县的新丰乡、羊群沟乡及清水河的韭菜庄、北堡乡等的大部分行政村，区域总面积 969.02km^2。

本区景观类型单调，低山丘陵灌丛草原占绝对优势（49.15%），农田景观、山地灌木林、黄土丘陵草原占一定比例，且仅分布于东南丘陵黄土较厚的地区，其森林景观类型较少（6.66%），针对本区山高林少，石质丘陵—黄土丘陵相间分布的特点，亚区生态功能定位于水土保持与水源涵养功能。以自然恢复暖温型低山丘陵草原、人工果林为主。同时实施退耕还草还林，减少水土流失失。增大植被覆盖度，减少流入黄河的泥沙。

由于地广人稀、交通不便、地表石质化严重、土层贫瘠，因而不利于大规模的植树造林和耕作。因此，自然恢复是本区功能发挥的最佳途径。

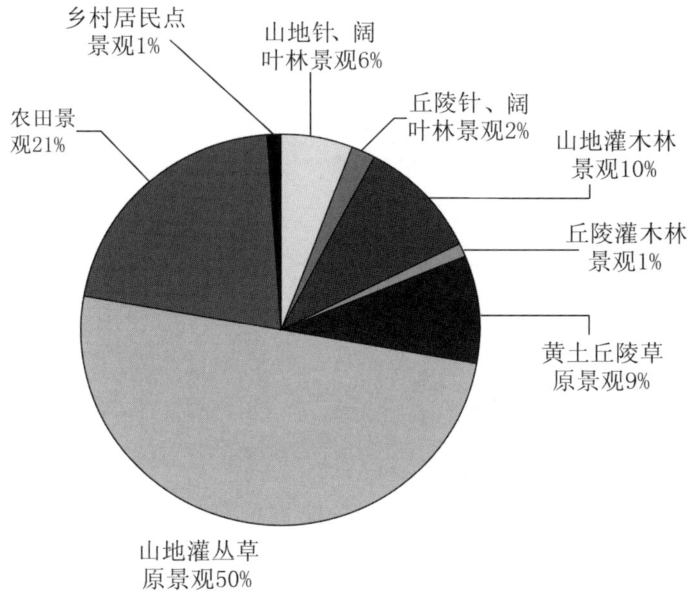

图 3—6　东南低山水源涵养亚区景观结构

3.2.3　土默特平原灌溉农业与湿地保护生态功能区

本功能区是呼和浩特农业经济最为发展的区域，也是地表水与湿地分布最为集中的区域。行政区包括土默特左旗除大青山乡外所有的平原乡、托克托县、和林格尔县的六个平原乡以及市辖四区的郊区乡镇，总面积为 5086. 40km^2。

3. 2. 3. 1　区域自然与社会经济状况

本区域是呼和浩特市土默特平原的主体部分，地势呈北、东、南三面高、西部低的围椅状，平均海拔 990—1277m，地形相对平坦，坡度 <（1‰—4‰）。主要的地貌单元有大青山—蛮汉山的山前洪积平原，湖积阶地，大小黑河、黄河北岸冲积平原，东南部黄土丘陵向土默特平原过渡的湖积台地与低丘陵地。物质组成有冲洪积物、湖积物、残积物及少量沙砾石组成的风积物，以及黄土粉沙堆积物等。

本区属带温带大陆性季风气候，具有春季干旱少雨多风、夏季炎热短促多雨、秋季水涝、冬季寒冷干燥等气候特点。年均温 6. 7℃，年均降水量

360—400mm，无霜期北部133天，南部151天。据土壤普查资料，本功能区主要土壤分为6个土类，11个亚类。主要有灰褐土、栗钙土、栗褐土、草甸土、风沙土、沼泽土等，自然植被为典型草原、草甸草原，其间镶嵌分布有盐生植被、沙生植被、沼泽植被等，但目前主要以半自然农田植被、人工林植被等为主。

本区是呼和浩特市地表水、草甸沼泽等湿地景观分布最为集中的区域。本次研究湿地景观生态类型面积占研究区湿地面积38.63%。区内河流众多，地表水资源为68440万立方米（75%保证率），本次研究河流水面湿地景观面积为60.14km^2，主要河流有大黑河、小黑河、什拉乌素河、银号河、宝贝河、黄河等，还有大青山出山口形成的多条季节性洪沟；地下水资源丰富、水位浅、开采方便。据有关统计，地下水储水总量1133966万立方米，可开采地下水量为45475万立方米。且区域内水利设施较为完整，以哈素海为主的水利灌溉系统初具规模。

本区行政区包括土默特左旗、和林格林县的平原乡及托克托县的全部乡镇，也是呼和浩特市农业及社会经济最发达的区域，据2000年各乡镇统计，总人口为934175人，占呼和浩特市总人口的4.66%；耕地2754.73km^2，占呼和浩特市耕地总量的49.18%。其中90%以上水浇地集中于此（见表3—7）。

表3—7　土默特平原灌溉农业与湿地保护生态功能区社会经济统计

行政区	人口（人）	人口密度（人/km^2）	耕地（km^2）	国内总产值（万元）	农牧渔业产值（万元）	工业产值（万元）	粮食产值（万元）	农民人均收入（元）
土默特左旗	343975	126.8	1118.20	209868	124063	89015	265670	2802
托克托县	190272	134.0	446.77	127149	58482	35998	130050	2664
郊区	318667	161.7	699.4	1136424	86654	584144	131813	3602.7
和林6乡	81261	77.7	490.36	40843	25048	1971	63788	2121
合计	934175	125.05	2754.37	1514284	271247	711128	591321	2797.42

资料来源：《呼市社会经济统计年鉴》（2001年）

3.2.3.2　区域景观生态特征

（1）农田景观占绝对优势

本区景观特征最突出的特点是农田景观为基质景观，占景观类型总面积的53.07%。其次为湿地景观人工林景观、盐斑裸地景观及平原草地与灌丛景观等（见表3—8），景观类型多样。

表3—8 土默特平原农业生产与湿地保护生态功能区景观类型结构

单位：km^2，%

景观类型	面积	所占比例	景观类型	面积	所占比例
山地针、阔叶林景观	15.28	0.30	河流湖泊水面景观	60.14	1.18
平原针、阔叶林景观	244.36	4.82	河岸湖滨湿草甸、沼泽景观	80.05	1.58
丘陵针、阔叶林景观	0.01	0.001	盐碱地景观	339.69	6.7
山地灌木林景观	14.64	0.29	沙地、裸岩景观	13.29	0.26
平原灌木林景观	27.92	0.55	农田景观	2706.12	53.08
丘陵灌木林景观	0.002	0.001	果园、苗圃等人工林景观	41.24	0.81
黄土丘陵草原景观	0.09	0.001	城市、城镇景观	18.87	0.37
山地灌丛草原景观	78.37	1.54	乡村居民点景观	315.98	6.23
平原草原景观	1119.72	22.07	工矿与特殊用地景观	10.63	0.21
合计				5086.402	100

（2）区域内差异较为显著，景观格局呈圈层状分布

由于冲积—洪积平原不同部位引起水文地质状况、土壤质地等的差异，使得区域景观空间格局分布基本呈圈层状分布，外围近山麓有丘陵地带以干草原和旱耕地农田景观为主，景观破碎，类型多样，拟分为草原恢复功能亚区，亚区内旱耕地有计划退耕；向内侧冲积—洪积平原中段，则以景观联结度非常高的灌溉水浇地景观为质基的景观格局，其间斑块状散布有人工防护林景观，盐斑裸地景观，盐化草地景观等斑块类型等；在区域中部的洪积扇扇缘地带和大小黑河两岸、黄河北岸，则以盐化草甸草地景观和水浇地农田景观占优势，湿地景观占有相当比例。

（3）区域内建筑景观呈增加之势

对比近几十年遥感影像和土地利用/覆盖变化特征，显示出本功能区景观格局变化中，建筑景观比例正在上升，这与本研究区位于呼和浩特市中心城市外围，也是呼包经济区的黄金地段和呼市卫星城镇集中分布的区域有关。

3.2.3.3 区域生态环境问题分析

从景观特征分析及野外调查资料显示，土默特农业生产特殊生态功能区目前及今后存在的生态环境问题主要表现在三个方面：

（1）农田生态环境存在一定的工业污染

由于地区经济的发展，各种工业建筑景观的增多，不仅改变了原有较为单一的农田景观格局，同时各种工业废弃物也正在蚕蚀着农田生态系统的稳定。土壤污染范围正在扩大。因此，防止农田污染应是今后一段时期内区域生态环境建设，保护土默特平原农业生产功能发挥的主要任务之一。

（2）土地盐渍化问题严重

由于自然原因本区是呼和浩特市盐碱地集中分布的区域，特别是区域中部和西部扇缘地下水溢出地带，但对于旱地和水浇地农田景观集中分布的冲积—洪积平原区，造成土壤盐渍化日趋严重的原因还在于人类利用中存在的种种不合理方式，如大水满灌、田渠渗漏、盐化草甸开荒等等。本次统计结果显示，盐碱裸地景观面积 339.68km^2，占本区景观总面积 6.7%。据内蒙古环保局遥感调查，仅土左旗与托县两地，盐化农田景观面积达 517.6km^2，占农田景观总面积的 16.10%。而几乎一半的耕地受到盐渍化的威胁，土壤结构变差，质地变粗，作物生长长期因生理性干旱而减产或死亡。因此，进行科学灌溉，加强进行水利建设，严禁盐碱地开荒是解决本区盐渍化的重要出路。

（3）湿地减少，净化功能正在丧失

本区也是呼和浩特市湿地集中分布的区域，不仅有哈素海大小黑河，什拉乌素河、黄河等自由水面湿地。而且扇缘地下水溢出带的沼泽湿地景观也广布于此，湿地素有“自然之肾”之美誉，因此，此处湿地也担负着净化污染、保持水量、调节洪流、增加空气湿度、维持湿地生物多样性等重要生态功能和生产功能的作用。但近几十年来，地下水位持续不断下降，大小黑河断流时间增长，截流用水加大等等原因，导致市区南侧部分平原湿地正迅速减少，直接影响到呼市城区生态环境的改善和沿途农田生态系统的稳定。因此，保护仅有的湿地、成立湿地自然保持区也是本功能区重要的生态功能之一。

（4）沙化对本区生态功能发挥的影响

风蚀沙化和水蚀沙化对本区生态环境也造成一定的影响，二者主要发生在本区外侧的山麓草原恢复亚区，这些地段，地表残积物组成本来粗糙，地表坡度大，加之春冬季节大风的吹蚀和因植被覆盖度低，夏季暴雨冲刷，常常会形成土地沙化。

3.2.3.4　本区生态承载力与适宜性分析

土默特平原是呼和浩特市自然条件最为优越的区域，优良的水热条件适于农业耕种。因此，绝大部分地区适于农业生产。

从适宜性分析结果来看，本区宜农用地占绝对优势，宜牧多为山麓地带草地，其次为河流两侧河漫滩和盐化草甸地带，宜林则主要为扇缘地带。因此，将本区生态功能定位于农业生产功能是较为合适的。

表3—9　土默特平原灌溉农业与湿地保护功能区生态承载力、土地适宜性分析

功能亚区	生态承载力			土地适宜性				生态适宜
	土地承载力（kg/人）	草场承载力（羊单位/km²）	生态承载力	宜农（hm²）	宜牧（hm²）	宜林（hm²）	不适宜（hm²）	
土左旗（除青山乡）	772.35（好）	108.0（超载）	好	110528.34	41312.68	16713.37	723.3	农田生态
托县	683.49（好）	94.6（超载）	好	72533.23	32356.21	24020.1	159.95	
郊区	513.63（好）	61.0（超载）	好	73173.1	46476.81	15066.81	501.36	
和林6乡	714.50（好）	79.0（超载）	好	47828.11	19977.55	14817.3	714.5	
合计	670.99（好）	85.7（超载）	好	304062.78	140132.3	70614.25	2086.3	

资料来源：各旗县土地利用总体规划（1997——2010年）与统计值

3.2.3.5　特殊生态功能的发挥的主要措施

从改善本区农田生态环境，最大限度地解决现有的生态环境问题，发挥农田生产功能的目的出发，可着手从以下几个方面进行：

（1）严格规范土地市场，控制建设用地扩展占用耕地的数量和范围，保证耕地的数量与质量。

目前呼市周边开发区建设有增无减，严重地影响到了近郊农田景观和农业生产，合理调配土地利用，严格控制农转非，保证本区农田生产功能稳定。

（2）进行土地生态环境建设

目前较严重的土地污染，土地盐渍化，风蚀沙化等土地退化问题困绕着农田生态系统的生产功能。因此，逐步解决这些问题，也是促进特殊生态功能发挥的重要途径。

（3）加大发展现代化生态农牧业建设

良好的环境加以现代化、高科技的农业生产方式，才是本区农业的根本出路。

（4）建立湿地保护区，保护一方水土

据有关报道，我国目前湿地丧失严重，仅有的湿地约有40%得到保护。而呼和浩特市至今还未建立一个湿地保护区，因此，有必要在本区域建立湿地保护区，起到净化、调节等“自然之肾”效果，促进本区特殊生态功能的有效发挥。

3.2.3.6　亚区概述

本区域是土默特平原的主体部分和北东、东南三面向山地丘陵过渡的地带组成。因而地势表现出由北、东、东南向西、西北降低之势，依景观类型差异和土地利用差异，将本区分为5个亚区，即察素齐镇与托克托县城关镇2个城镇服务功能亚区、山麓天然草原恢复亚区、盐渍化防治与湿地保护亚区、土默特平原灌溉农业亚区等。

（1）城镇服务功能亚区

察素齐镇和托克托县城关镇作为呼和浩特市中心城市的一级卫星城镇在区域经济和小区域生态环境建设中起着重要的作用，以居民建筑景观为主的城镇服务功能亚区可对周围区域内景观格局的调整起到控制作用。

目前影响服务功能发展的因素有两个方面：一是主观人为因素。如何调整农用地与建设用地是各级政府面临的一个主要问题。二是客观因素。服务功能区应以小型的，无污染的工业为主，而这两个功能区目前其内部及其周围均已建成正在建设一些大型的工矿企业和经济开发区。随之带来的就是水源污染问题，不仅城镇服务功能受损，而且影响周围生态环境，引起局部景观变化。如托县电厂、察素齐水泥厂等一些大型的工矿企业对亚区景观及生态环境的影响。

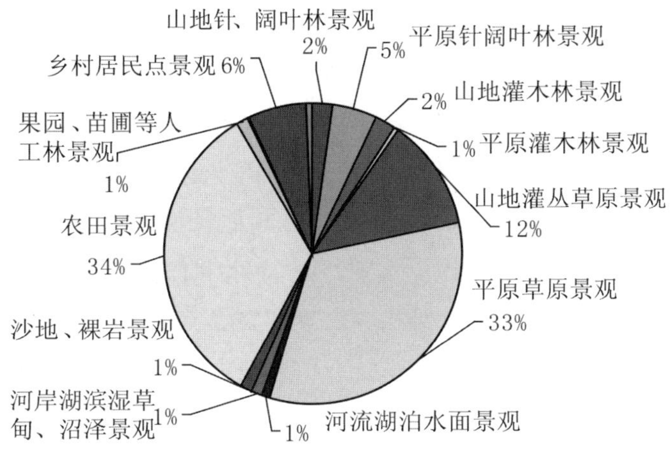

图 3—7 大青山山麓草原恢复亚区景观结构

（2）大青山山麓草原恢复亚区

本亚区分布于区域北、东、南外围，总面积 670.69km^2。景观生态类型组成以山麓典型草原景观为主，并有一定比例的旱耕农田景观，亚区生态功能应为草地恢复和水土保持功能，从而维护山地水源涵养功能，也使其内侧的农田景观生态功能得以有效发挥起到生态屏障作用。行政区包括土左旗及回民区、新城区沿山前 110 国道以北的地区（近 15 个镇乡的部分行政），以及和林格尔县、托托克县南部丘陵 6 个乡镇。

山麓草原恢复亚区呈条带状，地质地貌类型为湖积阶地，是由中更新统湖积层和上更新统的冲积—洪积物组成的覆盖基座阶地。位于大青山—蛮汉山山地洪积地带以及南部黄土丘陵与土默特平原的过渡地带，物质组成粗糙、地下水位深，加之上部山口处多风（> 17m/s 大风日在北部沿山前山麓达 18.2 天/年，最多 41 天/年）。因此土壤贫瘠（以山麓灰褐土、栗褐土为主）土层薄、易于沙化、植被覆盖度低，土地利用方式宜牧，不适合农业开垦耕作。南部湖积台地上，因表层覆盖有薄层黄土，地表干燥。冬春沙尘暴袭击，风蚀水蚀并存，土壤表层被破坏，尽快农耕转变为牧业用地，特别是人工饲草地的建设。

（3）土默特平原灌溉农业生态功能亚区

该亚区分布于功能区的中部，属大青山、蛮汉山、洪积平原的中下部及黄河与大、小黑河冲积平原，母质由厚度不等的粗砂质黄河冲积物组成。行政区包括土默特左旗110国道以南的大部分乡镇，玉泉区、赛罕区的乡镇，以及托克托县的东部和南部的部分乡镇，亚区面积2957.08km^2。

亚区以农田景观为基质景观（图3—8），占景观亚区总面的53.08%，其中水浇地是本亚区农田景观的主要类型，据土地利用类型统计，区域内水浇地景观面积占农田景观总面积的60%，其他景观类型主要有人工防护林景观、湿地景观、建筑景观等。本亚区的特殊生态功能定位为农业生产服务。因此，优化农田景观内部结构，合理调整农业种植结构，保护基本农田生态环境，维持良好的农田生态系统，取得最大限度的农业生产产值，是本功能亚区的最终目标。

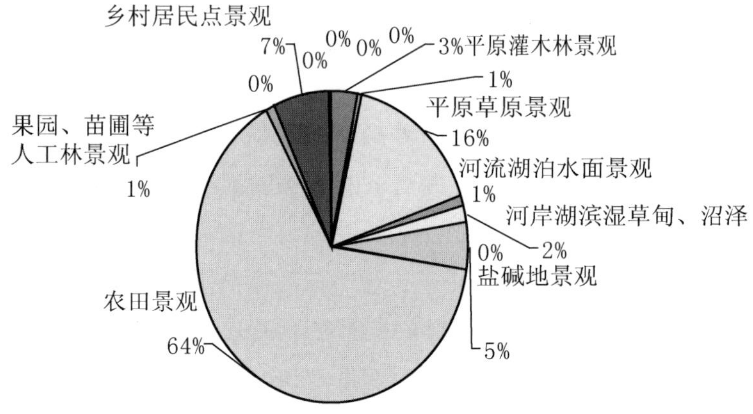

图3—8　土默特平原灌溉农业生态功能亚区主要景观结构

目前，该亚区存在的主要生态问题有农田灌溉方式技术较落后，耕地盐渍化现象严重，土壤受工业污染逐渐增大，水资源浪费等。因此，逐步解决这些问题是维持本亚区特殊生态功能的根本出路。

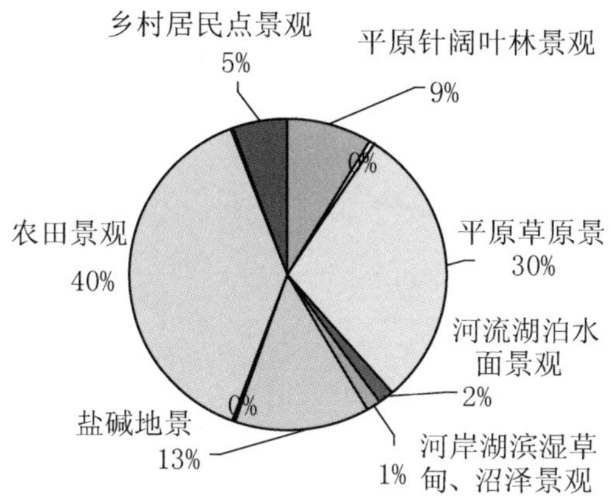

图3—9 盐渍化防治与湿地保护亚区主要类型景观结构

（4）盐渍化防治与湿地保护亚区

本亚区位于土默特平原中西部及黄河北岸，是大青山洪积扇的扇缘地下水溢出地带和大黑河下游入黄的泛滥地带的交汇区域，由扇缘含砂卵石夹薄层粗沙及河漫滩相物质组成，地表潜水溢出，积水洼地较多，加之蒸发强烈，形成较为密布的盐碱斑。行政区包括土左旗西南部各乡镇及托县乃只盖、五申、中滩乡镇的大部分地，亚区面积2957.08km²。

本亚区主要的地表生态景观类型为盐渍裸地景观和盐化农田景观（图3—9）。其次为大小黑河、黄河及引水渠、哈素海、盐化沼泽、湿草甸等组成的湿地景观。三者呈相间分布的景观格局，特殊的景观格局本亚区的生态功能主要以防止盐渍化时进一步扩展，保护呼和浩特市仅有的大片湿地为主。

近年来，由于呼和浩特市地下水超采日趋严重，地下水位相应下降，同时，地表大小黑河季节性水流量不稳，用量增大，污染加剧等原因，使得本亚区不仅生态环境状况不佳，同时湿地大幅度减少，虽然有少量湿地开发利用为渔塘，但湿地减少趋势未能得到有效控制。本亚区位于呼市市区南侧，湿地起到了藏污纳垢、净化环境的功能。因此，本亚区特殊生态功能的发挥直接关系到呼市生态环境的改善。

另外，由于扇缘地带地下水位高出溢出，加之干旱多蒸发的气候条件，因此土壤中可溶盐表聚是正常的，只是在景观格局变化中逐步退耕还草，还湿地及盐生草地的自然面貌，以利生态环境的彻底改善。

3.2.4 城市服务功能区

城市服务功能区是指呼和浩特市城区及其东西两侧的金川与如意开发区所包含的范围，总面积为 169.52km^2。包括回民区、玉泉区、新城区和赛罕区。

呼和浩特市城区经过几百年的发展历史，从当初仅 9km^2 边塞小镇发展到今天拥有 74.41 万人口，建成区面积 83.01km^2 的综合性首府城市，对于地区生态建设与保护、社会经济的展服起着不可替代的决定性作用，具有全方位的服务功能。

本次研究城市服务功能区景观结构见图 3—10，主要景观类型为城镇建筑景观、农田景观和平原草原景观。在城市的发展建设中，城市景观格局也在不断变化；随着城市的扩展，城市边缘景观格局也发生了巨大的变化。

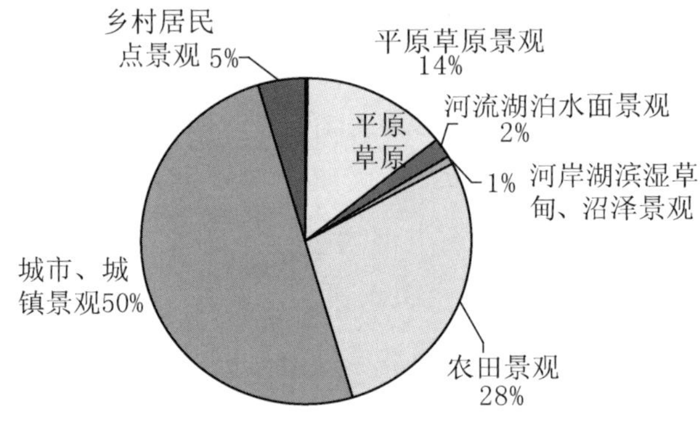

图 3—10 城市服务功能区特殊生态功能亚区景观结构

城市服务功能发挥在呼和浩特市特殊生态功能区主要起到以下几个方面的作用：

（1）协调各生态功能区的生态功能

城市及城市群的发展，地区整体社会经济的发展需要有地区生态环境的支持，因此，在维持地区生态环境稳定和优化的基础上，各功能区的生态功能不仅建立在自然生态特征的基础上，同时要适应中心经济区的社会、经济和生态需要，以有利于地区经济社会的发展。政策与政府的协调功能是城市服务功能区的首要功能。

（2）提供各生态功能区生态功能发挥的技术与物质支持

特殊生态功能区的生态功能尽管是建立在自然生态系统基础上的，但科学地进行生态建设与保护，促进生态系统恢复，人为作用在当今社会中占有决定性地位。因此，中心城市及各亚区的城镇服务功能是必不可少的。“技术是生产力”，人力、物力、财力的支持是生态功能区生态建设的基础与保障。

3.2.5 黄土丘陵水土保持与梯田农业生态功能区

本区位于呼和浩特市东南部黄土丘陵地带，北部、西部与土默特平原相接，东与蛮汗山山地相接，行政区划包括清水河县、和林格尔县的绝大部分乡镇。依区域自然地理特征和景观类型差异，将其划分为6个亚区，即北部和林格尔丘陵水土保持亚区、中部浑河谷地生态农业亚区、南部清水河黄土丘陵水土保持与梯田农业亚区、新红沙地治理与生态系统恢复亚区、以及两县城关镇城镇服务功能亚区，区域总土地面积3865.04km^2。

3.2.5.1 区域概述

本区气候条件属中温带半干旱大陆性季风气候，四季变化明显，年均温北部为5.6℃，南部为7.1℃，≥10℃积温3063.1—2345℃，无霜期135—118天，年降水量大于400mm，集中于夏季且降水变率大，分布极不均匀；冬春季节风沙较大（7级大风日放14—40天）。

本区地形地貌条件复杂多样，石质丘陵、黄土丘陵与丘间盆地，浑河谷地等相间分布，且黄土丘陵地沟壑纵横。总体上自北向南可分为北部石质黄土丘陵相间分布区，中部浑河盆地区以及南部黄土丘陵区几个大的地貌单元，丘陵面积占80%，其间又有樊家夭盆地，王桂夭盆地，马群沟盆地等山间盆地，小气候特点明显。平均海拔200—1500m。

由于冬季漫长多风，夏季暴雨较多，地表又因长期开垦裸露，土质疏松，本区水土流失十分严重，土壤侵蚀模数达1000—1800吨/km^{2}年，土壤表层多被破坏，肥力下降至沙化。据有关资料统计，和林格尔县与清水河县共有沙化土地923.41km^2，多为风、水蚀共同作用产物。南部水蚀较北部严重，水土流失面积达2890.78km^2。区域内土壤类型丰富，共有7个土类13

个亚类，地带性土壤为栗褐土，非地带性土壤有灰褐土、潮土、沼泽土、草甸土、风沙土、石质土等等。

植被生长稀疏，地表植被覆盖度低，主要为半干旱的典型草原和灌丛草原群落，在丘间地和河流阶地河漫滩等地还分布有草甸植被。区域内水资源贫乏，地表水主要有北部的宝贝河和南部的浑河水系，地下水资源也不甚丰富，以黄土丘陵裂隙水为主。

本区域是呼和浩特市最贫困的地区，由于自然条件恶劣，交通不便，社会经济发展缓慢，工农业生产落后，人民生活水平低下，区域内共有人口24.23万人，人口密度46人/km^2，农业是本区经济的支柱产业（见表3—10）。近年来，随着改革开放政策的深入与呼和浩特市区的带动作用，两县经济有了长足的发展，特别是北部和林格尔县境内的盛乐经济园区的带动，使该县经济飞速发展。

表3—10　黄土丘陵水土保持与梯田农业生态功能区社会经济统计（2000年）

行政区	总人口（人）	耕地面积（hm^2）	国内总产值（万元）	农牧业产值（万元）	工业产值（万元）	农民人均收入（元）	粮食产量（kg）
和林11乡	107442	1170.46	24300	24872	19170	1685	37560
清水河县	134817	6851.7	68208	39304	23265	1588	65042
合计	242259	8022.16	92508	64176	42435	3273	102602

资料来源：呼和浩特市社会经济统计年鉴（2001年）

3.2.5.2　区域景观生态特征

本次调查研究结果显示本区景观生态类型及空间分布有以下特征：

（1）农田景观占较大比例，其斑块破碎，且空间分布北多南少

旱作农田景观是本区的优势景观类型，由于自然地理环境特征，耕地多分布于丘陵沟壑的顶部或宽谷中，因此景观破碎化程度极高，区域内农田景观斑块达5620块，占总斑块数的60%，本区景观破碎度1.452。在空间分布上，浑河以北的和林格尔县境内的旱地农田景观无论从密度还是数量上均大于草地景观，且破碎程度高于清水河（表3—11）。

（2）草地景观占有绝对优势，且空间分布南多北少

草地景观在分布面积上仅次于农田景观，黄土丘陵和石质丘陵上广泛分布着中温型典型草原景观，浑河以南的清水河草地景观多于和林格尔县，且草地景观的破碎较农田景观小，分布亦较为均匀。

（3）景观区域差异，景观空间格局变化较大

从景观结构特征来看，基本上可将区域内景观类型划分为4分地带：浑河北部的黄土丘陵区农田景观地带，中部浑河谷地农田—湿地景观带，新红以白二谷沙坝的沙地景观地带以及南部的草地—农田景观地带。景观组合不同，产生的生态功能亦有所不同，拟分为4个亚区。

（4）景观格局呈破碎化程度高，基质不显著，分布均匀特征

尽管区域差异十分显著，但总体上表现出特有的景观破碎的特征。

表3—11　黄土丘陵水土保持与梯田农业生态功能区景观生态类型统计

单位：km^2，%

景观类型	面积	所占比例	景观类型	面积	所占比例
山地针阔叶林景观	2.33	0.06	河流湖泊水面景观	39.61	1.03
平原针阔叶林景观	15.93	0.41	河岸湖滨湿草甸、沼泽景观	48.69	1.26
丘陵针阔叶林景观	84.64	2.19	盐碱地景观	0.06	0.002
山地灌木林景观	3.45	0.09	沙地、裸岩景观	18.2	0.47
平原灌木林景观	2.44	0.07	农田景观	1481.47	38.05
丘陵灌木林景观	157.45	4.08	果园、苗圃等人工林景观	40.94	1.06
黄土丘陵草原景观	1803.29	46.74	城市、城镇景观	6.35	0.16
山地灌丛草原景观	10.32	0.27	乡村居民点景观	134.32	3.48
平原草原景观	22.22	0.58	合计	3871.71	100

3.2.5.3　区域生态环境问题

本区石质丘陵与黄土丘陵广布，自然环境条件恶劣，加之长期的广种薄收，区域生态环境问题十分突出，主要表现在三个方面：

（1）水土流失严重

本区属于国家黄河中游水土保持综合治理的重点地区之一，干旱的气候

条件与疏松的黄土母质，使地表沟壑纵横，坡度大，暴雨冲刷强，致使土壤侵蚀导致的水土流失极为严重，如表13—12。据有关资料统计，清水河县水土流失面积占全县总面积的96%，每年有1.2cm厚的土层被流失，全县平均侵蚀模数为8711t/km^2，年最高达1.5万t/km^2，绝大部分流入黄河，引起水土流失的主要原因不仅有自然因素，更多的是几百年来人类不断地索取（陡坡开垦，过度放牧，开采等）造成的结果，黄土丘陵的植被恢复较为困难，因此有计划地进行水流治理，退耕与梯田农业建设并举，不失为一条良好的出路。

（2）土地沙化严重

除水蚀引起土地生产力下降，土地退化外，土地沙化是另一个十分严重的生态环境问题。石质丘陵、黄土丘陵顶部植被稀疏，大风吹蚀后，地表砾质沙化严重，同时区域内沿浑河南岸有一条自西向东延伸的固定和半固定沙带，冬春季大风，导致沙丘移动并形成就地沙源吞食着周围绿地。清水河县沙化土地面积占全县总土地面积的8.42%（表3—12）。

（3）坡地草场严重超载，引起草场破坏

风、水两相侵蚀使得本区土壤肥力迅速下降，土地生产力极低，旱地平均单产仅50—150kg/亩，恶劣的生态环境条件将这里的人们推向贫困的边缘，扩大耕地以增加粮食的错误观念又加剧了一些生态环境的恶化。近年来，随着西部大开发生态退耕战略的实施，大量>15°的坡耕地已退耕，但仍有一些耕地虽然坡度<15°、但土壤条件极差的土地仍在耕作，成为生态环境恶化的隐患。

表3—12　黄土丘陵水土保持与梯田农业生态功能区土地风蚀沙化水土流失统计

单位：km^2，%，kg/hm^2

行政区	土地总面积	沙化面积	水蚀面积	合计	所占比例	平均单产
和林11乡	3401	686.67	382.88	1069.55	31.45	4500
清水河县	2891	236.74	2507.9	2744.64	94.94	3000

3.2.5.4　本区生态承载力分析

依生态承载力分析，本区域土地、草场生态承载力均已达饱和，如若维持现有的水平，生态环境将会继续恶化。因此，一方面加大生态退耕力度，降低土地、草场承受的压力；另一方面，大力进行生态建设，梯田建设，提高有限土地生产力水平，恢复丘陵地区草地生长，提高草场载畜能力和区域生态承载力（表3—13）。

表3—13　黄土丘陵水土保持与梯田农业生态功能区生态承载力与土地适宜性分析

行政区	生态承载力			土地适宜性				生态适宜
	土地承载力（kg/人）	草场承载力（羊单位/km^2）	生态承载力	宜农（hm^2）	宜牧（hm^2）	宜林（hm^2）	不适宜（hm^2）	
和林11乡	310（差）	87.5（超载）	差	62366.16	86739.4	47190.9	2462.83	草原生态恢复为主
清水河县	350（差）	93.8（超载）	差	64489.24	121298.9	55214.9	2173.83	
合计	330（差）	90.65（超载）	差	126855.40	208038.3	1024051	4636.66	

资料来源：和林县、清水河县土地利用总体规划（1997—2010年）

从生态适宜性分析结果来看（表3—13），本区宜农土地面积为1328.554km^2，占区域总土地面积的32.76%，宜牧、宜林地占区域总土地面积的66.93%。因此，本区生态适宜草原生态恢复为主。仅在个别生态条件较好的小流域发展生态农业。

3.2.5.5　区域生态功能的发挥与保持

通过上述适宜性及生态承载力分析，针对区域生态承受能力已达饱和、承载力差的现状，考虑到本区多年的农业生产历史和生态环境状况，区域生态功能定位于水土保持，恢复黄土丘陵自然植被生长，防止水土流失；进行小流域综合治理和“坡改梯”建设，大力发展黄土丘陵区的生态农业建设。为此，本功能区生态功能的发挥需从以下几个方面进行：

（1）建立多个乔灌草结合的小流域综合治理试验区

经过近几年的皇甫川等地的水土流失综合治理试验，在开展生物措施和工程措施治理水土流失、恢复植被方面已取得了一定的成绩。因此，相关部门应各级推广，进一步提高水土保持工作的科技含量，使本区域的小流域综合治理工作持续展开，才能逐步恢复黄土丘陵植被和土地承载力。

（2）区域生态恢复建设与当地群众脱贫致富相结合

黄土丘陵区是呼和浩特市最贫困的地区，恶劣的生态环境与贫困已经形成了一个恶性循环链。采用政策优惠、技术扶持、观念更新等方面的宣传，与逐步打破这一循环链，使老百姓树立生态建设就是致富的基本出路的观念，提高有限土地生产力，种草种树才能致富，才能创造更大的收益。因此从资金、效益等方面给群众以实惠，有助于水土保持与梯田建设的顺利进行。

（3）实施人工圈养的牧业经营方式

本区域坡陡沟深，地表破碎，植被覆盖度低，牲畜在放养过程中的践踏与啃食无疑会加剧地表疏松土层的流失和植被的进一步破坏，发展梯田人工草地种植和圈养牧业，也是区域草地恢复、水土保持的重要出路之一。

总之，黄土丘陵区不仅是呼和浩特市生态环境最恶劣的地区之一，也是特殊生态功能急需发挥的重要地区之一，同时也是脱贫致富，重点发展地区社会经济，改善生态环境的重点地区之一。因此，在某种意义上讲，黄土丘陵生态功能的发挥与否，决定着呼和浩特市域生态环境的改善与否。

3.2.5.6　亚区概述

（1）城镇服务功能区

本区域以景观生态功能差异划分出2个县级城镇服务功能区，即和林格尔县城关镇和清水河县城关镇，对于维持本区其他生态功能亚区生态功能的发挥起到服务和调控的作用。

（2）和林格尔丘陵水土保持与梯田农业亚区

本亚区包括和林格尔县浑河以北丘陵区所有的乡镇，自然地理单元有宝贝河以北石质丘陵地，以南樊家窑盆地西南及东南黄土丘陵地等。除樊家窑盆地自然条件相对较好外，其他地区均地表破碎植被稀疏，土地沙化和水蚀严重，人民生活水平低下。本次景观生态类型分析可知，本亚区以农田景观占优势，其面积占土地面积46.14%，几为基质景观，最显著的特征表现为农田景观斑块极其破碎，且分布均匀，景观格局指数分析，其均匀度达0.449，破碎度为2.233；其次为黄土丘陵草原景观，其面积占该亚区景观总面积的38.64%（见图3—11）。这一亚区目前在东南丘陵地区已经实施了世纪贷款的“黄土丘陵水土保持二期工程”项目，可以说为本亚区进一步开展生态建设与梯田改造建设提供了一个良好的开端和示范。自 2000 年以来的生态退耕还林还草工程对区域生态环境的改善和景观格局的变化起到了一定的促进作用。相信随着此项工程的深入实施，亚区生态功能的逐步发挥，生态环境还会有显著的改变。

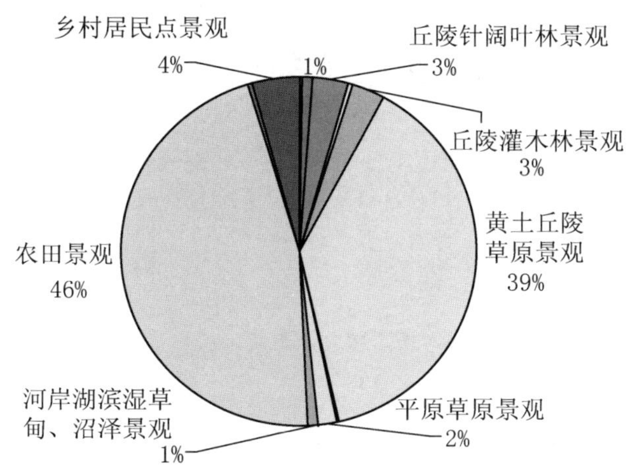

图 3—11　和林格尔丘陵水土保持与梯田农业亚区景观结构

（3）浑河谷地生态农业与湿地保护亚区

浑河谷地是一个独立的自然地理单元，浑河位于和林格尔县南部，自东向西经清水河县汇入黄河，浑河谷地小气候条件良好，水源丰富，河流两岸冲积平原为农业生产提供良好的土壤条件，是和林县仅次于北部平原区的又一个重要农业生产区域。但多年来，由于基础设施差，浑河水有效利用程度低，沿岸生产力水平并不高。近年来，河流两岸滩涂开发有所增加，局部湿地生态环境受到影响。本次研究结果（图 3—12）发现：景观类型不多，农田景观仍为优势景观类型（44.01%），黄土丘陵草原景观（27.58%）、湿地景观（14%）占有相当比例，是黄土丘陵区湿地景观集中分布的区域；另外，还有 5% 的人工林景观和 5% 的林地景观。因此，发展有序的农业，合理开发利用沿岸土地，坚持保护浑河及两岸湿地，应是本亚区突出的生态功能，是以生态保护作为主要目的的。

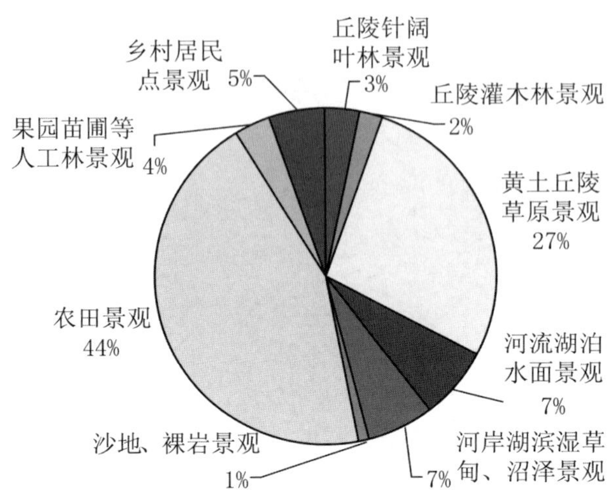

图 3—12　浑河谷地生态农业与湿地保护亚区景观结构

（4）新红沙地治理与恢复生态保护亚区

在浑河中段南岸的大红城至新丰一线断续分布着固定半固定沙丘，是浑河河沙经风吹蚀后形成的沙地，对周围土地沙化造成很大影响。二十世纪八十年代初，和林县格尔在县领导的直接参与和重视下，成立了呼和浩特市第一个以沙地治理与恢复生态系统为保护目的的自然保护区——白二谷沙坝自然保护区。经过 20 多年的保护区建设，目前植被由原来的 10%—30% 提高到现在的 75%，拥有活立木蓄积量 7.4 万平方米，每年提供薪柴 265 万公斤，每年产饲草 220 万公斤，林草总价值 40000 万元。对周围地区生态平衡及物种多样性产生积极的作用，形成的小气候条件不仅有利于周围地区农牧业生产的发展，播种期较过去提前 20 天，而且减少自然灾害的发生，灾害性的大风天气几乎不再出现。本次研究认为，在白二谷沙坝自然保护区的基础上，将沙地景观占优势的 56.14km^2 区域单独列为一个特殊生态功能亚区，进一步采用生物技术措施，利用浑河方便的地表和地下水资源条件，进行生态恢复建设，将现有半固定、流动沙地彻底固定绿化，从而达到对周围生态环境的稳定和优化作用。亚区景观结构见图 3—13，除沙地景观（18.3）外，还有农田景观（23.7%），人工林景观（23.23%）、草原景观（25.27%）等。

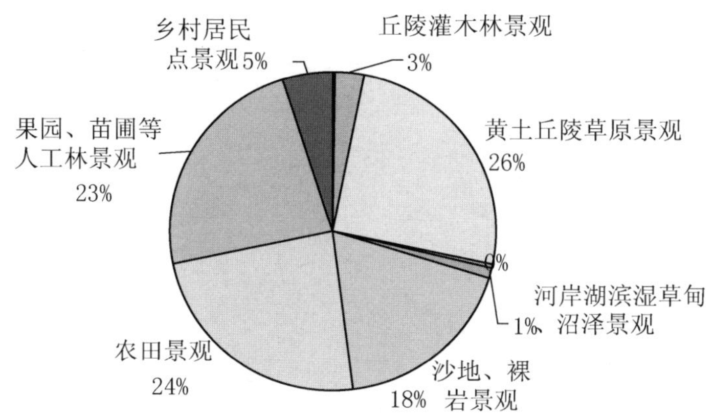

图 3—13　新红沙地治理与恢复生态保护亚区景观结构

（5）清水河水土保持与梯田农业亚区

本亚区包括清水河县中西部绝大部分乡镇，这里除东部个别地段为石质丘陵外基本为黄土丘陵区，且黄土地貌较为发育，源、梁、峁土间相间分布。风、水两相侵蚀是本亚区最为严重的生态环境问题，从景观生态类型分析及景观格局分析来看（图 3—14），本亚区较北部和林格尔亚区相比，黄土草原景观是本亚区的基质景观（57.40%），农田景观占一定比例（31.51%），另有 5% 的丘陵灌木林景观，其他景观类型较少。本亚区破碎度、均匀度均小于前者（见表 3—14）。因此，彻底改善黄土丘陵区生态环境状况，从提高人民生活水平出发，确定其特殊生态功能为水土保持与梯田农业建设，在乔灌草结合的梯田农业建设中，逐步改善黄土丘陵生态环境，提高土地生产力，发展地方经济。

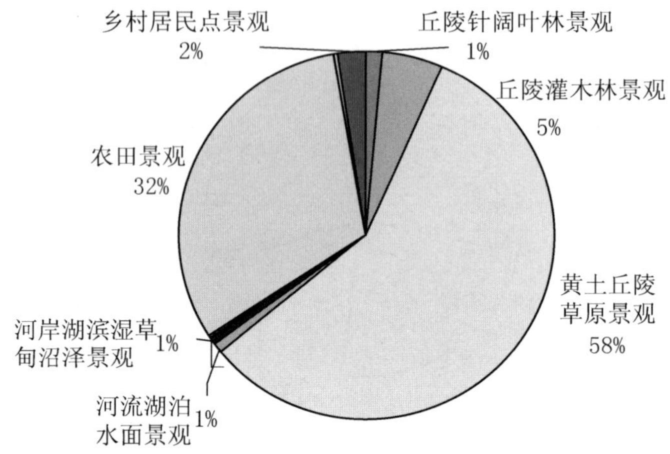

图 3—14　清水河水土保持与梯田农业亚区景观结构

表 3—14　黄土丘陵区景观格局指数

亚区	多样性指数	破碎化指沙	均匀度指数	优势度指数
林和亚区	1.301	2.233	0.444	1.643
浑河亚区	1.595	0.755	0.542	1.347
新红亚区	1.668	0.993	0.576	1.276
清水河亚区	1.096	1.037	0.372	1.848

3.3　特殊生态功能保护区生态功能发挥的保障体系

呼和浩特市特殊生态功能保护区不仅包含了国家项目“阴山北麓特殊生态保护区规划”的重要组成部分——武川县，而且是内蒙古中部农牧交错带生态环境保护的重要地区之一。本研究区特殊生态功能保护区生态功能能否发挥关系到区域生态环境的彻底改善和建设，也关系到地区社会经济的持续发展，乃至影响到全区及全国的社会与生态响应。因此，保障研究区生态功能的发挥至关重要。

（1）政策持续保障

自人类认识到生态环境的变化对人类自身的生存与发展有着至关重要的作用以来，各国各地方就不断地采取一系列的行政管理手段，努力治理已破坏的或恢复退化的自然生态系统，努力维持建设现有的生态环境，其中政策是这些手段中的导向性措施，对特殊生态功能保护区建设与生态功能的发挥有着不可替代的作用。

中国政府西部大开发战略实施以来，国家的和地方性的政策法律法规相继出台，如《中华人民共和国环境保护法》《草原法》《森林法》《水土保持法》、《土地管理法》等。自 2000 年开始的“生态退耕”战略更加直接地对区域生态环境产生了巨大的影响。土地利用/覆盖相应地发生了较大的变化。为此，区域景观生态功能的变化也将会不断地显现。在改善和保护生态环境是我国的基本国策的前提下，保证各项相关政策的延续性，以及一系列相关的生态环境建管理措施实施与持续有效，是保证特殊生态功能保护区生态功能发挥的基本条件。如自治区党委、政府 1997 年制定的《关于加快河区、山区生态建设步伐的决定》，内蒙古自治区财政厅、地方税务局 1998 年联合下达的《加快河区、山区生态建设步伐决定有关税收优惠政策的通知》等。

（2）生态工程有效性保障

《呼和浩特市环境保护“十五”规划》中明确提出“十五”期间生态环境保护的总体目标包括特殊生态功能保护区建设、自然保护区建设、生态示范区建设、物种资源和生物多样性保护以及城市生态环境保护与建设等五个方面，并宏观列出若干生态建设工程、建设项目和重点生态保护区域；同时近年来，各行业配合国家生态环境建设与保护政策，进行了一系列生态建设工程项目实施，不仅加速区域生态景观的变化速度，同时也是人为促进景观生态系统迅速向着熵流减小，系统稳定与良性循环的方向发展，使退化生态系统的自然恢复成为一种有目的、有序的过程，从而也就保证了景观生态功能的有效发挥。

（3）行政管理的适时性保障

生态功能保护区的建设与组织监督管理是其功能发挥的又一人为因素，实施“政府主导型”管理战略在我国现阶段的生态建设中是非常必要的，也是唯一途径。因此，各级政府组织管理协调各规划建设项目的投资与实施，监督完成生态功能保护区建设。必要时，可将此项工作纳入各级各届政府的工作业绩中，并进行多种形式的目标管理、建立激励机制和管护制度等。

（4）效益显著性保障

生态建设是一项的造福工程。在可预见的生态功能正常发挥的同时，社会效益与经济效益的产生也是十分必要的，只有当三者协调并存，才能使区域景观生态环境稳定优化。只有生态环境条件稳定改善，才能形成良好的社会环境和投资环境，进而促进区域经济的发展，而地区经济的发展又会加大区域生态环境建设投资力度，三者良性循环，互相依赖、互相作用，才能保证生态功能的发挥。

（5）资金合理配置保障

特殊生态功能保护区建设是一项长期的艰巨任务，具投资大、见效慢，造福子孙后代的特点，资金延续性保障及生态建设资金的合理配置与合理使用尤为重要。因此，建立资金支持体系，多方面挖掘潜力，拓宽资金渠道，对各项资金统筹安排，遵循国家有关资金管理办法，使特殊生态功能保护区建设项目资金真正用到实处，强化财务管理，专款专用，积极推进生态建设型的特殊生态功能保护区建设向生态经济型转化，形成良性的造血系统，使生态型投入—产出平衡，从而保证生态功能的发挥。

（6）全民生态意识逐步提高保障

近几十年来，生态保护意识已逐渐被广大公众所接受，但究竟什么是生态保护、生态功能、如何去有效地进行保护，目前还有待于进一步提高。因此，广泛地开展各种宣传教育活动，更新生态环境观念，提高生态环境保护的科学素养，掌握生态环境科普知识，树立文明的生态环境保护道德习惯，自觉遵守生态环境保护的法律法规，也是特殊生态功能保护区建设与生态功能发挥的基本保障。

此外，特殊生态功能保护建设还需要有科学技术的支持、专业人才的支持等。因此，特殊生态功能保护区建设是一项综合的系统工程，是受多因素相互作用相互影响的。生态功能的有效发挥决定着特殊生态功能保护区景观生态系统的良性运转与生态系统的稳定，而后者从呼和浩特生态环境现状来看，依赖于对各种不同程度退化的自然生态系统的恢复。因此，在研究区特有的自然条件下和区位条件下，加强特殊生态功能保护区的人为保障体系建设，是实现各特殊生态功能保护区生态功能，彻底改善研究区生态环境现状，解决生态环境问题的根本出路。

3.4 特殊生态功能保护区建设项目选择探讨

特殊生态功能保护区建设是指在本项研究中对已划定的特殊生态功能保护区中的主导景观生态系统的恢复性建设和对各区域中生态环境问题的逐步解决过程，从而达到特殊生态保护区生态环境的最优化和生态系统的良性循环，进一步达到地区生态、社会、经济效益的显著提高。基于此目的，建设项目的选择也就具有针对性和现实性：即针对于不同的特殊生态功能进行选项，针对于重大环境问题进行选项，针对于生态社会经济效益显著的目标进行选项，从而实现在较短的时期内使特殊生态功能保护区的生态功能显著提高的目的。

项目选择的基本原则应包括：科学性原则，景观生态类型及景观生态环境评价结果为基础；显著性原则，对促进功能保护区生态功能发挥有显著作用；方向性原则，具有一定规模的区域，对区内和周边环境起一定作用；效益性原则，具有一定的社会经济效益，公众积极性高，资金有一定来源保证。

主要依据有国家、自治区及地方政府关于生态建设的相关文件；国家、自治区、市旗县各级政府生态建设规划项目的实施；针对目前区城内存在的重大生态环境问题各行业部门进行的生态治理项目；特殊生态功能保护区生态功能要求。

针对于研究区自然生态环境特征和人类活动对本区生态环境的影响程度，在前述特殊生态功能保护区分区的基础上，我们提出“分区选择项目、促进主导功能发挥”的项目选择思路，即在不同的功能区，选择不同的项目建设类型，从而促成该区域生态功能的迅速恢复。

“内蒙古阴山北麓特殊功能保护区规划”将生态保护建设工程项目划分

为16项内容，包括生态环境监测、监督工程、自然保护建设工程、生态试验示范区（乡、村）建设工程、天然草地保护工程、林地（灌木林）保护工程、退耕还林（辅草）工程、退耕还草（本村）工程、基本农田建设工程、人工饲草料基地建设工程、退化草地轮牧轮休工程、春季禁牧限牧与草场恢复工程、多元配套草库伦基地建设与设施畜牧业建设工程、种子基地建设工程、治沙造林与水土保持工程、农牧林产业结构调整与农副产品深加工程、宣传教育与人材培训工程等。

结合本次景观生态类型划分生态环境评价与特殊生态功能区分区结果，我们提出以下项目选择类型方案：

（1）低山丘陵草原恢复与生态农业生态功能保护区项目选择

防治风蚀沙化草原恢复，是本功能保护区景观的主要生态功能，以此目标进行项目选择，建议进行生态环境监测、天然草原保护、退耕还草（辅林）、退化草地轮牧禁牧，多元配套草库伦建设、人工饲草地建设，生态试验示范区等方面的项目立项，从而促进本区域典型草原生态系统的恢复，使其发挥以草地功能为主导的特殊生态功能区作用。

针对于武川县境内耕地多，草地退化的土地利用现状，采取西北部草地建设立项。北部与东北部退耕还草、生态试验农业立项的总体框架，严格限制耕地的扩大。

（2）大青山—蛮汉山山地水源涵养生态功能保护区项目选择

水源涵养、恢复山地森林生态系统功能是本功能保护区景观的主要生态功能，因此项目选择针对于这一目的进行，主要包括造林工程、林地（灌木林）保护工程、自然保护区建设工程、山地草甸草原保护工程等。建议在大青山自东向西建设2—3个自然保护区并以此为中心进行山地造林建设，在东部蛮汉山山地自北向南建设2—3个自然保护区。现阶段森林景观保存较好的李齐沟、乌素图、南天门、小井沟等处的国家森林公园和国有林场尤为重点保护对象，坚决防止其重新破坏。另外，浑河上游，什拉乌素河上游等处也急需进行水源涵养生态保护建设，以确保浑河，大黑河水源地的生态环境的稳定。

（3）山麓草原恢复生态功能保护区项目选择

大青山—蛮汉山及东南黄土丘陵北坡的山前洪称扇上缘，地表植被稀疏，土壤砾质化程度高，极易产生水土流失现象，不仅会导致山前洪流的发生，也使土默特平原受到就地沙化的威胁。因此，进行山前生态环境综合治理，恢复山麓草原生态系统是功能区项目选择的目标。以生态环境监测与监督工程、生态试验示范区建设工程、退耕还草还林工程、退化草地轮牧休牧、治沙造林与沙土保持工程项目等为主，全面恢复山麓草原生态景观，这也是改善呼和浩特市城区周边生态环境的重要内容之一。

（4）土默特平原农业经济生态功能保护区项目选择

呼和浩特市处于土默特平原的中东部，是地区的商品粮基地。以水浇地集中分布的区域。土默特左旗、托克托县和市辖郊区和林格尔县的水浇地集中分布的于此，据市地土局统计，仅上述三县旗区的平原地区水浇地面积136885 公顷，占全市水浇地总面积的 87.06%。农业生产是本生态功能区的主要功能。因此，项目选择要从农业基本建设和保护农田生态环境角度出发，以农田生态环境监测工程、生态农业试验示范区建设工程、基本农田建设工程、人工饲草料基地建议工程、农牧林产业结构调整与农副产品深加工工程等为主。提高农业生产产量与土地利用率，农业产生与产品的科技含量，实现其农业生产功能的最大发挥水平。

（5）水土保持生态功能保护区项目选择

研究区东南部为蒙古高原向黄土高原过渡的区域，也是本研究区水土流失最为严重的地区，行政区包括清水河县和和林格尔的大部分地区，由于自然条件恶劣，经济落后，人民生活十分困难。因此生态环境的改善与人民生活水平提高是本区社会经济发展的根本出路。生态保护建设工程项目包括生态环境监测、天然带地保护工程、退耕与不定期林还草工程、人工饲草料基地建设工程、水土保持与小流域治理工程，生态移民工程等。

本区域又分为若干亚区，特别是浑河谷地的湿地功能与生态保护尤为重要。

（6）城市经济服务生态功能保护区项目选择

呼和浩特市城区是研究区的中心城市，担负着区域内经济服务的重要功能，因此，该生态功能保护区生态建设与保护项目的选择必须从保证正常的服务功能出发，应围绕着城区及城市边缘区生态建设与保护工作选项。如大小里黑河湿地保护工程，城市防洪治河工程、城市绿化工程、城市生态景观建设工程等等。最终实现生态城市的目标。

总之，工程项目的实施是促进各特殊生态功能保护区生态功能发挥的重要手段和途径，维护生态功能发挥的可持续性应是生态功能保护区的根本目的。因此，不论什么建设目的，建成后的维持更重要。

3.5 本章结论

（1）呼和浩特市特殊生态功能保护区区划研究

结合呼和浩特市社会经济可持续发展对生态环境与资源的需要，对市域范围进行了特殊生态功能保护区分区研究，区划原则强调尊重自然规律是生态功能区划分的根本出发点，自然属性与社会属性相结合、突出主导功能。因此，地貌特征与景观特征相结合是一级功能区划分的主要依据。研究结果：市域内可划分为5个一级特殊生态功能区，又依区内景观结构差异划分为17个二级特殊生态功能区。5个一级特殊生态功能区分别为：低山丘陵草原恢复与旱作农业生态功能区、山地水源涵养生态功能区、土默特平原灌溉农业与湿地保护生态功能区、城市服务功能区、黄土丘陵水土保持和梯田农业生态功能区。

（2）特殊生态功能保护区建设保护项目选择探讨

特殊生态功能保护区建设是指在本项研究中对已划定的特殊生态功能保护区中的主导景观生态系统的恢复性建设和对各区域中生态环境问题的逐步解决过程，达到特殊生态保护区生态环境的最优化和生态系统的良性循环，达到地区生态、社会、经济效益的显著提高。各生态功能区及亚区的生态功能不同，从功能出发，重点选择建设项目，恢复和促进生态功能的发挥。课题针对于不同的特殊生态功能区存在的重大环境问题进行了建设保护项目选择探讨，从而为实现较短时期内使特殊生态功能保护区的生态功能显著提高的目的提供方案。另外，生态功能区建设与地区社会经济发展密切相结合，才有相互促进，是保持生态功能的发挥，改善地区生态环境的根本出路。

参考文献：

［1］肖笃宁、李晓文：《试论景观规划的目标：任务和基本原则》，载《生态学杂志》1998 年第 3 期。

［2］张惠远：《景观规划：概念、起源与发展》，载《应用生态学报》1999 年 3 期。

［4］邬建国：《景观生态学——格局、过程、尺度与等级》，高等教育出版社，2000 年。

［5］肖笃宁：《景观生态学研究进展》，湖南科学技术出版社，1999 年。

［6］王维珍：《遥感技术在呼和浩特市规划建设及环境调查中的应用研究》，内蒙古人民出版社，1992 年。

［7］高延青：《呼和浩特市土壤》，内蒙古大学出版社，1991 年。

［8］云公民：《呼和浩特市国土资源》，内蒙古人民出版社，1987 年。

［9］李团胜、石铁矛：《试论城市景观生态规划》，载《生态学杂志》1998 年第 5 期。

［10］李团胜、肖笃宁：《沈阳市城市景观分区研究》，载《地理科学》1999 年第 3 期。

［11］贾宝全、杨洁泉：《景观生态的起源与发展》，载《干旱区研究》1999 年第 3 期。

［12］陈利项、傅伯杰：《景观连接度的生态学意义及其应用》，载《生态学杂志》1996 年第 4 期。

［13］岳天祥：《景观动态及其驱动因素和效应分析》，载《自然资源》1997 年第 5 期。

［14］周华荣、海热提·涂尔逊：《乌鲁木齐市景观生态功能区划及生态调控研究》，载《干旱区地理》2001 年第 4 期。

［15］呼和浩特市统计局：《呼和浩特经济统计年鉴》，中国统计出版社，1994—2001 年。

［16］陈百明：《中国土地利用与生态特征区划》，气象出版社，2003 年。

4 呼和浩特市土地利用景观生态系统服务功能评价

生态系统服务功能是指自然生态系统在维持自身的结构和功能动态平衡的同时，产生的对人类生存和发展有积极或消极意义的产品、服务、资源和环境。土地利用景观生态系统服务功能是指以人类活动产生或影响的土地利用形成的景观类型作为生态系统的主体，在与人类社会环境进行物质或能量交换过程中，为人类社会提供的、一般不能进入市场的公共服务或者公共产品。一般来讲，生态系统服务功能评价，就是评价一定区域范围内、一定时期的生态系统生态服务功能价值，从而反映当前条件下的各项生态功能的状态，进而判断其生态系统的稳定性和优劣程度，但更多情况下是通过生态系统服务功能静态价值的评估和动态价值的比较，来反映区域生态系统生态服务功能的变化趋势，及其引起这种变化的原因与可能预见的后果。

目前，大多数生态系统服务功能价值评价，是通过建立生态服务功能价值评估指标体系，采用一定的估算方法，将各项有形或无形的（也可称为直接或间接的）生态服务功能价值假设货币化，来定量地反映其相对价值及其意义。呼和浩特市土地利用景观生态系统服务功能评价就是基于此研究思路，通过建立适合于本研究区的土地利用景观生态服务功能价值评估体系，通过估算四个静态时期（1996 年、2000 年、2005 年、2009 年）的生态服务功能价值，来反映近 14 年来研究区因主要土地利用变化导致的土地生态系统服务功能的变化特征。

4.1 生态系统服务功能价值评估指标体系的建立

4.1.1 评估指标体系确定原则

（1）以科学为基础的原则

评价指标的选取应建立在能够科学的、正确地反映区域各景观生态系统类型生态服务功能价值基础上。因此，尽量选取客观的、自然的、受人为影响小的因子和数量指标作为评价指标。

（2）兼顾完备性与可操作性的原则

评价指标体系作为一个有机整体，要求能够全面地反映区域各景观生态系统类型生态服务功能，因此参照国内外学者研究成果，结合本地区资料收集情况，尽量做到获取必要的数据，以求评价的全面性和准确性。

（3）定量指标为主的原则

尽量选取能够反映某一功能特征的定量指标值，利用经验模型进行计算。“土地利用”是一个人—地互动过程，由此导致的景观生态功能变化也受多方面因素的影响，因此，少数指标也适当考虑定性因素的变化。

（4）可持续性的原则

保证区域土地生态系统和社会经济系统良性循环是区域景观生态系统生态服务功能正常发挥的基础，因此，评价指标体系的确定必须能够较为准确地、可持续地评价区域土地利用景观生态系统生态服务功能。

4.1.2 评估指标体系的构成与估算方法选取

（1）价值评估指标体系的构成

依据上述评估体系建立原则，借鉴 Costanza 的 17 项和谢高地的 9 项生态服务功能和价值评估指标，结合本地区资料情况确定指标和指标体系（见表 4—1）：

评估体系层次：呼和浩特市土地景观生态系统功能价值评估体系分为四个层次，即目标层、准则层、指标层和同表要素层。

生态系统服务功能类型：准则层由生态系统服务功能类型构成，本次研究根据呼和浩特市自然区域环境特征、呼和浩特市社会经济各业发展情况、土地利用类型的结构等，选定7项生态系统服务功能，即物质生产功能、保持土壤功能、水源涵养功能、气体调节功能、环境净化功能、维持生物多样性功能、娱乐旅游功能等。

物质生产功能是指某种土地利用景观生态系统类型在单位时间内能够产出一定的物质生产量的能力，本指标体系用各生态系统物质生产相应行业的当年产值近似表示。

保持土壤功能是指由于某一土地利用景观生态系统类型的存在使得土壤数量和质量相对稳定，能够持续不断地为植物或作物生长供应肥力的能力，本指标体系采用由于各生态系统的存在而减少土壤损失量产生的生态服务价值来表示，包括减少土壤侵蚀损失能力、减少肥力损失能力、减少泥沙淤积能力等三项指标。

水源涵养功能是指某一土地利用景观生态系统类型保持生态系统内部环境和外部环境中土壤水分和大气水分的能力。

气体调节功能是指某一土地利用景观生态系统类型对于区域近地面大气成分的调节与改变的能力，主要包括固定 CO_2 释放 O_2 的能力、吸收 SO_2、HF 滞尘能力等。

环境净化功能是指某一土地利用景观生态系统类型净化固、液、气废弃物的能力和分解牲畜排泄物的能力。

维持生物多样性功能是指某一土地利用景观生态系统类型对于维持其自身生物多样性（如物种多样性、遗传多样性等）；维持其生态系统生物组成结构稳定和生态系统动态平衡的能力，本次研究采用谢高地等学者提出的“中国陆地生态系统单位面积生态服务当量表”（谢高地，2006）计算。

娱乐旅游功能是指某一土地利用景观生态系统能够满足人们在空余时间休闲、娱乐等欣赏景观美的能力和作用，本次研究采用当年旅游产值近似代替娱乐旅游功能价值。

指标层：由各项生态服务功能价值构成单项组成，在7项生态服务功能准则层下共设置了3个功能指标，这些功能指标的选取，则参照国内外相关研究的最新成果和研究区资料积累情况来确定，在资料允许的条件下，尽可能较为准确地反映某项生态服务功能价值。

要素层： 价值评估要素层是具体指标值定量化表达的过程，每一项指标的要素值和使用参数原则上采用研究区的实际统计值，如呼和浩特市环境公报等官方公布数据、呼和浩特市历年经济统计年鉴中的经济指标，研究区野外调查和定位观测站观测数据，实验室分析数据，相应年份市场价格数据等，部分参数参照国内外学者公开发表的最新研究成果和国际国内通用常规参数，如碳价、氧价等，力求提高研究成果的准确度和可信度。3 项指标下共有要素值 5 个。呼和浩特市土地景观生态系统服务功能价值评估体系见表 4—1。

（2）价值估算方法确定

目前关于景观生态系统生态服务功能价值评估方法很多。本次研究采取几种常用评估方法。如市场价值法、影子价格法、影子工程法、机会成本法、造林成本法、碳税法、工业制氧法、替代工程法、恢复费用法、参照法等（见表 4—1）。

4.1.3 评价时段与评价单元

（1）评价时段

根据资料获取情况，确定 1996 年、2000 年、2005 年、2009 年四期为景观生态服务功能评价时段，对比研究四期景观生态服务功能价值，探究 14 年来土地利用景观生态系统服务功能价值的变化特征及其驱动力。

（2）评价单元

本项研究考虑到社会经济资料的可得性和一致性，确定两类评价单元分别进行不同程度的土地景观生态系统服务功能价值的评估。首先，以旗、县、区的行政辖区范围为评价单元，分别计算四期（1996 年、2000 年、2005 年、2009 年）各评价单元的主要土地利用景观生态系统的服务功能价值，其中，市辖四区合并为一个评价单元，共划分为 6 个评价单元。通过加和法得出评价单元的综合生态服务功能价值；并进行评价单元之间生态服务功能价值的区域差异分析，同时也能更清楚地认识各评价单元 14 年的社会经济各业发展和土地利用变化中，景观生态系统服务功能的变化特征。

表 4—1 呼和浩特市土地利用景观生态系统服务功能价值评价体系

目标层	准则层（功能类型）	指标层（功能指标）	要素层（价值量）	备注	
				使用参数	测算方法
景观生态系统服务功能	物质生产功能	农业生产能力	农业生产产值	年总产值	以统计年鉴为准，市场价值法
		林副业生产能力	林副业生产产值	年总产值	
		牧业生产能力	牧业生产产值	年总产值	
	保持土壤功能	减少土壤侵蚀损失能力（土壤保持量）	减少土壤废弃生产价值	土壤潜在侵蚀量、现实侵蚀量、土层厚度、容重等计算其隐形价值量	模型计算，市场成本法
		减少肥力损失能力	减少氮素效益	土壤 N、P、K 含量，化肥当年价格代替价值量	市场价值法
			减少磷素效益		市场价值法
			减少钾素效益		市场价值法
		减少泥沙淤积能力	减少水库水量效益	土壤保持量、土壤容重、水费等计算其价值量	影子工程法
	水源涵养功能	水源涵养能力	水源涵养量及效益	年降水量、蒸散量、蓄水费用计算隐性价值量	水分平衡法影子工程法
	气体调节功能	固定 CO_2 释放 O_2 能力	固定 CO_2 效益	净初级生产量计算其隐性价值量	造林成本法、碳税法、工业制氧法
			释放 O_2 效益		
		吸收 SO_2、HF 滞尘能力	SO_2、HF 污染物处理效益	各年污染物数量，成本费用代替价值量	恢复费用法替代工程法
	环境净化功能	净化固、液气废弃物能力	污染物处理效益	载畜量、固废量处理成本等计算	恢复费用法替代工程法
		分解牲畜排泄物能力			
	维持生物多样性功能	维持生物多样性能力	维持生物多样性效益	自然保护区数量、文献当量值计算	机会成本法、支付意愿调查法
	娱乐旅游功能	年旅游接待能力	旅游收入价值	各年旅游收入值	市场价值法

其次，选取4个一级特殊生态功能区为评价单元，对特殊生态功能区的主导生态功能进行价值评估，从时间尺度进一步掌握各特殊生态功能区主导生态功能的变化特征。4个一级特殊生态功能区有：大青山—蛮汉山水源涵养区、土默特平原灌溉农业与湿地保护区、黄土丘陵水土保持与梯田农业区、低山丘陵草原恢复与旱作农业区。

（3）估算单元—土地利用景观生态系统类型的确定

不同的景观生态系统类型，其景观生态服务功能有所不同，同一种景观生态系统类型，同时具备多项服务功能。而一个区域又由多个景观生态系统构成。因此，确定以景观生态系统类型作为景观生态服务功能价值估算单元。本次研究中，为简化指标选取，以及建设用地和其他土地的生态功能价值所占比例较小，所以拟定估算单元为4类景观生态系统类型，即农田景观，林地景观，草地景观和水域与湿地景观，其中林地景观包括景观生态类型中的森林景观和人工林景观，即认为二者在提供景观生态系统服务功能价值方面是相同的或类似的。评价单元的景观生态服务功能等于各估算单元景观生态系统服务功能之和。

根据评价单元的实际情况，确定当以行政区为评价单元时，完成所有功能类型的价值评估，具体项目见表4—2。

表4—2　以行政区为评价单元的土地利用景观生态系统服务功能价值评价项目

评估单元	生产功能	娱乐旅游功能	涵养水源功能	保持土壤功能	气体调节功能		环境净化功能	维持生物多样性功能
					吸收 CO_2 释放 O_2	吸收 SO_2 和 HF、滞尘		
农田景观	+	+	+	+	+	+	+	+
林地景观	+	+	+	+	+	+	+	+
草地景观	+	+	+	+	+	+	+	+
水域与湿地景观	+	+	+	−	−	−	+	+

注：“+”表示本研究中进行了价值估算；“−”表示本研究没有对其进行价值估算

以特殊生态功能区为评价单元进行土地利用景观生态系统服务功能价值估算时，主要考虑各生态功能区在呼和浩特市域的特殊功能和主导功能，选择各特殊生态功能区的主导功能，计算生态功能区内各类土地生态系统的该项生态服务功能价值，并加和求出某一生态功能区的主导功能价值量以及四期的变化特征。而放弃生态功能区内的生产功能、生物多样性功能、娱乐旅游功能等。避免因各时段受市场价格和货币贴现率变化导致的各生态系统产值的变化。同时，选择特殊生态功能区主要的土地利用景观生态系统进行估算，可以突出特殊生态功能区的生态功能。具体项目见表4—3。

表4—3　以特殊生态功能区为评价单元的土地利用景观生态系统服务功能价值评价项目

特殊生态功能区	评估单元	生产功能	娱乐旅游功能	涵养水源功能	保持土壤功能	气体调节功能		环境净化功能	维持生物多样性功能
						吸收 CO_2 释放 O_2	吸收 SO_2 和 HF、滞尘		
大青山—蛮汉山水源涵养区	草地景观	–	–	+	–	–	–	–	+
	林地景观	–	–	+	–	–	–	–	+
土默特平原灌溉农业与湿地保护区	农田景观	–	–	–	–	+	+	+	–
	水域与湿地景观	+	–	–	–	+	+	+	–
黄土丘陵水土保持与梯田农业区	草地景观	–	–	–	+	–	–	–	–
	农田景观	–	–	–	+	–	–	–	–
	林地景观	–	–	–	+	–	–	–	–
低山丘陵草原恢复与旱作农业区	草地景观	–	–	–	+	–	–	–	–
	农田景观	–	–	–	+	–	+	–	–

注：“+”表示本研究中进行了价值估算；“–”表示本研究没有对其进行价值估算

4.2 以行政区为评价单元的土地景观利用生态系统服务功能价值估算

4.2.1 生态服务功能价值估算结果

4.2.1.1 物质生产功能

各景观生态系统类型的生产功能价值分别采用了农业生产总产值，林业生产总产值，牧业生产总产值和渔业生产总产值来表示。由于历年贴现率的不同，本书中采用的价格均为1990年不变价（下同）。各景观生态系统物质生产功能价值见表4—4。

表4—4 1996—2009年景观生态系统物质生产功能价值量统计表

单位：万元/a

评价单元	年份	农田景观	林地景观	草地景观	水域与湿地景观
市辖四区	1996	34661.00	1868.68	22785.84	964.48
	2000	48706.24	2133.12	35729.76	1422.08
	2005	75413.80	2907.52	99273.636	1635.48
	2009	98364.31	5933.21	212147.83	2709.45
土默特左旗	1996	47265.00	2548.20	31071.6	1315.2
	2000	66417.60	2908.80	48722.4	1939.2
	2005	102837.00	3964.80	135373.14	2230.2
	2009	128189.27	7732.21	276473.00	3530.98
托克托县	1996	25208.00	1359.04	16571.52	701.44
	2000	35422.72	1551.36	25985.28	1034.24
	2005	54846.40	2114.56	72199.008	1189.44
	2009	67885.49	4094.77	146412.45	1869.91

续表

评价单元	年份	农田景观	林地景观	草地景观	水域与湿地景观
和林格尔县	1996	29934.50	1613.86	19678.68	832.96
	2000	42064.48	1842.24	30857.52	1228.16
	2005	65130.10	2511.04	85736.322	1412.46
	2009	78345.59	4725.71	168972.34	2158.03
清水河县	1996	12604.00	679.52	8285.76	350.72
	2000	17711.36	775.68	12992.64	517.12
	2005	27423.20	1057.28	36099.504	594.72
	2009	23003.93	1387.57	49613.87	633.64
武川县	1996	7877.50	424.70	5178.6	219.2
	2000	11069.60	484.80	8120.4	323.2
	2005	17139.50	660.80	22562.19	371.7
	2009	24188.14	1459.00	52167.93	666.26
全市	1996	157550.00	8494.00	103572	4384
	2000	221392.00	9696.00	162408	6464
	2005	342790.00	13216.00	451243.8	7434
	2009	419963.54	25331.66	905758.98	11567.92

资料来源：1996—2009 呼和浩特市统计年鉴，内蒙古统计年鉴和各旗县统计报表。

4.2.1.2 保持土壤功能

保持土壤功能中包括减少土壤侵蚀损失能力，减少肥力损失能力，减少泥沙淤积能力三方面。其中减少土壤侵蚀损失能力主要用减少土壤废弃而产生的价值来计算。减少肥力损失能力则用减少氮素价值、减少磷素价值和减少钾素价值来计算。减少泥沙淤积能力是通过减少水库水量价值来计算。

下面以农田景观生态系统为例，来说明各土地利用景观生态系统保持土壤功能的估算过程。

（1）减少土壤侵蚀损失的价值估算

土壤保持量：潜在土壤侵蚀量（A_0）减去现实土壤侵蚀量（A_1）的差值即为土壤保持量。即：

$$A_c = A_0 - A_1 \quad （公式 4—1）$$

潜在土壤侵蚀量是指无任何植被覆盖的情况下土壤的最大侵蚀量。根据内蒙古自治区土壤侵蚀类型图，设定区域土壤侵蚀的上限值为潜在土壤侵蚀量，根据有关定位站多年实测数据平均值推算，给出农田景观现实土壤侵蚀量的经验值，即农田景观现实土壤侵蚀量平均为上限值的75%。

根据《内蒙古土壤》、《呼和浩特市土壤》等资料，获得各区域主要土类的容重、有效土层厚度等，计算因减少土壤侵蚀量而减少的废弃土地面积，最后采用机会成本法计算由于减少土壤损失导致农田生态系统减少的经济价值，即由于景观生态系统的存在而减少土壤侵蚀损失产生的生态服务功能价值量。

减少土壤侵蚀损失价值：$Es=(Ac \times B)/h \times p \times 10000$ （公式4—2）

式中，Es 为土壤侵蚀损失价值（元/（hm^2. a））；B 为近三年农田生产量的平均收益（元/hm^2）；h 为土层厚度（mm）；p 为土壤容重。

（2）减少土壤肥力（N/ P/K）损失价值估算

土壤侵蚀使大量的土壤营养物质流失，主要是土壤中的有机质和N、P、K的流失，降低了土壤肥力，在计算中不考虑因长时间的土壤与环境的相互作用，而导致土壤养分发生变化的作用。即：

$$M_i = r \times Sn \times Fn \times Ac/100000 \quad (公式4—3)$$

式中，M_i 为降低N、P、K流失的效益（元/（$hm^2 \cdot a$））；Fn 为N、P、K市场价格；r 为N、P、K含量折算相应肥料系数，Sn 为土壤N、P、K平均含量；Ac 为农田土壤保持量（t/（$hm^2 \cdot a$））。

减少土壤肥力损失总价值：$M = M_N + M_P + M_K$

（3）减少泥沙淤积价值估算

按照我国主要流域的泥沙运动规律，一般土壤侵蚀流失量中，有37%滞留，33%入海，24%淤积于江河、水库、湖泊，在此只考虑淤积于水库和江河湖泊的24%。而农田景观的作物根系在一定程度上阻挡、减少了泥沙的流失，因而具有一定的生态经济价值，在计算农田景观的保持土壤生态功能时，可以用由于泥沙淤积导致水库水量减少的损失来进行计算。采用影子工程法，修建水库的单位蓄水费用如前所述取0.67元/m^3。即：

$$En = (Ac \times 0.24 \times 0.67)/p \quad (公式4—4)$$

式中，En 为减少泥沙淤积价值（元/（$hm^2 \cdot a$））；Ac 为农田土壤保持量（t/（$hm^2 \cdot a$））；p 为土壤容重（t/m^3）。

表 4—5　1996—2009 年市辖四区农田景观保持土壤功能价值计算表

年份	功能指标	要素计算指标	潜在土壤侵蚀模数 (t/(km².a))	现实土壤侵蚀模数 (t/(km².a))	土壤保持量 (t/(km².a))	土壤容重 (t/m³)	平均收益 (元/hm²) (元/m³)	表土层厚 (m)	土壤 N/P/K 含量 (mg/kg)	N/P/K 市场价 (元/t)	泥沙淤积量 m³/(km².a))	服务功能价值指数 (元/(hm². a))	农田景观面积 (km²)	总价值 (104 元/a)
1996	减少土壤废弃能力	$Es=(Ac \cdot B)/h \cdot p \cdot 10000$	2250	1687.5	562.5	1.35	2645.08	0.3				367.37	806.9	2964.40
	减少土壤肥力损失	氮素	2250	1687.5	562.5	1.35		0.3	520	1580		462.15	806.9	3729.18
		磷素	2250	1687.5	562.5	1.35		0.3	3.3	1080		2.00	806.9	16.18
		钾素	2250	1687.5	562.5	1.35		0.3	95	2350		125.58	806.9	1013.32
	减少泥沙淤积	$En=(Ac \cdot 0.24 \cdot 0.67)/p$	2250	1687.5	562.5	1.35	0.67	0.3			416.67	67.00	806.9	540.64
	小计											1024.10		8263.70
2000	减少土壤废弃能力	$Es=(Ac \cdot B)/h \cdot p \cdot 10000$	2250	1687.5	562.5	1.35	6812.92	0.3				946.24	579	5478.44
	减少土壤肥力损失	氮素	2250	1687.5	562.5	1.35		0.3	520	1580		462.15	579	2675.71
		磷素	2250	1687.5	562.5	1.35		0.3	3.3	1080		2.00	579	11.61
		钾素	2250	1687.5	562.5	1.35		0.3	95	2350		125.58	579	727.06
	减少泥沙淤积	$En=(Ac \cdot 0.24 \cdot 0.67)/p$	2250	1687.5	562.5	1.35	0.67	0.3			416.67	67.00	579	387.91
	小计											1602.97		9280.73

续表

年份	功能指标	要素计算指标	潜在土壤侵蚀模数 (t/(km².a))	现实土壤侵蚀模数 (t/(km².a))	土壤保持量 (t/(km².a))	土壤容重 (t/m³)	平均收益 (元/hm²) (元/m³)	表土层厚 (m)	土壤 N/P/K 含量 (mg/kg)	N/P/K 市场价 (元/t)	泥沙淤积量 m³/(km².a))	服务功能价值指数 (元/(hm².a))	农田景观面积 (km²)	总价值 (104 元/a)
2005	减少土壤废弃能力	$Es=(Ac \cdot B)/h \cdot p \cdot 10000$	2250	1687.5	562.5	1.35	10912.40	0.3				1515.61	679.2	10293.73
	减少土壤肥力损失	氮素	2250	1687.5	562.5	1.35		0.3	520	1580		462.15	679.2	3138.83
		磷素	2250	1687.5	562.5	1.35		0.3	3.3	1080		2.00	679.2	13.62
		钾素	2250	1687.5	562.5	1.35		0.3	95	2350		125.58	679.2	852.90
	减少泥沙淤积	$En=(Ac \cdot 0.24 \cdot 0.67)/p$	2250	1687.5	562.5	1.35	0.67	0.3			416.67	67.00	679.2	455.05
	小计											2172.34		14754.13
2009	减少土壤废弃能力	$Es=(Ac \cdot B)/h \cdot p \cdot 10000$	2250	1687.5	562.5	1.35	28668.45	0.3				3981.73	643.6	25627.20
	减少土壤肥力损失	氮素	2250	1687.5	562.5	1.35		0.3	520	1580		462.15	643.6	2974.49
		磷素	2250	1687.5	562.5	1.35		0.3	3.3	1080		2.00	643.6	12.90
		钾素	2250	1687.5	562.5	1.35		0.3	95	2350		125.58	643.6	808.25
	减少泥沙淤积	$En=(Ac \cdot 0.24 \cdot 0.67)/p$	2250	1687.5	562.5	1.35	0.67	0.3			416.67	67.00	643.6	431.23
	小计											4638.46		29854.07

（4）保持土壤功能价值估算

$$保持土壤功能价值 = Es + M + En \quad （公式 4—5）$$

（5）计算评价单元1996—2009年保持土壤功能价值

根据上述通用计算方法，输入原始数据，计算各评价单元1996—2009年保持土壤功能价值量。以市辖四区为例，其计算过程如表4—5所示。

林地景观、草地景观的计算方法与农田景观生态系统相同。最终计算结果见表4—6。

表4—6　1996—2009年农田景观、林地景观、草地景观保持土壤生态功能价值量

单位：元/（hm^2. a），万元/a

评价单元	年份	农田景观		林地景观		草地景观	
		服务功能价值指数	总价值量	服务功能价值指数	总价值量	服务功能价值指数	总价值量
市辖四区	1996	1024. 10	8263. 70	12884. 02	42250. 58	1977. 68	12803. 11
	2000	1602. 97	9280. 70	12849. 25	44061. 35	3150. 1	19787. 97
	2005	2172. 34	14754. 00	13761. 44	96894. 31	9914. 55	34061. 43
	2009	4638. 46	29854. 07	13257. 21	71078. 54	6458. 16	25348. 27
土默特左旗	1996	1392. 29	17007. 96	12866. 02	73627. 09	2819. 05	21806. 73
	2000	1525. 47	15983. 59	12877. 54	78265. 81	3874. 63	29934. 97
	2005	2433. 56	28876. 65	13819. 57	83499. 22	11752. 71	70972. 28
	2009	4531. 71	52779. 06	13425. 86	82014. 56	16683. 38	101354. 86
托克托县	1996	3249. 47	21558. 93	6361. 63	14793. 33	7332. 35	26387. 66
	2000	3506. 56	23790. 61	6402. 09	9395. 7	9195. 7	32138. 05
	2005	5761. 72	31280. 38	9327. 82	26064. 72	28802. 93	96164. 34
	2009	9931. 55	66554. 29	8976. 30	16957. 13	58589. 22	146695. 70
和林格尔县	1996	3906. 28	44752. 31	19202. 3	114992. 97	7494. 35	114354. 77
	2000	3826. 78	66611. 25	19355. 64	90729. 56	9395. 88	88322. 2
	2005	6898. 5	106968. 85	25171. 64	134401. 45	25329. 23	258023. 79
	2009	13087. 53	143720. 70	20106. 50	201089. 08	37763. 97	401638. 70

续表

评价单元	年份	农田景观		林地景观		草地景观	
		服务功能价值指数	总价值量	服务功能价值指数	总价值量	服务功能价值指数	总价值量
清水河县	1996	5611.36	41966.24	13287.72	38741.67	10873.4	175392.21
	2000	6217.43	42465.05	13420.94	35321.22	11940.09	207713.3
	2005	10350.55	70799.83	22006.55	60326.55	24917.11	430360.76
	2009	12436.61	78039.76	13374.05	144089.36	27586.61	271328.14
武川县	1996	8283.337	150497.46	19481.45	30656.01	9793.43	229730.36
	2000	8687.67	153085.38	19465.64	130164.79	9952.59	190482.62
	2005	9420.47	149673.32	19924.93	179166.96	11280.57	227652.06
	2009	11214.45	162530.98	19762.13	63590.57	11994.83	318348.91

4.2.1.3　水源涵养功能

涵养水源是通过土壤吸收大气降水并保持水分的过程，表现为截留降水、缓和地表径流、调节河流水位变化、降水再分配等作用。水源涵养功能用水源涵养量及其价值来计算。

（1）农田景观生态系统水源涵养功能

农田景观涵养水源功能用农田土壤对大气降水的保持量来近似表示，土层厚度取0—30mm，农田全年平均含水率的确定采用本次外调实测值，即和林格尔、武川等地的定位观测值，同时参照相关研究成果，采用影子价格法和影子工程法获得水库蓄水成本1.17元/m^3，呼市多年平均灌溉用水费用0.17元/m^3，取灌溉用水和水库单位蓄水费用二者的平均值0.67元/m^3作为农田景观涵养水源水费用。

农田景观涵养水源价值：

$$W_1 = R \times f \times 0.1 \times m_1 \qquad (公式4—6)$$

式中，W_1 农田景观涵养水源价值（元/（hm^2. a））；m_1 为灌溉用水和蓄水费用均值（元/m^3）；f 为0—31mm土层土壤含水率（%）；R 为年均降水量（mm）。

仍然以市辖四区为例，计算1996—2009年四期农田景观生态系统水源涵养功能价值，计算结果见表4—7。

表4—7　1996—2009年市辖四区农田景观水源涵养功能价值计算表

年份	因素指标（元/m^3）			年平均降水量（mm）	农田全年平均含水率（%）	水源涵养能力（m^3/（hm^2. a））	服务功能价值指数（元/（hm^2. a））	农田景观面积（hm^2）	总价值（万元/a）
		单价	均值						
1996	修建水库蓄水费用	1. 17	0. 67	409. 5	12. 9	528. 26	353. 93	806. 92	2855. 94
	灌溉用水的价格	0. 17							
2000	修建水库蓄水费用	1. 17	0. 67	425. 5	12. 9	548. 90	367. 76	578. 97	2129. 22
	灌溉用水的价格	0. 17							
2005	修建水库蓄水费用	1. 17	0. 67	413. 2	12. 9	533. 03	357. 13	679. 18	2425. 55
	灌溉用水的价格	0. 17							
2009	修建水库蓄水费用	1. 17	0. 67	400	12. 9	516. 00	345. 72	643. 62	2225. 12
	灌溉用水的价格	0. 17							

其他单元农田景观水源涵养功能价值计算结果见表4—9。

（2）林地景观生态系统水源涵养功能

本项研究参照相关研究成果，采用影子价格法和影子工程法获得水库蓄水成本1. 17元/m^3，呼市城市多年平均用水费用4. 05元/m^3，取城市用水费用和水库的单位蓄水费用二者的平均值2. 61元/m^3作为林地水源涵养水费用。采用水量平衡法来计算森林水源涵养量。

林地景观水源涵养功能价值：

$$W_2 = (R - E) \times m_2 \qquad \text{（公式4—7）}$$

式中，W_2为景观林地水源涵养功能价值（元/（hm^2. a））；R为平均降雨量（mm/a）；E为平均蒸散量（mm/a）；m_2为城市用水和蓄水费用均值（元/m^3）。

仍然以市辖四区为例，计算1996—2009年四期林地景观生态系统水源涵养功能价值，计算结果见表4—8。

表 4—8 1996—2009 年市辖四区林地景观水源涵养功能价值计算表

年份	因素指标（元/m^3）			年平均降水量（mm）	年平均蒸散量（mm）	水源涵养能力（m^3/(hm^2.a))	服务功能价值指数（元/(hm^2.a))	林地景观面积（km^2）	总价值（万元/a)
		单价	均值						
1996	水库蓄水多年平均费用	1.17	2.61	409.5	286.7	1228.00	3205.08	327.93	10510.42
	城市用水平均值	4.05							
2000	水库蓄水多年平均费用	1.17	2.61	425.5	297.9	1276.00	3330.36	342.91	11420.14
	城市用水平均值	4.05							
2005	水库蓄水多年平均费用	1.17	2.61	413.2	289.2	1240.00	3236.40	704.1	22787.49
	城市用水平均值	4.05							
2009	水库蓄水多年平均费用	1.17	2.61	400	280. 0	1200.00	3132.00	536.15	16792.22
	城市用水平均值	4.05							

其他单元林地景观水源涵养功能价值计算结果见表 4—9。

表 4—9 1996—2009 年农田景观、林地景观生态系统水源涵养功能价值量

单位：元/（hm^2.a），万元/a

评价单元	年份	农田景观		林地景观	
		服务功能价值指数	总价值量	服务功能价值指数	总价值量
市辖四区	1996	353.93	2855.93	3205.08	10510.42
	2000	367.76	2129.22	3330.36	11420.14
	2005	357.13	2425.55	3236.4	22787.49
	2009	345.72	2225.12	3132.00	16792.22
土默特左旗	1996	345.03	4214.8	3126.78	17893.31
	2000	347.71	3643.21	3150.27	19146.4
	2005	335.01	3975.14	3035.43	18340.37
	2009	328.43	3825.14	2714.4	16581.46

续表

评价单元	年份	农田景观		林地景观	
		服务功能价值指数	总价值量	服务功能价值指数	总价值量
托克托县	1996	253.82	1684.01	2824.02	6566.98
	2000	247.77	1681.04	2758.77	4048.77
	2005	241.72	1312.31	2690.91	7519.21
	2009	232.16	1555.74	2583.9	4881.25
和林格尔县	1996	248.96	2852.16	2724.84	16317.7
	2000	255.4	4445.56	2795.31	13103.02
	2005	241.86	3750.29	2646.54	14130.94
	2009	220.63	2422.86	2675.25	26755.71
清水河县	1996	178.34	1333.77	2672.64	7792.35
	2000	176.51	1205.56	2643.93	6958.29
	2005	178.77	1222.82	2677.86	7340.82
	2009	161.14	1011.12	2675.25	28822.61
武川县	1996	187.37	3404.31	1840.05	2895.5
	2000	169.91	2993.9	1675.62	11204.7
	2005	181.55	2884.48	1790.46	16100
	2009	158.79	2301.34	1566.00	5039.07

（3）草地景观生态系统水源涵养功能

草地景观生态系统的水源涵养功能是指保持在草地景观土壤中的水分含量而具有的保持水分生态功能，利用研究区定位观测资料和多年气象统计资料，获得各评价单元平均径流系数和降水量，同时仍然利用影子工程法获得水库蓄水成本 1.17 元/m^3，利用公式 4—8 计算草地景观生态系统水源涵养功能价值，则草地景观生态系统水源涵养功能价值：

$$W_3 = R \times (1 - n) \times m_3 \quad \text{（公式 4—8）}$$

式中，W3 为草地景观生态系统水源涵养功能价值（元/（hm^2. a））；m_3 为水库蓄水费用（元/m^3）；n 为多年径流系数（%）；R 为年均降水量（mm）。

仍然以市辖四区为例，计算1996—2009年四期草地景观生态系统水源涵养功能价值量，计算过程见表4—10。

表4—10　1996—2009年市辖四区草地景观水源涵养功能价值计算表

年份	水库蓄水多年平均费用（元/m^3）	年平均降水量（mm）	多年平均径流系数（%）	水源涵养能力（m^3/（hm^2. a））	服务功能价值指数（元/（hm^2.a））	草地景观面积（km^2）	总价值（万元/a）
1996	1. 17	409. 5	7. 21	379. 98	444. 57	647. 38	2878. 06
2000	1. 17	425. 5	7. 21	394. 82	461. 94	628. 17	2901. 78
2005	1. 17	413. 2	7. 21	383. 41	448. 59	343. 55	1541. 12
2009	1. 17	400. 0	7. 21	371. 16	434. 26	392. 50	1704. 46

其他单元草地景观水源涵养功能价值计算结果见表4—11。

（4）水域与湿地景观生态系统水源涵养功能

水域与湿地生态系统的水源涵养功能采用谢高地当量值计算，以森林生态系统水源涵养功能为参照值，换算二者的当量值，即森林水源涵养功能和水域与湿地生态系统水源涵养功能的比值为3. 2：20. 08，各评价单元四期结果见表4—11。

表4—11　1996—2009年草地景观、水域与湿地景观生态系统水源涵养功能价值量

单位：元/（hm^2. a），万元/a

评价单元	年份	草地景观		水域与湿地景观	
		服务功能价值指数	总价值量	服务功能价值指数	总价值量
市辖四区	1996	444. 57	2878. 06	20412. 35	8305. 79
	2000	461. 94	2901. 78	21210. 23	5376. 79
	2005	448. 59	1541. 12	20611. 82	11965. 16
	2009	434. 26	1704. 46	19946. 93	19847. 19
土默特左旗	1996	431. 71	3339. 47	19913. 68	16436. 75
	2000	435. 06	3361. 23	20063. 28	7834. 71
	2005	419. 16	2531. 24	19331. 89	9849. 6
	2009	400. 13	2430. 87	17287. 34	20419. 80

续表

评价单元	年份	草地景观		水域与湿地景观	
		服务功能价值指数	总价值量	服务功能价值指数	总价值量
托克托县	1996	362.19	1303.46	17985.48	15667.15
	2000	353.56	1235.66	17569.92	4408.29
	2005	344.93	1151.61	17137.73	5079.62
	2009	331.27	829.44	16456.21	11983.41
和林格尔县	1996	418.18	6380.92	17353.82	15916.93
	2000	429	4032.64	17802.63	12073.74
	2005	406.26	4138.49	16855.15	11129.46
	2009	380.62	4048.08	17038.00	11347.31
清水河县	1996	391.15	6309.41	17021.38	3043.42
	2000	387.14	6734.8	16838.53	4792.25
	2005	392.1	6772.23	17054.62	4386.45
	2009	362.97	3570.01	17038.00	4382.17
武川县	1996	359.18	8425.43	11718.82	3220.33
	2000	325.69	6233.46	10671.6	9956.61
	2005	348.02	7023.28	11402.99	10569.43
	2009	304.39	8078.59	9973.46	14029.67

4.2.1.4 气体调节功能

本项研究气体调节功能采用生态系统吸收 CO_2，释放 O_2，吸收 SO_2、HF 和滞尘 4 个方面的净化空气服务功能价值测算。

$$Q = G_c \times 1.6 \times V_c + G_o \times 1.2 \times V_o + G_s \times V_s + G_h \times V_h + G_z \times V_z$$

（公式 4—9）

式中，Q 为气体调节功能价值；G_c、G_o、G_s、G_h、G_z 为固定 CO_2，释放 O_2，吸收 SO_2、HF 和滞尘量；V 为相应采用的费用。

（1）农田生态系统的气体调节功能

①固定 CO_2，释放 O_2 服务功能

在评估农田生态系统对固定 CO_2，释放 O_2 的服务功能时，常以陆地生

态系统每年的有机物质净初级生产量为基础，根据植物光合作用原理，即每形成1.00g植物干物质需要1.63g CO_2，释放1.20g O_2，推算出单位面积农田吸收CO_2和释放O_2的量。固定CO_2效益（碳价）采用目前通用的碳贸易价格51.21元/t，释放O_2效益（氧价）采用中国造林成本法369.7元/t和工业制氧法400元/t，O_2的平均值即384.85元/t，且假设碳价和氧价在各年份计算中不变，农田净初级生产力的确定采用前三年呼和浩特市经济统计年鉴公布的平均单位面积粮食产值来衡量。

②吸收SO_2、HF和滞尘服务功能

SO_2、HF、滞尘吸收量和单价指数均采用马新辉等人的研究参数。即工业削减二氧化硫的工程费用为600元/t，削减HF的投资及处理成本为900元/t，削减粉尘费用为170元/t，且假设碳价和氧价在各年份计算中不变，计算出农田生态系统吸收SO_2、HF和滞尘的吸收量和价值量。

农田生态系统的气体调节功能价值为上述四项的总和，仍然以市辖四区为例，计算1996—2009年四期农田景观生态系统气体调节功能价值量，计算结果见表4—12。

表4—12　1996—2009年市辖四区农田景观气体调节功能价值计算表

年份	指标	干物质CO_2、O_2的合成(g/kg)	净初级生产量(t/(hm².a))	能力指数(t/(hm².a))	指标单价(元/t)	服务功能价值指数(元/(hm².a))	景观面积(hm²)	价值总量(10^4元/a)
1996	固定CO_2能力	1.6	4.12	6.59	51.21	337.58	806.92	18299.59
	释放O_2能力	1.2	4.12	4.94	384.85	1902.70		
	吸收SO_2能力			0.045	600.00	27.00		
	吸收HF能力			0.00044	900.00	0.40		
	滞尘能力			0.00095	170.00	0.16		
	合计					2267.83		

续表

年份	指标	干物质 CO_2、O_2 的合成 (g/kg)	净初级生产量 (t/(hm². a))	能力指数 (t/(hm². a))	指标单价 (元/t)	服务功能价值指数 (元/(hm². a))	景观面积 (hm²)	价值总量 (10^4 元/a)
2000	固定 CO_2 能力	1.6	3.99	6.38	51.21	326.92	578.97	12720.80
	释放 O_2 能力	1.2	3.99	4.79	384.85	1842.66		
	吸收 SO_2 能力			0.045	600.00	27.00		
	吸收 HF 能力			0.00044	900.00	0.40		
	滞尘能力			0.00095	170.00	0.16		
	合计					2197.14		
2005	固定 CO_2 能力	1.6	5.33	8.53	51.21	436.72	679.18	19871.29
	释放 O_2 能力	1.2	5.33	6.40	384.85	2461.50		
	吸收 SO_2 能力			0.045	600.00	27.00		
	吸收 HF 能力			0.00044	900.00	0.40		
	滞尘能力			0.00095	170.00	0.16		
	合计					2925.78		
2009	固定 CO_2 能力	1.6	5.09	8.15	51.21	417.19	643.62	17996.56
	释放 O_2 能力	1.2	5.09	6.11	384.85	2351.40		
	吸收 SO_2 能力			0.045	600.00	27.00		
	吸收 HF 能力			0.00044	900.00	0.40		
	滞尘能力			0.00095	170.00	0.16		
	合计					2796.15		

其他单元农田景观气体调节功能价值计算结果见表4—15。

（2）林地景观生态系统的气体调节功能

呼和浩特地区森林植被主要为次生性的夏绿阔叶林、针阔混交林、山地灌丛等几种群落类型；主要树种有小叶杨、白桦、槭树、油松、云杉、沙棘、柠条锦鸡儿、铁秆蒿、虎榛子等。参照相关研究成果，结合研究区现有各种林地主要的树木种类，林地固定 CO_2 和释放 O_2 量、吸收 SO_2、HF、滞尘量等能力选取杨树、白桦、油松、山地次生灌丛等植物净化能力的平均值，分别为固定 $CO_2$235.39t/（hm^2·a）和释放 $O_2$138.7t/（hm^2·a）、吸收 $SO_2$0.246t/（hm^2·a）、HF0.009t/（hm^2·a）、滞尘量2.3t/（hm^2·a），价格确定同上文。

林地景观生态系统的气体调节服务功能价值量为上述四项值的总和。由于气体调节能力取决于所参照植物种类的生物学特性，因此林地景观生态系统的气体调节的服务功能价值指数以市辖四区为例，计算 1996—2009 年四期林地景观生态系统气体调节服务功能价值量，计算结果见表 4—13。

表 4—13　1996—2009 年市辖四区林地景观气体调节功能价值计算表

年份	指标	植物类型	植物吸收能力 (t/(hm² · a))	平均能力指数 (t/(hm² · a))	指标单价 (元/t)	服务功能价值指数 (元/(hm² · a))	景观面积 (km²)	价值总量 (10⁴ 元/a)
1996	固定 CO_2 能力	油松	290.00	235.39	51.21	12054.49	327.93	216369.09
		白桦云杉混交林	264.94					
		杨树	203.00					
		次生灌丛	183.63					
	释放 O_2 能力	油松	212.00	138.70	384.85	53378.70		
		白桦云杉混交林	193.00					
		杨树	14.80					
		次生灌丛	135.00					
	吸收 SO_2 能力	油松	0.51	0.25	600.00	147.99		
		白桦云杉混交林	0.32					
		杨树	0.11					
		次生灌丛	0.05					
	吸收 HF 能力	油松	0.020	0.009	900.00	8.10		
		白桦云杉混交林	0.010					
		杨树	0.004					
		次生灌丛	0.001					
	滞尘能力	油松	6.89	2.3	170.00	391.00		
		白桦云杉混交林	1.18					
		杨树	0.27					
		次生灌丛	0.84					
	合计					65980.27		
2000	合计					65980.27	342.91	226252.93
2005	合计					65980.27	704.1	464567.06
2009	合计					65980.27	536.15	353753.20

其他单元林地景观气体调节功能价值计算结果见表4—15。

（3）草地生态系统的气体调节功能

呼和浩特市地处半干旱典型草原区，市域北部后山石质丘陵区的草原植物群落具有由典型草原向荒漠草原过渡的特征，群落植物种类为15—20种，覆盖度较低，生物生产量也较典型草原低；市域南部的黄土石质丘陵区则为暖温型草原，群落种类、覆盖度、生产量均较高。根据《内蒙古资源大辞典》中多年的平均统计值，净初级生产量采用草地产草量表示，确定典型草原为9691kg/hm^2，荒漠草原为5799kg/hm^2。草地生态系统的气体调节功能计算方法与农田生态系统相同。以市辖四区为例，计算1996—2009年四期草地景观生态系统气体调节服务功能价值量，计算结果见表4—14。

表4—14　1996—2009年市辖四区草地景观气体调节功能价值计算表

年份	指标	干物质 CO_2、O_2 的合成(g/kg)	净初级生产量（t/(hm^2·a)）	能力指数（t/（hm^2·a））	指标单价（元/t）(90年不变价)	服务功能价值指数(元/(hm^2·a))	景观面积（km^2）	价值总量（10^4 元/a）
1996	固定 CO_2 能力	1.6	9.69	15.50	51.21	793.96	647.38	36821.03
	释放 O_2 能力	1.2	9.69	11.63	384.85	4475.04		
	吸收 SO_2 能力			0.279	600.00	167.40		
	吸收HF能力			0.279	900.00	251.10		
	滞尘能力			0.0012	170.00	0.20		
	合计					5687.70		
2000	合计					5687.70	628.17	35728.42
2005	合计					5687.70	343.55	19540.09
2009	合计					5687.70	392.5	22324.22

其他单元草地景观气体调节功能价值计算结果见表4—15。

表 4—15 1996—2009 年农田景观、林地景观、草地景观生态系统气体调节价值量

<table>
<tr><th rowspan="2">评价单元</th><th rowspan="2">年份</th><th colspan="2">农田景观</th><th colspan="2">林地景观</th><th colspan="2">草地景观</th></tr>
<tr><th>服务功能价值指数</th><th>总价值量</th><th>服务功能价值指数</th><th>总价值量</th><th>服务功能价值指数</th><th>总价值量</th></tr>
<tr><td rowspan="4">市辖四区</td><td>1996</td><td>2267.83</td><td>18299.59</td><td rowspan="24">65980.27</td><td>216369.1</td><td rowspan="4">5687.7</td><td>36821.03</td></tr>
<tr><td>2000</td><td>2197.14</td><td>13114.42</td><td>226252.94</td><td>35728.42</td></tr>
<tr><td>2005</td><td>2925.78</td><td>15363.93</td><td>464567.08</td><td>19540.09</td></tr>
<tr><td>2009</td><td>2796.15</td><td>17996.56</td><td>353753.22</td><td>22324.22</td></tr>
<tr><td rowspan="4">土默特左旗</td><td>1996</td><td>3812.10</td><td>17007.96</td><td>377578.69</td><td rowspan="4">5687.7</td><td>43997.2</td></tr>
<tr><td>2000</td><td>2898.59</td><td>15983.59</td><td>401008.29</td><td>43942.6</td></tr>
<tr><td>2005</td><td>3996.98</td><td>28876.65</td><td>398659.39</td><td>34346.88</td></tr>
<tr><td>2009</td><td>3948.38</td><td>45985.15</td><td>403053.68</td><td>34553.91</td></tr>
<tr><td rowspan="4">托克托县</td><td>1996</td><td>2327.65</td><td>15443</td><td>153430.52</td><td rowspan="4">5687.7</td><td>20468.89</td></tr>
<tr><td>2000</td><td>2126.46</td><td>14427.15</td><td>96832.24</td><td>19877.94</td></tr>
<tr><td>2005</td><td>3311.84</td><td>17980</td><td>184368.67</td><td>18989.52</td></tr>
<tr><td>2009</td><td>3404.00</td><td>22811.20</td><td>124643.33</td><td>14240.86</td></tr>
<tr><td rowspan="4">和林格尔县</td><td>1996</td><td>1680.58</td><td>19253.52</td><td>16317.7</td><td rowspan="4">5687.7</td><td>86787.47</td></tr>
<tr><td>2000</td><td>1278.20</td><td>22249.05</td><td>13103.02</td><td>53464.95</td></tr>
<tr><td>2005</td><td>2420.08</td><td>37526.06</td><td>14130.94</td><td>57939.46</td></tr>
<tr><td>2009</td><td>2023.84</td><td>22224.77</td><td>659881.88</td><td>60491.53</td></tr>
<tr><td rowspan="4">清水河县</td><td>1996</td><td>1555.51</td><td>11633.36</td><td>192372.08</td><td rowspan="4">5687.7</td><td>91744.87</td></tr>
<tr><td>2000</td><td>1180.32</td><td>8061.59</td><td>173646.87</td><td>98944.93</td></tr>
<tr><td>2005</td><td>1441.32</td><td>9858.94</td><td>180871.71</td><td>98236.24</td></tr>
<tr><td>2009</td><td>1278.20</td><td>8020.68</td><td>710858.23</td><td>55941.37</td></tr>
<tr><td rowspan="4">武川县</td><td>1996</td><td>832.32</td><td>15122.11</td><td>103826.55</td><td rowspan="4">3567.05</td><td>83674.46</td></tr>
<tr><td>2000</td><td>995.44</td><td>17540.7</td><td>441203.47</td><td>68269.79</td></tr>
<tr><td>2005</td><td>941.07</td><td>14951.78</td><td>593301.19</td><td>71986.3</td></tr>
<tr><td>2009</td><td>712.78</td><td>10330.37</td><td>212311.31</td><td>94671.32</td></tr>
</table>

4.2.1.5 环境净化功能

环境净化功能是指通过景观生态系统的过滤、吸附、沉淀、植物吸收等作用对进入系统的污染物质进行分解、降解、控制和消除污染等处理，故各类景观生态系统均具有净化环境的功能。本项研究采用各景观生态系统对工业和生活废水、废气及固体废弃物处理产生的效益来计算。

(1) 农田景观、林地景观、水域与湿地景观生态系统的环境净化功能

农田景观、林地景观和水域与湿地景观生态系统的环境净化功能，参照谢高地等的中国陆地生态系统单位面积生态服务功能当量计算表确定，农田

景观生态系统环境净化服务价值指数为1220.40元/（hm^2·a），林地景观生态系统环境净化服务价值指数为974.83元/（hm^2·a），水域与湿地景观生态系统环境净化服务价值指数为13528.58元/（hm^2·a）。另外，在生态系统发挥其净化环境、处理外来废弃物的同时，需要一定的人工投入成本，将其折算为一定的价值量在环境净化服务功能价值总量中减去，最终形成景观生态系统净化环境服务功能价值量，以市辖四区1996年为例，计算草地景观生态系统环境净化功能价值量，计算结果见表4—16。

表4—16　1996年市辖四区各景观生态系统环境净化功能价值计算表

年份	类型及当量值	废弃物总量（t/a）	废弃物处理成本现价（元/t）	成本小计（元/a）	净化能力（t/（hm^2·a））	服务功能价值（元/（hm^2·a））	景观生态系统面积（km^2）	价值量（万元/a）
1996	总量	1120.24	108.00	120985.92				
	农田1.64（13.69）	81.83	108.00	8837.54	11.30	1220.40	806.92	9846.77
	森林1.31	65.36	108.00	7059.25	9.03	974.83	327.93	3196.06
	草地1.31	65.36	108.00	7059.25	9.03	974.83	647.38	6310.16
	水域18.18	907.11	108.00	97967.36	125.26	13528.58	40.69	5494.98

（2）草地景观生态系统的环境净化功能

草地除具有与其他生态系统相同的环境净化功能外，本项研究中考虑到多数评价单元草地面积广大，同时以牧业用地为主，故草地具有在对牲畜粪便处理功能的同时，还可以获得养分归还到生态环境中。因此，草地景观生态系统的环境净化功能还应叠加此部分生态功能，通过载畜量、粪便归还量、市场化肥价格来计算由此产生的生态功能价值。

营养物质价值量计算公式为：

$$G = \lambda \times \sum W_i \times R_{ij} \times \omega_j$$

式中，G为因废弃物降解而归还的营养物质价值量；i代表牲畜类型（马、牛、羊），j代表营养物质类型（N和P_2O_5）；λ为牲畜粪便归还草地的比率；W_i分别取草地牛、马和羊的载畜量；R_{ij}为不同类型牲畜个体的粪便量；ω_j为不同类型牲畜个体粪便中的平均营养物质含量。

计算出各类牲畜废弃物养分归还总量，再根据各年化肥的平均价格，以影子价格法得到呼和浩特市域各年草地生态系统废弃物降解、养分归还的价值量，见表4—17。

总的草地景观生态系统的环境净化功能价值等于处理废弃物功能产生的净化功能价值和处理牲畜放牧粪便产生的净化功能价值之和。计算结果见表4—18。

表4—17　草地处理牲畜放牧粪便产生的净化功能价值

单位：元/（hm^2. a）

年份	市四区	土左旗	托县	和林县	清水河县	武川县
1996	425.59	534.33	626.20	164.99	170.61	167.80
2000	413.41	540.90	609.33	166.86	130.30	140.61
2005	166.86	344.04	433.09	286.85	125.62	146.24
2009	163.84	144.43	85.74	334.15	34.41	84.06

表4—18　1996—2009年各景观生态系统环境净化服务功能价值量

单位：元/（hm^2 · a），万元/a

地区	年份	农田景观	林地景观	草地景观		水域与湿地景观
		总价值量	总价值量	服务功能价值指数	总价值量	总价值量
市辖四区	1996	9846.77	3196.06	1400.42	9065.36	5494.98
	2000	7064.56	3341.85	1388.24	8719.54	3416.34
	2005	8286.32	6861.88	1141.69	3929.37	7826.87
	2009	7847.80	5221.01	1138.67	4374.23	13383.97
土默特左旗	1996	14908.01	5578.45	1509.17	11674.03	11164.8
	2000	12786.97	5924.62	1515.73	11710.25	5281.33
	2005	14481.05	5889.85	1318.87	7964.2	6890.33
	2009	14212.92	5954.95	1119.26	6799.26	15973.46
托克托县	1996	8096.36	2266.46	1601.03	5761.38	11784.19
	2000	8279.46	1430.28	1584.16	5536.1	3393.79
	2005	6624.80	2723.37	1407.92	4700.03	4001.6
	2009	8176.31	1839.99	1060.57	2639.86	9829.83

续表

地区	年份	农田景观	林地景观	草地景观		水域与湿地景观
		总价值量	总价值量	服务功能价值指数	总价值量	总价值量
和林格尔县	1996	13981. 36	5837. 66	1139. 82	17392. 19	12406. 73
	2000	21242. 83	4569. 38	1141. 69	10731. 88	9173. 11
	2005	18923. 36	5204. 8	1261. 68	12852. 28	8929. 82
	2009	13401. 09	9748. 90	1308. 98	13921. 08	9001. 90
清水河县	1996	9127. 09	2842. 19	1145. 44	18476. 4	2418. 47
	2000	8335. 27	2565. 52	1105. 13	19225. 16	3849. 57
	2005	8347. 69	2672. 23	1100. 45	19006. 6	3478. 52
	2009	7657. 77	10500. 69	1009. 24	9926. 18	3476. 84
武川县	1996	22172. 95	1533. 9	1142. 63	26803. 8	3717. 51
	2000	21504. 55	6518. 51	1115. 44	21348. 35	12622. 04
	2005	19389. 65	8765. 63	1121. 07	22624. 09	12539. 43
	2009	17686. 77	3136. 42	1058. 89	28103. 21	19025. 23

4. 2. 1. 6　维持生物多样性功能

采用谢高地的维持生物多样性当量因子，结合本地区各生态系统物种数量特征来确定，呼和浩特市域地处半干旱典型草原地带，大青山北侧武川盆地旱作农业为主，作物种类单调，石质低山丘陵地区处于典型草原向荒漠草原过渡的地带，植物种类不甚丰富。大青山南侧有两个大的地貌单元，即土默特平原和黄土丘陵地，前者是呼和浩特市主要的灌溉农业区，农作物种类较多；后者属暖温性典型草原，植物种类相对较多。大青山和蛮汉山山区以森林植被为主，植物种类较为丰富。鉴于上述，本次研究采用谢高地的各景观维持生物多样性当量值的50%作为研究区维持生物多样性功能的服务功能价值指数。各景观生态系统维持生物多样性功能价值，其中农田景观生态系统服务功能价值 62. 80 元/（hm^2 · a）、林地景观生态系统服务功能价值 1598. 26 元/（hm^2 · a）、草地景观生态系统服务功能价值 63. 27 元/（hm^2 · a）、水域与湿地景观生态系统服务功能价值 22. 03 元/（hm^2 · a）。

表 4—19　1996—2009 年各景观生态系统维持生物多样性功能价值量

单位：万元/a

评价单元	年份	农田景观	林地景观	草地景观	水域与湿地景观
市辖四区	1996	506.75	5241.17	409.6	8.96
	2000	363.59	5480.59	397.44	5.58
	2005	426.53	11253.35	217.36	12.79
	2009	404.19	8569.07	248.33	21.92
土默特左旗	1996	767.15	9146.2	489.43	18.18
	2000	658.01	9713.74	488.82	8.6
	2005	745.18	9656.85	382.07	11.22
	2009	731.41	9763.29	384.38	26.02
托克托县	1996	416.65	3716.59	227.7	19.19
	2000	426.07	2345.61	221.12	5.53
	2005	340.94	4466.02	211.24	6.53
	2009	420.84	4881.25	158.42	16.04
和林格尔县	1996	719.47	9571.18	965.42	20.21
	2000	1093.13	7491.84	594.74	14.94
	2005	973.78	8533.75	644.52	14.55
	2009	689.64	15984.52	672.91	14.67
清水河县	1996	469.67	4659.89	1020.57	3.94
	2000	428.92	4206.3	1100.66	6.27
	2005	429.56	4381.31	1092.78	5.67
	2009	394.07	17219.33	622.29	6.08
武川县	1996	1140.99	2515.02	1484.16	6.05
	2000	1106.6	10687.4	1210.92	20.55
	2005	997.77	14371.71	1276.85	20.42
	2009	910.16	5142.88	1679.22	30.99

4.2.1.7 娱乐旅游功能

娱乐旅游功能是采用了各旗县的旅游收入来近似代替，统计结果见表4—20。

表4—20 1996—2009年各景观生态系统娱乐旅游功能总产值

单位：万元/a

评价单元	年份	农田景观	林地景观	草地景观	水域与湿地景观
市辖四区	1996	9. 24	1180. 86	36. 9	4003. 82
	2000	88. 86	11372. 16	355. 38	30474. 01
	2005	493. 26	63119. 4	1972. 32	214014. 9
	2009	1291. 01	165248. 68	5164. 02	560296. 30
土默特左旗	1996	1. 85	236. 17	7. 38	800. 76
	2000	17. 77	2274. 45	71. 08	6094. 81
	2005	98. 62	12623. 92	394. 5	42802. 99
	2009	258. 20	33049. 73	1032. 80	112059. 25
托克托县	1996	0. 62	78. 72	2. 46	266. 92
	2000	5. 92	758. 15	23. 69	2031. 59
	2005	32. 87	4207. 97	131. 5	14267. 66
	2009	215. 17	27541. 45	860. 67	93382. 72
和林格尔县	1996	1. 54	196. 81	6. 15	667. 3
	2000	14. 81	1895. 37	59. 23	5079
	2005	82. 19	10519. 94	328. 75	35669. 16
	2009	86. 07	11016. 58	344. 27	37353. 08
清水河县	1996	1. 23	157. 45	4. 92	533. 84
	2000	11. 85	1516. 3	47. 38	4063. 2
	2005	65. 75	8415. 95	263	28535. 33
	2009	172. 13	22033. 16	688. 54	74706. 18
武川县	1996	0. 92	118. 09	3. 69	400. 38
	2000	8. 88	1137. 22	35. 54	3047. 41
	2005	49. 31	6311. 96	197. 25	21401. 5
	2009	129. 10	16524. 87	516. 40	56029. 63

4.2.2 土地景观生态系统服务功能时空变化研究

4.2.2.1 土地景观生态系统服务功能时间变化特征

根据上述研究统计结果，市域四期各项景观生态服务功能价值量（表4—21，表4—22），可以看出，十年间，呼和浩特市景观生态功能变化特征表现为：

表 4—21 1996—2009 年呼和浩特土地景观生态系统服务功能总价值量

单位：10^4 万元/a

年份	物质生产功能	娱乐旅游功能	水源涵养功能	气体调节功能	环境净化功能	保持土壤功能	维持生物多样性功能	合计
1996	27.57	0.78	16.95	153.12	13.18	117.95	4.35	333.92
2000	40.21	6.34	15.09	175.50	12.01	126.75	4.81	380.72
2005	45.10	46.60	17.79	262.27	22.29	209.99	6.05	610.15
2009	136.27	112.0	21.49	287.41	24.18	244.51	6.71	832.58

表 4—22 1996—2009 年呼和浩特各景观生态系统服务价值

单位：10^4 万元/a

年份	农田景观	林地景观	草地景观	水域与湿地景观	合计
1996	58.01	150.52	117.01	12.07	337.60
2000	66.28	191.74	114.08	13.95	386.06
2005	82.56	270.41	217.00	46.08	616.05
2009	106.17	345.53	271.06	109.82	832.58

（1）呼和浩特市景观生态服务功能及其价值总体是增加的，十年间增加了 10 倍。从各景观生态系统的生态服务功能的价值量增长速度来看，娱乐旅游功能价值量增长最快，其次为物质生产功能，娱乐旅游功能价值 1996—2000 年增加 8.63 倍，2000—2005 年增加了 4.55 倍；而水源涵养功能和环境进化功能则有所下降。

（2）从各景观生态类型的生态服务功能价值量来看，草地景观生态系统、林地景观生态系统的生态服务功能价值量最大，其支持的生态功能最强。

4.2.2.2 土地景观生态系统服务功能价值空间变化特征

从各旗县土地景观生态系统总的服务功能价值的时间变化来看（表 4—23），各旗县生态服务功能价值均有所增加，但幅度不同。清水河县、和林格尔县、武川县增长较慢，其他旗县区增长较块。

为了进一步比较呼和浩特各旗县服务功能，计算各旗县的服务价值与总服务价值的比值，来看评价单元综合生态功能价值在市域总价值中所占的比例变化，间接说明各评价单元对市域总值的贡献率变化，见表4—24。将评价单元的生态服务功能价值百分比分成5个等级，Ⅰ级5—10，Ⅱ级10—15，Ⅲ级15—20，Ⅳ级20—25，Ⅴ级25以上（见图4—1）。从图上可以看出1996年托克托县的生态服务功能价值量最低，土默特左旗级别最高；到2000年则武川县增幅较大，处于Ⅴ级；而到2005年市郊与土左旗级别最高，处于Ⅳ级。

表4—23　1996—2009年呼和浩特各旗县区土地景观生态系统服务功能价值

单位：10^4 万元/a

年份	市辖四区	土默特左旗	托克托县	和林格尔县	清水河县	武川县	全市
1996	45.86	71.72	34.70	54.06	62.59	68.64	337.60
2000	52.99	78.46	28.98	48.88	65.49	111.24	386.06
2005	108.66	124.78	71.53	111.46	83.62	110.98	610.15
2009	165.21	137.93	70.63	178.66	159.61	111.86	832.58

表4—24　1996—2009年呼和浩特各旗县服务价值百分比

单位：%

年份	呼和浩特市区	土左旗	托县	和林县	清水河县	武川县
1996	14.12	21.54	10.21	16.23	19.04	20.07
2000	14.23	20.11	8.37	13.32	17.89	28.43
2005	21.46	22.08	12.45	16.00	13.31	16.76
2009	11.05	14.81	7.90	22.24	18.00	13.54

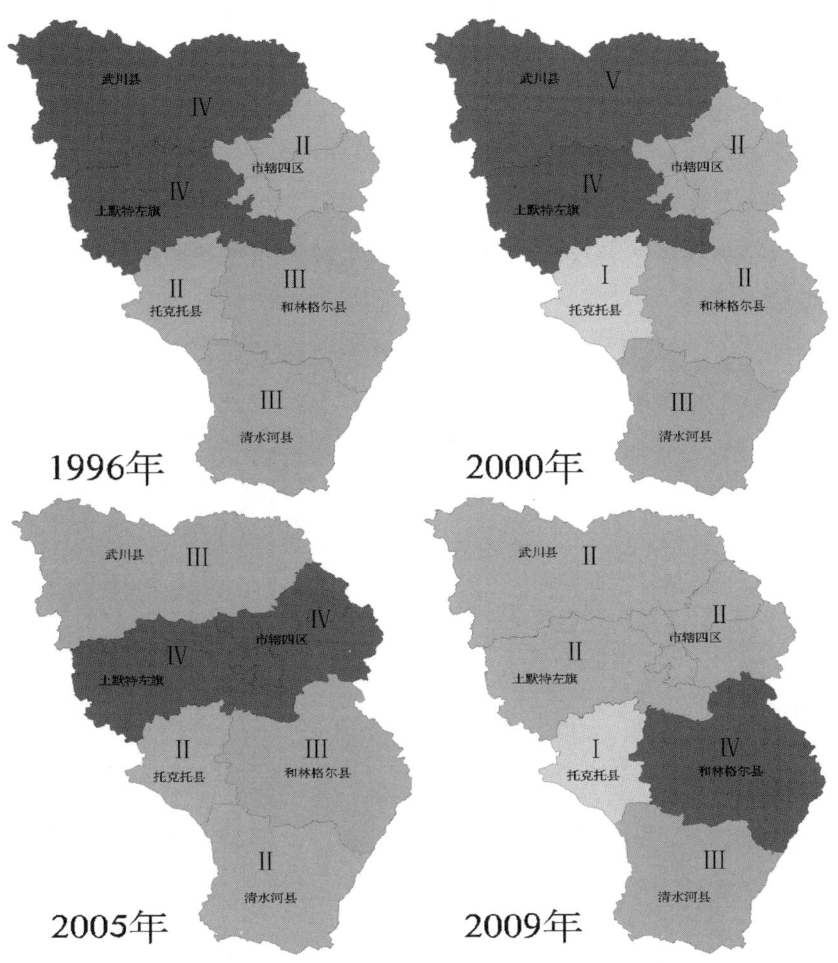

图 4—1　1996—2009 年呼和浩特各旗县

生态服务功能价值等级示意图

4.3 以生态功能区为评价单元的土地利用景观生态系统服务功能价值估算

4.3.1 大青山—蛮汉山水源涵养区的水源涵养生态服务功能价值估算

4.3.1.1 生态功能区基本情况

大青山—蛮汉山水源涵养区是由大青山山地、蛮汉山山地以及市域部东南低山地共同组成的，以山地乔木林、灌木林、山地灌丛草原等群落为主组成的特殊生态功能区，是呼和浩特市境内几条较大河流的水源地：横亘市域中北部的大青山山地是境内大黑河、小黑河、什拉乌素河，哈素海以及沿山麓出山口分布的哈素海、红领巾水库、万家沟水库、“五一”水库等的水源地，其水库总库容蓄水量达 1.6 亿立方米。平均年径流量 4.1 亿立方米，年产地表水 1.8 亿立方米，因此大青山山地是土默特平原最主要的水资源供应地，同时大青山北侧各山沟的季节性水流也是武川盆地重要的水源地。所以说，大青山山地各景观生态系统的水源涵养功能对区域小资源供应与调节至关重要。

其次，偏东北—西南向分布于市域东部的蛮汉山山地则是浑河、缸房河、马场河、宝贝河及其支流等的水源地，也是分布于这些河流上游的陈力窑水库、石咀子水库、前窑子水库的水源地，为沿河农业生产提供了重要的灌溉水资源。分布于市域东南部清水河境内、浑河南侧的石质低山区的季节性沟谷水流，一方面为清水河县局部提供部分水资源，另一方面季节性洪水也对区域土壤侵蚀提供了便利的水动力条件。因此，水土保持和水源涵养功能在这里更为突出。

在特殊生态功能分区中（见第 3 章），将本生态功能区又划分为三个亚区，但作为水源涵养功能价值估算时，统一以功能区为评价单元进行评价。本区土地利用类型多样，土地利用现状调查统计共八大类 30 个二级类。近十几年来，大青山—蛮汉山水源涵养区的土地利用类型变化较为显著，但主要是农用地内部类型变化所致，最为明显的是2000年以来的生态退耕还林还草工程建设产生的土地利用类型变化：林地、沟谷滩涂有所增加，特别是东南山地退耕造林地的增加较为显著（清水河县境内）；相应的耕地、草地面积在减少。土地利用类型的变化影响到景观生态类型面积的变化（见表4—25），但幅度相对较小。

本区域土地利用景观生态系统生态服务功能价值估算单元仍然为农田景观、林地景观、草地景观、水域与湿地景观四类。本区水源涵养功能价值为四类景观生态系统水源涵养功能价值之和。

表4—25　大青山—蛮汉山山地水源涵养区景观生态类型统计表

单位：km^2，%

区域面积	年份	农田景观		林地景观		草地景观		水域与湿地景观		其他景观类型	
		面积	占总面积比	面积	占总面积比	面积	占总面积比	面积	占总面积比	面积	占总面积比
5598.75	1996	996.68	17.80	1043.71	18.64	3274.08	58.48	26.01	0.46	258.27	4.61
5598.75	2000	860.22	15.36	1836.05	32.79	2671.64	47.72	70.52	1.26	160.32	2.86
5598.75	2005	813.14	14.52	1886.37	33.69	2637.06	47.10	68.73	1.23	193.45	3.46
5598.75	2009	786.11	14.04	1742.96	31.13	2477.48	44.25	135.05	2.41	457.15	8.17

4.3.1.2　水源涵养功能估算结果分析

各景观生态水源涵养功能价值估算方法、估算过程与前述方法相同，个别参数根据大青山、蛮汉山山地土壤植被特征稍做调整。计算结果见表4—26。

表4—26　大青山—蛮汉山山地水源涵养功能区水源涵养生态功能价值统计

单位：元/（$hm^2 \cdot a$，10^4 元/a）

年份	农田景观		林地景观		草地景观		水域与湿地景观		总价值
	服务功能价值指数	服务功能价值	服务功能价值指数	服务功能价值	服务功能价值指数	服务功能价值	服务功能价值指数	服务功能价值	
1996	353.93	3527.56	3205.08	33451.74	444.57	14555.60	20412.35	5309.25	56844.15
2000	367.76	3163.54	3330.36	61147.07	461.94	12341.40	21210.23	14957.45	91609.46
2005	357.13	2903.96	3236.4	61050.48	448.59	11829.53	20611.82	14166.51	89950.48
2009	345.72	2717.74	3132	54589.43	434.26	10758.66	19946.93	26937.54	95003.37

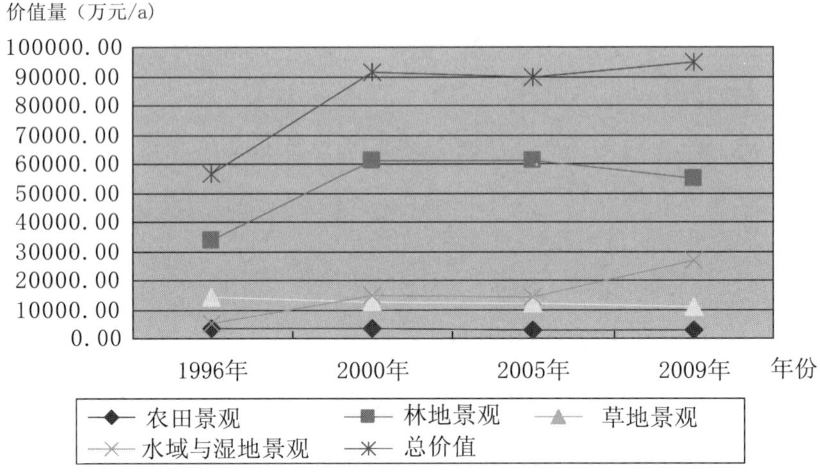

图4—2 1996—2009年大青山—蛮汉山生态功能区水源涵养生态服务功能价值变化

从表4—26和图4—2来看，大青山—蛮汉山生态功能区水源涵养生态服务功能价值构成和变化主要表现在三个方面：

（1）从生态功能价值指数来看，林地景观和水域与湿地景观生态系统的水源涵养生态功能价值指数最高，特别是水域与湿地景观，在1996—2009年期间为19946.93—21210.23元/（hm^2·a）。因此，在降水量、蒸发量等自然条件相对稳定的条件下，增加林地景观和水域与湿地景观面积是生态系统水源涵养服务功能价值增加的直接条件。

（2）从生态功能价值构成来看，林地景观和草地景观水源涵养生态功能价值是其主要部分，1996—2009年期间二者的价值量占总价值量的84.5%—68.78%。从其计算来看，主要是这两类景观面积比例较大所致，同时林地景观水源涵养生态功能价值指数远远高于草地景观，前者是后者的8倍。因此，继续增大林地景观面积是增加区域水源涵养生态系统服务功能价值的主要途径。

（3）从生态功能价值的时间变化来看，水域与湿地景观水源涵养和总的水源涵养价值量总体呈增加趋势；林地景观水源涵养生态功能价值也以增加为主，但2009年有所下降，分析下降原因，主要有两个方面：一是2009

年林地景观面积统计值较前期有所减少，二是由于2009年年均降水量较前期至少偏低，导致水源涵养生态服务功能价值指数有所下降。当然，不排除景观面积统计误差的存在，但影响较小；而草地景观和农田景观水源涵养生态服务功能价值呈下降趋势，但生态功能价值指数的变化不大，说明其值的减小主要是两类土地利用景观生态系统面积减少的结果。

4.3.2 土默特平原灌溉农业与湿地保护功能区的环境净化与气体调节生态服务功能价值估算

4.3.2.1 概述

土默特平原灌溉农业与湿地功能区是研究区农田景观集中分布的区域。从自然环境特征来看，本区地处大青山—蛮汉山山前洪积扇和黄河及其支流形成的冲积平原上，是水、热、土壤等农业生产条件最为良好的区域，也是呼和浩特农业经济最为发达的区域，也是呼和浩特市城市和城镇等人工建筑景观最为集中分布的区域。行政辖区包括市辖四区、土默特左旗、托克托县、和林格尔县西北部所有的平原乡镇，总土地面积为5086.40km^2。

表4—27 土默特平原灌溉农业与湿地生态服务功能区景观生态类型统计表

单位：km^2，%

区域面积	年份	农田景观		林地景观		草地景观		水域与湿地景观		其他景观	
		景观面积	占总面积比例	景观面积	占总面积比例	景观面积	占总面积比例	景观面积	占总面积比例	景观面积	占总面积比例
5086.4	1996	2833.80	55.71	547.12	10.76	1169.19	22.99	245.33	4.82	290.96	5.72
5086.4	2000	2609.37	51.30	367.25	7.22	1251.60	24.61	114.28	2.25	743.90	14.63
5086.4	2005	2710.18	53.28	466.68	9.18	994.91	19.56	122.96	2.42	791.67	15.56
5086.4	2009	2846.49	55.96	532.99	10.48	608.32	11.96	161.74	3.18	936.85	18.42

从景观生态类型来看，主要是农田景观和草地景观（见表4—27），且草地景观主要分布在大青山—蛮汉山的山麓地带和洪积扇地下水溢出带。本区土地利用类型多样，土地利用现状调查统计共8大类30个二级类。近十几年来，从土地利用类型变化来看，研究时段、土地利用类型变化不大，仅草地有所减少，以建设用地增加最为显著（这里不论）。

在特殊生态功能分区中（见第3章），将本生态功能区划分为五个亚区，但作为生态服务功能价值估算时，统一以功能区为评价单元进行评价。虽然本功能区最主要的生态服务功能是其物质生产功能，单就耕地面积来看，本区增加幅度不大，但由于本功能区中的各旗、县近十几年土地整理、基本农田建设投入增加导致耕地质量提高等原因，从各旗、县历年的农业生产总值来看，产值呈大幅增加趋势（见表4—19），这里就不再讨论其物质生产功能。本生态功能区是呼和浩特市城市、城镇、开发区等工矿用地分布密度最大的区域，也是市域人口最为集中的区域，从生态服务功能类型来讲，土默特平原的农田景观对于维护区域生态环境的稳定和净化环境，提高环境质量起着至关重要的作用。因此，在本生态功能区主要选取各景观生态系统的气体调节功能和环境净化功能来进行生态服务功能价值估算。

4.3.2.2　土默特平原灌溉农业与湿地保护功能区的环境净化生态服务功能价值估算

各土地利用景观生态系统的环境净化功能价值估算方法、估算过程与前述方法相同。参数也为各旗县平原区基础数据，其中，林地和草地在废弃物处理方面的服务功能价值指数是一样的，同时，本区为典型的农业区，故在草地景观生态系统环境净化服务功能价值量计算中，没有叠加由于放牧导致的牲畜粪便归还到生态系统中而增加的那部分价值量，具体计算结果见表4—28。

表4—28　土默特平原灌溉农业与湿地功能区环境净化生态服务功能价值统计

单位：元/hm^2·a，10^{4}元/a

年份	农田景观		林地景观		草地景观		水域与湿地景观		总价值
	服务功能价值指数	服务功能价值	服务功能价值指数	服务功能价值	服务功能价值指数	服务功能价值	服务功能价值指数	服务功能价值	
1996	904.00	25616.41	722.10	3949.83	722.10	8441.78	10021.17	24572.24	62580.25
2000	1073.50	28010.00	857.49	3147.87	857.49	10731.09	11900.14	13581.88	55470.84
2005	1220.40	33071.68	974.83	4546.66	974.83	9696.02	13528.58	16597.51	63911.87
2009	1356.00	38587.90	1083.15	5764.67	1083.15	6580.55	15031.76	24195.94	75129.07

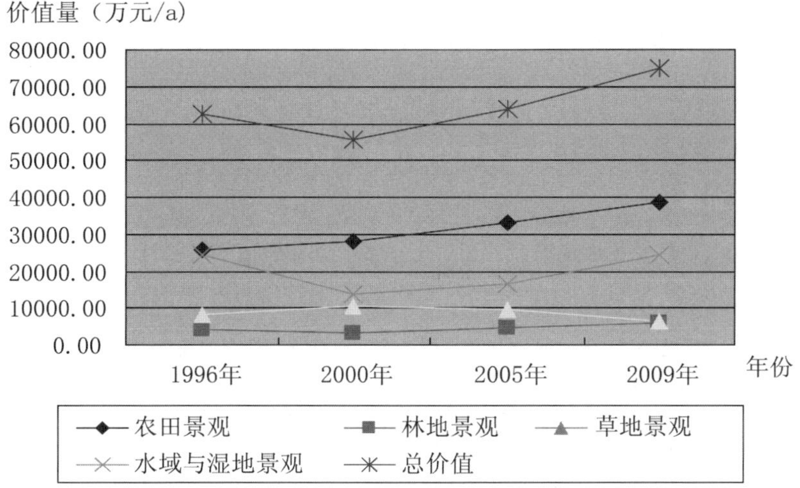

图 4—3　1996—2009 年土默特平原灌溉农业与湿地功能区环境净化生态服务功能价值变化

从表 4—28 和图 4—3 来看，土默特平原灌溉农业与湿地功能区环境净化生态服务功能价值构成和变化主要表现在三个方面：

（1）从生态服务功能价值指数来看，水域与湿地景观生态系统的环境净化生态功能价值指数最高，在 1996—2009 年期间为 10021.17—15031.76 元/（hm^2·a），湿地无愧有“地球之肾”之称，平原区水域与湿地景观对于区域生态环境污染物和废弃物的净化作用可见一斑；其次，农田景观生态系统的净化能力也较高，其生态服务功能价值为 904.00—1356.00 元/（hm^2·a），由于农田景观面积大，故其生态服务功能价值数量居第一位。

（2）从生态服务功能价值构成来看，农田景观和水域与湿地景观环境净化生态功能价值是其主要部分，1996—2009 年期间二者的价值量占总价值量的 75%—80%。从其计算来看，农田景观面积大、水域与湿地景观环境净化生态功能价值指数高使其价值量所占比例也高。

（3）从生态服务功能价值的时间变化来看，1996—2009 年间，除草地景观环境净化生态服务功能价值量呈降低趋势，农田景观、林地景观、水域与湿地景观环境净化生态服务功能价值量总体呈增加趋势。

4.3.2.3　土默特平原灌溉农业与湿地功能区的气体调节生态服务功能

价值估算

气体调节生态服务功能包括固定 CO_2 能力、释放 O_2 能力、吸收 SO_2 能力、吸收 HF 能力和滞尘能力等，各景观生态气体调节生态服务功能价值估算方法、估算过程与前述方法相同。参数则参照各旗县平原区基础数据，计算结果见表 4—29。

表 4—29　土默特平原灌溉农业与湿地功能区气体调节生态服务功能价值统计

单位：元/hm^2·a，10^4 元/a，%

年份	农田景观			林地景观			草地景观			总价值
	服务功能价值指数	服务功能价值	占总价值比例	服务功能价值指数	服务功能价值	占总价值比例	服务功能价值指数	服务功能价值	占总价值比例	
1996	3812.10	108027.27	20.17	65980.27	360991.23	67.41	5687.70	66500.02	12.42	535518.52
2000	2898.59	75634.92	19.44	65980.27	242312.53	62.27	5687.70	71187.25	18.29	389134.69
2005	3996.98	108325.25	22.91	65980.27	307916.71	65.12	5687.70	56587.49	11.97	472829.45
2009	3948.38	112390.23	22.54	65980.27	351669.63	70.52	5687.70	34599.28	6.94	498659.14

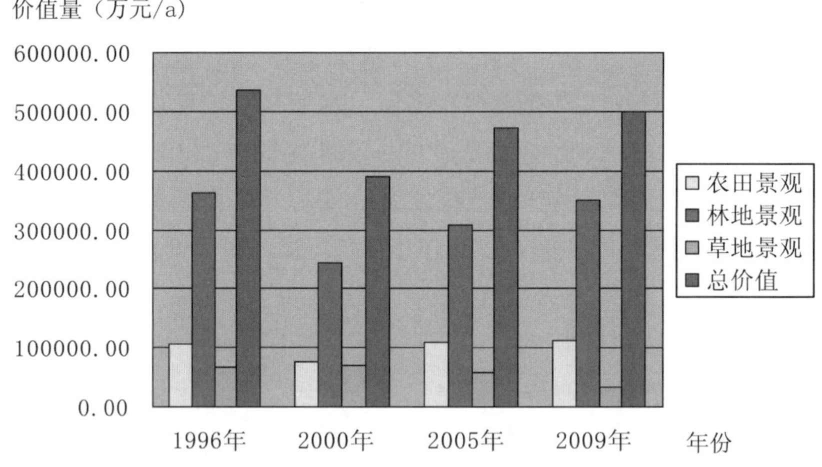

图 4—4　1996—2009 年土默特平原灌溉农业与湿地功能区气体调节生态服务功能价值变化

从表 4—29 和图 4—4 来看，土默特平原灌溉农业与湿地功能区气体调节生态服务功能价值构成和变化主要表现在三个方面：

（1）从生态服务功能价值指数来看，林地景观生态系统的气体调节生态功能价值指数最高，在 1996—2009 年期间为 242312.53—360991.23 元/(hm^2·a)，农田景观与草地景观对区域气体条件的能力相对较小，但草地景观和农田景观的气体调节生态功能价值指数为高。这与在价值量计算中，林地景观生态系统的气体调节生态服务功能更多地考虑群落的物种组成对各种气体的吸收能力和滞尘能力，草地景观和农田景观生态系统的气体调节生态服务功能价值则更多地考虑群落的净初级生产量有关。由此可见，平原区农田景观生态系统的气体调节生态功能对于区域环境的贡献量相对其面积来讲并不大。

（2）从生态服务功能价值量构成来看，林地景观生态系统的气体调节生态服务功能价值是其主要部分，1996—2009 年期间的价值量占总价值量的 62%—70%。而面积巨大的农田景观仅占气体调节生态功能价值总价值量的 19%—22%。平原区林地景观生态系统主要是人工农田防护林带。因此，加强农田防护林建设的生态意义更多地也会反映在其气体调节生态服务功能价值上。

（3）从生态服务功能价值的时间变化来看，1996—2009 年间，除草地景观气体调节生态服务功能价值量呈降低趋势，农田景观、林地景观、水域与湿地景观气体调节生态服务功能价值量总体呈增加趋势，但总的气体调节生态服务功能价值量有所降低。

4.3.3 黄土丘陵水土保持与梯田农业区的保持土壤生态服务功能价值估算

4.3.3.1 概述

本区位于呼和浩特市东南部黄土丘陵地带，北、西部与土默特平原相接，东与蛮汗山山地相接，土地面积 3865.04km^2，行政区划包括清水河县、和林格尔县的绝大部分乡镇。石质丘陵、黄土丘陵与丘间盆地、浑河谷地等相间分布，由于大部分地区黄土土质疏松，常年干旱多风，且夏季暴雨集中，故水土流失十分严重，土壤侵蚀模数达 10000—18000t/(km^2·a)，土壤表层多被破坏，肥力下降至沙化，故选取景观生态系统的保持土壤功能进行其生态服务功能价值的全面估算，可以从生态服务功能角度，认识土地利用变化过程中景观生态系统保持土壤功能变化对环境，特别是水土流失现象的作用。

表 4—30　黄土丘陵水土保持与梯田农业区景观生态类型统计表

单位：km^2，%

功能区总面积	年份	农田景观		林地景观		草原景观		水域与湿地景观		其他景观类型	
		景观面积	占总面积比	景观面积	占总面积比	景观面积	占总面积比	景观面积	占总面积比	景观面积	占总面积比
3865.04	1996	1111.39	28.75	537.84	13.92	2016.42	52.17	63.91	1.65	135.48	3.51
3865.04	2000	1506.43	38.98	275.4	7.13	1829.32	47.33	74.09	1.92	179.80	4.65
3865.04	2005	1335.69	34.56	335.43	8.68	1896.59	49.07	66.6	1.72	230.73	5.97
3865.04	2009	1069.27	27.67	1398.14	36.17	1042.98	26.99	62.42	1.61	292.23	7.56

本区土地利用类型多样，土地利用现状调查统计共八大类 30 个二级类，近十几年来的土地利用类型变化较为显著仍然是农用地的内部结构调整，最为明显的当属 2000 年以来的生态退耕还林还草工程建设产生的土地利用类型变化，林地面积大幅增加，但多为疏林地为主的其他林地，有林地较少；相应的耕地、草地面积在减少（见表 4—30）。在特殊生态功能分区中（见第 3 章），将其划分为 6 个亚区，但作为保持土壤功能价值估算时，统一以功能区为评价单元进行评价，土地利用景观生态服务功能价值评估单元仍然以农田景观、林地景观和草地景观为主，这三种景观生态系统类型也是影响土壤质量最主要的类型，对于保持土壤质量和数量、防止水土流失至关重要。

4.3.3.2　黄土丘陵水土保持与梯田农业区的保持土壤生态服务功能价值估算

保持土壤生态服务功能价值估算是通过估算因各类景观生态系统的存在而减少土壤废弃能力、保持土壤养分、减少泥沙淤积产生的生态服务功能价值，各景观生态系统价值估算方法、估算过程与前述方法相同，参数主要参照清水河县的各年基础数据，计算结果见表 4—31。

表 4—31 黄土丘陵水土保持与梯田农业区的保持土壤生态服务功能价值统计

单位：元/hm^2·a，10^4 元/a，%

年份	农田景观			林地景观			草地景观			总价值
	服务功能价值指数	服务功能价值	占总价值量的比例	服务功能价值指数	服务功能价值	占总价值量的比例	服务功能价值指数	服务功能价值	占总价值量的比例	
1996	5611.35	62363.99	17.66	13287.72	71466.65	20.24	10873.40	219253.39	62.10	353084.03
2000	6217.42	93661.15	26.83	13420.94	36961.26	10.59	11940.08	218422.30	62.58	349044.71
2005	10350.55	138251.20	20.19	22006.55	73816.57	10.78	24917.11	472575.41	69.03	684643.18
2009	12436.61	132980.63	21.88	13374.05	186987.70	30.77	27586.61	287723.84	47.35	607692.16

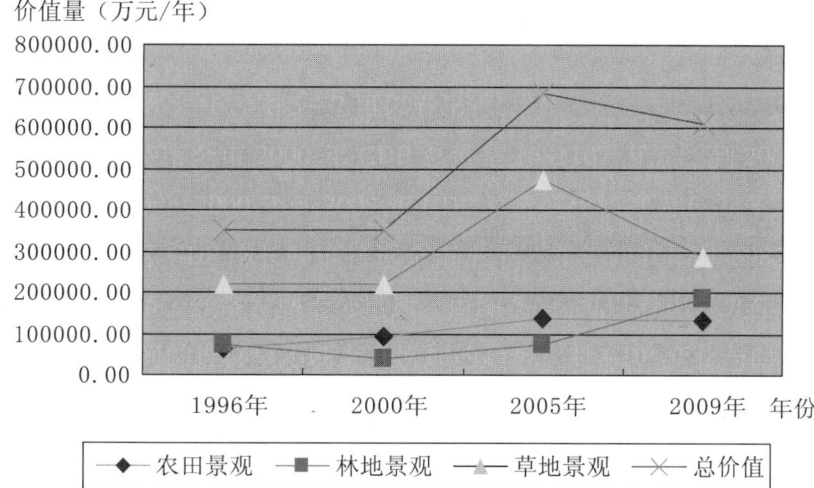

图 4—5 1996—2009 年黄土丘陵水土保持与梯田农业区保持土壤生态服务功能价值变化

从表 4—31 和图 4—5 来看，1996—2009 年黄土丘陵水土保持与梯田农业区保持土壤生态服务功能价值构成和变化主要表现在三个方面：

（1）从生态服务功能价值指数来看，林地景观和草地景观生态系统的保持土壤生态功能价值指数最高，生态服务功能价值指数在 1996—2009 年期间为 10873.40—27586.61 元/（hm^2·a），也说明这两种景观类型对于防止土壤养分流失、区域水土保持有着重要的作用。

（2）从生态服务功能价值量构成来看，林地景观和草地景观生态系统的保持土壤生态服务功能价值是其主要部分，1996—2005 年期间草地景观保持土壤生态服务功能价值量占总价值量的 62%—70%，虽然 2009 年草地景观保持土壤生态服务功能价值量下降至 47%，但林地景观的保持土壤生态服务功能价值量占总价值量的比例上升至 30%，从其面积统计来看，2009 年林地景观面积较 2005 年增大了 4 倍。主要是清水河境内 2009 年土地利用现状调查中，大量退耕造林的其他林地类型归入林地统计中所致。

（3）从生态服务功能价值的时间变化来看，1996—2009 年间，除农田景观保持土壤生态服务功能价值量呈降低趋势，林地景观、草地景观保持土壤生生态服务功能价值量总体呈增加趋势，也说明本区域生态环境质量正朝着良好的方向转变。

4.3.4 低山丘陵草原恢复与旱作农业区的保持土壤生态服务功能价值估算

4.3.4.1 概述

本区域包括武川县的大青山北部及中西部丘陵滩川地区。地表以波状起伏的高原丘陵地形为主，西高东低，西部为大青山向内蒙古高原过渡的低山丘陵地，起伏较小，中东部为武川盆地，地势平缓，滩川广布。全县降水少，温差大，多风沙，使得地表植被覆盖度低，土层薄。土壤风蚀严重，因此，恢复草原生态系统应是本区的主要生态功能，其次，本区又是呼和浩特市重要的旱作物农业区，有着三四百年的土地垦殖历史，逐步优化农用地结构，努力维持脆弱农田生态系统的稳定也是本区另一重要生态功能，总土地面积 2498.41km^2。主要景观类型面积见表 4—32。

从表中可以看出，农田景观面积占土地总面积的 50% 以上，虽然 1996 年以来在逐年下降，但仍有一半的土地是农田景观，草地景观又占总土地面积的 1/3，其他景观类型面积相对很小，为典型的农牧交错带景观结构特征。

表 4—32　低山丘陵草原恢复与旱作农业区景观生态类型面积统计表

单位：km^2，%

功能区总面积	年份	农田景观		林地景观		草原景观		水域与湿地景观		其他景观类型	
		景观面积	占总面积比	景观面积	占总面积比	景观面积	占总面积比	景观面积	占总面积比	景观面积	占总面积比
2498. 41	1996	1399. 38	56. 01	43. 62	1. 75	798. 43	31. 96	12. 12	0. 49	244. 86	9. 80
2498. 41	2000	1453. 84	58. 19	48. 51	1. 94	743. 96	29. 78	62. 40	2. 50	189. 70	7. 59
2498. 41	2005	1324. 97	53. 03	65. 12	2. 61	847. 18	33. 91	58. 07	2. 32	203. 07	8. 13
2498. 41	2009	1252. 36	50. 13	141. 97	5. 68	889. 44	35. 60	65. 39	2. 62	149. 25	5. 97

本区土地利用类型多样，土地利用现状调查统计共 8 大类 30 个二级类，近十几年来的土地利用类型变化较为显著仍然是农用地的内部结构调整，2000 年以来的生态退耕还林还草、禁牧围封等工程实施，草地、林地面积逐年增加；相应的耕地面积有所减少。

在特殊生态功能分区中（见第 3 章），将其划分为 3 个亚区，但作为保持土壤功能价值估算时，统一以功能区为评价单元进行评价，土地利用景观生态服务功能价值评估单元仍然以农田景观、林地景观和草地景观为主，这三种景观生态系统类型也是影响土壤质量和区域生态环境最主要的类型，对于防止本区土壤风蚀沙化有着重要的作用。

4. 3. 4. 2　低山丘陵草原恢复与旱作农业区的保持土壤生态服务功能价值估算

保持土壤生态服务功能价值估算是通过估算因各类景观生态系统的存在而减少土壤废弃能力、保持土壤养分、减少泥沙淤积产生的生态服务功能价值，各景观生态系统价值估算方法、估算过程与前述方法相同，参数主要参照武川县各年的基础数据，计算结果见表 4—33。

表 4—33 低山丘陵草原恢复与旱作农业区的保持土壤生态服务功能价值统计

单位：元/hm²·a，10^4 元/a，%

年份	农田景观			林地景观			草地景观			总价值
	服务功能价值指数	服务功能价值	占总价值量的比例	服务功能价值指数	服务功能价值	占总价值量的比例	服务功能价值指数	服务功能价值	占总价值量的比例	
1996	8283.344	115915.46	57.25	18974.81	8356.61	4.13	9793.43	78193.71	38.62	88025.76
2000	9800.957	142490.23	63.06	19465.64	9442.78	4.18	9952.58	74043.24	32.77	84028.59
2005	9420.476	124818.48	53.49	19924.94	12975.12	5.56	11280.57	95566.70	40.95	106888.22
2009	11214.45	140445.42	51.04	19762.13	28057.05	10.20	11994.83	106686.87	38.77	118720.47

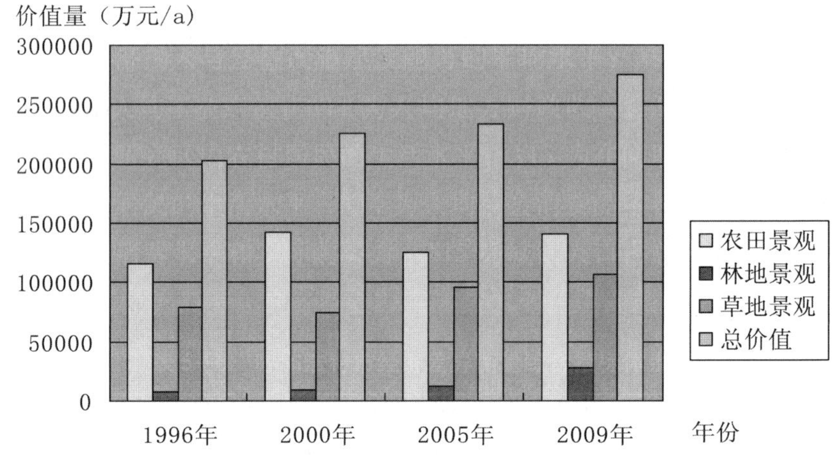

图 4—6 1996—2009 年低山丘陵草原恢复与旱作农业区的保持土壤生态服务功能价值变化

从表 4—33 和图 4—6 来看，1996—2009 年黄土丘陵水土保持与梯田农业区保持土壤生态服务功能价值构成和变化主要表现在三个方面：

（1）从生态服务功能价值指数来看，对于后山低山丘陵草原恢复与旱作农业区来讲，林地景观生态系统的保持土壤生态功能价值指数最高，农田景观和草地景观生态系统的生态服务功能价值指数相近，说明这一区域地表覆被是其防止土壤损失的基本条件，当然草地景观生态系统的全年覆被较农田景观的季节性覆被，其保持土壤生态服务功能价值要高；虽然林地景观的生态服务功能价值指数较大，但在本区不是主要景观类型，数量小，生态服务功能价值量所占比例也小。

（2）从生态服务功能价值量构成来看，农田景观和草地景观生态系统的保持土壤生态服务功能价值是其主要部分，1996—2005 年期间农田景观和草地景观保持土壤生态服务功能价值量占总价值量的 90% 以上，林地景观保持土壤生态服务功能价值量明显增加。

（3）从生态服务功能价值的时间变化来看，1996—2009 年间，农田景观、林地景观、草地景观保持土壤生态服务功能价值量及总价值量均呈增加趋势，也说明本区域生态环境质量正朝着良好的方向转变。

4.4 研究区土地利用变化与景观生态功能响应分析

4.4.1 土地利用变化与景观生态功能响应过程

上述分析可知，呼和浩特市 1996—2009 年景观生态服务功能呈增长趋势，且主要为林地景观、农田景观的生态服务功能大幅增加；同期土地利用变化则表现出林地增幅较大、耕地缓慢减少、草地大幅减少的变化特征，可以看出林地在维持生态服务价值方面具有很大的作用。

将各土地利用类型面积变化和其景观生态服务功能价值量的变化作对比（见图 4—7）来看：农田景观生态系统功能的增加与耕地质量较高、生产量较高的水浇地的增加相一致；林地景观生态系统功能的增加与林地总量的增加一致性较高，而有林地增加较为缓慢，那么林地景观生态系统功能增加应该与灌木林地、其他林地增加有关，某种意义上也说明无论何种林地，都会在增加景观生态功能方面起到积极作用；草地景观生态系统功能的增加与人工草地面积的增加一致，但同期草地总量及其天然草地面积变化则呈减少趋势；水域与湿地景观生态系统功能的增加与水域及其水利设施用地增加一致性较高。因此，可以笼统地讲，土地利用类型的变化与相应的景观生态系统功能的变化呈一定的正相关关系，对于一些有利于生态系统结构稳定、物质生产量高的土地利用类型来讲，二者呈现出正相关关系，如林地、水浇地、人工草地的增加，均有助于响应景观生态系统生态服务功能价值的提高。

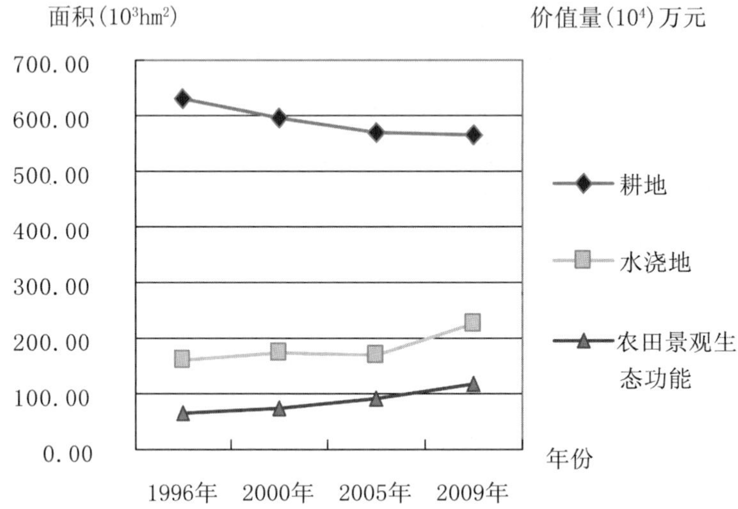

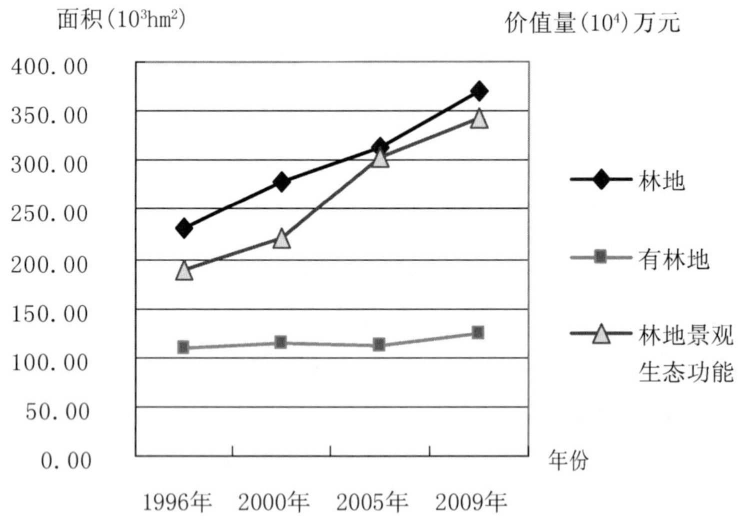

图4—7　1996—2009年呼和浩特土地利用类型与相应景观生态服务功能价值对比

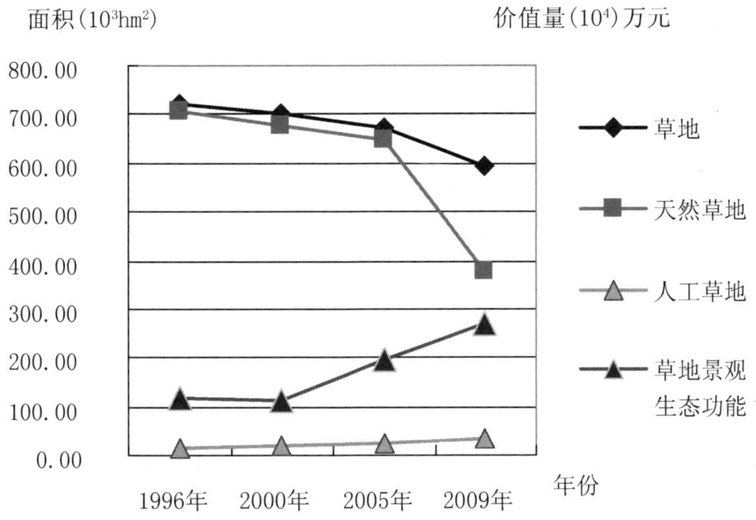

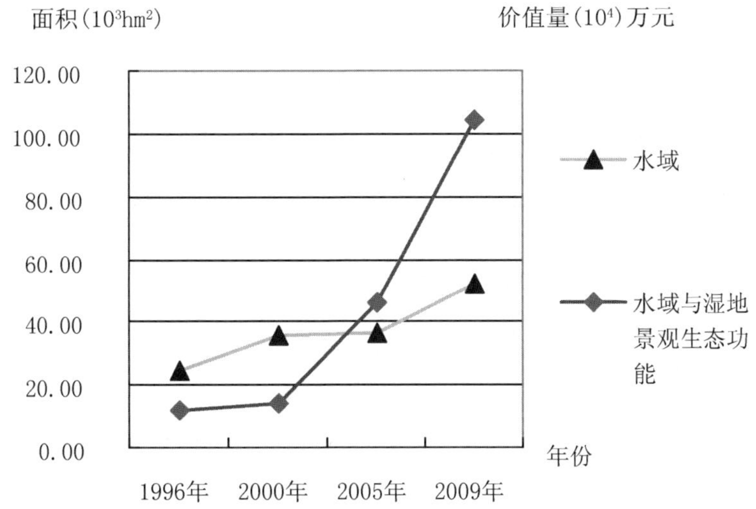

图 4—7　1996—2009 年呼和浩特土地利用类型与相应景观生态服务功能价值对比（续）

当然，不能单纯地以面积变化来简单地判断二者的相关关系，从整个研究时期来看，耕地景观、林地景观和草地景观的生态服务功能价值比重平均占到 95% 以上，耕地、林地和草地利用的变化对景观生态服务总价值产生很大的影响。虽然研究区生态服务价值估算值显示处于增加趋势，我们不能简单地从生态价值变化来推断研究区土地利用是否已经趋于合理。但是，从这种变化中我们可以清楚地认识到土地利用的变化对土地生态服务价值具有直接的影响，从各土地利用景观生态系统服务功能价值变化可以知道调整土地结构将会使生态服务价值发生怎样的变化，对合理利用土地有参考价值。

4.4.2 土地利用变化与景观生态服务功能响应机理探讨

生态系统生态服务功能价值可以分为直接功能价值和间接功能价值，通常将生态系统的生产功能称为直接生态服务功能，其他生态功能之和称为间接生态服务功能，分别统计二者在生态服务功能总价值中所占比例（见表4—34）。

表4—34 呼和浩特市各景观生态系统间接生态服务功能价值占总价值比统计表

评价单元	年份	农田景观	林地景观	草地景观	水域与湿地景观	合计
市辖四区	1996	53.44	99.33	73.13	94.86	86.86
	2000	39.39	97.87	67.91	96.51	83.23
	2005	44.69	99.65	37.45	99.31	86.03
	2009	37.74	99.05	21.81	99.55	80.68
土默特左旗	1996	63.85	99.48	72.35	95.58	89.18
	2000	49.26	98.28	65.03	90.83	84.82
	2005	55.05	99.39	45.53	96.39	78.21
	2009	47.91	98.61	34.64	97.68	69.84
托克托县	1996	65.19	99.25	76.57	97.53	87.61
	2000	57.85	96.00	71.67	90.49	78.25
	2005	58.03	99.26	61.99	95.15	78.40
	2009	59.47	97.54	52.97	96.94	68.82
和林格尔县	1996	73.15	99.70	91.99	97.21	94.41
	2000	73.33	98.69	85.01	95.55	90.45
	2005	77.29	99.61	79.08	97.53	88.46
	2009	69.98	99.50	74.03	98.14	87.12
清水河县	1996	83.66	99.04	97.25	94.48	96.27
	2000	77.36	99.62	96.62	96.09	95.35
	2005	81.34	99.34	93.73	98.39	94.01
	2009	79.29	99.84	90.99	99.24	95.32
武川县	1996	96.07	99.70	98.54	97.10	98.06
	2000	94.66	99.75	97.53	98.76	98.22
	2005	93.53	99.93	93.43	99.17	97.38
	2009	88.91	99.53	89.64	99.26	92.98

续表

评价单元	年份	农田景观	林地景观	草地景观	水域与湿地景观	合计
全市	1996	76.36	99.46	91.15	96.37	92.82
	2000	70.02	98.72	87.12	95.37	90.47
	2005	71.30	99.62	76.57	98.39	88.36
	2009	63.84	99.26	66.58	98.89	83.69

从统计表中可以看出，农田景观和草地景观生态系统的间接生态服务功能价值占总价值比例低，且随时间有逐渐降低趋势；最小值为市辖四区2000年草地景观中的21.81%，可见农田景观和草地景观生态系统生态服务功能价值受直接生态服务功能的影响较大，即生态系统的生产功能所占比例较大，特别市辖四区和近郊的土默特左旗、托克托县等评价单元，远郊旗县相对影响较小。

从全市总体状况来看，农田景观的间接生态服务功能占总价值的比例在76.36%—63.84%之间，由此可以推断耕地面积变化不完全是农田景观生态服务功能价值量增加的主要原因，耕地生产力的提高在农田景观生态服务功能价值量增加中占有一定的比例。草地景观的间接生态服务功能占总价值的比例在91.15%—66.58%之间，即畜牧业产值在草地景观生态服务功能价值量的增加也占有一定的比例。因此，耕地和草地面积变化与其景观生态系统生态服务功能价值量增加没有表现出显著的正相关关系。相反，林地景观和水域与湿地景观的生态服务功能价值总量中的间接生态服务功能价值比例很高（大于95%），因而受两类土地利用类型的面积的变化影响较大。

区域经济发展与土地利用是两个相互影响相互关联的实体，1996—2009年是呼和浩特市经济飞速发展时期，农、林、牧、旅游等及社会各业迅速发展，人民生活水平不断提高，也是研究区各级城市城镇、开发区、工业园区迅速扩展时期，由此不仅带来了GDP的迅猛增长，也直接导致了局部地区土地利用方式的改变，城乡接合部、开发区、工业园区建设用地大幅增加，由此认为土地利用类型及结构的变化是呼和浩特市景观生态服务功能响应变化的直接因素。

其次，政策导向、土地生产力提高、各时期货币贴现率变化等也是影响土地利用变化和景观生态服务功能价值量变化响应关系的重要因素。

众多的不确定因素使得二者不能简单地用数学模型来表示其相关关系，因此，土地利用变化和景观生态服务功能价值量变化响应关系的合理表达还有待于进一步深入研究。

4.4.3 土地资源质量与生态服务功能相关性分析

参考呼和浩特市土地利用总体规划（1996—2010年）专题研究成果，呼和浩特市土地资源适宜性评价结果见表4—35，利用2005年土地利用现状图，通过空间分析和数据转换获得2009年呼和浩特市土地资源质量现状(见图4—8)。

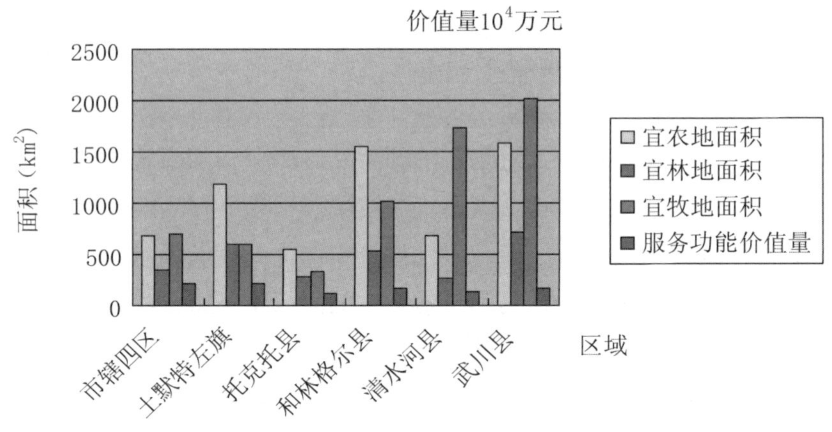

图4—8 土地适宜性评价与区域景观生态服务功能价值对比

从市域土地资源适宜性分布状况和各适宜性等级来看，与本次景观生态服务功能价值估算结果进行对比分析可知，宜农宜林地集中分布的区域，也是景观生态服务功能价值量较大的区域；土地适宜性评价中以土地自然属性为主的评级因子选择原则也正体现着景观生态服务功能价值估算的基本要求；同时土地适宜性评价结果可为各类景观生态服务功能的提高提供依据。

表 4—35　呼和浩特市土地资源质量评价分类面积统计表

（单位：km^2，%）

		全市合计	市辖四区	和林县	托克托县	土默特左旗	武川县	清水河
宜农地	面积	6232.09	679.18	1550.61	542.90	1186.60	1588.80	684.00
	占土地总面积	36.26	32.60	45.09	38.50	42.98	33.93	24.32
	Ⅰ	1067.62	248.85	241.59	88.38	341.15	96.76	50.89
	Ⅱ	2152.53	181.61	403.00	160.43	689.77	640.29	77.43
	Ⅲ	2135.00	205.59	499.14	243.16	148.09	695.10	343.92
	Ⅳ	666.43	40.82	333.69	45.17	7.59	88.81	150.34
	Ⅴ	210.52	2.31	73.19	5.75	0.00	67.84	61.42
宜林地	面积	2754.47	343.55	533.94	279.43	604.21	719.21	274.13
	占土地总面积	16.03	16.49	15.53	19.82	21.89	15.36	9.75
	Ⅰ	991.68	199.50	39.89	87.66	385.30	200.88	78.46
	Ⅱ	1260.69	113.51	397.36	179.25	218.91	235.76	115.90
	Ⅲ	502.11	30.54	96.70	12.52	0.00	282.58	79.77
宜牧地	面积	6405.62	704.10	1018.68	333.87	603.88	2018.09	1727.00
	占土地总面积	37.27	33.79	29.62	23.68	21.87	43.10	61.40
	Ⅰ	1080.84	9.01	69.27	13.79	8.45	383.64	596.68
	Ⅱ	2262.91	242.84	65.30	85.87	589.08	1171.70	108.11
	Ⅲ	3061.87	452.24	884.11	234.21	6.34	462.75	1022.21
其他土地	水域	319.65	58.05	62.51	29.64	50.95	92.69	25.81
	占总土地面积	1.86	2.79	1.82	2.10	1.85	1.98	0.92
	建设用地	1011.57	240.83	194.16	114.52	149.27	225.05	87.74
	未利用土地	464.83	57.91	78.92	109.80	165.85	38.51	13.84
	占总土地面积	2.70	2.78	2.29	7.79	6.01	0.82	0.49
土地总面积		17188.23	2083.62	3438.82	1410.16	2760.76	4682.35	2812.52

4.5　结论与讨论

4.5.1　本章结论

（1）土地景观生态系统服务功能价值评估体系构建

本次研究借鉴了 Costanza 的 17 项和谢高地的 9 项生态服务功能类型，结合研究区区域特征、资料可得性等构建本项研究的景观生态服务功能评价体系：物质生产功能、保持土壤功能、水源涵养功能、气体调节功能、环境净化功能、维持生物多样性功能、娱乐旅游功能等七个方面的景观生态服务功能，同时确定农业生产能力等 13 项功能指标和 27 个计算参数指标。

（2）景观生态服务功能价值估算

选取以旗县区行政区和主要特殊生态功能区为评价单元，以景观生态类型为评价对象，分别计算 1996 年、2000 年、2005 年三期各评价单元的景观生态服务功能价值，获得不同时期、不同评价单元、不同景观生态类型的景观生态服务功能价值。结果显示：十年间呼和浩特市景观生态服务功能及其价值是总体增加的，但各旗县增加幅度有所差别，清水河县、和林格尔县、武川县增长较慢，其他旗县区增长较块；从各景观生态类型的生态服务功能价值量来看，农田景观生态系统、林地景观生态系统的生态服务功能价值量最大，其支持的生态功能最强；从各景观生态系统的生态服务功能的价值量增长速度来看，娱乐旅游功能价值量增长最快，娱乐旅游功能价值 1996—2000 年增加 8. 63 倍，2000—2005 年增加了 4. 55 倍，其次为物质生产功能，水源涵养功能有所下降。

（3）相关性与响应关系研究

寻找土地利用变化与景观格局变化、景观生态服务功能之间的定量关系也是本项研究的重要目的，通过分析比较发现，土地利用变化明显地影响着景观格局和景观生态服务功能的变化，且两者之间基本呈正相关关系，但没有形成定量关系，这可能是由各项指标因素复杂多样性和多变性导致的。因此，仍然从定性和定量相结合角度给出土地利用变化与景观格局变化、景观生态服务功能之间的相关性与响应关系分析结果：生态退耕还林还草政策导致土地利用类型变化，特别是农用地类型的空间分布零散化与景观格局的破碎度指数、异质性增加密切相关；林地大幅增加和耕地生产力提高也是景观生态服务功能价值增加的重要因素，响应关系显著。

（4）土地资源质量与景观生态服务功能相关性研究

参考呼和浩特市土地利用总体规划（1996—2010 年）对市域土地资源适宜性评价结果，与本次景观生态服务功能价值估算结果进行对比分析可知，宜农宜林地集中分布的区域，也是景观生态服务功能价值量较大的区域；土地适宜性评价中以土地自然属性为主的评级因子选择原则也正体现了景观生态服务功能价值估算的基本要求；同时土地适宜性评价结果可为各类景观生态服务功能的提高提供依据。

4.5.2 关于土地景观生态服务功能价值评估的认识

（1）景观生态服务功能评价体系与价值估算指标确定

景观生态服务功能评价及其价值量的研究近十年来十分活跃，但在景观生态服务功能类型的选择上多限于1997年Costanza等提出气候调节等的17项功能（《全球生态系统服务与自然资本的价值》），以及国内学者谢高地等提出的9项功能中进行（“中国不同陆地生态系统生态服务价值”），少有突破。本次研究中景观生态服务功能类型的选择，虽然根据研究区的资料可得性和区域特征进行了名称和包含内容上的调整，但仍然没有实质性的突破，即没有新的景观生态功能提出，这也是后续同类研究中需要解决和完善的问题。

另外，价值指标和估算方法的确定方面，国内文献研究较为混乱，特别是效益值和功能指数的确定目前没有统一的标准，如碳价、氧价、SO_2、HF、滞尘等的费用确定就有若干种方法，同时不同年份商品的贴现率差异等都不同程度地影响到景观生态服务功能价值估算的准确性。本次研究尽量采用国内最新研究成果和研究区数据，但仍有一定偏差，还需要进一步完善。

（2）土地利用变化与景观生态服务功能响应关系定量研究

土地利用变化与景观生态服务功能响应关系的定量研究方面，由于影响二者关系的变量因子，特别是景观生态功能价值的计算过于复杂，始终不能形成一种相对稳定的定量关系，使其模型化，国内一些学者在单项研究中有一些突破，但综合研究还需进一步探讨。

（3）关于评价单元选择

考虑到资料的可得性，本次研究评价单元为行政区，单项评价采用了前期研究成果的特殊生态功能区，但无论是行政区域还是自然区域，在现有评估单元尺度下，由于涉及的评估资料很难统一，直接影响到评估的准确性。因此，缩小评估单元、设立多个实验站点、形成多层次多级别的评估体系，可能会收到良好效果，也是进一步研究的目标。

参考文献：

［1］刘起：《中国草地资源生态经济价值的探讨》，载《四川草原》1999 年第 4 期。

［2］于格、鲁春霞等：《草地生态系统服务功能的研究进展》，载《资源科学》2005 年第 6 期。

［3］马新辉、孙根年等：《西安市植被净化大气物质量的测定及其价值评价》，载《干旱区资源与环境》2002 年第 4 期。

［4］章家恩、饶卫民：《农业生态系统服务与可持续利用对策探讨》，载《生态学杂志》2004 年第 4 期。

［5］崔利娟：《都阳湖湿地生态系统服务功能价值评估研究》，载《生态学杂志》2004 年第 4 期。

［6］刘蕾、夏军等：《水生态系统服务功能变化的驱动因子分析》，载《干旱区地理》2005 年第 3 期。

［6］马玉明：《内蒙古资源大辞典》，内蒙古人民出版社，1997 年。

［7］国家统计局内蒙古调查总队：《内蒙古经济社会调查年鉴》，中国统计出版社，2008 年。

［8］内蒙古土壤普查办公室：《内蒙古土壤》，科学出版社，1994 年。

［9］鲁绍伟、毛富玲等：《中国森林生态系统水源涵养功能》，载《水土保持研究》2005 年第 4 期。

［10］赵同谦、欧阳志云等：《中国森林生态系统服务功能及其价值评价》，载《自然资源学报》2004 年第 4 期。

［11］靳芳、鲁绍伟等：《中国森林生态系统服务价值评估指标体系初探》，载《中国水土保持科学》2005 年第 2 期。

［12］谢高地、张钇锂等：《中国自然草地生态系统服务价值》，载《自然资源学报》2001 年第 1 期。

［13］赵同谦、欧阳志云等：《中国草地生态系统服务功能间接价值评价》，载《生态学报》2004 年第 6 期。

［14］赵同谦、欧阳志云等：《中国陆地地表水生态系统服务功能及其生态经济价值评价》，载《自然资源学报》2003 年第 4 期。

［15］欧阳志云、赵同谦等：《水生态服务功能分析及其间接价值评价》，载《生态学报》2004 年第 10 期。

［16］宗跃光、陈红春、郭瑞华等：《地域生态系统服务功能的价值结构分析——以宁夏灵武市为例》，载《地理研究》2000 年第 2 期。

［17］徐俏、何孟常等：《广州市生态系统服务功能价值评估》，载《北京师范大学学报》（自然科学版）2003 年第 2 期。

［18］宋治清、王仰麟等：《城市区域生态系统服务功能——以深圳市为例》，载《城市环境与城市生态》2004 年第 3 期。

［19］陈仲新、张新时：《中国生态系统效益的价值》，载《科学通报》2000 年第 1 期。

［20］何浩、潘耀忠等：《中国陆地生态系统服务价值测量》，载《应用生态学报》2005 年第 6 期。

［21］刘兴元、梁天刚等：《兰州市城郊农业生态系统的服务功能及可持续发展对策》，载《水土保持学报》2006 年第 2 期。

［22］谢高地、鲁春霞等：《青藏高原生态资产的价值评估》，载《自然资源学报》2003 年第 2 期。

［23］王宗明、张树清等：《土地利用变化对三江平原生态系统服务价值的影响》，载《中国环境科学》2004 年第 1 期。

［24］王新华、张志强：《黑河流域土地利用变化对生态系统服务价值的影响》，载《生态环境》2004 年第 4 期。

［25］沈叶琴、李凤全等：《土地利用变化对浙江生态系统服务价值的影响》，载《资源开发与市场》2005 年第 5 期。

［26］蔡邦成、陆根法等：《土地利用变化对昆山生态系统服务价值的影响》，载《生态学报》2006 年第 9 期。

［27］欧阳志云、王如松等：《生态系统服务功能及其生态经济价值评价》，载《应用生态学报》1999 年第 5 期。

［28］崔玲、张奎壁：《中国北方地区生态建设与保护》，金盾出版社，2003 年。

［29］孙新章、周海林等：《中国农田生态系统的服务功能及其经济价值》，载《中国人口资源环境》2007 年第 4 期。

［30］孙新章、谢高地等：《中国农田生态系统土壤保持功能及其经济价值》，载《水土保持学报》2005 年第 5 期。

［31］马新辉、任志远等：《城市植被净化大气价值计算与评价——以西安为例》，载《中国生态农业学报》2004 年第 3 期。

［32］鲁绍伟、毛富玲等：《中国森林生态系统水源涵养功能》，载《水土保持研究》2005 年第 2 期。

5 专题研究

5.1 呼和浩特市耕地变化与经济发展相关分析

5.1.1 综述

5.1.1.1 耕地研究的背景与意义

耕地是支撑人类经济社会发展的一种重要土地资源，保护耕地不仅为确保粮食安全提供了资源基础，还直接关系所在国家或地区的经济增长、社会稳定和生态建设。人多地少，耕地资源稀缺，是我国目前面临的最紧迫的问题之一。随着经济持续发展，非农建设用地占用，以及生态退耕、农业结构调整和灾害毁地，耕地资源不断减少，越来越引起政府、专家学者乃至百姓的关注。

温家宝总理在政府工作报告中特别强调："在土地问题上，我们绝不能犯不可改正的历史性错误，遗祸子孙后代。一定要守住全国耕地不少于18亿亩这条红线。"据相关数据统计，截至2008年12月31日，全国耕地面积为18.2574亿亩，又比上一年度减少29万亩。这已经是耕地面积第12年持续下降。与1996年的19.51亿亩相比，12年间，中国的耕地面积净减少了1.2526亿亩。

2007年我国启动了全国第二次土地调查工作，在各地进行的新一轮土地调查中，地区经济发展和人口增加导致的一方面是建设用地无序扩张，另一方面是建设占用耕地规模又不断增大，优质耕地面积减少的现象普遍存在。呼和浩特市作为内蒙古自治区的首府城市，近年来随着中心城市的扩展、卫星城镇的发展、开发区的建设、生态退耕还林还草工程的实施，耕地面积日趋减少。分析研究区耕地资源动态变化规律与区域经济发展水平的关系，对保护区域内有限的土地资源、控制耕地资源减少有着理论和实践意义。

从理论上来说，从县域尺度对耕地保护与区域经济发展的相关性研究，为不同空间尺度耕地保护研究提供案例，可以完善耕地保护研究框架体系；呼和浩特市是我国西北部地区的重要首府城市，研究结果可以为同类地区耕地保护与区域经济发展研究提供借鉴和参考。近期新一轮土地利用总体规划修编工作正在展开，在保证耕地及基本农田保有量的同时，处理好农业用地与非农建设用地的关系，探索有效保护耕地、确保粮食安全与促进城镇化、工业化持续发展是各级政府和土地部门的重要任务，保证规划期内耕地保有量和制定耕地保护计划对确保国家粮食安全和经济发展具有重要的现实意义。

作为内蒙古自治区首府城市的呼和浩特市，近年来随着中心城市的扩展、卫星城镇的发展、开发区的建设、生态退耕还林还草工程的实施、农用土地的整理开发项目不断增加，城乡土地利用变化和生态环境变迁较为显著，呼和浩特市第二次土地调查和新一轮土地利用总体规划修编中也凸显耕地资源保护，特别是基本农田保护和地区经济建设所需的建设用地占用之间的矛盾。研究如何在今后的市域社会经济发展中，协调经济建设与耕地资源保护、粮食安全及生态环境建设之间的关系，加速城市化进程和地区经济发展是本项研究的主要任务，全面分析呼和浩特市耕地保护与区域经济发展之间的相关性，可为土地管理、环境保护部门与农林牧生产、市政部门之间健康有序地进行经济建设提供一定的实践依据。

5.1.1.2 国内外相关研究概况

(1) 耕地保护研究

耕地保护，国外一般称做农地保护。包括耕地数量保护和耕地质量保护。国际自然和自然资源保护联盟建议：“良田必须留给农业，道路和工厂另行择地。”随着耕地的大幅度减少，许多国家和地区都在耕地保护方面做出了应有的努力。美国在 20 世纪 30 年代制定了水土保持和国内生产配给法，对农业实行限制性保护规划，先后有 25 个州实行了农地区划政策。到 20 世纪 70 年代，美国一些州开始研究将征用权与区划相结合，制定了一种新的农地保护政策，即土地征用权区划政策。1976 年美国正式提出基本农田的概念，并对其内涵进行了严格的界定。早在 1981 年，美国联邦政府就提出了《农地保护政策法》，作为农地保护的法律依据。

日本高度重视城市土地的高效合理利用，用来保护有限的耕地，1967年制定了《农业发展地域整备法》，1974年制定了《国土利用计划法》，并在历次国土综合开发规划中都规定了保护农田和发展农业与农村的若干条款。英国在1941年颁布的《阿斯瓦特报告书》中提出了关于补偿和土地增价的理论体系，对保护农地、控制城镇用地无序扩张起到了重要作用，1971年又公布了《城市、农村规划法》。法国1960年制定农业指导法，规定哪些土地可以提供给非农利用，并规定所划入农业区域的土地，保证至少在土地规划公布十年内，不会受到非农化的威胁。

我国关于耕地保护与研究由来已久。从近年来的相关研究来看，耕地保护方面的研究工作连续不断深入，主要包括耕地保护存在的问题与对策研究、耕地可持续利用研究、耕地动态平衡研究、耕地生态保护研究以及耕地非农化研究等方面的内容。同时随着经济社会的发展和管理工作的逐步深入，我国耕地保护也从注重数量保护，逐渐向数量、质量和生态均衡保护研究方向转变。

耕地的数量保护，是指国家采取行政、经济、法律、技术等措施和手段，严格控制现有耕地数量上的不减少，如严格控制建设占用耕地、农业结构调整占用耕地，防止水土流失，减少自然灾害毁坏耕地等。它是耕地保护的基础，也是耕地保护工作的刚性指标和耕地保护工作的最基本要求。当前对耕地数量保护研究主要集中在耕地数量变化趋势及驱动因子分析、耕地保护数量预测（包括耕地需求量、耕地供给量和耕地保有量）等方面。

相对于耕地数量的显性减少而言，耕地质量的下降是隐形的，而其影响却绝不亚于耕地数量的减少，耕地质量的变化正在对生态环境和社会经济发展构成严重的威胁。近几年，尽管我国耕地质量研究在耕地地力等级评价方面做了大量的工作，地块层次的分等定级工作也较为深入，但区域层次尤其是县域尺度的耕地质量变化研究仍较为薄弱，评价指标难成体系。从研究内容上看，传统的土地适宜性评价、土地潜力评价和土地经济评价都从不同角度，对耕地质量做了一定的分析，但多只是从耕地质量属性的各单元结构上入手。而耕地作为一个自然—经济—生态系统，其性质是多样的，作用是多元化的，除了耕地质量基本属性外，还要考虑耕地质量的经济属性和健康属性等。而耕地的经济功能和健康功能直接关系到人们生活水平的提高和健康状况的好坏，因而引起更多的关注。

（2）经济发展与耕地变化关系研究

国外学者们研究经济发展与耕地变化关系，主要有两方面结论：一方面认为土地促进了经济发展，是经济发展的重要生产要素；另一方面认为经济发展、城市扩张促进了土地利用的变化，大量农业用地转化为建设用地。Copeland 和 Taylor 通过对土地和环境政策与经济增长数据相关性分析，提出如何最大限度地利用土地来促进经济增长的政策建议（2003 年）；Hausmann、Pritchett 和 Rodrik 通过研究指出土地改革是经济起飞的重要因素，可以释放出巨大的生产力从而支撑经济的迅速增长（2004 年）；Brock 和 Taylor 通过四个简单模型研究了经济增长和土地之间的关系，认为减少对土地的非法占有和污染可以极大地提高经济绩效（2004 年）；Wasilewski 和 Krukowski 将波兰的华沙和奥尔什丁作为研究对象，结果得出为了促进财政收入提高和经济发展，积极支持农业用地转为城市建设用地，以满足城市扩张对用地的需求（2002 年）。

不同的经济发展水平和经济增长阶段，有着不同的耕地资源数量变化的特征。发达国家、发展中国家和欠发达国家的国际比较研究表明，耕地资源数量变化与经济增长速度、经济发达程度的相关性大体上呈现 3 种不同类型的特征：发达国家经济高度发达耕地低增长型，即国家经济增长对耕地占用的依赖性低，主要以技术和资本来推动经济发展，耕地数量基本不变甚至增加；发展中国家经济不发达耕地低增长型，即国家经济增长对耕地数量的依赖性极高，这是因为这些国家的经济发展落后，主要以农业生产为主，必须保持一定的耕地数量，以维持经济的发展，因而耕地数量不变甚至有小幅上升；欠发达国家经济中等发达耕地占用高增长型，即国家经济增长对耕地的占用最大，即牺牲一定的耕地资源损失代价来保持经济的快速发展。

我国是一个耕地资源相对短缺的发展中国家，改革开放以来，在经济发展取得巨大成就的同时，耕地面积大幅度减少，发展经济与保护耕地资源之间的矛盾日益突出。如何使经济社会发展与耕地保护协调发展已成为当今学术界的一个热点问题。耕地面积变化与经济增长的相关联系具体表现为：①经济增长超前、耕地减少滞后，②经济与耕地同步变化，③经济增长滞后，耕地减少超前；第一种耕地利用的效益最高，第三种最低（黄宁生，1998）。熊鹰、王克林等认为，经济增长是形成湖南省耕地数量变化的主要宏观驱动因子，耕地减少的发生时间与经济发展的增长基本同步，具体受固定资产投资规模的牵动；在空间分布上具有与地区间经济发展速度和水平差异相一致的特点；但也有学者认为，城市经济增长对耕地占用的依赖性低，主要以技术和资本来推动经济发展，类似于发达国家经济高度发达耕地低增长型。

总的来看，区域社会经济发展与耕地资源的合理利用与保护密切相关，建设用地的增加不可避免地会占用局部区域的耕地，甚至优质耕地。但充分认识和正确定位区域社会经济发展方向和层次，在一定区域内，协调建设用地扩展引起的耕地减少和耕地保护的关系，会达到“双赢”的效果。

5.1.1.3 数据获取与研究方法

(1) 数据获取

利用呼和浩特市2000—2009年土地利用现状变更数据作为主要数据源，近期遥感影像解译结果作为补充数据源，同时，收集呼和浩特市历年下达各旗县的耕地保有量数据、各旗县区的土地利用现状图、基本农田保护图和土地利用总体规划图等图件资料进一步完善数据资料。收集整理2000—2009年内蒙古统计年鉴以及各旗县区国民经济发展资料，获取影响各旗县区经济发展的相关指标。

(2) 研究方法

文献资料检索法与实地调查方法获得基础数据资料后，运用地理信息系统软件（MAPGIS、ARCGIS）进行空间数据叠加分析；运用数学模型和数理统计方法，如采用主成分分析法、灰色关联度模型等进行相关分析，从而获得研究结果。

5.1.2 呼和浩特市耕地资源现状特征

5.1.2.1 耕地资源利用结构特征

(1) 耕地利用结构以旱地为主

据土地利用现状变更统计，2009年呼和浩特市耕地总量565335.96hm^2，占全市土地总面积的32.89%。从耕地的结构看，呼和浩特市的耕地分水浇地和旱地，其中水浇地 227179.81hm²，占耕地总量的 40.18%；旱地面积 338156.15hm²，占耕地总量的 59.82%。

（2）各旗县区耕地利用结构相似性

武川县、清水河县和和林格尔县的耕地结构类型相似，均以旱地为主要耕地类型，达到全县耕地总面积的 70% 以上，其中清水河县达到 96.56%，武川县达到 92.75%；托克托县和市辖四区的耕地结构相似，旱地和水浇地的比例几乎相当，托克托县的旱地为 31.53%，市辖四区旱地为 43.27%；土默特左旗以水浇地为主，占全县耕地总面积 88.25%。

表 5—1　2009 年呼和浩特市各旗县区耕地利用结构

单位：%

地类 / 行政区	水浇地	旱地
市辖四区	56.73	43.27
土默特左旗	88.25	11.75
和林格尔县	26.72	73.28
托克托县	68.47	31.53
武川县	7.25	92.75
清水河	3.44	96.56

5.1.2.2　耕地资源分布特征

呼和浩特市耕地分布区域差异明显，耕地主要分布在武川县、土默特左旗和和林格尔县，耕地面积总和占全市耕地面积的 65.66%。以大青山为界，水浇地和菜地主要分布在大青山南，有“塞上江南”之称的土默川平原，水热条件良好，排灌系统齐全，全市 78% 的水浇地分布于此；旱地主要分布在大青山北麓的武川县、和林格尔县和清水河县，该区多为山地和丘陵，沟壑发育，旱作农业占绝对优势，全市 81% 的旱地分布于此。

从耕地数量的地域分布来看，各旗县耕地面积占全市耕地总面积的百分比多在 11.00%—26.00%，其中武川县耕地面积是 144930.16hm²，占全市耕地总面积的 25.64%；土默特左旗和和林格尔县的耕地面积占全市耕地总面积的比例均在 19.00% 以上，托克托县和市辖四区的耕地面积最少，仅分别占全市耕地面积的11.85%和11.38%（见图5—1）。从耕地占本行政辖区面积比重来看，耕地面积占本旗县区土地总面积比例最大的是托克托县，达到了47.60%，其次为土默特左旗42.12%。

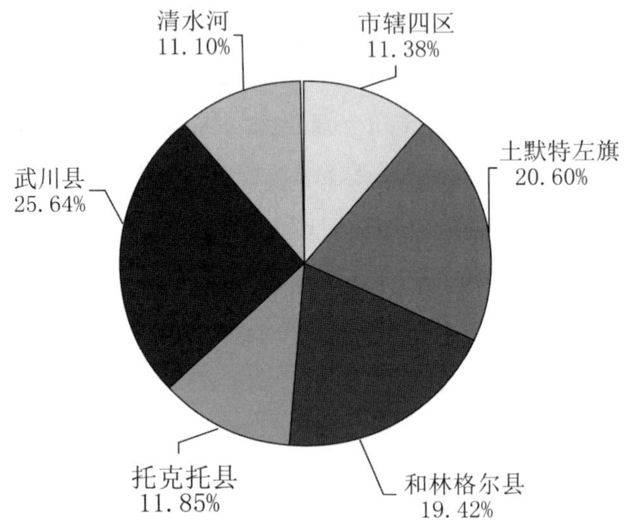

图5—1　各旗县区耕地占全市耕地总面积百分比

5.1.3　呼和浩特市2000—2008年耕地变化

5.1.3.1　耕地数量变化

1997年中央下发了11号文件，又相继出台了《关于继续冻结非农业建设项目占用耕地的通知》，各地采取了一系列措施来遏制乱占耕地资源的现象，控制非农业建设项目占用耕地。1998年新修订的《土地管理法》，首次以立法形式确认“十分珍惜、合理利用土地和切实保护耕地是我国的基本国策”，确立了耕地总量动态平衡、用途管制、集中统一管理和加强执法监察等原则。但是，随着呼和浩特市人口的持续增长，城镇规模不断扩大、工业企业的迅速发展和生态退耕还林还草以及农业结构内部调整，耕地面积仍然大量减少。

（1）变化的总体特征

随着社会经济的发展、生产方式的变迁，各种土地利用方式之间的转化也日趋明显。耕地资源由于具有多用途、多属性、多功能的特点以及地域分布特征，决定了其用途转移的必然趋势。

利用2000—2008年的利用现状变更调查资料，对呼和浩特市九年来耕地利用总量变化进行分析，从总量上分析耕地变化的幅度。

2000—2008年，呼和浩特市耕地总量呈下降趋势，2000—2003年耕地减少速度很快，2004年之后呼和浩特市耕地面积减少幅度趋于平缓。对呼和浩特市耕地面积变化进行时序趋势分析，结果显示：呼和浩特市耕地总量变化与时序呈显著负相关（$R^2=0.9647$），这表明耕地总量有随着时间的推移逐渐减少且幅度逐渐加大的态势。

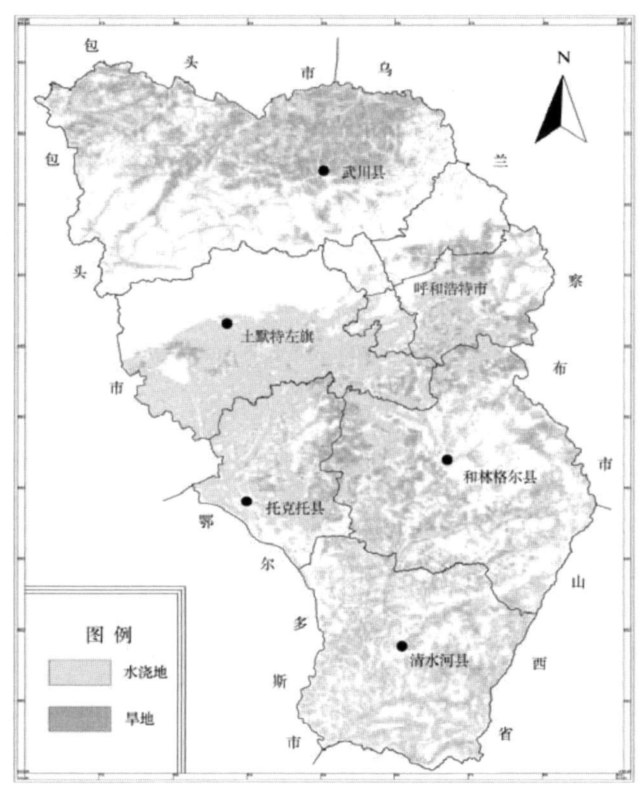

图5—2　呼和浩特市2009年耕地分布示意图

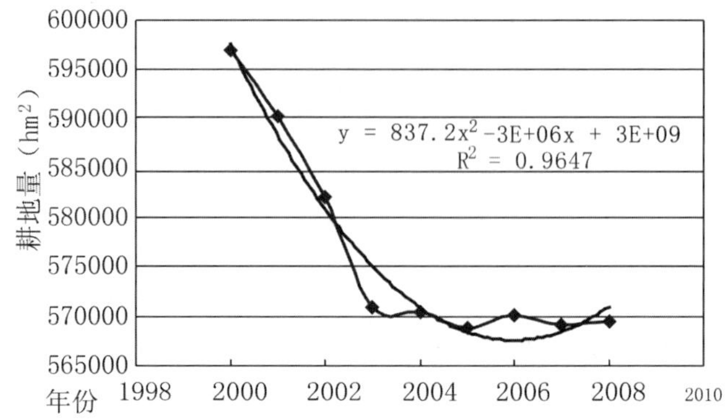

图 5—3　呼和浩特市耕地面积时序变化及趋势拟和

从表 5—2 可以看出，2000—2008 年呼和浩特市的耕地面积逐年减少，九年间耕地净减少面积 27426.83hm²，年平均减少耕地面积 3047.43hm²。其中 2000—2003 年这四年间，耕地减少最多，年均减少量达到了 6509.52hm²，是九年年均减少量的 2 倍多；自 2003 年之后，耕地总量的变化幅度趋缓，年均减少量 194.78hm²。这主要是因为 2000—2003 年呼和浩特市实施了退耕还林还草，2004 年到 2008 年随着经济的发展城镇村工矿用地和大型的交通项目占用一部分耕地

表 5—2　呼和浩特市 2000—2008 年耕地数量变化

单位：hm²

年份	耕地面积	耕地减少量	耕地变化率
2000	596914.13	—	—
2001	590287.57	-6626.56	-1.12
2002	582107.97	-8179.60	-1.41
2003	570876.05	-11231.92	-1.97
2004	570461.19	-414.87	-0.07
2005	568829.74	-1631.45	-0.29
2006	570062.63	1232.89	0.22
2007	569129.37	-933.27	-0.16
2008	569487.30	357.93	0.06

根据2000—2008年土地利用变更数据，呼和浩特市耕地由于生态退耕、农业结构调整和灾毁等，共减少49958.47hm²。由表5—3可以看出，九年间耕地减少的主要去向是生态退耕和建设用地占用。其中生态退耕的数量占耕地总减少面积的68.16%，主要集中在2000—2005年间，建设用地占用耕地的数量占耕地减少总面积的27.36%，且随时间的变化有逐年增加的趋势；农业结构调整仅占1.92%；其他原因造成耕地减少的占2.55%。

表5—3 各旗县区2000—2008年耕地减少去向

单位：hm²

年份＼类型	建设用地	生态退耕	农业结构调整	其他
2000	462.93	12788.49	12.75	42.39
2001	1348.84	4981.38	132.06	30.66
2002	1299.58	93.44	19.16	35.80
2003	1623.93	12099.09	136.71	325.76
2004	2442.33	393.10	179.00	19.28
2005	1703.13	3229.55	290.80	354.78
2006	2413.59	234.59	85.63	214.38
2007	2348.31	234.27	104.33	252.87
2008	25.55	0.00	0.00	0.00
合计	13668.19	34053.92	960.44	1275.92

（2）耕地数量变化的区域差异

2000—2008年间，呼和浩特市耕地面积总体呈减少趋势，由596914.13hm²减少到569487.30hm²，年均减少量是3047.43hm²，耕地变化幅度4.59%。

耕地减少集中在山地丘陵区和市辖四区：全市2000年到2008年耕地减少的区域有市辖四区、和林格尔县、武川县和清水河县。清水河县、武川县、和林格尔县这三个旗县地处山地丘陵区，耕地减少以生态退耕为主，九年间三个县生态退耕面积总计达到29863.22hm²，占本旗县耕地减少总量的97.88%—84.43%；而市辖四区则以城市扩展中建设占用而导致耕地减少为主，九年间耕地共减少 13612.52hm^2，其中建设用地占用的数量达到76.13%。

耕地增加主要在土默川平原：土默特左旗和托克托县是呼和浩特市重要的粮食生产基地，九年间耕地面积共增加 1679.97hm^2，该区域地处大青山南麓的土默特平原，土地平坦，光热条件良好，耕地后备资源充足。

耕地变化区域差异显著：通过分析各旗县区耕地绝对变化量和相对变化幅度可知：全市九个旗县区中，清水河县、和林格尔县和市辖四区耕地绝对变化量较大，清水河县九年间耕地绝对变化量达到 9304.25hm^2；而耕地变化幅度最大的是清水河县，其次是市辖四区、和林格尔县、武川县、托克托县，土默特左旗变化幅度最小。

表 5—4 呼和浩特市 2000—2008 年耕地逐年变化表

单位：hm^2，%

年份 行政区	2001	2002	2003	2004	2005	2006	2007	2008	9 年间变化幅度
呼和浩特市	-6626.56	-8179.60	-11231.92	-414.87	-1631.45	1232.89	-933.27	357.93	-4.59
市辖四区	-1715.50	-1442.19	-2584.40	435.76	-1249.21	798.65	-1236.53	-1071.81	-11.19
土默特左旗	-5.90	-6.12	-304.47	-191.48	-19.48	1449.85	-105.47	201.64	0.90
和林格尔县	-129.43	-2028.84	-4149.67	-306.25	-401.71	-417.61	9.41	539.37	-5.93
托克托县	204.64	-0.60	-1.12	4.34	16.36	-610.24	445.11	602.91	1.08
武川县	-1795.39	-1065.97	-1858.60	-172.06	-42.21	7.41	25.04	49.17	-3.15
清水河县	-3184.98	-3635.88	-2333.66	-185.18	64.79	4.83	-70.82	36.65	-11.59

（3）耕地数量相对变化率特征

由于地理区位、地貌地形和气候等自然条件的差异，以及经济发展速度和人口增长变化速度的不同，致使耕地数量变化在不同地区有着显著的差异。这种耕地数量变化差异可以用耕地利用相对变化率来表示。

耕地利用类型的相对变化率是建立在耕地变化指数的基础上，将市域内局部地区的类型变化率与全市的类型变化率进行比较，来反映耕地数量变化的区域差异。区域内耕地利用类型相对变化率可表示为：

$$R_{相} = \frac{R_{局}}{R_{全}} = \frac{|U_b - U_b| \times C_a}{U_a \times |C_b - C_a|} \qquad (公式 5—1)$$

式中，R 代表耕地的变化率。

U_a，U_b 分别为研究初期、末期市域内某一旗县区耕地的数量。

C_a，C_b 分别为研究初期、末期整个市域内耕地的数量。

若 $R_{相} > 1$ 表示该旗县区耕地利用变化幅度大于全市的变化幅度，若 $R_{相} < 1$ 则说明小于全市土地利用变化的幅度。

计算结果显示各旗县耕地相对变化率按顺序排名：清水河县 > 市辖四区 > 和林格尔县 > 1 > 武川县 > 托克托县 > 土默特左旗，分别对应的变化率数值排序是：2.52 > 2.16 > 1.44 > 1 > 0.68 > 0.23 > 0.17，其中清水河县的耕地相对变化率最大达到了 2.52，说明清水河县耕地变化大于全市的耕地变化水平；而土默特左旗的相对变化率最小，则小于全市耕地变化水平。

5.1.3.2　耕地利用结构变化特征

通过对呼和浩特市 2000—2008 年耕地利用结构的变化情况进行分析可知：

（1）耕地利用结构总体基本不变

2000—2008 年九年间，耕地利用结构变化不大，各二级地类的百分比一直保持旱地 > 水浇地 > 菜地 > 灌溉水田，历年旱地所占的比例基本都在 70% 左右，水浇地是 30% 左右。

（2）水浇地的比例逐年提高

九年间水浇地呈增加趋势，增加 3805.32hm^2，占耕地总面积的比例也由 28.06% 增加到 30.08%，旱地变化最大，九年共减少 29570.94hm^2，占耕地总面积比例由 71.20% 降低到 69.43%。

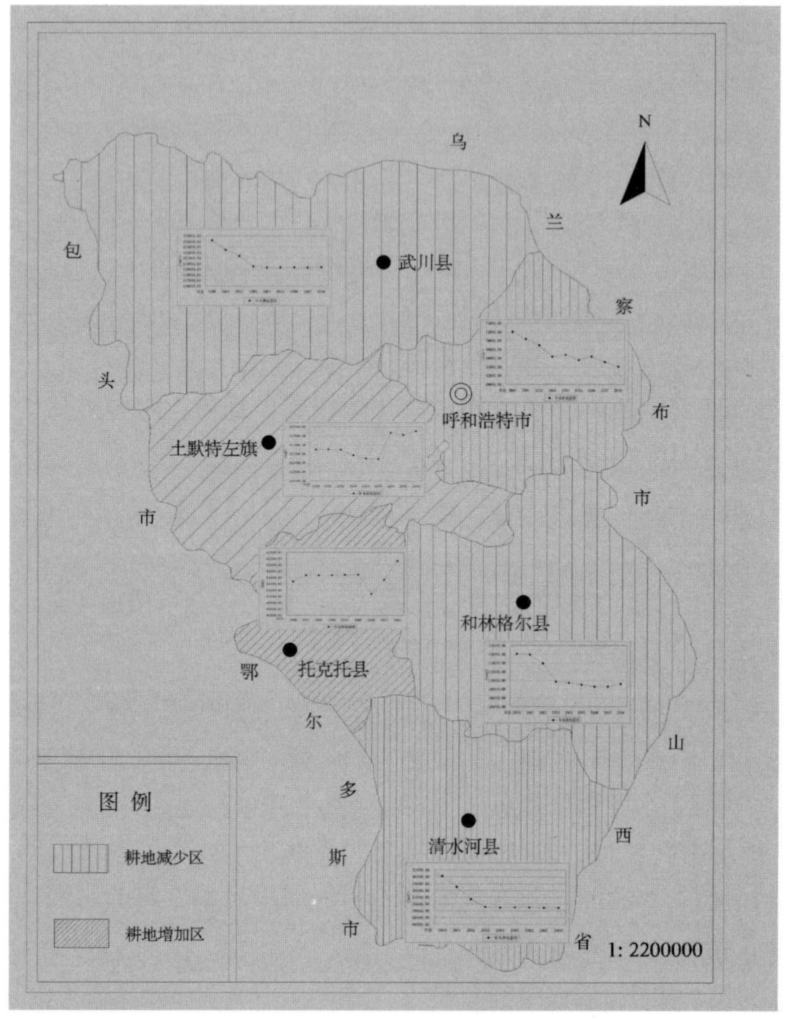

图 5—4　呼和浩特市 2000—2008 年耕地变化区域差异

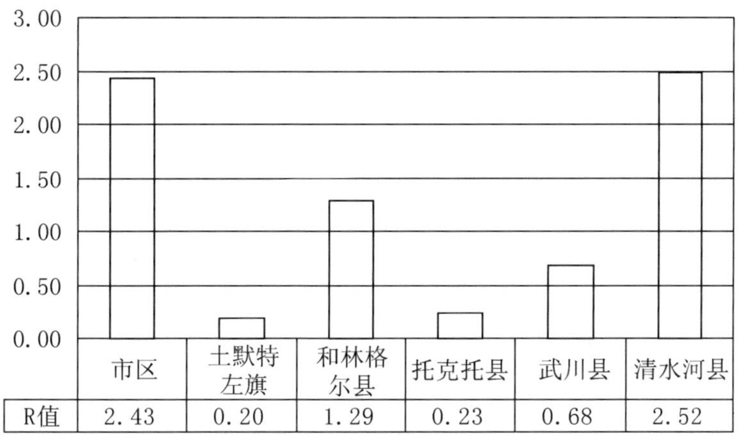

图 5—5 呼和浩特市 2000—2008 年耕地相对变化率

表 5—5 2000—2008 年呼和浩特市耕地利用结构变化（%）

地类＼年份	2000	2001	2002	2003	2004	2005	2006	2007	2008	变化幅度
灌溉水田	0.01	0.01	0.01	0.01	0.01	0.01	0.01	0.01	0.01	-6.38
水浇地	28.06	28.35	28.73	29.33	29.31	29.57	30.10	30.06	30.08	2.27
旱地	71.20	70.93	70.56	70.00	70.07	69.91	69.41	69.46	69.43	-6.96
菜地	0.73	0.72	0.70	0.66	0.62	0.51	0.49	0.48	0.48	-38.00

分析各个旗县区 2000—2008 年耕地利用结构变化，各个旗县具体情况如下：

市辖四区：九年间，市辖四区耕地各二级地类比例的大小关系均为：旱地 > 水浇地 > 菜地 > 灌溉水田，旱地和水浇地比例之和达 94% 以上；2008 年和 2000 年相比，市辖四区水浇地的比重加大，旱地、菜地和灌溉水田所占比例下降，变化最大的是旱地，共减少 6796.36hm^2。

土默特左旗：九年间，土默特左旗二级地类比例的大小关系为：水浇地 > 旱地 > 菜地，水浇地占全旗耕地总面积在 80% 以上；2008 年，全旗的水浇地和菜地都是增加的，只有旱地减少了 987.02hm^2。

和林格尔县：和林格尔县地处土默特平原向黄土高原和蛮汗山山脉的过

渡地带，全县以旱地为主，2008 年旱地总面积较之 2000 年减少 7985.34hm²；九年间灌溉水田没有发生变化；水浇地和菜地分别增加 1027.24hm²、73.38hm²。

托克托县：九年间，托克托县耕地各二级地类比例的大小关系均为：旱地 > 水浇地 > 菜地 > 灌溉水田，旱地和水浇地比例之和达 99% 以上；2008 年和 2000 年相比，全县耕地总面积是增加的，各个二级地类中除菜地没有变化之外均是增加的。其中旱地、水浇地分别增加 525.36hm²、136.04hm²。

武川县：九年间，武川县耕地各二级地类比例的大小关系均为：旱地 > 水浇地 > 菜地，旱地占全县耕地总面积比例变化不大，均在 94% 以上；全县菜地面积没有变化，其中旱地、水浇地分别增加 525.36hm²、136.04hm²。

清水河县：清水河县耕地各二级地类比例的大小关系均为：旱地 > 水浇地 > 菜地，旱地占全县耕地总面积比例最大在 98% 以上；九年旱地共减少 9310.65hm²，是六个旗县里减少最多的。水浇地有少量增加，菜地减少 0.17hm²。

表 5—6　各旗县区 2000 年和 2008 年耕地结构变化对比

单位：%，hm²

行政区	年份	灌溉水田面积	灌溉水田占耕地总量百分比	水浇地面积	水浇地占耕地总量百分比	旱地面积	旱地占耕地总量百分比	菜地面积	菜地占耕地总量百分比
市辖四区	2000	3.06	0.004	27411.11	36.99	40756.03	55.00	3929.34	5.30
	2008	0.12	0.000	28018.22	42.42	33959.67	51.42	2056.32	3.11
	变化幅度	-2.94	-0.004	607.11	5.43	-6796.36	-3.58	-1873.02	-2.19
土默特左旗	2000	0	0.000	90985.73	79.29	21605.47	18.83	154.23	0.13
	2008	0	0.000	92849.77	80.20	20618.45	17.81	295.77	0.26
	变化幅度	0	0.000	1864.04	0.91	-987.02	-1.02	141.54	0.12
和林格尔县	2000	39.97	0.034	17272.16	14.63	98636.17	83.54	124.14	0.11
	2008	39.97	0.036	18299.4	16.46	90650.83	81.52	197.52	0.18
	变化幅度	0	0.000	1027.24	1.83	-7985.34	-2.02	73.38	0.07

续表

行政区	年份	灌溉水田面积	灌溉水田占耕地总量百分比	水浇地面积	水浇地占耕地总量百分比	旱地面积	旱地占耕地总量百分比	菜地面积	菜地占耕地总量百分比
托克托县	2000	3.02	0.005	22613.03	35.63	38822.43	61.16	36.61	0.06
	2008	3.03	0.005	22749.07	35.47	39347.79	61.34	36.61	0.06
	变化量	0.01	0.002	136.04	-0.16	525.36	0.18	0	0.00
武川县	2000	0	0.000	8221.03	5.26	145939.29	93.40	99.27	0.06
	2008	0	0.000	8385.35	5.54	140922.35	93.07	99.27	0.07
	变化幅度	0	0.000	164.32	0.28	-5016.94	-0.33	0	0.00
清水河县	2000	0	0.000	1007.2	1.22	79234.12	96.32	20.72	0.03
	2008	0	0.000	1013.77	1.39	69923.47	95.83	20.55	0.03
	变化幅度	0	0.000	6.57	0.16	-9310.65	-0.49	-0.17	0.00

由上述可知，呼和浩特市各个旗县区耕地结构变化具有一定的相似性：①除土默特左旗外，其他各个旗县区均以旱地最多，旱地变化幅度最大。②对比2000年和2008年各旗县区耕地各二级地类结构比例变化幅度不大，各旗县在1%—5.43%之间。③相对来讲，多数区域水浇地和旱地的数量变化较大，如九年间，市辖四区菜地减少1873.02hm^2，土默特左旗水浇地增加1864.04hm^2，清水河旱地减少达9310.65hm^2。

5.1.4 研究区经济发展变化分析

5.1.4.1 研究区的经济发展总体变化特征

近十几年来，呼和浩特市抓住西部大开发的历史机遇，在加强生态建设和基础设施建设的同时，积极推进工业化、城市化和农牧业产业化进程，不断提高人民生活水平，促进了经济社会全面协调可持续发展，2008年全市地区生产总值1216亿元。国内生产总值是反映整个地区国民经济发展总水平、总规模的总量指标。本书首先以国内生产总值指标，对呼和浩特市2000—2008年的经济发展水平进行总体的区域差异分析。

表 5—7　呼和浩特市 2000—2008 年 GDP 统计值

单位：10^4 万元

年份 行政区	2000	2001	2002	2003	2004	2005	2006	2007	2008	9 年间增长量	变化幅度
呼和浩特市	168.11	198.68	293.78	380.40	501.21	630.47	829.40	1027.24	1216.41	1048.30	6.24
市辖四区	113.64	135.02	213.84	272.70	348.15	419.40	555.51	680.39	812.43	698.79	6.15
土默特左旗	20.99	23.97	27.37	34.93	42.06	54.07	72.10	90.77	114.01	93.02	4.43
和林格尔县	6.51	9.79	18.11	29.32	40.11	61.88	78.62	91.99	97.99	91.48	14.04
托克托县	12.71	15.65	17.50	23.09	44.28	63.59	83.09	112.28	126.55	113.83	8.95
武川县	7.43	7.70	9.42	12.14	16.51	19.22	24.08	29.72	38.74	31.31	4.21
清水河县	6.82	6.55	7.53	8.22	10.09	12.30	16.00	22.10	26.69	19.87	2.91

资料来源：2001—2009 年内蒙古统计年鉴。

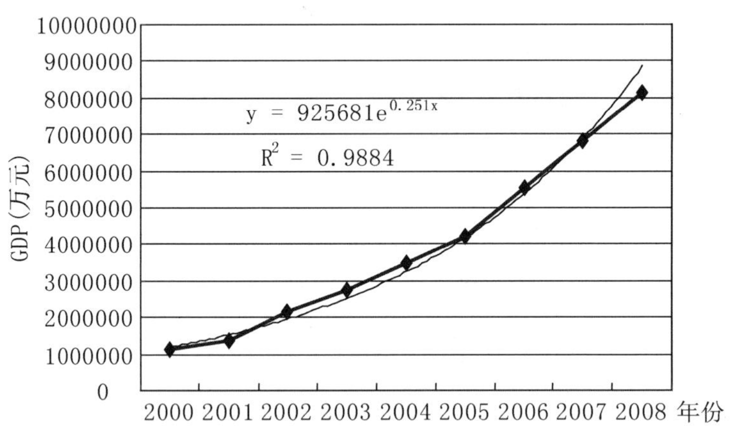

图 5—6　2000—2008 年市辖四区 GDP 变化

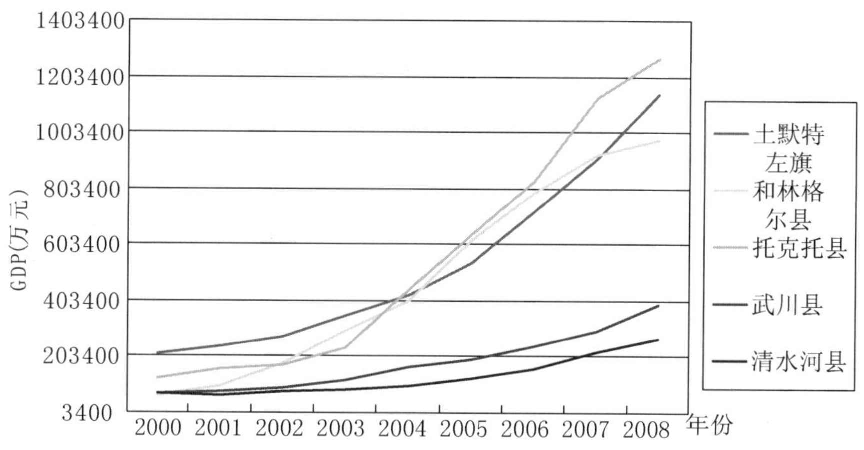

图 5—7 2000—2008 年各个旗县 GDP 变化

从表 5—7、图 5—6、图 5—7 可以看出：

（1）呼和浩特市全市 2000 年 GDP 总量是 1681107 万元，到 2008 年增加到 12164113 万元，2000 年到 2008 年 GDP 总量变化幅度为 6. 24%。

（2）市辖四区 GDP 增长幅度接近全市水平，九年间共增加 6987914 万元，变化幅度 6. 15，经济发展十分迅速。由图 5—6 可以看出，九年间市辖四区的 GDP 随时间的推移呈不断上升增加的趋势，对 GDP 变化与时间的回归模型得出 GDP 与时序呈显著正相关（$R^2 = 0.9884$），这说明市辖四区的 GDP 随着时间的推移呈增加的趋势。

（3）呼和浩特市的五个旗县中，GDP 增长量最大的是托克托县，其次是土默特左旗、和林格尔县，最小的是清水河县；而 GDP 变化幅度最大的是和林格尔县，其次是托克托县、土默特左旗、武川县，最小的是清水河县。

（4）由呼和浩特市 2000—2008 年 GDP 折线图可以看出，托克托县和和林格尔县 2000—2008 年 GDP 增长速度较快。

5. 1. 4. 2 研究区经济发展区域差异

用 GDP 单一指标来说明区域经济发展水平有一定局限性，为进一步说明呼和浩特市经济发展水平和区域差异特征，本书选用 15 个经济发展因子建立评价指标体系，借助 SPSS 软件的主成分分析法，通过主成分的因子贡献率将15个指标进行降维分析，获得少数的几个主成分，在计算出各个区域经济发展的综合得分，进行排序。再将各旗县区的主成分采用Ward方法进行系统聚类分析，按现有的社会经济发展状况进行分类。

（1）模型选择

本文选择主成分分析法来对经济发展指标进行分析，主成分分析是用主分量来分析多个综合指标。利用降维把多指标转化为少数几个。其优点：第一，可消除评价指标之间的相关影响。因为主成分分析在对原变量进行变换后形成了彼此相互独立的主成分，而且实践证明指标间相关程度越高，主成分分析效果越好。第二，可减少指标选择的工作量，对于其他评价方法，由于难以消除评价指标间的相关影响，所以选择指标时要花费不少精力，而主成分分析由于可以消除这种相关影响，所以在指标选择上相对容易些。第三，主成分分析中各主成分是按方差大小依次排列顺序的，在分析问题时，可以舍弃一部分主成分，只取前面方差较大的几个主成分来代表原变量，从而减少了计算工作量。

主成分分析的计算步骤：

计算相关系数矩阵：

$$R = \begin{bmatrix} r_{11} & r_{12} & \cdots & r_{1p} \\ r_{21} & r_{22} & \cdots & r_{2p} \\ \vdots & \vdots & \vdots & \vdots \\ r_{p1} & r_{p2} & \cdots & r_{pp} \end{bmatrix} \qquad \text{（公式 5—2）}$$

在公式（5—2）中 r_{ij}（i，j=1，2，…，m）为原来因素 x_i、x_j 的相关系数，其计算公式是：

$$r_{ij} = \frac{\sum_{k=1}^{n}(x_{ki} - \overline{x_i})(x_{kj} - \overline{x_j})}{\sqrt{\sum_{k=1}^{n}(x_{ki} - \overline{x_i})^2 \sum_{k=1}^{n}(x_{kj} - \overline{x_j})^2}} \qquad \text{（公式 5—3）}$$

计算特征值与特征向量：

首先，解特征值方程 $|\lambda - r| = 0$，通常用雅克比法（Jacobi method）求出特征值 λ_i（$i=1, 2, \cdots, m$），并使其按顺序排列，即 $\lambda_1 \geqslant \lambda_2 \geqslant \cdots \geqslant \lambda_p \geqslant 0$；然后分别求出对应于特征值 λ_1 特征向量 e_i（$i=1, 2, \cdots, p$）。

$\| e_i \| = 1$，其中 e_{ij}表示 e_i 的第 j 个分量。

计算主成分贡献率和累计贡献率：

主成分贡献率公式为：$\dfrac{\lambda_i}{\sum_{i=1}^{p} \lambda_i} \quad (i = 1,2,\cdots,p)$ （公式 5—4）

累计贡献率公式为：$\dfrac{\sum_{i=1}^{i} \lambda_i}{\sum_{i=1}^{p} \lambda_i}$ （公式 5—5）

累计贡献率一般达到 85%—95% 的特征值 λ_1，λ_2，…，λ_m 对应着第一，第二，……，第 m（$m \leqslant p$）个主成分。

计算主成分载荷：

$I = P(Z_i, X_j) = \sqrt{\lambda_i e_{ij}} \quad (I, j = 1,2, \wedge, p)$ （公式 5—6）

得出各个主成分的载荷以后，进一步计算得出各主成分的得分：

$$Z = \begin{bmatrix} z_{11} & z_{12} & \cdots & z_{1n} \\ z_{21} & z_{22} & \cdots & z_{2m} \\ \vdots & \vdots & \vdots & \vdots \\ z_{n1} & z_{n2} & \cdots & z_{nm} \end{bmatrix}$$ （公式 5—7）

（2）经济发展变化指标体系的建立

指标体系建立须遵循的原则有：

①科学性原则。用来反映区域经济发展综合实力的评价指标体系应建立在科学的基础上同时要有实用性，选定的指标不但能反映地区的经济发展状况，还能反映当地社会经济水平、可持续发展和人民生活状况等方面，应能真实、客观地反映不同地区的实际情况。

②可行性原则。可行性包括可计量性和可操作性，所谓可计量性就是指这些指标所包括的内涵可以进行定量描述，通过对各个地区的社会经济发展状况做定量分析，从而反映不同地区间发展的不平衡性；可操作性就是指在选择指标时既要考虑到指标体系完整、科学，又要从实际出发，尽可能选择现行统计报表中可以取得资料的指标，也就是说，这些指标必须具有可操作性。同时，所选取的指标不宜过多、过细，指标选取过程中还要考虑资料获取的可得性，将不可得数据指标舍弃。

③完备性原则。完备性意味着综合测评指标体系的信息量既必要又充分，能够客观综合反映区域经济的发展水平，充分揭示各地区社会经济发展的内在规律。

在上述原则的基础上，通过综合分析，选取15项经济指标作为评价因子建立评价指标体系，定量分析呼和浩特市区域经济发展水平的综合差异。具体为：*X*1为地区生产总值，是反映区域经济总体发展水平；*X*2为工业占GDP比重；*X*3为农林牧渔业总产值，是反映一定时期内农业生产总规模和总成果；*X*4是地方财政收入；*X*5是全社会固定资产投资，反映区域内经济投入与公益设施建设能力；*X*6为社会消费品零售总额，反映区域内居民的消费水平和实际购买力；*X*7为第三产业占GDP比重；*X*8为人均生产总值，反映区域内经济投入与公益设施建设能力的平均水平；*X*9为人均固定资产投资；*X*10为人均工业产值；*X*11为人均地方财政收入；*X*12为农牧民人均纯收入，反映研究区内农村居民的生活水平；*X*13为在岗职工平均工资，反映区域内城镇居民的生活水平；*X*14为人均社会消费品零售总额，反映区域内居民的平均消费水平和实际购买力；*X*15为城镇人口占总人口的比重，反映区域城镇化水平。

表5—8　呼和浩特市经济差异衡量综合指标体系

<table>
<tr><td rowspan="11">经济发展水平</td><td rowspan="6">经济发展总量</td><td>生产总值 X_1</td></tr>
<tr><td>工业占GDP比重 X_2</td></tr>
<tr><td>农林牧渔业总产值 X_3</td></tr>
<tr><td>地方财政收入 X_4</td></tr>
<tr><td>全社会固定资产投资 X_5</td></tr>
<tr><td>社会消费品零售总额 X_6</td></tr>
<tr><td>产业结构</td><td>第三产业占GDP比重 X_7</td></tr>
<tr><td rowspan="4">人均经济</td><td>人均生产总值 X_8</td></tr>
<tr><td>人均固定资产投资 X_9</td></tr>
<tr><td>人均工业产值 X_{10}</td></tr>
<tr><td>人均地方财政收入 X_{11}</td></tr>
</table>

续表

<table>
<tr><td rowspan="4">社会发展水平</td><td rowspan="3">人民生活水平</td><td>农牧民人均纯收入 X_{12}</td></tr>
<tr><td>在岗职工平均工资 X_{13}</td></tr>
<tr><td>人均社会消费品零售总额 X_{14}</td></tr>
<tr><td>城镇化水平</td><td>城镇人口占总人口的比重 X_{15}</td></tr>
</table>

（3）应用 SPSS 软件对数据因子分析

主要步骤可分为：

①将原始指标数据标准化，排除不同量纲的影响，通过 SPSS 的 Analyze—Descriptive Statistics 的分析功能，分别对各个研究区 15 个经济指标的原始数据进行标准化处理，标准化处理后的数据如表 5—9 所示。

②利用标准化后的数据，通过 SPSS 软件中主成分分析与因子分析均在 Factor Analysis 模块中完成计算得出各个区域的相关系数矩阵。

③由相关系数矩阵计算出特征值以及各个主成分的贡献率和累计贡献率。从表 5—10 中可知，取贡献率大于 1 的，第一、第二、第三主成分的累计贡献率达到 97.553%，反映了原信息的 97.553%，能够充分地概括所选的因子信息。

表 5—9　标准化后经济指标数据标准化

标准化指标	市辖四区	土默特左旗	和林格尔县	托克托县	武川县	清水河县
ZX_1	2.02	-0.29	-0.35	-0.25	-0.54	-0.58
ZX_2	-1.34	-0.48	0.67	1.36	0.47	-0.68
ZX_3	0.7	1.46	0.19	-0.2	-1.06	-1.09
ZX_4	2	-0.15	-0.34	-0.26	-0.62	-0.63
ZX_5	2.02	-0.27	-0.26	-0.4	-0.48	-0.62
ZX_6	2.04	-0.35	-0.41	-0.38	-0.44	-0.46
ZX_7	1.81	0.22	-0.59	-1	-0.55	0.11
ZX_8	2.01	-0.46	-0.27	-0.15	-0.55	-0.58
ZX_9	1.18	-0.49	1.11	-0.01	-0.38	-1.41
ZX_{10}	-0.57	-0.53	0.66	1.74	-0.44	-0.86

续表

标准化指标	市辖四区	土默特左旗	和林格尔县	托克托县	武川县	清水河县
ZX_{11}	1.01	0.03	0.46	0.92	-1.27	-1.15
ZX_{12}	2.03	-0.28	-0.36	-0.3	-0.58	-0.51
ZX_{13}	2.03	-0.49	-0.43	-0.21	-0.43	-0.48
ZX_{14}	2.04	-0.39	-0.4	-0.33	-0.44	-0.47
ZX_{15}	2.01	-0.7	-0.54	-0.28	-0.29	-0.2

表5—10　各因子特征值及主成分贡献率

因子	因子特征值及贡献率			主成分特征值及贡献率		
	特征值	贡献率(%)	累计贡献率(%)	特征值	贡献率(%)	累计贡献率(%)
ZX_1	11.014	73.424	73.424	11.014	73.424	73.424
ZX_2	2.602	17.349	90.773	2.602	17.349	90.773
ZX_3	1.017	6.780	97.553	1.017	6.780	97.553
ZX_4	0.306	2.038	99.591			
ZX_5	0.061	0.409	100.000			
ZX_6	0.000	0.000	100.000			
ZX_7	0.000	0.000	100.000			
ZX_8	0.000	0.000	100.000			
ZX_9	0.000	0.000	100.000			
ZX_{10}	0.000	0.000	100.000			
ZX_{11}	0.000	0.000	100.000			
ZX_{12}	0.000	0.000	100.000			
ZX_{13}	0.000	0.000	100.000			
ZX_{14}	0.000	0.000	100.000			
ZX_{15}	0.000	0.000	100.000			

④计算主成分载荷

通过特征向量计算各因子在各个主成分上的载荷得分的因子载荷矩阵。主成分中各驱动因子的载荷表明其在相应主成分中的相对重要性。

从表5—11可以看出，X_{12}、X_5、X_4、X_1、X_6、X_{14}、X_8、X_{13}与第一主成分具有较强的正相关，X_2 与第一主成分具有较大负相关关系，反映了经济发展的规模；X_{10}、X_{11}、X_{12}与第二主成分有较强的正相关性，反映了人均经济发展水平；X15 与第三主成分相关性最大，代表了城市化水平。

表5—11　因子载荷矩阵

因子	第一主成分	第二主成分	第三主成分
ZX_1	0. 9967	0. 0466	0. 0528
ZX_2	-0. 6524	0. 6957	0. 2583
ZX_3	0. 4660	0. 2812	-0. 8329
ZX_4	0. 9967	0. 0576	-0. 0201
ZX_5	0. 9972	0. 0250	0. 0329
ZX_6	0. 9943	-0. 0414	0. 0927
ZX_7	0. 8914	-0. 4168	-0. 1643
ZX_8	0. 9874	0. 1009	0. 1200
ZX_9	0. 6231	0. 6228	0. 0002
ZX_{10}	-0. 2415	0. 9319	0. 1787
ZX_{11}	0. 5752	0. 7610	-0. 2116
ZX_{12}	0. 9983	0. 0137	0. 0422
ZX_{13}	0. 9848	0. 0150	0. 1639
ZX_{14}	0. 9928	-0. 0225	0. 1141
ZX_{15}	0. 9497	-0. 1051	0. 2897

表5—12　主成分得分矩阵

因子	第一主成分	第二主成分	第三主成分
ZX_1	0. 0905	0. 0179	0. 0519
ZX_2	-0. 0592	0. 2673	0. 2540
ZX_3	0. 0423	0. 1081	-0. 8189
ZX_4	0. 0905	0. 0221	-0. 0198
ZX_5	0. 0905	0. 0096	0. 0323

续表

因子	第一主成分	第二主成分	第三主成分
ZX_6	0.0903	-0.0159	0.0912
ZX_7	0.0809	-0.1602	-0.1616
ZX_8	0.0896	0.0388	0.1180
ZX_9	0.0566	0.2393	0.0002
ZX_{10}	-0.0219	0.3581	0.1757
ZX_{11}	0.0522	0.2924	-0.2081
ZX_{12}	0.0906	0.0053	0.0415
ZX_{13}	0.0894	0.0058	0.1612
ZX_{14}	0.0901	-0.0086	0.1121
ZX_{15}	0.0862	-0.0404	0.2849

⑤计算主成分得分

如果一个区域在某一主成分上的得分为负，则意味着这一区域的该主成分在平均发展水平以下；反之，得分为正则表明在平均水平之上。同时可以按照各个主成分的贡献率，计算综合主成分得分 $F=\lambda_1F_1+\lambda_2F_2+\lambda_3F_3$，它反映了各旗县区的综合经济发展水平。表5—12反映各因子在第一、第二、第三主成分上的得分情况。计算各个主成分及综合主成分得分：

$$F_1=0.0905ZX_1-0.0592ZX_2+0.0423ZX_3+0.0905ZX_4+0.09057ZX_5+0.0903ZX_6+0.0809ZX_7+0.0896ZX_8+0.0566ZX_9-0.0219ZX_{10}+0.0522ZX_{11}+0.0906ZX_{12}+0.0894ZX_{13}+0.0901ZX_{14}+0.0862ZX_{15}$$

$$F_2=0.0179ZX_1+0.2673ZX_2+0.1081ZX_3+0.0221ZX_4+0.0096ZX_5-0.0159ZX_6-0.1602ZX_7+0.0388ZX_8+0.2393ZX_9+0.3581ZX_{10}+0.2924ZX_{11}+0.0053ZX_{12}+0.0058ZX_{13}-0.0086ZX_{14}-0.0404ZX_{15}$$

$$F_3=0.0519ZX_1+0.254ZX_2-0.8189ZX_3-0.0198ZX_4+0.0323ZX_5+0.0912ZX_6-0.1616ZX_7+0.118ZX_8+0.0002ZX_9+0.1757ZX_{10}-0.2081ZX_{11}+0.0415ZX_{12}+0.1612ZX_{13}-0.1121ZX_{14}+0.2849ZX_{15}$$

$$F=0.734F_1+0.173F_2+0.068F_3$$

（4）各旗县区经济发展综合发展水平排名

根据上述计算结果，得出各旗县区经济发展综合发展水平的相对顺序和排名情况，见表5—13。市辖四区的主成分及综合主成分得分均远高于各郊县；在各郊县中，近郊的土默特左旗、托克托县和和林格尔县高于远郊的两个县。

表5—13　呼和浩特市各旗县区经济发展综合发展水平排名

行政区名	F_1	F_2	F_3	F	综合排名
市辖四区	2. 02137659	0. 96086	－0. 82555	1. 594896	1
土默特左旗	－0. 2077369	0. 21037	0. 17181	－0. 10438	2
托克托县	－0. 3900632	0. 62753	0. 346712	－0. 15402	3
和林格尔县	－0. 3086602	0. 32849	－0. 08194	－0. 1752	4
清水河县	－0. 5262994	－1. 1215	0. 338036	－0. 55808	5
武川县	－0. 588617	－1. 0057	0. 05093	－0. 60321	6

5. 1. 4. 3　呼和浩特市经济类型区的确定

聚类分析是研究多要素事物分类问题的数量方法。其基本原理是根据样本自身的属性，用数学方法按照某种相似性或差异性指标，定量地确定样本之间的亲疏关系，并按照这种亲疏关系程度对样本进行聚类。在主成分分析的基础上，利用主成分分析方法将15个经济指标综合成三个主成分，通过SPSS软件采用Ward，Method和Squared Educildean Distance进行聚类。由图5—8取阈值3，可将呼和浩特市各旗县区按现有的社会经济状况分为3种类型：

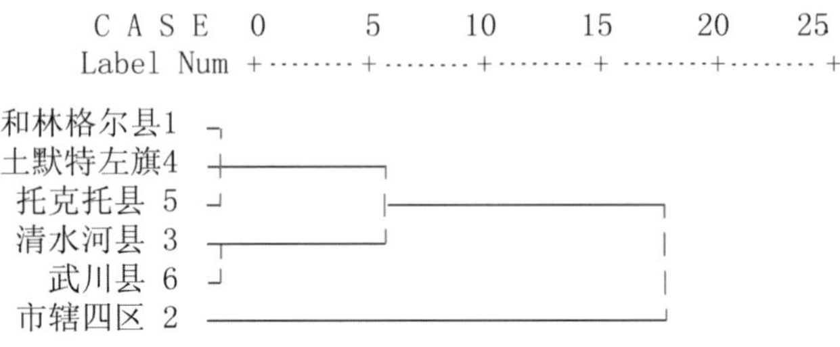

图 5—8 呼和浩特市经济发展聚类谱系图

A 类经济类型区，只有市辖四区，包括赛罕区、新城区、玉泉区和回民区，是呼和浩特市的经济发展的核心区域。2008 年市辖四区城镇人口 91.81 万人，占全市总城镇人口的 57.90%。市辖四区是呼和浩特市经济、政治和文化的中心，工业发展迅速，初步形成了乳业、电力、电子信息、生物制药、冶金化工、机械制造等六大产业。

B 类经济类型区，包括和林格尔县、托克托县和土默特左旗，是经济发展较快的区域，是呼和浩特市的近郊旗县，该经济类型区各个旗县开发区和经济园区发展迅速，如土默特左旗的金山开发区、托克托县的电力工业园区以及和林格尔县的盛乐工业开发区等，托克托县的电力工业园区以及和林格尔县的盛乐工业开发区等，均对本旗县经济发展起到了积极的推动作用。

C 类经济类型区，包括清水河县和武川县，经济发展较为缓慢的区域，两县均为呼和浩特市的远郊旗县，受中心城市辐射较小，虽有 209 国道、呼武公路等交通干线相通，但区域经济发展仍然受到制约。

5.1.5 耕地变化与经济发展的相关性分析

5.1.5.1 GDP 与耕地资源变化定性关系

呼和浩特市是内蒙古经济、政治、文化中心，也是呼和浩特市—包头—鄂尔多斯市“金三角”经济区和自治区中西部对内对外联系交往的重要门户与产业区，已经成为一个经济快速发展的活跃城市。2008 年全市国内生产总值达到 1216.41 亿元，比 2000 年增长 6.24 倍，九年间年均增长 116.48

亿元，在全国 1017 个省会城市中始终排在前列；人均地区生产总值达到 467472. 7 元，产业结构调整成效明显，三次产业结构由 15. 18 ：42. 54 ：42. 28 优化到 5. 77 ：29. 94 ：64. 29。

近年来，呼和浩特市社会经济、城市化和工业化迅速发展。各行各业对土地的需求量也随之增加，建设用地的扩张与耕地保护的矛盾日益突出，耕地数量大量减少，耕地保护工作的压力与难度也不断增大。

从图 5—9 中可以看出，呼和浩特市 GDP 从 2000 年到 2008 年之间是呈上升的，2000 年是 1681107 万元，2008 年达到 12164113 万元，较之 2000 年增加 10483006 万元，年均增加值是 1164778. 444 万元。在 GDP 随时间不断增加的同时耕地面积也不断减少，由 2000 年的 596914. 13hm^2 降低到了 2008 年的 569487. 3hm^2，耕地面积减少了 27426. 83hm^2，年均减少 3047. 43hm^2。2000 年到 2008 年建设占用耕地面积 7551. 06hm^2。从图 5—10 呼和浩特市 GDP 与耕地面积拟合图上建立耕地面积与 GDP 的回归方程：

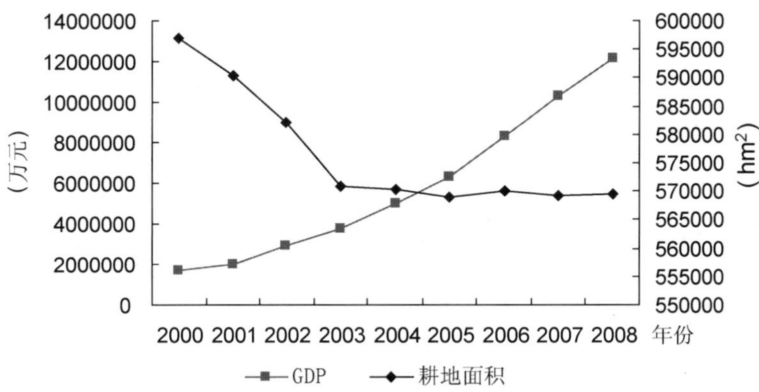

图 5—9　呼和浩特市 2000—2008 年经济发展与耕地面积变化关系图

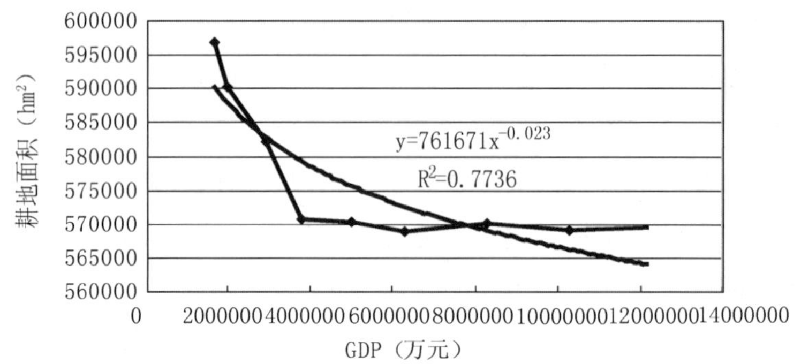

图 5—10　GDP 与耕地面积拟合图

$$y = 761671x^{-0.023}$$

式中，y 代表耕地面积，x 代表人均 GDP。

显著性水平 $R^2 = 0.7736$。

从公式可以看出，2000—2008 年这一时段呼和浩特市耕地面积与 GDP 成反比关系，GDP 增加，耕地面积减少。

5.1.5.2　经济发展与耕地资源变化的区位熵分析

区位熵又叫做专门化率，最早是由哈盖特（P. Haggett）提出并运用于区位分析之中。区位熵在衡量某一区域要素的空间分布情况、反映某一产业部门的集中度以及某一区域在高层次区域的地位和作用等方面，是一个很有意义的指标。本书将区位熵运用于分析地区经济发展对耕地的影响程度，区位熵公式为：

$$M_i = \frac{P_i}{\sum_{i=1}^{n} P_i}, N_i = \frac{G_i}{\sum_{i=1}^{n} G_i}, Q_i = \frac{M_i}{N_i} \qquad \text{（公式 5—8）}$$

式中，P_i 为 i 旗县耕地减少面积；M_i 为第 i 个旗县耕地减少面积占全旗县耕地减少总面积的比重；G_i 为 i 旗县同期 GDP 增长值；N_i 为第 i 个旗县 GDP 增长值占全旗县 GDP 增长总量的比重；Q_i 为 i 旗县耕地减少与 GDP 增长的关联度即为区位熵值。

当 $Q_i > 1$ 时，说明地区耕地减少与 GDP 增长的关联度高于研究区平均水平；当 $Q_i < 1$ 时，则认为是地区的经济发展以牺牲大量耕地为代价。

运用区位熵公式，对呼和浩特市2000年到2008年各旗县区GDP增长与耕地减少的关联度进行测算，得出各旗县相应的区位熵值，并进行等级分类。

表5—14 呼和浩特市区位熵

单位：hm^2，万元

行政名称	耕地减少面积	比例	GDP增加量	比例	区位熵
呼和浩特市	-27426.83	1.00	10483006	1.00	1.00
市辖四区	-8065.22	0.29	6987914	0.67	0.44
土默特左旗	1018.57	-0.04	930226	0.09	-0.42
和林格尔县	-6884.72	0.25	914757	0.09	2.88
托克托县	661.40	-0.02	1138309	0.11	-0.22
武川县	-4852.61	0.18	313095	0.03	5.92
清水河县	-9304.25	0.34	198705	0.02	17.90

从表5—14可以看出：

远郊旗县区位熵≥1：主要有清水河县、武川县、和林格尔县，这三个旗县经济发展对耕地减少的影响较大。其中，清水河县的区位熵高达17.90，其次是武川县为5.92，最小的是和林格尔县2.88。

自1999年我国提出生态退耕政策措施并开展试点以来，在各级政府领导和农民的积极参与下，呼和浩特市地区退耕政策得到了有效落实并取得了显著成绩。清水河县、武川县、和林格尔县这三个旗县地处山区丘陵区，2000—2003年退耕还林还草总面积达到29277.3hm^2，占同期耕地减少总量的95.54%，在这期间GDP的增长速度也很缓慢，所以在这期间经济发展不是耕地减少的最主要影响因素。2004年到2008年间，建设用地占用耕地成为耕地减少的主要驱动因素，而同期三个旗县的GDP进入飞速发展，GDP年均增长速度分别是：清水河县0.18、武川县0.15、和林格尔县0.16，其中以清水河县的GDP增长速度最快。所以，区位熵≥1的这三个旗县2000年到2003年期间经济发展对耕地变化的影响不大，2004年到2008年经济发展是耕地减少的主要因素。

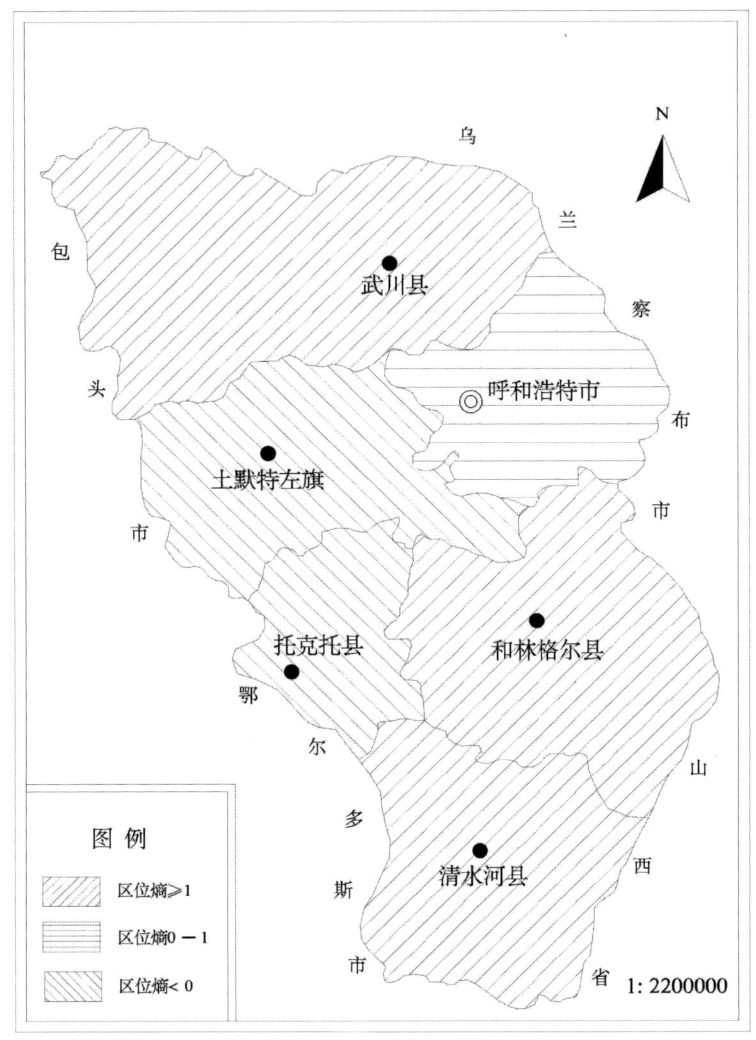

图 5—11　呼和浩特市区位熵分布示意图

市辖四区 0≤**区位熵** <1：该类地区经济发展对耕地减少的影响程度较小，低于全市平均水平。市辖四区是呼和浩特市的经济发展中心，九年间经济发展十分迅速，2008 年国内生产总值占全市国内生产总值的 66.79%，带动了全市的经济发展。而在经济迅速发展的同时，建设用地大量占用耕地，2000—2008 年共占用耕地 10363.42hm^2，达到耕地减少总面积的 77.57%，是全市建设用地占用耕地总量的 20.74%。但市辖四区的耕地占补平衡做得

很好，占用耕地的建设项目全部在异地补充了同等数量同等质量的耕地。这样就保证了市辖四区在经济飞速发展的同时，耕地数量相对减少较少，低于全市平均水平。

近郊旗县区位熵<0：主要是土默特左旗和托克托县，这两个旗县的区位熵为负值，则说明该区域在发展经济的同时耕地面积在增加，重视耕地数量的补充。

5.1.5.3 耕地数量变化与经济发展相关性的区域差异分析

（1）分析方法

利用主成分分析确定第一主成分、第二主成分和第三主成分，选定对三个主成分影响分值最大的因子作为经济发展的指标，分别为生产总值、地方财政收入、全社会固定资产投资、社会消费品零售总额、人均工业产值、农牧民人均纯收入、在岗职工平均工资、城镇人口占总人口的比重这8个因子，以及历年耕地面积，通过DPS软件的灰色关联分析，得出不同经济区域与耕地面积相关性因子的差异，从而获得不同经济区域耕地变化的影响因素。

灰色关联理论又称灰色关联度理论，它是根据因素之间发展态势的相似性或相异程度，来衡量因素间关联程度的一种新的分析方法。

关联度是指两个系统之间的因素其随时间或不同对象而变化的关联性大小的量度。在系统发展过程中，若两个因素变化的趋势具有一致性，即可谓二者关联程度较高；反之，则较低。灰色系统理论通过寻求系统中各个因素之间的数值关系，找出影响目标值的重要因素，从而掌握事物的主要特征。因此，灰色关联分析对于一个系统发展变化态势提供了量化的度量，非常适合动态历程分析。

主要的计算步骤为：

①确定分析数列：选择耕地面积为母序列y，主成分分析确定的8个主要经济指标为子序列数据，分别为x_1生产总值、x_2地方财政收入、x_3全社会固定资产投资、x_4社会消费品零售总额、x_5人均工业产值、x_6农牧民人均纯收入、x_7在岗职工平均工资、x_8城镇人口占总人口的比重，时间是2000—2008年。

设参考数列（又称母序列）为$Y=\{Y(k) \mid k=1, 2, \cdots, n\}$；比较

数列（又称子序列）$X_i = \{X_i(k) \mid k=1, 2, \cdots, n\}$，$i=1, 2, \cdots, m$。

②变量的无量纲化：由于系统中各因素列中的物理意义不同，不便于比较或在比较时难以得到正确的结论。因此在进行灰色关联分析时，一般都要进行数据的无量纲化处理。常用的无量纲化方法有三种，即均值化变换、初值化变换和标准化变换。

③计算关联系数：

$x_0(k)$ 与 $x_i(k)$ 的关联系数

$$\varepsilon_i(k) = \frac{\min_i \min_k |y(k) - x_i(k)| + \rho \max_i \max_k |y(k) - x_i(k)|}{|y(k) - x_i(k)| + \rho \max_i \max_k |y(k) - x_i(k)|}$$

（公式 5—9）

记 $\Delta_i(k) = |y(k) - x_i(k)|$，则

$$\xi_i(k) = \frac{\min_i \min_k \Delta_i(k) + \rho \max_i \max_k \Delta_i(k)}{\Delta_i(k) + \rho \max_i \max_k \Delta_i(k)}$$ （公式 5—10）

$\rho \in (0, \infty)$，称为分辨系数。ρ 越小，分辨力越大，一般 ρ 的取值区间为（0，1），具体取值可视情况而定。当 $\rho \leqslant 0.546$ 时，分辨力最好，通常取 $\rho=0.5$。

④计算关联度：因为关联系数是比较数列与参考数列在各个时刻（即曲线中的各点）的关联程度值，所以它的数不止一个，而信息过于分散不便于进行整体性比较。因此，有必要将各个时刻（即曲线中的各点）的关联系数集中为一个值，即求其平均值，作为比较数列与参考数列间关联程度的数量表示，关联度 r_i 公式如下：

$$r_i = \frac{1}{n}\sum_{k=1}^{n} \xi_i(k) \qquad (k = 1, 2, \cdots, n)$$ （公式 5—11）

⑤关联度排序：按关联度大小排序，如果 $r_1 < r_2$，则参考数列 y 与比较数列 x_2 更相似。在计算出 $X_i(k)$ 序列与 $Y(k)$ 序列的关联系数后，计算各类关联系数的平均值，平均值 r_i 就称为 $Y(k)$ 与 $X_i(k)$ 的关联度。

（2）呼和浩特市耕地数量变化与经济发展相关性总体特征

表 5—15 呼和浩特市灰色关联分析原始数据表

年份	国内生产总值（10^4万元）	地方财政收入（10^4万元）	全社会固定资产投资（10^4万元）	社会消费品零售总额（10^4万元）	人均工业产值（元）	农牧民人均纯收入（元）	在岗职工平均工资（元）	城镇人口占总人口的比重（%）	耕地面积（km^2）
2000	168.11	4.78	8.75	24.25	2840.48	25019	60263	46.49	5969.14
2001	198.68	5.70	13.53	27.38	3343.86	25392	74105	46.79	5902.87
2002	293.78	6.89	55.70	34.57	4210.45	28522	87767	46.99	5821.08
2003	380.40	15.75	97.11	79.16	5363.60	30126	97862	47.04	5708.76
2004	501.21	24.86	186.17	196.84	6041.10	38310	115273	47.35	5704.61
2005	630.47	31.94	353.20	301.10	7328.02	44594	137312	48.55	5688.30
2006	829.39	31.78	386.66	357.56	10216.76	50434	150605	49.35	5700.63
2007	1027.24	43.34	453.88	430.71	12685.33	57004	180119	50.42	5691.30
2008	1216.411	56.26	554.38	532.62	14077.95	65639	202083	50.90	5694.87

资料来源：2001—2009 年内蒙古统计年鉴。

采用灰色关联分析法，先对原始数据进行标准化处理后，取母系列为1，分辨率为0.5，计算出耕地面积与经济发展因子的绝对值、关联计算公式中的Δmax、Δmin、关联矩阵和关联度排序：

关联度排序：$x5 > x8 > x1 > x7 > x2 > x6 > x3 > x4$

最小差值 Δmin = 0.00804，最大差值 Δmax = 3.20993。

表 5—16 呼和浩特市耕地面积与经济发展因子的绝对差值表

生产总值	3.0295	2.3263	1.3045	0.0191	0.3437	0.8432	1.261	1.879	2.3526
地方财政收入	3.0159	2.3438	1.5109	0.0334	0.5778	1.1231	0.9987	1.7273	2.4104
全社会固定资产投资	3.0109	2.3665	1.3952	0.1415	0.329	1.2914	1.3379	1.7512	2.2046
社会消费品零售总额	2.9344	2.297	1.4929	0.2087	0.4401	1.1335	1.3105	1.7771	2.2718
人均工业产值	3.0188	2.2745	1.2957	0.0392	0.2437	0.7113	1.302	1.993	2.2999

续表

农牧民人均纯收入	2.9702	2.3237	1.3448	0.1831	0.4102	0.9888	1.2688	1.8013	2.3527
在岗职工平均工资	3.2099	2.3027	1.2536	0.008	0.4066	1.0149	1.174	1.8712	2.2914
城镇人口占总人口的比重	2.9515	2.1498	1.2626	0.1795	0.0459	0.9207	1.2864	2.0176	2.2728

表 5—17　呼和浩特市耕地变化与经济发展指标的关联度表

项目	生产总值	地方财政收入	全社会固定资产投资	社会消费品零售总额	人均工业产值	农牧民人均纯收入	在岗职工平均工资	城镇人口占总人口的比重
耕地面积	0.5807	0.5661	0.5622	0.5559	0.5874	0.5641	0.5765	0.5872

由关联度可知：人均工业产值、城镇人口占总人口的比重和生产总值对呼和浩特市耕地面积变化的影响分列前三位，农牧民人均纯收入、全社会固定资产投资和社会消费品零售总额对耕地面积变化贡献最小。进入新世纪以来，呼和浩特市的经济建设始终保持了旺盛的发展态势，经济增长速度连续7年位列全国27个首府城市前列。呼和浩特坚持走新型工业化道路，形成了乳业、电力、信息、生物制药、装备制造以及冶金化工等优势产业集群。2000年呼和浩特市人均工业产值2840.48元/人，到2008年已增加到14077.95元/人，年均增加1248.61元/人。工业产业的发展势必带来建设用地的扩张和耕地数量的减少。2008年全市国内生产总值已增加到1316.4亿元，年均增长速度69.29%。全市的综合实力大为增强，生产力水平迅速提高，国民经济迅速腾飞。人口是推动城镇化发展的主体。城镇化对土地利用转化的影响也与城镇人口数量的增加密切相关。一般来说，城镇化水平越高，城镇人口越多，对商业、市政设施、交通仓储、公共建筑等城镇基础设施的需求也越多，对城镇建设用地扩展的推动力也越大。

（3）耕地数量变化与经济发展相关性的分区特征

与全市相同的分析方法，对呼和浩特市3类经济类型区耕地变化与经济发展的关系的特征有所不同：

A 类经济类型区：

A 类经济类型区包括呼和浩特市市辖四区，分别是赛罕区、新城区、玉泉区和回民区。采用灰色关联分析法，先对原始数据进行标准化处理后，取母系列为 1，分辨率为 0. 5，计算出耕地面积与经济发展因子的绝对值、关联计算公式中的 Δmax、Δmin、关联矩阵和关联度排序。见表 5—18、表 5—19、表 5—20。

关联度排序：$x5 > x8 > x1 > x7 > x2 > x6 > x4 > x3$

表 5—18　市辖四区灰色关联分析原始数据表

年份	国内生产总值（10^4 万元）	地方财政收入（10^4 万元）	全社会固定资产投资（10^4 万元）	社会消费品零售总额（10^4 万元）	人均工业产值（元）	农牧民人均纯收入（元）	在岗职工平均工资（元）	城镇人口占总人口的比重（%）	耕地面积（km^2）
2000	113. 64	2. 64	2. 78	14. 71	3766. 09	14411	28920	76. 77	721. 00
2001	135. 02	3. 08	4. 10	16. 77	4361. 40	14860	35643	76. 65	703. 84
2002	213. 84	3. 56	10. 30	22. 04	5666. 24	16064	40364	76. 38	689. 42
2003	272. 70	11. 40	29. 56	63. 81	6642. 02	17312	47857	75. 04	663. 57
2004	348. 15	16. 98	62. 86	166. 64	6103. 69	20761	55351	75. 04	667. 93
2005	419. 40	19. 76	149. 10	266. 63	5524. 43	24396	65991	76. 29	655. 44
2006	555. 51	20. 38	232. 01	316. 74	8110. 62	27094	73090	76. 59	663. 43
2007	680. 39	27. 81	292. 75	381. 88	8992. 00	30621	85915	77. 11	651. 06
2008	812. 43	35. 79	359. 14	471. 26	9425. 07	34487	95607	77. 99	640. 34

资料来源：2001—2009 年内蒙古统计年鉴。

表 5—19　市辖四区耕地面积与经济发展因子的绝对差值表

生产总值	2. 9686	2. 2321	1. 3641	0. 1455	0. 002	0. 762	1. 0161	1. 9945	2. 9399
地方财政收入	2. 9419	2. 2553	1. 6687	0. 0175	0. 2966	1. 0083	0. 7589	1. 8646	2. 9549
全社会固定资产投资	2. 7253	2. 0664	1. 4755	0. 3571	0. 2794	0. 8218	1. 1238	2. 0344	2. 9238
社会消费品零售总额	2. 8322	2. 1712	1. 5953	0. 3777	0. 0471	1. 0932	1. 0783	1. 9198	2. 838
人均工业产值	3. 2091	2. 2587	1. 0525	0. 4193	0. 018	0. 1615	1. 1682	2. 0822	2. 707

续表

农牧民人均纯收入	2.8873	2.1768	1.4666	0.3182	0.012	0.9573	1.0235	1.9732	2.9069
在岗职工平均工资	3.115	2.174	1.4234	0.1201	0.0402	0.9748	0.9807	2.0053	2.8315
城镇人口占总人口的比重	1.4549	0.9343	0.6778	1.1352	1.3001	0.5117	0.5308	1.5557	2.904

最小差值 Δmin = 0.00201，最大差值 Δmax = 3.20915。

由关联度可知：与市辖四区耕地变化相关性最大的经济发展指标是人均工业产值，其次是城镇人口占总人口的比重、生产总值、在岗职工平均工资、地方财政收入、农牧民人均纯收入、社会消费品零售总额，最小的是全社会固定资产投资。

表 5—20　市辖四区耕地变化与经济发展指标的关联度表

项目	生产总值	地方财政收入	全社会固定资产投资	社会消费品零售总额	人均工业产值	农牧民人均纯收入	在岗职工平均工资	城镇人口占总人口的比重
耕地面积	0.5912	0.5784	0.561	0.565	0.604	0.5754	0.584	0.5975

市辖四区的耕地变化与城镇人口占总人口的比重即城市化水平有较大相关性。2000 年市辖四区耕地总面积是 72099.54hm^2，2008 年耕地面积减少到 64034.32hm^2；2000 年市辖四区总人口是 348689 人，2008 年总人口增加到 401686 人，年均增长 5888 人；其中城镇人口增加 43172 人，城市化水平增加了 1.22 个百分点。市辖四区经济社会发展相对快速，人们的需求相对较高，服务业发展较快；近年来，加大城镇基础建设和推进城镇化进程。所以，城市化成为影响耕地变化最主要的因素之一。从表 5—19 可知：呼和浩特市市辖四区已初步形成以乳品加工、毛纺、服装、石化、电子工业为龙头，煤炭、电力、食品、烟草、化纤、冶金等工业部门综合发展，既具有地区专业化优势，又具综合发展潜力的工业发展。

B 类经济类型区：

B 类经济类型区包括近郊土默特左旗、托克托县、和林格尔县等三个旗县。采用灰色关联分析法，先对原始数据进行标准化处理后，取母系列为 1，分辨率为 0.5，计算出耕地面积与经济发展因子的绝对值、关联计算公式中的 Δmax、Δmin、关联矩阵和关联度排序。见表 5—21、表 5—22、

表5—23、表5—24、表5—25. 表5—26、表5—27。

关联度排序：

托克托县：$x6>x4>x1>x7>x5>x8>x2>x3$

土默特左旗：$x6>x1>x3>x4>x2>x5>x7>x8$

和林格尔县：$x8>x4>x7>x3>x1>x5>x2>x6$

表5—21　土默特左旗灰色关联分析原始数据表

年份	国内生产总值（10^4万元）	地方财政收入（10^4万元）	全社会固定资产投资（10^4万元）	社会消费品零售总额（10^4万元）	人均工业产值（元）	农牧民人均纯收入（元）	在岗职工平均工资（元）	城镇人口占总人口的比重（%）	耕地面积（km^2）
2000	20.99	0.65	1.71	3.38	2587.83	2802	5905	14.53	1127.45
2001	23.97	0.75	1.48	3.86	2960.92	2860	8249	15.96	1127.39
2002	27.37	1.00	5.08	4.68	3115.13	3192	9196	15.78	1127.33
2003	34.93	1.17	7.13	6.13	3859.08	3540	10222	15.63	1124.29
2004	42.06	1.77	16.97	11.96	3329.22	4405	11873	16.26	1122.37
2005	54.07	2.74	44.10	13.22	4070.41	5258	12917	13.99	1122.18
2006	72.10	2.77	33.48	15.84	5286.14	5881	13844	14.57	1136.68
2007	90.77	5.44	42.85	18.68	6758.51	6713	16395	15.61	1135.62
2008	114.01	7.35	56.55	23.45	9927.14	7736	18880	16.04	1137.64

资料来源：2001—2009年内蒙古统计年鉴。

表5—22　托克托县灰色关联分析原始数据表

年份	国内生产总值（10^4万元）	地方财政收入（10^4万元）	全社会固定资产投资（10^4万元）	社会消费品零售总额（10^4万元）	人均工业产值（元）	农牧民人均纯收入（元）	在岗职工平均工资（元）	城镇人口占总人口的比重（%）	耕地面积（km^2）
2000	12.71	0.57	1.60	2.27	1891.92	2664	6393	18.96	614.75
2001	15.65	0.66	2.68	2.36	2116.69	2728	7895	17.73	616.80
2002	17.50	0.81	24.73	2.54	2338.67	2980	8965	15.46	616.79
2003	23.09	1.29	30.23	2.73	4421.65	3200	11775	20.55	616.78
2004	44.28	3.01	68.79	9.64	11964.74	4057	14844	22.08	616.82
2005	63.59	5.16	95.30	11.10	18246.47	4907	18257	26.11	616.99

续表

年份	国内生产总值（10^4万元）	地方财政收入（10^4万元）	全社会固定资产投资（10^4万元）	社会消费品零售总额（10^4万元）	人均工业产值（元）	农牧民人均纯收入（元）	在岗职工平均工资（元）	城镇人口占总人口的比重（%）	耕地面积（km^2）
2006	83.09	4.82	40.17	12.76	27034.76	5513	19841	24.37	610.88
2007	112.28	4.96	31.02	15.11	39262.81	6353	25840	24.35	615.34
2008	126.55	5.97	40.24	18.34	44052.23	7479	27388	25.49	621.36

资料来源：2001—2009年内蒙古统计年鉴。

表5—23　和林格尔县灰色关联分析原始数据表

年份	国内生产总值（10^4万元）	地方财政收入（10^4万元）	全社会固定资产投资（10^4万元）	社会消费品零售总额（10^4万元）	人均工业产值（元）	农牧民人均纯收入（元）	在岗职工平均工资（元）	城镇人口占总人口的比重（%）	耕地面积（km^2）
2000	6.51	0.38	1.50	1.40	1120	1685	6416	11.55	1160.72
2001	9.79	0.73	3.26	1.57	2228	1690	6435	11.98	1159.43
2002	18.11	1.01	11.10	2.11	4223	2672	12008	14.98	1139.14
2003	29.32	1.32	20.63	2.98	7855	2056	9588	15.29	1097.65
2004	40.11	2.40	23.22	4.48	11007	3529	12168	14.95	1094.58
2005	61.88	3.37	36.20	5.49	20139	4379	15196	14.48	1090.57
2006	78.62	2.64	51.85	6.47	24145	5082	15211	18.53	1086.39
2007	91.99	3.65	51.21	8.21	28338	5873	17608	20.36	1086.48
2008	97.99	4.85	58.56	11.26	27912	6701	20594	19.59	1091.88

资料来源：2001—2009年内蒙古统计年鉴。

表5—24　土默特左旗耕地面积与经济发展因子的绝对差值表

生产总值	0.7414	0.6401	0.5257	0.2054	0.7383	1.1390	0.6837	0.0626	0.4456
地方财政收入	0.5966	0.5444	0.4284	0.1439	0.7171	1.1648	1.1979	0.1246	0.6169
全社会固定资产投资	0.7630	0.7643	0.5846	0.0109	0.7886	2.0997	0.7772	0.1628	0.1527
社会消费品零售总额	0.8386	0.7622	0.6388	0.0614	1.1853	1.3915	0.6210	0.0541	0.2766
人均工业产值	0.6201	0.4529	0.3777	0.4354	0.5255	0.8704	0.9925	0.1979	0.8097

续表

农牧民人均纯收入	0. 8122	0. 7702	0. 5748	0. 1185	0. 9152	1. 4234	0. 6051	0. 0322	0. 2729
在岗职工平均工资	1. 2272	0. 6430	0. 4008	0. 3498	1. 0683	1. 3562	0. 7928	0. 0054	0. 2841
城镇人口占总人口的比重	0. 8015	0. 9935	0. 7788	1. 0906	2. 1909	0. 6112	2. 2634	0. 7920	0. 5857

最小差值 Δmin = 0. 00541，最大差值 Δmax = 2. 26336。

表 5—25　托克托县耕地面积与经济发展因子的绝对差值表

生产总值	0. 4224	1. 1037	1. 0588	0. 9263	0. 4551	0. 071	2. 6099	1. 6526	0. 2253
地方财政收入	0. 5426	1. 2542	1. 1822	0. 9616	0. 206	0. 6978	2. 7772	1. 2106	0. 5389
全社会固定资产投资	0. 6363	1. 3486	0. 6059	0. 4171	0. 8619	1. 6925	2. 0737	0. 1379	1. 7582
社会消费品零售总额	0. 4445	1. 1785	1. 1486	1. 1128	0. 0225	0. 1513	2. 6494	1. 3971	0. 2909
人均工业产值	0. 3452	1. 0803	1. 0646	0. 9343	0. 493	0. 1721	2. 5932	1. 7059	0. 2096
农牧民人均纯收入	0. 4576	1. 1694	1. 0222	0. 8916	0. 4143	0. 0149	2. 5961	1. 451	0. 1069
在岗职工平均工资	0. 6508	1. 2039	1. 0624	0. 6926	0. 309	0. 0754	2. 5142	1. 6666	0. 3376
城镇人口占总人口的比重	0. 1683	1. 2463	1. 8517	0. 4851	0. 0913	0. 9276	2. 6944	1. 0606	0. 84

最小差值 Δmin = 0. 00541，最大差值 Δmax = 2. 26336。

表 5—26　和林格尔县耕地面积与经济发展因子的绝对差值表

生产总值	2. 7188	2. 5856	1. 7107	0. 0856	0. 3155	1. 0564	1. 6604	2. 0346	2. 0338
地方财政收入	2. 782	2. 5115	1. 6862	0. 1734	0. 6383	1. 4047	1. 0536	1. 7169	2. 3396
全社会固定资产投资	2. 788	2. 6662	1. 6656	0. 0817	0. 2972	1. 0208	1. 8725	1. 8399	2. 0077
社会消费品零售总额	2. 5853	2. 4929	1. 6905	0. 1225	0. 4242	0. 8542	1. 2771	1. 7953	2. 5403
人均工业产值	2. 7105	2. 5699	1. 7503	0. 1144	0. 2661	1. 2152	1. 7077	2. 0823	1. 8738
农牧民人均纯收入	2. 6403	2. 5968	1. 4317	0. 4523	0. 4321	1. 0133	1. 521	1. 941	2. 2137
在岗职工平均工资	2. 8583	2. 8136	1. 0241	0. 2144	0. 4144	1. 1657	1. 3005	1. 792	2. 2378

续表

城镇人口占总人口的比重	2.8791	2.7012	1.1044	0.3034	0.2916	0.2684	1.6919	2.2726	1.8569

最小差值 Δmin = 0.08168，最大差值 Δmax = 2.87914。

表 5—27　B 类经济类型区耕地变化与经济发展指标的关联度表

项目	生产总值	地方财政收入	全社会固定资产投资	社会消费品零售总额	人均工业产值	农牧民人均纯收入	在岗职工平均工资	城镇人口占总人口的比重
托克托县	0.6581	0.6176	0.6152	0.6688	0.6537	0.6744	0.6549	0.6352
土默特左旗	0.6882	0.6789	0.6846	0.6810	0.6751	0.6889	0.6667	0.5348
和林格尔县	0.563	0.5485	0.5643	0.5685	0.5601	0.5441	0.5659	0.5908

由上面的分析可以知道，呼和浩特市 B 类经济类型区是经济发展较快的旗县，但经济发展因素对各旗县影响耕地变化的影响程度又各不相同，通过关联度排序可以知道：

托克托县：从关联度排序可以看出农牧民人均纯收入、社会消费品零售总额、生产总值对托克托县耕地变化的影响最大，最小的是全社会固定资产投资。

随着“两减免、三补贴”等一系列惠农政策的提出和实施，充分调动了农民务农种粮的积极性，托克托县九年间农民人均纯收入翻了两番，农用地整理累计增加耕地 1058.33hm^2，也是农民纯收入增加的主要来源，同时促进了社会消费品零售总额的增加，而固定资产对耕地变化的影响是最小的。

土默特左旗：从关联度排序可以看出土默特左旗与耕地变化相关性最大的经济发展指标是农牧民人均纯收入，其次是生产总值、全社会固定资产投资、社会消费品零售总额、地方财政收入、人均工业产值和在岗职工平均工资，最小的是城镇人口占总人口的比重。

土默特左旗在实施惠农政策中努力提高当地农民人均纯收入，在收入增加的同时也鼓励了农民种田的积极性，九年间全旗农牧民人均纯收入提高了 2.7 倍，耕地面积净增加 1018.57hm^2，累计增加 3214.27hm^2，主要来源于农地整理和土地复垦。城镇化水平对耕地变化起的作用最小，这说明土默特左旗在发展经济的同时充分挖掘居民点内部的空闲土地，居民点扩张的同时积极保护耕地。

和林格尔县：从关联度排序可以看出和林格尔县与耕地变化相关性最大的经济发展指标是城镇人口占总人口的比重，其次是社会消费品零售总额、在岗职工平均工资、全社会固定资产投资、生产总值、人均工业产值和地方财政收入，最小的是农牧民人均纯收入。随着城镇化进程的加快，城镇人口的不断增长，必然会推动居民规模的不断扩大，导致耕地面积的不断减少。2000 年到 2008 年，和林格尔县的城镇化率由 11. 55% 增加到了 19. 59%，全县城镇工矿用地占用耕地面积 728. 23hm^2。

综上所述，B 类经济发展类型区对耕地变化影响较大的经济发展指标是农牧民人均纯收入、地区生产总值、社会消费品零售总额和城镇化水平。

C 类经济类型区：

C 类经济类型区包括远郊的清水河、武川县两个旗县。采用灰色关联分析法，先对原始数据进行标准化处理后，取母系列为 1，分辨率为 0. 5，计算出耕地面积与经济发展因子的绝对值、关联计算公式中的 Δmax、Δmin、关联矩阵和关联度排序，见表 5—28、表 5—29、表 5—30、表 5—31、表 5—32。

表 5—28　清水河县灰色关联分析原始数据表

年份	国内生产总值（10^4 万元）	地方财政收入（10^4 万元）	全社会固定资产投资（10^4 万元）	社会消费品零售总额（10^4 万元）	人均工业产值（元）	农牧民人均纯收入（元）	在岗职工平均工资（元）	城镇人口占总人口的比重（%）	耕地面积（km^2）
2000	6. 82	0. 23	0. 72	0. 98	1725. 67	1588	5720	13. 14	802. 62
2001	6. 55	0. 22	1. 01	1. 08	1643. 57	1536	6783	11. 87	770. 77
2002	7. 53	0. 25	1. 67	1. 33	1166. 48	1706	7656	14. 68	734. 41
2003	8. 22	0. 27	3. 94	1. 47	1103. 50	1882	7198	19. 02	711. 08
2004	10. 09	0. 32	6. 23	1. 44	1235. 11	2582	9691	22. 33	709. 22
2005	12. 30	0. 44	10. 17	1. 58	1956. 06	3282	12017	27. 31	709. 87
2006	16. 00	0. 60	5. 54	1. 83	2574. 98	3785	13992	27. 08	709. 92
2007	22. 10	0. 84	12. 53	2. 17	3963. 94	4364	17857	31. 69	709. 21
2008	26. 69	1. 14	10. 53	2. 61	5076. 67	5008	19081	27. 46	709. 58

资料来源：2001—2009 年内蒙古统计年鉴。

表 5—29 武川县灰色关联分析原始数据表

年份	国内生产总值（10^4 万元）	地方财政收入（10^4 万元）	全社会固定资产投资（10^4 万元）	社会消费品零售总额（10^4 万元）	人均工业产值（元）	农牧民人均纯收入（元）	在岗职工平均工资（元）	城镇人口占总人口的比重（%）	耕地面积（km^2）
2000	7. 43	0. 31	0. 45	1. 52	1429. 22	1869	6909	18. 11	1542. 60
2001	7. 70	0. 27	0. 99	1. 73	1625. 70	1718	9100	18. 85	1524. 64
2002	9. 42	0. 27	2. 82	1. 87	1641. 90	1908	9578	19. 20	1513. 98
2003	12. 14	0. 30	5. 63	2. 04	1966. 26	2136	11222	19. 46	1495. 40
2004	16. 51	0. 38	8. 12	2. 67	2798. 94	2976	11346	19. 34	1493. 68
2005	19. 22	0. 47	18. 33	3. 07	3562. 32	2372	12934	21. 04	1493. 25
2006	24. 08	0. 58	23. 60	3. 93	5555. 60	3079	14627	23. 66	1493. 33
2007	29. 72	0. 65	23. 53	4. 66	8543. 38	3080	16504	24. 63	1493. 58
2008	38. 74	1. 16	29. 36	5. 70	11302. 33	4228	20533	25. 44	1494. 07

资料来源：2001—2009 年内蒙古统计年鉴。

表 5—30 清水河县耕地面积与经济发展因子的绝对差值表

生产总值	2. 9705	2. 0788	0. 8828	0. 107	0. 2043	0. 4904	0. 9996	1. 861	2. 4838
地方财政收入	2. 9079	2. 005	0. 8438	0. 0958	0. 1065	0. 4535	0. 9433	1. 7145	2. 6348
全社会固定资产投资	3. 2824	2. 2865	1. 0779	0. 1165	0. 6886	1. 5617	0. 5136	2. 1144	1. 652
社会消费品零售总额	3. 3423	2. 2237	0. 6734	0. 277	0. 2748	0. 5192	0. 9888	1. 6763	2. 5034
人均工业产值	2. 5243	1. 6547	0. 9393	0. 3041	0. 1549	0. 3479	0. 7944	1. 8202	2. 6147
农牧民人均纯收入	3. 1025	2. 2132	1. 0224	0. 2069	0. 383	0. 9001	1. 2838	1. 7478	2. 2302
在岗职工平均工资	3. 2204	2. 0761	0. 8388	0. 2508	0. 3079	0. 7599	1. 1583	1. 9614	2. 1985
城镇人口占总人口的比重	3. 2993	2. 5455	1. 0971	0. 1825	0. 6933	1. 3616	1. 3285	1. 9853	1. 3909

最小差值 $\Delta min = 0.09581$，最大差值 $\Delta max = 3.34234$。

表 5—31 武川县耕地面积与经济发展因子的绝对差值表

生产总值	3.0879	2.0717	1.324	0.0456	0.454	0.7284	1.174	1.6821	2.4907
地方财政收入	2.6952	1.8467	1.2595	0.1222	0.2517	0.582	0.9614	1.1852	2.9433
全社会固定资产投资	3.1589	2.1195	1.3674	0.0905	0.227	1.1632	1.6308	1.6106	2.1047
社会消费零售总额	3.1081	1.973	1.2874	0.1456	0.3806	0.6808	1.2658	1.7504	2.4366
人均工业产值	2.8848	1.8378	1.2446	0.1264	0.2049	0.4449	1.0065	1.8407	2.5966
农牧民人均纯收入	2.9712	2.1653	1.3436	0.0376	1.0884	0.3704	1.2341	1.2215	2.6034
在岗职工平均工资	3.4238	1.9081	1.2051	0.2146	0.3393	0.7428	1.144	1.5795	2.5169
城镇人口占总人口的比重	3.1524	1.8937	1.1787	0.0586	0.007	0.6307	1.5735	1.9102	2.1758

最小差值 Δmin = 0.00696，最大差值 Δmax = 3.42381。

表 5—32 C 类经济类型区耕地变化与经济发展指标的关联度表

	生产总值	地方财政收入	全社会固定资产投资	社会消费品零售总额	人均工业产值	农牧民人均纯收入	在岗职工平均工资	城镇人口占总人口的比重
清水河县	0.6538	0.667	0.6152	0.6441	0.6669	0.6152	0.627	0.5939
武川县	0.5962	0.6243	0.5866	0.5944	0.6204	0.5958	0.5955	0.6188

由上述计算可得：

清水河县：$x2 > x5 > x1 > x4 > x7 > x3 > x6 > x8$

武川县：$x2 > x5 > x8 > x1 > x6 > x7 > x4 > x3$

清水河县：从关联度排序可以看出：地方财政收入、人均工业产值生产总值和社会消费品零售总额对耕地变化影响较大，最小的是城镇人口占总人口的比重。

清水河县 2000 年地方财政收入 2270 万元，2008 年增加到 11352 万元，是 2000 年的 5 倍。耕地面积也随着地方财政收入的增加而减少，城镇化水平对耕地变化起的作用最小。

武川县：从关联度排序可以看出：地方财政收入、人均工业产值、生产总值和城镇人口占总人口的比重对耕地变化影响较大，最小的是全社会固定资产投资。

武川县2000年地方财政收入3085万元，2008年增加到48522万元，是2000年的12.79倍。耕地面积也随着地方财政收入的增加而减少，随着城镇化率的提高，城镇建设用地占用了耕地。

综上所述，C类经济类型区是地处呼和浩特市的远郊旗县，经济发展相对滞后。该区经济发展指标对耕地变化影响较大的指标是地方财政收入、人均工业产值生产总值和社会消费品零售总额。

5.1.5.4　耕地变化与经济发展相关性区域差异原因探析

通过上述定性和定量结合的方法对呼和浩特市各旗县区耕地变化和经济发展指标之间的关系进行研究，得出耕地变化与经济发展之间有较大的相关性：不同区域二者的关系存在很大差异，区域经济发展水平不同，二者之间的关系会呈现出不同的特征。究其原因，主要有以下几个方面：

（1）城镇化水平差异

人口城镇化是目前城镇化的主要过程，城镇化水平的不断提高，意味着城镇人口的不断增长与城镇建设规模的不断增大。除市辖四区外，近郊旗县的中心城镇均属于呼和浩特市半小时经济圈，受中心城市的辐射作用强，城镇化水平高，城镇人口以集聚为主；相对来讲，远郊县城镇人口增加较为缓慢。

呼和浩特市九个旗县区中，市辖四区（赛罕区、新城区、玉泉区、回民区）城镇化水平平均保持在76%左右，同时该区域也是建设用地占用耕地数量最多的，九年间建设用地占用耕地10363.42hm^2，其中城镇村建设占用耕地数量达到90%以上；托克托县、武川县的城镇化水平排其次，城镇化水平保持在18%左右，武川县九年间建设用地占用耕地数量很少，但其中以城镇村建设用地占用为主导，达到97.32%；土默特左旗、和林格尔县、清水河县的城镇化水平相当，城镇村建设用地占用耕地数量都达到了本旗县建设用地占用耕地数量的60%以上。

城镇化进程同时也是城镇建设用地不断增加的过程。要保证对城镇建设用地的供应，势必会大量占用耕地。由于城镇化水平的不同，使得耕地变化存在区域差异。

但从表5—31也可以看出，近郊的土默特左旗、和林格尔县的城镇化率无论是同期值还是九年间的变化值，均小于远郊的武川县和清水河县。我们认为，这与人们的居住心理有关，正是因为距离中心城市较近，故大多数近郊农村人口选择了直接进入中心城市，而非城镇，远郊旗县农村人口则首先选择进入县城城镇，这一点在相关的社会调查中也得到了证实；同时，呼和浩特市虽然在西部地区属大城市，但基础服务设施的完备性、与周边卫星城镇的交通联络等均较国内一线城市差，市区人口没有达到饱和外延至卫星城镇的程度，也是导致近郊旗县卫星城镇反而人口城镇化率较低的重要因素。

表 5—33　2000—2008 年呼和浩特市城镇化表

年份	市辖四区	土默特左旗	和林格尔县	托克托县	武川县	清水河县
2000	76.77	14.53	11.55	18.96	18.11	13.14
2001	76.65	15.96	11.98	17.73	18.85	11.87
2002	76.38	15.78	14.98	15.46	19.20	14.68
2003	75.04	15.63	15.29	20.55	19.46	19.02
2004	75.04	16.26	14.95	22.08	19.34	22.33
2005	76.29	13.99	14.48	26.11	21.04	27.31
2006	76.59	14.57	18.53	24.37	23.66	27.08
2007	77.11	15.61	20.36	24.35	24.63	31.69
2008	77.99	16.04	19.59	25.49	25.44	27.46

（2）中心城市经济辐射不同

由于各旗县距离中心城区的远近不同，导致各旗县经济发展中受中心城市的经济辐射作用、经济发展速度也不同，从而使得经济建设占用耕地数量、导致耕地减少的影响因素、对耕地保护的投入水平均有所不同。

市辖四区是呼和浩特市的中心城区，九年间经济发展十分迅速，2008年国内生产总值占全市国内生产总值的 66.79%，带动了全市的经济发展。而在经济迅速发展的同时，建设用地大量占用耕地，2000—2008 年共占用耕地 10363.42hm^2，达到耕地减少总面积的 77.57%，是全市建设用地占用耕地总量的 20.74%。对耕地变化影响较大的经济发展指标是人均工业产值、城镇人口占总人口的比重和生产总值，农牧民人均纯收入、全社会固定资产投资和社会消费品零售总额对耕地面积变化贡献最小。

属于近郊旗县的托克托县、土默特左旗与和林格尔县，2008 年县域的国内生产总值分别是 2000 年的 10 倍、5 倍和 15 倍，在经济突飞猛进的同时，九年间建设用地占用耕地数量分别是 381.90hm²、1395.10hm²、902.19hm²，分列全市建设用地占用耕地数量的二三位。而远郊的清水河县和武川县在 2008 年国内生产总值和仅占全市国内生产总值的 5.38%，九年间国内生产总值分别增加了 4 个百分点和 3 个百分点，是全市经济发展最缓慢的区域。建设用地占用耕地的数量也是最少的，仅分别为 229.89hm² 和 395.69hm²，该区经济发展指标对耕地变化影响较大的指标是地方财政收入、人均工业产值、生产总值和社会消费品零售总额。

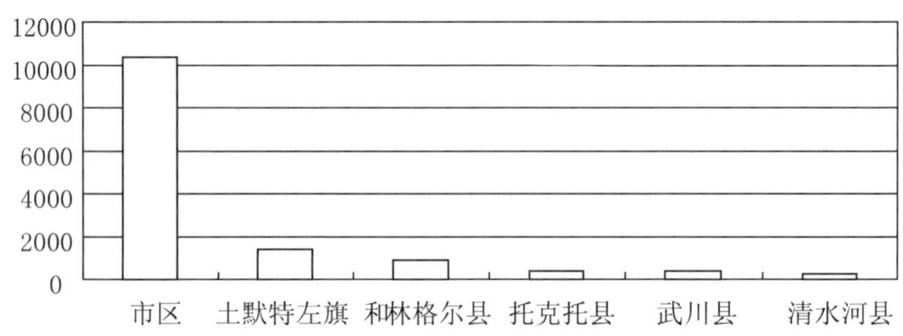

图 5—12　各旗县 2000—2008 年间建设用地占用耕地对比

（3）建设规模差异

由于距中心城区远近不同，交通的便利程度、各旗县区的城镇扩展速度也有所不同，导致各旗县建设用地规模、开发区建设速度、建设用地集约利用程度等均不同，使得耕地变化的影响因素也存在区域差异。

A 类经济发展区是呼和浩特市经济高速发展区，区内有国家级经济开发区金桥经济技术开发区、金川经济开发区和如意开发区等。与耕地变化的相关性较大的因素主要是人均工业产值、生产总值和城市化水平。B 类经济发展区是经济发展较快区，区内有土默特左旗金山经济技术开发区、托克托县有工业园区和和林格尔县盛乐经济开发区，与耕地变化的相关性较大的因素主要是农牧民人均纯收入、地区生产总值、社会消费品零售总额。C 类经济发展区是较缓慢地区，该区域以传统农业为主，所以耕地减少的主要去向是生态退耕。各类经济区 2000—2008 年建设用地规模增加统计见图 5—13。

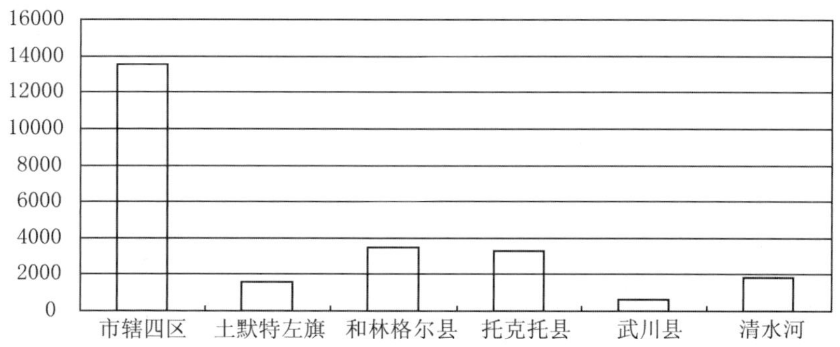

图 5—13　各旗县 2000—2008 年建设用地规模增加

引起耕地变化与经济发展相关性区域差异的原因是多方面的，如各地区经济基础的差异、国民经济和社会发展目标的不同、经济及土地各项政策执行的差异等均对耕地变化与经济发展相关性区域差异有不同程度的影响，这里不一一探讨。

5.1.6　协调经济发展与耕地保护的对策研究

2000 年到 2008 年九年间是呼和浩特市经济飞速发展的时段，各旗县区工业化和城镇化快速发展。通过上述分析，经济发展与耕地变化有很密切的相关性，随着呼和浩特市人口的持续增长、城镇规模的不断扩展和工业企业的迅速发展，耕地数量不断减少，且大量优质耕地被建设用地占用。因此为协调经济发展与保护耕地数量和质量之间的矛盾，必须从以下几个方面来考虑：

（1）转变经济增长方式，减少建设用地占用耕地

建设用地占用耕地是经济发展过程中的一个必然现象，通过大量的农用地转化为建设用地是呼和浩特市当前经济增长的一个重要源泉。但是由于土地资源的稀缺性，不可能通过大量的土地资源投入来换取经济的增长，必须转变经济增长方式，减少经济发展对土地资源的依赖，实现集约型经济增长，使经济发展朝着规模经济、效益经济的方向发展。从根本降低经济发展对耕地占用的压力。在有限的土地资源条件下，逐渐提高土地的利用效率，协调经济发展与耕地保护之间的关系，促进土地资源的可持续利用。

（2）加强耕地保护，确保耕地总量动态平衡

从2000年到2008年九年间，呼和浩特市耕地净减少27426.83公顷，人均耕地由4.28亩/人减少到3.81亩/人。为了切实保护呼和浩特市耕地，保证区域粮食安全、经济发展和社会稳定，国家提出“实行最严格的耕地保护制度”。2008年耕地减少的势头在一定程度上得到了遏制，但是呼和浩特市耕地保护形势依然严峻，因此在今后土地管理中必须做到：①依照法律和规划实行严格的土地用途管制制度；②严格划定基本农田保护区；③严格执行耕地“占一补一”制度；④严格控制农业结构调整对耕地的破坏。其中最重要的方面是实现耕地总量动态平衡，要求在耕地保护的过程中不仅要重视耕地数量的保护，确保现有耕地不再减少，并努力做到随着经济发展和人口增长，耕地的总量也有所增加；加强耕地质量保护，防止耕地地力衰退，提高耕地生产力。

（3）加大对农业的投入，提高农民对耕地保护的积极性

耕地利用是农业生产最基本、最直接的单元，农民是耕地保护投资的主体。提高农民收入就能够提高农民保护耕地的积极性。加大对农业基础设施、农业技术的投入。在建设用地占用耕地的过程中，应通过征收耕地占用税和土地出让金等，加大农田整理，改善农业生产的硬件设施，提高粮食单产，既有利于保障粮食安全，又有利于提高农民务农的收益，从而提高农民耕地保护的积极性。

（4）城镇化过程中要处理好建设占用与保护耕地的关系

通过近九年的统计数据可知，耕地减少的原因除生态退耕、农业结构调整和灾毁外，城镇化过程中建设用地占用导致城郊结合地带耕地减少。因此，城镇化过程中必须处理好建设占用与保护耕地的关系，城镇土地开发利用要从粗放外延扩张型转向集约立体型，使多维空间利用成为城镇土地开发利用的发展方向。城镇化过程中应充分挖潜城镇内部建设用地，减少占用城镇周边的优质耕地资源；必须占用时，要做好耕地补充和保证补充耕地质量等工作。

（5）耕地保护应因地制宜，有的放矢

耕地保护不仅要保证数量还应保证质量，各地因自然经济社会的差异，耕地保护应区别对待。

就市辖四区言，因耕地资源及耕地后备资源数量十分有限，而经济社会

的发展对土地的需求巨大，要保证市辖四区耕地数量的不减少是不可能做到的。因此，市辖四区的耕地保护重点应加强耕地质量的保护，通过加大对中低产田改造，努力提高粮食单产水平，耕地非农化对粮食的影响减少到最低限度。

武川县和清水河县要以耕地质量保护为重，同时兼顾耕地数量的保护，在新增建设用地中应尽量避免少占耕地，少占优质耕地。

和林格尔县土默特左旗和托克托县耕地保护应从质量和数量两方面抓。因耕地资源丰富，耕地后备资源也相对较多，应当为呼和浩特市的粮食安全做出一定的贡献，因此和林格尔县、土默特左旗和托克托县应立为呼和浩特市实施耕地保护、加强基本农田建设的重点区域，并作为全市今后土地开发整理的重点片区，在政策、资金、技术等方面予以重点扶持。

5.1.7 结论与讨论

通过对呼和浩特市市辖四区和五旗县 2000—2008 年耕地数量变化和空间变化的分析、各区域经济发展水平的综合排序以及经济发展快慢的聚类分析以及耕地变化与经济发展指标相关性的区域差异研究，得出以下结论：

（1）耕地数量变化区域差异：呼和浩特市各个旗县区耕地结构变化具有一定的相似性：①呼和浩特市各个旗县区耕地的二级地类均以旱地为主，灌溉水田较少；②对比 2000 年和 2008 年各旗县区耕地各二级地类所占比例基本不变。③相对而言，多数区域水浇地和旱地比例调整幅度较大，而灌溉水田和菜地在呼和浩特市不仅绝对量较少，所占比例基本不变较为稳定。

2000—2008 年间，呼和浩特市耕地面积由 596914.13hm^2 减少到了 569487.30hm^2，九年间减少量为 27426.83hm^2，耕地变化幅度 4.59%。市辖四区、和林格尔县、武川县、清水河县这四个地区耕地面积减少，其中以武川县和清水河县耕地减少量最大；土默特左旗和托克托县的耕地面积是增加的，分别增加 1018.57hm^2 和 661.40hm^2。

（2）经济发展变化分析：通过单一 GDP 指标以及利用主成分聚类分析法对呼和浩特市各旗县区的经济发展进行分析，将呼和浩特市的市辖四区和五旗县分为三类经济发展类型区。A 类有市辖四区，是呼和浩特市的经济发展的核心区域；B 类有和林格尔县、托克托县和土默特左旗，是经济发展较快的区域；C 类有清水河县和武川县，是属于地形地貌条件及土地利用的区位条件较差，呼和浩特市的远郊旗县，经济发展较为缓慢。

（3）耕地数量变化与区域经济发展相关性分析：采用灰色关联度模型，选取耕地面积为母序列 y，主成分分析确定的 8 个主要经济指标为子序列数据。A 类经济类型区与耕地变化相关性最大的经济发展指标是人均工业产值，其次是城镇人口占总人口的比重、生产总值、在岗职工平均工资、地方财政收入、农牧民人均纯收入、社会消费品零售总额，最小的是全社会固定资产投资；B 类经济发展类型区与耕地变化相关性较大的经济发展指标是地区生产总值、农牧民人均纯收入、社会消费品零售总额和城镇化水平；C 类经济发展指标对耕地变化影响较大的指标是地方财政收入、人均工业产值生产总值和社会消费品零售总额。

基于以上结论，呼和浩特市经济发展与耕地变化密切相关，相互影响较大，因此制定协调经济发展与耕地保护的对策，将是呼和浩特市在经济发展的同时实现耕地资源的可持续利用、保障粮食安全的基本条件。

但耕地变化的后果是多方面的，不仅有耕地数量及其空间分布变化，还有质量的变化、土地生态环境的变化、人为经营条件和农业科技条件变化等。因此全面分析耕地变化和区域经济发展关系仍将是一个庞大的系统工程，本项研究仅起到一个抛砖引玉的作用。另外，耕地非农化的驱动机制较为复杂，如政策因素、科技进步因素、群众的社会心理变化因素等，本文仅就经济发展与耕地变化做了相关分析，难免有所偏颇，还有待于今后再进一步研究和完善。

5.2　和林格尔县土地利用生态系统服务功能价值估算*

位于呼和浩特市域东南方向的和林格尔县是本市的近郊县，也是近十几年来社会经济各业发展十分迅速的旗县之一，也是土地利用变化最为显著的

* 注：本部分完成于 2008 年。

地区。该旗县又是国家级贫困县和生态建设县，因此，选择和林格尔县作为典型样区研究土地利用生态系统服务功能价值的变化具有较大的现实意义。

5.2.1 区域概况

5.2.1.1 自然与社会经济情况

（1）自然地理环境特征

和林格尔县地处北纬39°58′－40°41′，东经111°26′－112°18′，南与清水河县以及山西省朔州市平鲁区接壤，西与托克托县毗连，北靠土默特左旗和呼和浩特市赛罕区，东与乌兰察布市凉城县和山西省朔州市右玉县接壤。和林格尔县总面积3447.78平方公里，全境海拔高度为1016—2031m，是土默特平原向东南黄土高原和蛮汉山地的过渡地带，地势自东南向西北倾斜，依次分布有山地、丘陵和平原，历来有“三丘一山一分川”的自然地貌特点，多样的地貌类型为土地综合利用和发展多种经营奠定了基础。

和林格尔县气候属中温带大陆性季风气候，光资源丰富，热量充足，年降雨量少，雨量集中，蒸发量大，气候干燥，年平均气温5.6℃。年平均降雨量417.57mm，降水变化率大，作物主要生长期6－8月份的降雨量占全年降水量的59.3%。

植被和土壤地域分异明显，植被从东南部中低山地森林、灌丛草原类型逐渐过渡到西北部丘陵草原类型、低湿地草原化草甸类型。土壤类型也呈灰褐土、栗褐土、风沙土、盐碱土有规律地分布。栗褐土为本县主要土壤类型，决定了本县以旱作农业为主。

境内较大河流共11条，浑河是本县最大的过境河，可利用水资源7871.3万m^3；宝贝河、茶坊河等常年有基流，流经北部滩川地区，可利用水资源3768.2万m^3。全县地下水补给量2.4493亿m^3，滩川地区可利用地下水为9904.12万m^3，黄土丘陵区可利用地下水为5349.18万m^3，山地可利用地下水为7608.80万m^3，水化学类型多为HCO_3－Ca、Mg型，水质良好，有利于生产生活。

（2）社会经济发展状况

和林格尔县是以传统农业为主，以农畜产品加工和建材工业为两翼的贫困县，和林格尔县现辖3镇4乡和1个经济园区，分别是羊群沟乡、黑老夭乡、大红城乡、舍必崖乡、城关镇、盛乐镇、新店子镇、盛乐经济园区，全县现有145个行政村5个农场，共计750个自然村，有居委会10个。2007年全县总人口为190950人，其中非农业人口为38884人，人口密度55人/km^2。和林格尔县是一个以蒙古族为主体，汉族占多数的多民族聚居区，共有17个民族。

据2008年和林格尔县经济统计报表，2007年，全县地区生产总值达到92亿元，同比增长29.3%；财政收入达到7.79亿元，同比增长49%；全社会固定资产投资总额完成51.2亿元，同比增长46.6%；城镇居民人均可支配收入达到12504元，较上年纯增2208元；农民人均纯收入达到5873元，较上年纯增903元；在农业方面和林格尔县通过加大农业基础设施的投入力度，扎实推进农业产业化进程，使得全县农业有了前所未有的发展。2007年，全县农业完成产值10.06亿元。主要经济作物有玉米、胡麻、向日葵、小杂粮、豆类、马铃薯等。2007年，粮食实播70961万亩，粮食总产量18.2万吨，人均产量达到1123公斤。

和林格尔县积极引导农民走产业化发展道路，农民通过发展乳、肉、马铃薯及沙棘柠条产业来增加收入。农民的人均收入逐年增加，2007年，全县农民人均纯收入为5873元。2007年底，全县奶牛存栏14.23万头，鲜奶产量达到62.2万吨，肉羊存栏30.6万只，年出栏肉羊达到55万只，年末牲畜总头数47.79万头只，肉类总产量16164吨。

在林业方面，经过多年治理，和林格尔县林地面积已由建国初的15.6万亩增加到现在的205万亩，林木覆盖率也从3%提高到30.2%，2007年底，全县林木总蓄积量为169.8m^3。

在工业方面和林格尔县以经济开发区为平台，加大招商引资的力度，使得工业在整个经济结构中所占的比例逐年增大，近年来由于盛乐镇工业园区的带动，使得全县经济得到了显著发展。2007年，全部工业总产值完成155.7亿元，规模以上工业增加值完成53.4亿元。

近年来，和林格尔县旅游业迅速崛起，自然景观旅游区有白二爷沙坝、南天门植物园、人文景观旅游区有盛乐百亭公园。除此之外，和林格尔县独辟蹊径，在经济开发区开辟了以蒙牛三期工程、澳亚国际牧场、蒙羊、昭君羊绒等企业为主的工业旅游。最近几年，和林格尔县旅游业呈现出蓬勃发展的态势，年接待人数和旅游收入逐年增加。2007 年，全年接待游客 54 万人次，旅游收入达到 9800 万元。目前，全县年旅游接待能力可达 200 万次人以上。

5.2.1.2　土地利用变化研究

根据和林格尔县 2007 年土地利用变更调查数据，截至 2007 年末，和林格尔县土地总面积为 344746.93hm^2。农用地总面积 323007.46hm^2，占土地总面积的 93.70%。建设用地总面积 12561.81hm^2，占土地总面积的 3.64%。未利用地总面积 9177.66hm^2，占土地总面积的 2.66%（图 5—14）。

近些年来，和林格尔县土地利用类型变化较大，从 1997 - 2007 年土地利用类型变化来看，耕地和牧草地面积总体呈下降趋势。除了耕地和牧草地，其他土地类型面积均有上升趋势，其中林地和居民点工矿用地面积增加较快。从历年变更结果可以看出，建设用地占用耕地每年都会有较大增加幅度，林地和建设用地的增加与 2002 年启动的退耕还林政策和近几年经济的快速发展有着必然的联系。

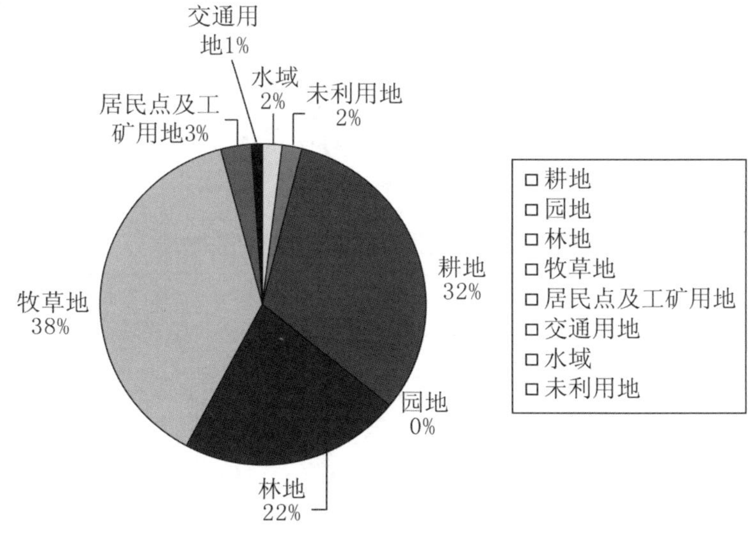

图 5—14　2007 年和林格尔县土地利用现状图

土地利用动态度和土地利用程度指数分别反映了土地利用变化速率和人类与自然的综合效应，本文以 1997—2007 年的变更数据为基础数据，分析了和林格尔县 1997—2007 年土地利用动态度和土地利用程度。

（1）土地利用动态度分析

单一土地利用动态度是用来描述区域一定时间范围内某种土地利用类型数量的变化情况。它对比较土地利用变化的区域差异和预测未来土地利用变化趋势都具有积极的作用。其计算公式为：

$$K = \frac{U_b - U_a}{U_a} \times \frac{1}{T} \times 100\% \qquad （公式5—12）$$

式中，K 为研究时段内某一土地利用类型动态度，U_a、U_b 分别为研究期初及研究期末某一种土地利用类型的数量，T 为研究时段长，当 T 的时段设定为年时，K 的值就是该研究区某种土地利用类型年变化率。

和林格尔县从2002年实施退耕还林还草政策以来生态环境有所改变，特别是2003年生态退耕对环境的影响很大，风蚀水蚀有所减轻，水土流失有所减弱，生态环境建设取得了前所未有的进展。本研究立足于和林格尔县的实际，在研究土地利用动态度时，以2003年为分界点，分别研究1997—2003年、2003—2007年和1997—2007年三个时间段的土地利用动态变化情况，并进行对比分析。

以变更数据为基础，利用公式（5—12），对和林格尔县1997—2003年、2003—2007年和1997—2007年三个时间段的土地利用动态度进行计算（表5－34）。

表5—34　和林格尔县土地利用变化及动态

土地类型	1997—2003年			2003—2007年			1997—2007年		
	变化面积	变化率%	动态度%	变化面积	变化率%	动态度%	变化面积	变化率%	动态度%
耕地	－7704	－6.56	－1.1	－576.8	－0.53	－0.13	－8280.53	－7.1	－0.7
园地	631.2	140	23.3	－24.55	－2.27	－0.57	606.65	135	13.46
林地	14137	22.8	3.8	－842.2	－1.11	－0.28	13294.28	21.5	2.14
牧草地	－9901	－6.78	－1.1	－4449	－3.27	－0.82	－14350.8	－9.8	－0.98
居民点及工矿用地	1998	26.29	4.38	1802.9	18.79	4.7	3800.44	50	5
交通用地	372.1	18.15	3.02	126.43	5.22	1.3	498.49	24.3	2.43
水域	28.85	0.48	0.08	42.07	0.7	0.18	70.91	1.19	0.12
未利用地	438.9	13.87	2.31	3921.6	108.8	27.21	4360.52	138	13.78

1997—2007 年土地利用变化最大的是未利用地，动态度为 13.78；其次是园地，动态度为 13.46；变化最小的是水域，动态度为 0.12。除了耕地和牧草地面积减少外，其他类型土地面积都有不同程度增加。从变化数量上看，面积变化最大的是牧草地，1997—2007 年间减少了 14350.8hm^2，林地增加了 13294.28hm^2，耕地减少了 8280.53hm^2，面积变化最小的是水域，仅增加 70.91hm^2。1997—2007 年间居民点及工矿用地和未利用地面积分别增加了 3800.44hm^2 和 4360.52hm^2，相对面积变化较大。

对比 1997—2003 年和 2003—2007 年两个研究时段土地利用变化情况可以看出，2003—2007 年只有居民点及工矿用地和未利用地的土地利用变化速率高于前一时段，其余用地的土地变化速率均比前一时段的低，且变化较缓和，说明了处在经济快速发展时期的和林格尔县，建设用地的需求量在不断增加。未利用地增加的面积中，荒草地占到 96%，从历年变更数据分析可知，荒草地增加的面积中，草地和耕地的变更占主要部分，所以今后在土地利用上应该注意保护耕地和草地，避免耕地和草地大量荒草地化。

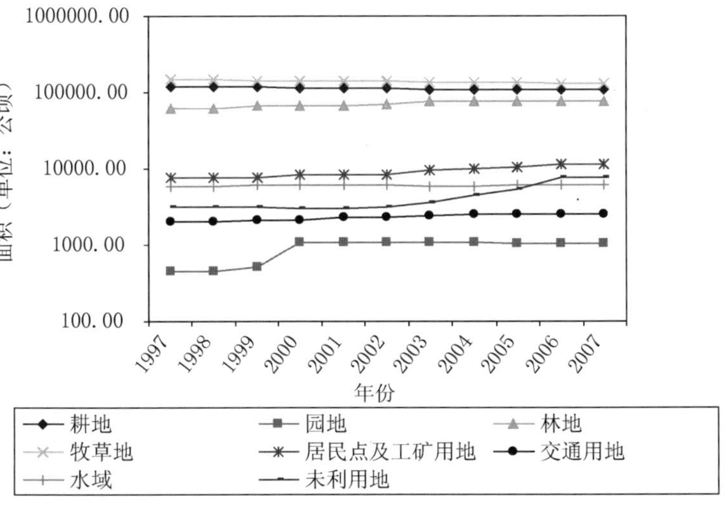

图 5—15　和林格尔县土地利用类型变化图

（2）土地利用程度分析

土地利用程度主要反映土地利用的广度和深度，它不仅反映了土地利用中土地本身的自然属性，同时也反映了人类因素与自然环境因素的综合效应。一个特定范围内土地利用程度的变化是多种土地利用类型变化的结果，土地利用程度及其变化量和变化率可定量地揭示该范围土地利用的综合水平和变化趋势。因此，利用土地利用程度综合指数、土地利用程度变化量和变化率等三个指标来反映和林格尔县十年间土地利用变化程度。

土地利用程度综合指数模型：

$$L_j = 100 \times \sum_{i=1}^{n} A_i \times C_i \qquad \text{（公式 5—13）}$$

式中，L_j 为某研究区域土地利用程度综合指数；A_i 为研究区域内第 i 级土地利用程度分级指数；C_i 为研究区域内第 i 级土地利用程度分级面积百分比；n 为土地利用程度分级数。

土地利用程度变化量和变化率模型

$$\Delta L_{b-a} = L_b - L_a = 100 \times \left[\sum_{i=1}^{n} A_i \times C_{ib} - \sum_{i=1}^{n} A_i \times C_{ia} \right] \qquad \text{（公式 5—14）}$$

$$R = \frac{\sum_{i=1}^{n} (A_i \times C_{ib}) - \sum_{i=1}^{n} (A_i \times C_{ia})}{\sum_{i=1}^{n} (A_i \times C_{ia})} \times 100\% \qquad \text{（公式 5—15）}$$

式中，L_b 和 L_a 分别为 b 时间和 a 时间的区域土地利用程度综合指数；A_i 为第 i 级的土地利用程度分级指数；C_{ib} 和 C_{ia} 分别为某区域 b 时间和 a 时间第 i 级土地利用程度面积百分比。如 $\Delta L_{b-a} > 0$，或 $R > 0$，则该区域土地利用处于发展时期，否则处于调整期或衰退期。

根据刘纪远等从生态学角度出发提出的土地利用程度综合分析方法，将土地利用程度按照土地在非自然因素影响下的自然平衡状态分为 4 级，并赋予分级指数（表 5－35），利用公式 5—13、公式 5—14、公式 5—15 模型计算得出和林格尔县土地利用程度指数及变化率（表 5－36）。

表 5—35 土地利用类型及分级

利用级	未利用土地级	林、草和水用地级	农业用地级	城市聚落用地级
利用类型	未利用地	林地、草地和水域	耕地和园地	居民点及工矿用地和交通用地
分级指数	1	2	3	4

表 5—36 和林格尔县土地利用程度及变化率

年份	土地利用程度综合指数	土地利用程度变化量	土地利用程度变化率%
1997	238.88		
1998	238.91	0.02	0.01
1999	239.00	0.09	0.04
2000	239.14	0.14	0.06
2001	239.23	0.09	0.04
2002	238.64	-0.59	-0.25
2003	238.08	-0.56	-0.23
2004	238.08	0.00	0.00
2005	237.94	-0.14	-0.06
2006	237.81	-0.13	-0.06
2007	237.89	0.08	0.03

1997—2007 年和林格尔县土地利用程度综合指数在 237.81—239.23 之间，略高于同期全国土地利用程度指数，但是从土地利用程度指数的极限来看，和林格尔县土地资源的开发力度还有待加强。1997—2007 年土地利用程度变化率时高时低，并在 2001—2002 年间，2004—2006 年间出现负值，这充分说明和林格尔县的土地利用结构还不稳定，正处在调整时期。寻找生态效益、经济效益、和社会效益最优化的土地利用布局是今后努力的方向。随着经济的发展，建设用地会有更大的需求，在农用地和建设用地之间寻找一个动态的平衡点是节约集约利用土地资源、保障耕地总量动态平衡的要求，也是影响和林格尔县土地利用程度趋于合理的关键因素。

综合分析和林格尔县的土地利用动态度和土地利用程度，研究表明，和林格尔县1997—2007年土地利用动态度的变化不规律，从2002年开始启动的退耕还林还草政策，人为地使土地利用结构有较大的调整，特别是林地的面积增加了13294. 28hm^2。2003年的土地利用结构变化最大，土地利用程度变化率也较高。另外，和林格尔县近些年经济的快速发展使建设用地需求量逐年增加，每年建设占用耕地比重呈上升趋势。总体来看，和林格尔县土地利用结构还不稳定，正处在调整时期，土地利用类型的变化必然会引起土地生态系统服务价值发生变化，研究土地利用类型变化对区域土地生态系统服务价值的影响，将会对区域土地利用结构调整，土地生态环境的改善有重要意义。

5. 2. 2　土地利用生态系统服务功能价值估算体系和方法的选取

和林格尔县土地利用生态系统服务功能价值类型划分以Costanza的分类为基础，Costanza将生态系统服务功能分为气候调节、水分调节、水分供应、气候调节、侵蚀控制、土壤形成、营养物质循环、废弃物处理、植物传粉、产品生产、生物多样性的生产和维持、原材料、基因资源、娱乐、文化服务、干扰调节和避难地17种。考虑到和林格尔县的实际情况，本研究只对食物生产及原材料、生态旅游、涵养水源、保持土壤、净化空气、废物处理和维持生物多样性7种服务功能进行估算。

根据生态系统的概念，以土地利用类型为基本生态系统单元。为了研究方便，并依据全国土地利用分类系统（1984年，全国农业区划委员会），将和林格尔县土地利用分为耕地、园地、林地、牧草地、居民点及工矿用地、交通用地、水域和未利用地8大类。

居民点、工矿以及交通用地是人参与较多的系统，对于自然生态环境也有着重要影响，在评估过程中考虑到其产生的负价值，本文仅计算和林格尔县地区居民点和工矿用地的水分调节和废弃物处理的负生态价值。

在具体计算过程中，由于和林格尔县园地面积较小，在总土地面积中比重不足0. 004%，提供的生态系统服务价值量也很小，本文不对其进行评价。由于交通用地和未利用地在土地利用生态服务价值中所占比重较小且服务价值难以估算，国内外许多学者在研究中都没有对其进行评估，故本文对交通用地和未利用土地的生态服务价值也不做评估。另外，为了和国内外研究相一致，在研究过程中把耕地统一称作农田，和林格尔县土地利用类型生态系统服务功能估算体系如表 5—37。

表 5—37　和林格尔县土地利用类型生态系统服务功能估算体系

	食物生产及原材料	生态旅游	涵养水源	保持土壤	净化空气		废物处理	维持生物多样性
					吸收 CO_2 释放 O_2	吸收 SO_2 和 HF、滞尘		
农田	+	+	+	−	+	+	+	−
林地	+	+	+	+	+	+	+	+
草地	+	+	+	+	+	+	+	+
居民点及工矿用地	−	−	−	−	−	−	+	−
水域	−	+	−	−	−	−	+	−

注：“十”表示本研究进行估算的服务功能；“—”表示本研究没有进行估算的服务功能。

表 5—38　和林格尔县生态系统各单项服务功能价值评价方法

评价项目	价值计算指标	价值评价方法
食物生产及原材料价值		市场价值法
生态旅游价值		市场价值法
涵养水源价值		影子价格法、影子工程法
保持土壤价值	减少土地废弃面积的价值	机会成本法
	减少土壤肥力损失的价值	市场价值法
	减少泥沙淤积的价值	影子工程法
净化空气价值	固定 CO_2 价值	造林成本法、碳税法
	释放 O_2 的价值	造林成本法、工业制氧法
	吸收 SO_2	替代工程法、恢复费用法
	吸收 HF	替代工程法、恢复费用法
	滞尘	替代工程法、恢复费用法
废物处理价值		参照法、影子价格法
维持生物多样性价值		参照法

在研究中采用经济学、环境科学等相关方法和谢高地等人的研究成果，

并参照 Costanza 的生态系统服务价值（ESV）估算方法，根据实际情况进行和林格尔县土地利用生态系统服务价值估算。

根据研究区的实际情况，结合理论与实际，本次研究采用的方法有：市场价值法、影子价格法、影子工程法、机会成本法、恢复费用法等（表 5—38），分别对和林格尔县的农田、林地、草地、水域、居民点及工矿用地的生态系统服务功能价值进行评估。另外，对居民点及独立工矿产生的土地生态系统服务负价值，采用了防护费用法进行了估算。

5.2.3 土地利用生态系统服务功能价值估算

5.2.3.1 农田生态系统服务功能价值评估

（1）食物生产及原材料功能价值评估

和林格尔县农田生态系统产品包括粮食作物（小麦、玉米、谷物）、经济作物（胡麻、向日葵、豆类、马铃薯）、蔬菜、瓜类、饲草的种植。受收集到资料的限制，本研究采用和林格尔县农业总产值来评价农田生态系统食物生产及原材料的功能价值（表 5—39）。

表 5—39 和林格尔县农田生态系统食物生产及原材料功能价值（万元）

年份	1997	1998	1999	2000	2001	2002	2003	2004	2005	2006	2007
产值	16328	22744	22283	24960	27816	39736	46459	59716	72846	90600	103187

（2）生态旅游功能价值评估

和林格尔县是呼和浩特市近郊，具有一定的旅游潜力。近年来，随着和林格尔县国民经济的发展、旅游业的兴旺，人们物质生活水平的提高，人们不再满足于观光旅游，而向休闲度假形式转化，因而对土地生态系统提供的生态旅游服务的需求越来越多。

生态旅游价值评估常用方法有市场价值法、费用支出法、旅行费用法和调查评价法等。本研究采用市场价值法，用和林格尔县 1997—2007 年各年的旅游综合收入代替土地生态系统所提供的生态旅游价值（表 5—40）。

参考中国陆地生态系统单位面积生态服务当量表中娱乐文化价值的当量因子，结合 1997—2007 年和林格尔县土地利用变化情况，将旅游价值分配到不同用地中，得到农田、林地、草地和水域的生态旅游价值（表5—41）。

表5—40　和林格尔县土地利用生态系统生态旅游价值

年份	1997	1998	1999	2000	2001	2002	2003	2004	2005	2006	2007
人次（万人次）	18	23	25	27	29	34	36	40	43	54	59
旅游综合收入（亿元）	0.37	0.39	0.40	0.36	0.47	0.50	0.61	0.76	0.83	0.98	0.99

表5—41　和林格尔县农田、林地、草地和水域生态系统生态旅游价值（万元）

年份	农田	林地	草地	水域	合计
1997	6.53	835.27	26.1	2832.1	3700.00
1998	6.88	880.42	27.51	2985.19	3900.00
1999	7.06	902.99	28.22	3061.73	4000.00
2000	6.35	812.70	25.39	2755.56	3600.00
2001	8.29	1061.02	33.15	3597.53	4700.00
2002	8.82	1128.74	35.27	3827.16	5000.00
2003	10.77	1377.07	43.03	4669.14	6100.00
2004	13.41	1715.69	53.61	5817.29	7600.00
2005	14.65	1873.71	58.55	6353.09	8300.00
2006	17.30	2212.34	69.13	7501.24	9800.00
2007	17.47	2234.91	69.84	7577.78	9900.00

（3）涵养水源功能价值评估

涵养水源也是农田生态系统一个主要的生态功能，农田由于存在季节性间歇，涵养水源能力要低于森林和草地。农田的单位面积涵养水源能力，结合和林格尔县林地涵养水源能力，参考中国陆地生态系统单位面积生态服务价值当量表，计算出农田生态系统涵养水源能力为781.69m^3/（hm^2·a）。根据市场价值法，灌溉用水价格为0.08元/t，1958—1991年全国水库建设投资测算的修建水库的单位蓄水费用为0.67元/m。涵养水源价值分别采用影子价格法和影子工程法计算，取其平均值为0.38元/m^3。估算出和林格尔县农田生态系统涵养水源的价值为 293.13 元/（hm^2 · a）。

（4）净化空气功能价值评估

农田生态系统净化环境是指生态系统中生物类群通过代谢作用使环境中污染物数量减少，浓度下降，毒性减轻，直至消失。农田植被净化环境的功能，主要包括吸收 CO_2 和污染物、释放 O_2 和阻滞粉尘、杀灭病菌和降低噪声。因杀灭病菌和降低噪声价值研究目前尚不成熟，本文仅测算农田生态系统吸收 CO_2，释放 O_2，吸收 SO_2、HF 和滞尘 4 个方面的净化空气服务功能价值。

①固定 CO_2，释放 O_2 服务功能

在评估农田生态系统对固定 CO_2，释放 O_2 的服务功能时，常以陆地生态系统每年的有机物质净初级生产量为基础，根据光合作用和呼吸作用的反应方程式：

$$6CO_2 + 6H_2O \Leftrightarrow C_6H_{12}O_6 + 6O_2 \Leftrightarrow \text{多糖}$$

植物光合作用时，利用太阳能每吸收 264g CO_2 和 108g H_2O，能够生产出 180g 葡萄糖和 192g O_2，然后 180g 葡萄糖再转变成 162g 多糖在植物体内贮存，即每形成 1.00g 植物干物质需要 1.63g CO_2，释放 1.20g O_2，先推算出单位面积农田吸收 CO_2 和释放 O_2 的量。固定 CO_2 效益采用中国造林成本法 273.3 元/t C 和瑞典碳税率 150 美元/t C，按 2007 年美元对人民币的平均汇率 1：7.52，换算为 1128.0 元/t C，取其两者的平均值即 700.65 元/t C 进行评价；释放 O_2 的效益采用中国造林成本法 369.7 元/t O_2 和工业制氧法 400 元/t O_2 的平均值即 384.85 元/t O_2 进行评价。

农田净初级生产力的确定采用单位面积的粮食产值来衡量，参考陈百明等研究中的三等耕地生产力的平均值，作为和林格尔县农田的净初级生产力，取值 4.00t/（hm^2 · a）。

②吸收 SO_2、HF 和滞尘服务功能

因目前和林格尔县农田单位面积净化各种污染物的具体数据难于获取，所以采用马新辉等研究的参数，农田吸收各种污染气体量分别取：吸收 SO_2 为 45.00kg/（hm^2 · a）；吸收 HF 为 0.44kg/（hm^2 · a）；滞尘为 0.95kg/（hm^2 · a）。根据和林格尔县农田生态系统作物的耕地面积，运用替代工程法进行计算。

工业削减单位二氧化硫的工程费用为600元/t，削减HF的投资及处理成本为900元/t，削减粉尘费用为170元/t，则可计算出农田生态系统吸收SO_2、HF和滞尘的价值。

综合评价得到和林格尔县农田生态系统净化空气的价值为6443.08元/（hm^2・a）（表5—42）。

表5—42 和林格尔县农田生态系统单位面积净化空气价值量

项目	单位	量值
净初级生产力	t/（hm^2・a）	4.00
吸收CO_2量	t/（hm^2・a）	6.52
吸收CO_2价值	元/（hm^2・a）	4568.24
释放O_2量	t/（hm^2・a）	4.80
释放O_2价值	元/（hm^2・a）	1847.28
吸收SO_2能力	kg/（hm^2・a）	45.00
吸收SO_2价值	元/（hm^2・a）	27.00
吸收HF能力	kg/（hm^2・a）	0.44
吸收HF价值	元/（hm^2.a）	0.40
滞尘能力	t/（hm^2・a）	0.95
滞尘价值	元/（hm^2・a）	0.16
净化空气价值	元/（hm^2・a）	6443.08

（5）废物处理功能价值评估

农田生态系统可以将过多的外来的养分、化合物去除或降解，从而解除毒性，控制和消除污染。谢高地等参照Costanza等提出的方法，制定出了中国陆地生态系统单位面积生态服务价值表，根据中国陆地生态系统单位面积生态服务价值表中废物处理项目的单位价值，确定和林格尔县农田的废物处理价值为1451.2元/（hm^2・a）。

根据以上评估结果，汇总得到农田生态系统服务功能价值，见表5—43。

表 5—43　农田生态系统服务功能价值（万元）

年份	食物生产及原材料	生态旅游	涵养水源	净化空气	废物处理	合计
1997	16328	6.53	3443.35	75685.73	17046.99	112510.60
1998	22744	6.88	3446.91	75763.96	17064.61	116459.87
1999	22283	7.06	3443.40	75686.88	17047.25	115927.18
2000	24960	6.35	3402.43	74786.40	16844.43	117409.88
2001	27816	8.29	3398.64	74703.01	16825.65	120413.97
2002	39736	8.82	3339.17	73395.81	16531.22	130800.59
2003	46459	10.77	3217.53	70722.15	15929.02	134498.01
2004	59716	13.41	3208.55	70524.82	15884.58	147854.50
2005	72845.75	14.65	3196.77	70266.00	15826.29	160826.40
2006	90600	17.30	3200.34	70344.46	15843.96	179018.06
2007	103186.5	17.47	3200.62	70350.52	15845.32	191634.72

5.2.3.2　林地生态系统服务功能价值评估

（1）食物生产及原材料功能价值评估

林地生态系统的有机物生产主要体现在木材产量上，木材生产是最主要的直接价值。采用市场价值法来评估其价值，用和林格尔县 1997—2007 年林业总产值来评价林地生态系统食物生产及原材料功能价值（表 5—44）。

表 5—44　和林格尔县林地生态系统食物生产及原材料功能价值（万元）

年份	1997	1998	1999	2000	2001	2002	2003	2004	2005	2006	2007
产值	7571	9097	8913	9984	11126	15894	18583	24018	29138	36240	41314

（2）生态旅游功能价值评估

森林的绿色环境能给人们带来身心的愉悦，生态旅游服务功能是林地生态系统服务功能重要的组成部分，前面在计算和林格尔县农田生态系统生态旅游价值时，从总价值中已经算出了林地生态系统能带来的价值，这里不再多做计算，见表 5—39。

（3）涵养水源功能价值评估

森林在陆地生态系统中具有最大的涵养水源能力，故被誉为“绿色水库”，和林格尔县林木覆盖率为30.2%，主要有南天门林场、浑河林场，区域内林地对保持水土、减少风蚀和水蚀具有重要意义。

林地的水源涵养量是动态的，土壤蓄水处于饱和状态时，水分将向下渗透，并不断蓄水，处于动态饱和状态。生态系统涵养水分的总量取决于生态系统所在区域的降水量和蒸散量，因此本文采用水量平衡法来计算森林水源涵养量，用水的影子价格乘以涵养水源总量即为森林生态系统涵养水源的价值，其中，水的影子价格由水库的蓄水成本确定。水平衡法计算公式为：

$$W = (R - E) \times A = \theta R \times A \qquad \text{（公式 5—16）}$$

式中，W 为涵养水源量（m^3/a）；R 为平均降雨量（mm/a）；E 为平均蒸散量（mm/a）；A 为草地面积（hm^2）；θ 为径流系数。

参考鲁绍伟等人的研究结果：随着由北到南，由西向东降水量的不断增加，相对蒸发散率（蒸发散量占同期降水量之比）变化在47%—82.3%，蒸散量有随降水量增加而减小的规律性变化，和林格尔县属半干旱地区，蒸发量较大，取相对蒸散率为70%。和林格尔县年降水量为417.6mm，采用水量平衡法得和林格尔县林地生态系统涵养水源能力4169.0m^3/（$hm^2 \cdot a$）。

和林格尔县所属的呼和浩特市生活用水2.40元/m^3，经营服务用水5.7元/m^3，两者平均值为4.05元/m^3；全国水库建设投资测算的修建水库的单位蓄水费用为0.67元/m^3。涵养水源价值分别采用影子价格法和影子工程法计算，取其平均值为2.36元/m^3。估算得和林格尔县林地涵养水源价值为9838.84元/（$hm^2 \cdot a$）。

（4）保持土壤功能价值评估

和林格尔县林地生态系统保持土壤价值要从林地生态系统的存在能够保持的土壤量开始，进一步计算减少土壤废弃损失，减少土壤肥力损失及减少泥沙淤积这三个方面的保持土壤功能的价值量。

①土壤保持量

潜在土壤侵蚀量减去现实土壤侵蚀量的差值即为土壤保持量。潜在土壤侵蚀量是指无任何植被覆盖的情况下土壤的最大侵蚀量。根据《1：100万内蒙古自治区土壤侵蚀图说明书》，和林格尔县土壤侵蚀主要为水蚀，所以潜在土壤侵蚀模数取内蒙古自治区水力侵蚀强度分级中的“Ⅵ”级对应的水蚀模数150t/（hm^2. a）。现实土壤侵蚀模数取87.65t/（$hm^2 \cdot a$），潜在的土壤侵蚀量和现实土壤侵蚀量的差值即为土壤保持量，计算可知林地土壤侵蚀量为 62.35t/（hm^2·a）。

②减少土壤废弃价值

根据土壤保持量和土壤容重计算出保持土壤的体积，再根据土壤表土平均厚度来推算出因为减少土壤侵蚀进而减少的废弃土地面积，最后采用机会成本法计算由于土地损失导致森林减少的经济价值。

减少土壤废弃的单位经济效益计算公式

$$E_S = \frac{A_C * B}{0.2P * 10000} \quad \text{（公式 5—17）}$$

式中，Es 单位面积减少土壤废弃的经济效益（元/hm^2·a），Ac 土壤保持量（t/hm^2·a），B 林业平均收益（19261.97 元/hm^2），P 土壤容重（t/m^3）（本文取和林格尔县土壤容重平均值 1.40（t/m^3））。

和林格尔县土壤的表土层平均厚度为 0.20m，根据公式 5—17，则和林格尔县林地减少土地废弃的价值为 428.92 元/（hm^2·a）。

③减少土壤肥力损失

土壤侵蚀使大量的土壤营养物质流失，主要是土壤中的有机质和 N、P、K 的流失，降低了土壤肥力。本文通过和林格尔县土壤普查资料获得土壤养分数据（《和林格尔县土壤》，1987 年）。

减少氮素流失的效益：

$$M_1 = C_1 E_1 D Q_1 S_1 \quad \text{（公式 5—18）}$$

式中，M_1 减少氮素流失的效益（元/hm^2·a），$C_1 = \times 10^{-6}$，E_1 硫酸铵市场价格（850 元/t），Q_1 碱解氮折算硫酸按系数（4.808），S_1 土壤碱解氮平均含量（42.7mg/kg），D 林地土壤保持量（t/hm^2·a）

则减少氮素流失的单位面积价值为 10.88 元/hm^2·a。

减少磷素流失的效益：

$$M_2 = C_2 E_2 D Q_2 S_2 \quad \text{（公式 5—19）}$$

式中，M_2 减少磷素流失的效益（元/hm^2·a），$C_2 = 1 \times 10^{-6}$，Ez 过磷酸钙市场价格（600 元/t），Q_2 速效磷折算成过磷酸钙的系数（5.13），S_2 土壤速效磷平均含量（3.6mg/kg），D 林地土壤保持量（t/hm^2·a）

则减少磷素流失的单位价值为 0.69 元/hm^2·a。

减少钾素流失的效益：

$$M_3 = C_3E_3DQ_3S_2 \qquad \text{公式（5—20）}$$

式中，M_3 减少钾素流失的效益（元/hm^2 · a），$C_3 = 1 \times 10^{-6}$，E_3 氯化钾市场价格（1900 元/t），Q_3 速效钾折算成氛化钾的系数（1.82），S_3 土壤速效钾平均含量（100.8mg/kg），D 林地土壤保持量（t/hm^2 · a）

则减少钾素流失的单位价值为 21.73 元/hm^2 · a。

综合上述，森林生态系统肥力保持的单位面积价值为减少氮素、磷素、钾素流失之和，即 $M = M_1 + M_2 + M_3$，计算得到森林生态系统肥力保持的单位面积价值为 33.3 元/hm^2 · a。

④减少泥沙淤积

水土流失导致土壤肥力损失，也导致了江河湖泊的淤积，我国的泥沙淤积导致河床抬高，灾害发生，有一定的经济损失。按照我国主要流域的泥沙运动规律，全国水土流失中约有 24% 的泥沙淤积于江河、水库、湖泊。而树木在一定程度上减少了泥沙的流动，也就从根本上减少了泥沙的淤积，具有一定的生态经济价值，在计算林地的保持土壤生态经济功能时，考虑到可以用由于泥沙淤积导致水库水量减少的损失来进行计算，本文采用利用影子工程法，修建水库的单位蓄水费用如前所述取 0.67 元/m^3。即

$$E_n = \frac{A_C * 0.24 * 0.67}{P} \qquad \text{（公式 5—21）}$$

式中，E_n 减少泥沙淤积价值（元/（hm^2 · a），A_C 土壤保持量（t/hm^2 · a），P 土壤容重（t/m^3），如前所述，取平均值 1.40（t/m^3）。

泥沙淤积导致水库的作用消失，使之永久不能利用，所以考虑水库的工程有效期，本文假定为 50 年，并且采用 2007 年贴现率的央行一年期贷款利率来进行修正，央行一年期贷款利率取 6.84%。则减轻泥沙淤积单位价值为 6.90 元/hm^2 · a。

综上计算，林地土壤保持价值可以采用减少养分损失价值、减少土地废弃价值、减轻泥沙淤积价值三者相加得到（表 5—45）。

表 5—45　和林格尔县森林生态系统单位面积保持土壤价值

	土壤保持量	减少土地废弃价值	减少肥力损失价值	减少泥沙淤积价值	保持土壤价值
	t/（hm^2·a）	元/（hm^2·a）	元/（hm^2·a）	元/（hm^2·a）	元/（hm^2·a）
价值量	62.35	428.92	33.3	6.90	469.12

（5）净化空气功能价值评估

和林格尔县林地净化空气服务功能价值评价也从吸收 CO_2、释放 O_2、吸收 SO_2 和 HF、滞尘这四个方面进行定量评估。

①固定 CO_2 释放 O_2 价值评估

计算固定 CO_2 释放 O_2 价值中的林地净初级生产力计算，本文可以采用陈百明等［77］森林、草地生态系统净初级生产力的计算模型

$$NPP = 2.55 \times GAE \times e^{-4.20922-1.9665 \times AI} \quad \text{（公式 5—22）}$$

式中，NPP 为初级生产力，GAE 为生长季的实际蒸散，AI 为干燥度指数。

由于数据的采集原因，考虑到地区间的差异，参考夏朝宗等［76］、刘起［38］、生物多样性工作组［79］等对不同类型植被净初级生产力的研究结果，和林格尔县林地的净初级生产力取 19.12t/（hm^2·a）。

固定 CO_2 释放 O_2 价值评价方法同前，通过计算和林格尔县林地生态系统吸收 CO_2 释放 O_2 的服务功能价值为 30669.26 元/（hm^2·a）。

②吸收 SO_2 和 HF、滞尘价值评估

森林对 SO_2 的吸收能力为阔叶林 88.65kg/（hm^2·a），针叶林 215.60kg/（hm^2·a）；吸收 HF 的能力为 9.85kg/（hm^2·a）；滞尘能力为阔叶林 10.11t/（hm^2·a），针叶林 33.20t/（hm^2·a）。结合和林格尔县的实际情况，对上述结果取平均值，得到和林格尔县林地生态系统每公顷每年吸收 SO_2、吸收 HF、滞尘的能力分别为 152.13kg，9.85kg，21.66t。

工业削减 SO_2 和 HF 的投资和成本以及削减粉尘的成本在前面已经做了介绍，那么就可以评价出和林格尔县林地生态系统吸收 SO_2 和 HF、滞尘的价值为 103.83 元/（hm^2·a）。

综上得到林地生态系统净化空气的价值为 30773.09 元/（hm^2·a）（表

5—46）。

表 5—46 和林格尔县林地生态系统单位面积净化空气价值

项目	单位	价值量
净初级生产力	g/（m^2·a）	19.12
吸收 CO_2 量	t/（hm^2·a）	31.17
吸收 CO_2 价值	元/（hm^2·a）	21839.26
释放 O_2 量	t/（hm^2·a）	22.94
释放 O_2 价值	元/（hm^2·a）	8830.00
吸收 SO_2 能力	kg/（hm^2·a）	152.13
吸收 SO_2 价值	元/（hm^2·a）	91.28
吸收 HF 能力	kg/（hm^2·a）	9.85
吸收 HF 价值	元/（hm^2·a）	8.87
滞尘能力	t/（hm^2·a）	21.66
滞尘价值	元/（hm^2·a）	3.68
净化空气价值	元/（hm^2·a）	30773.09

（6）废物处理功能价值评估

林地生态系统的废弃物处理功能可以采用和农田一样的计算方法，结合谢高地的研究成果，计算得到和林格尔县林地的废物处理价值为 1159.2 元/（hm^2·a）。

（7）维持生物多样性功能价值评估

林地维持生物多样性价值具有不确定性，评价方法有支付意愿调查法、收益资本化法、费用效益分析法和机会成本法等。本文采用赵同谦、谢高地等人研究成果的平均值 1598.26 元/（hm_2·a），作为和林格尔县林地生态系统维持生物多样性的价值。

根据以上评估结果，汇总得到林地生态系统服务功能价值（表 5—47）。

表 5—47　林地生态系统服务功能价值（万元）

年份	食物生产及原材料	生态旅游	涵养水源	保持土壤	净化空气	废物处理	维持生物多样性	合计
1997	7571.2	835.27	60990.71	2908.06	190761.58	7185.85	9907.57	280160.24
1998	9097.6	880.42	60955.38	2906.38	190651.07	7181.69	9901.83	281574.37
1999	8913.2	902.99	65517.49	3123.90	204920.06	7719.19	10642.92	301739.75
2000	9984	812.70	66760.41	3183.16	208807.54	7865.63	10844.82	308258.26
2001	11126.4	1061.02	66696.06	3180.10	208606.28	7858.05	10834.37	309362.28
2002	15894.4	1128.74	68183.78	3251.03	213259.46	8033.33	11076.04	320826.78
2003	18583.6	1377.07	74899.40	3571.23	234263.98	8824.55	12166.95	353686.78
2004	24018.4	1715.69	75174.23	3584.34	235123.60	8856.94	12211.60	360684.8
2005	29138.3	1873.71	74355.39	3545.30	232562.48	8760.46	12078.58	362314.22
2006	36240	2212.34	74075.14	3531.93	231685.94	8727.44	12033.06	368505.85
2007	41314.6	2234.91	74070.74	3531.72	231672.19	8726.92	12032.34	373583.42

5.2.3.3　草地生态系统服务功能价值评估

（1）食物生产及原材料功能价值评估

和林格尔县草地生态系统提供的产品主要有畜牧产品和饲草料，其经济价值可采用市场价值法来估算。本文研究采用和林格尔县畜牧业总产值来评价区域草地生态系统食物生产及原材料功能价值（表 5—48）。

表 5—48　和林格尔县草地生态系统食物生产及原材料功能价值（万元）

年份	1997	1998	1999	2000	2001	2002	2003	2004	2005	2006	2007
产值	11357	13646	13370	14976	16689	23842	27875	36028	43707	54360	61971.9

（2）生态旅游功能价值评估

和林格尔县草地生态系统旅游价值，见表 5—39。

（3）涵养水源功能价值评估

草地不仅具有截留降水的功能，而且比空旷裸地的渗透性和保水能力强，对调控径流具有重要的意义。相同的气候条件下草地土壤含水量较裸地高出 90% 以上。本文应用水平衡法来计算草地水源涵养量，计算公式见

5—16。

根据许志信等人的研究，内蒙古草地的径流系数为 8. 38% ~40. 22%，取其均值24. 30%，年降水量以417. 6mm 计算，草地涵养水源的价值为年涵养水源量乘以水价，水价采用水库蓄水成本如前取 0. 67 元/m^3。通过计算，内蒙古和林格尔县草地生态的系统的涵养水源能力 679. 9 元/（hm^2 · a）。

（4）保持土壤功能价值评估

和林格尔县草地生态系统对防止土壤风力侵蚀、减少地面径流，防止水力侵蚀具有显著作用。草地植被的根系和凋落物给土壤增加有机质，形成团粒，改善土壤结构，增强成土作用，提高土壤肥力。草地在良好的保护和科学的利用条件下，植物、土壤动物和微生物的遗体和排泄物可以使土壤有机质不断积累，提高有机质含量。

草地生态系统保护土壤主要是通过减少表土损失量、保护土壤肥力、减少风、水蚀的生态过程实现其经济价值。在估算过程中，首先采用潜在土壤侵蚀量估算草地减少的土壤侵蚀量，然后再评价草地对表土损失、肥力损失方面的价值。

参考谢高地等人的研究成果，根据中国陆地生态系统单位面积生态服务当量表，结合林地的土壤保持价值，由林地土壤保持单位价值乘系数 0. 5，得到草地保持土壤的单位价值为 234. 56 元/（hm^2 · a）。

（5）净化空气功能价值评估

草地生态系统净化空气服务功能价值评价参照林地的评价方法，并运用恢复费用法进行估算。

固定 CO_2 功能价值评估：

在评价方法上和林地生态系统净化空气服务功能评价方法一致。草地净初级生产力的确定，采用陈百明等森林、草地生态系统净初级生产力的计算模型，同时参考夏朝宗等、刘起、生物多样性工作组［79］等对不同类型植被净初级生产力的研究结果。林格尔县草地的净初级生产力取 9. 69t/（hm^2 · a），则可以计算出单位面积草地固碳价值为 11066. 56 元/hm^2 · a。

释放 O_2 功能价值评估：

同理，则可以计算出单位面积草地释放 O_2 价值为 4475. 04 元/hm^2 · a。

吸收 SO_2 功能价值评估：

运用恢复费用法，计算出和林格尔县草地生态系统吸收 SO_2 的功能：

$$V_1 = Q_1 \times C_1 \times S \quad (公式 5—23)$$

式中，V_1 吸收 SO_2 价值（万元），Q_1 单位面积草地吸收 SO_2 的能力（取 279.03kg/hm² · a[81]），C_1 治理 SO_2 成本（取 0.60 元/kg），S 草地面积（hm^2）。

则和林格尔县草地单位面积吸收 SO_2 功能价值为 167.42 元/hm^2 · a。

吸收 HF 功能价值评估：

$$V_2 = Q_2 \times C_2 \times S \quad (公式 5—24)$$

式中，V_2 吸收 HF 价值（万元），Q_2 单位面积草地吸收 HF 的能力（取 279.03kg/hm^2 · a[81]），C_2 治理 HF 成本（取 0.90 元/kg），S 草地面积（hm^2）。

则和林格尔县草地单位面积吸收 HF 功能价值为 251.13 元/hm^2 · a。

滞尘功能价值评估：

$$V_3 = Q_3 \times C_3 \times S \quad (公式 5—25)$$

式中，V_3 滞尘价值（万元），Q_3 单位面积草地吸收粉尘的能力（取 1.2kg/hm^2 · a），C_3 治理粉尘成本（取 0.060 元/kg）[82]，S 草地面积（hm^2）。

则和林格尔县草地单位面积滞尘功能价值为 0.72 元/（hm^2 · a）。

综上所述，草地净化空气服务功能价值为固定 CO_2、释放 O_2，吸收 SO_2、HF 和粉尘之和 15960.87 元/（hm^2 · a）。

（6）废物处理功能价值评估

和林格尔县的草地废弃物处理功能，即牲畜粪便降解，避免大量积存，使得评价更贴近实际牲畜放牧过程中，大量的排泄物散落在草地生态系统中，并在自然风化、淋滤以及生物碎裂和微生物分解等综合作用下得以降解，将养分归还草地生态系统。归还的营养物质总量为：

$$G = \lambda \cdot \sum_{i}^{3} \sum_{j}^{2} W_i \cdot R_{ij} \cdot \omega_j \quad (公式 5—26)$$

其中，G 是因废弃物降解而归还的营养物质；i 代表牲畜类型（马、牛、羊）；j 代表营养物质类型（N 和 P_2O_5）；λ 为牲畜粪便归还草地的比率；W_i 分别取草地牛、马和羊的载畜量；R_{ij} 为不同类型牲畜个体的粪便量；ω_j 为不同类型牲畜个体粪便中的平均营养物质含量。

不同类型牲畜个体粪便中营养元素平均含量参数根据蒋丽红等在内蒙古鄂温克旗的研究成果，按干物质计算，牛粪中含有机质量为88.3%，含N和P_2O_5分别为1.5%和0.7%，羊粪中含有机质量为90.8%，含N和P_2O_5分别为2.4%和0.7%，马厩粪中含有机质量为87.6%，含N和P_2O_5分别为2.0%和0.9%。据此推算，一年内牛、马、羊个体分别平均要排出N31.2kg、42.0kg和6.2kg；$P_2O_5$14.5kg、11.1kg和2.8kg。

根据蒋丽红、陈国阶、陈佐忠等的研究，假定不同牲畜废弃物N、P_2O_5养分归还率都为30%，计算出牲畜废弃物养分归还总量823.8t/a。化肥平均价格取2290元/t，以影子价格法得到内蒙古和林格尔县草地生态系统废弃物处理功能价值（表5—49）。根据以上评估结果，汇总得到草地生态系统服务功能价值（表5—50）。

表5—49　草地生态系统废弃物处理功能价值（万元）

年份	1997	1998	1999	2000	2001	2002	2003	2004	2005	2006	2007
产值	100.7	110.5	128.0	140.9	153.9	163.5	176.4	185.3	200	210	250.4

表5—50　草地生态系统服务功能价值（万元）

年份	食物生产及原材料	生态旅游	涵养水源	保持土壤	净化空气	废物处理	维持生物多样性	合计
1997	11356.8	26.1	9929.89	3425.73	233107.45	100.7	924.05	258870.72
1998	13646.4	27.51	9923.61	3423.56	232959.81	110.5	923.47	261014.86
1999	13369.8	28.22	9599.41	3311.72	225349.19	128	893.30	252679.64
2000	14976	25.39	9533.25	3288.89	223796.14	140.9	887.14	252647.71
2001	16689.6	33.15	9532.22	3288.54	223771.89	153.9	887.05	254356.35
2002	23841.6	35.27	9563.47	3299.32	224505.47	163.5	889.96	262298.59
2003	27875.4	43.03	9256.70	3193.49	217304.04	176.4	861.41	258710.47
2004	36027.6	53.61	9156.87	3159.05	214960.51	185.3	852.12	264395.06
2005	43707.45	58.55	9134.91	3151.47	214445.05	200.0	850.08	271547.51
2006	54360	69.13	8954.63	3089.27	210212.81	210.0	833.30	277729.14

续表

年份	食物生产及原材料	生态旅游	涵养水源	保持土壤	净化空气	废物处理	维持生物多样性	合计
2007	61971.9	69.84	8954.19	3089.12	210202.37	250.4	833.26	285371.08

（7）维持生物多样性功能价值评估

评价方法与林地生态系统维持生物多样性功能计算方法相同。据赵同谦对我国草地生态系统间接服务功能价值的估算结果，本文取和林格尔县草地生态系统单位面积维持生物多样性价值为63.27元/（hm^2·a）。

5.2.3.4 水域生态系统服务功能价值评估

水资源是万物生命资源，是地球上唯一不可替代的宝贵自然资源之一。和林格尔县地处半干旱地区，水资源缺乏，结合和林格尔县水环境特点，把和林格尔县的水域生态服务功能仅划分为生态旅游、废弃物处理两部分，并分别进行测算，估算出水域的生态系统服务功能。

（1）生态旅游功能价值评估

水域生态旅游价值的评估最常采用的费用支出法来测算，但是由于和林格尔县生态旅游的特点，水域和森林、草地等的旅游没有很大的独立性。所以和林格尔县水域生态旅游价值的计算也采用从总旅游价值中剥离出来的办法，价值计算如前所示。

（2）废物处理功能价值评估

水体有巨大的自净功能，能使排入水体的污染物迁移、转化和毒性降解。本文对水域废弃物处理的服务功能采用谢高地等人的研究成果，采用中国陆地生态系统单位面积生态服务价值表（附表2）中废弃物处理价值16086.6元/（hm^2·a）作为和林格尔县水域生态系统废物处理价值。

水域的生态系统服务价值取生态旅游价值和废弃物处理价值之和，可得和林格尔县水域生态系统服务价值（表5—51）。

表 5—51 水域生态系统服务功能价值评估结果（万元）

年份	生态旅游	废物处理	合计
1997	2832.1	9613.70	12445.8
1998	2985.19	9664.29	12649.48
1999	3061.73	9683.87	12745.6
2000	2755.56	9686.98	12442.54
2001	3597.53	9678.63	13276.16
2002	3827.16	9676.38	13503.54
2003	4669.14	9660.10	14329.24
2004	5817.29	9643.12	15460.41
2005	6353.09	9844.27	16197.36
2006	7501.24	9761.69	17262.93
2007	7577.78	9727.77	17305.55

5.2.3.5 居民点及工矿用地生态系统服务功能价值评估

居民点及工矿用地属于人工生态系统，本身没有生产者，生态系统的维持主要靠消耗自然资源和其他生态系统服务，许多学者在计算区域生态系统服务价值时并不去考虑。本文把居民点及工矿用地的服务价值列出，主要是考虑其对生态环境产生的负作用、表现出为负价值。

根据研究区实际情况仅考虑居民点及工况生态系统带来的废弃物处理负价值。由于处理这些废弃物质需要投入人力、物力及资金成本，所以居民点及工矿用地生态系统在处理废弃物时表现为负价值。由于产生“三废”（废水、废气、废物）是居民点及工况生态系统污染的主要原因，也是居民点及工矿生态系统表现负价值原因所在，因此本文对和林格尔县居民点及工矿用地生态系统服务价值评价，主要估算由于水污染、大气污染和固体废弃物污染的处理而产生的负价值。

（1）水污染处理价值评估

采用防护费用法，计算居民点及工况用地的水污染处理价值。首先计算居民点废水处理价值，计算公式为：

$$V_1 = -(W_1 \times P_1 \times T_1) \quad \text{（公式 5—27）}$$

式中，V_1 城镇废水处理价值（元）；W_1 人均生活废水量（t/人·t）；P_1 人口数（人）；T_1 废水处理价格（元/t）。

从和林格尔县统计局得知，和林格尔县地区人均产生废水量为5t/（人·a），废水处理价格采用当地平均值0.08元/t，可计算得到居民的废水处理价值（表5—53）。

工矿废水处理价值计算公式为：

$$Q_1 = -(B_1 \times U_1 \times N_1) \quad \text{（公式 5—28）}$$

式中，Q_1 工业废水处理价值（元）；B_1 工业废水处理价格（元/t）；U_1 工业万元产值废水量（t/万元）；N_1 工业总产值。

从林格尔县环保局得知，和林格尔县地区工业废水处理价格为0.2元/t，根据1997—2007年工业万元产值废水量（表5—52），计算得到工矿的废水处理价值（表5—53）。

表5—52 1997—2007年和林格尔县工业万元产值“三废”量

年份	1997	1998	1999	2000	2001	2002	2003	2004	2005	2006	2007
万元产值废水量（t/万元）	2.23	2.88	2.97	3.00	3.45	3.23	3.67	4.07	4.21	4.47	6.08
万元产值废气量（万t/万元）	0.00019	0.00015	0.00016	0.00014	0.00012	0.00018	0.00013	0.00097	0.00026	0.00208	0.00175
万元产值废物量（t/万元）	0.52	0.47	0.39	0.45	0.56	0.65	0.47	0.38	0.46	0.55	0.65

表5—53 1997—2007年和林格尔县废水处理价值评估结果（万元）

年份	1997	1998	1999	2000	2001	2002	2003	2004	2005	2006	2007
居民点废水处理价值	7.45	7.48	7.51	7.55	7.54	7.56	7.56	7.60	7.59	7.60	7.64
工矿废水处理价值	43.34	40.67	39.45	35.67	39.56	41.45	42.79	42.78	43.21	52.04	77.81
废水处理价值	50.79	48.15	46.96	43.22	47.10	49.01	50.35	50.38	50.80	59.64	85.45

(2) 废气污染处理价值评估

用同样的理论和方法计算和林格尔县大气污染处理价值，由于居民点废气排放量很小，废气主要由于工业产生，因此这里只对工业产生的废气处理价值进行评价。

工业废气处理价格取平均值 0. 15 元/t，则可以得到 1997—2007 年和林格尔县废气处理价值评估结果（表 5—54）。

表 5—54　1997—2007 年和林格尔县废气处理价值评估结果（万元）

年份	1997	1998	1999	2000	2001	2002	2003	2004	2005	2006	2007
废气处理价值	0. 010	0. 008	0. 009	0. 010	0. 012	0. 013	0. 013	0. 011	0. 012	0. 014	0. 014

(3) 固体废弃物污染处理价值评估

用同样的理论和方法计算和林格尔县固体废弃物处理价值。

从和林格尔县城建局得知，和林格尔县人均产生废弃物量平均为 0. 13t/(人·a)，生活垃圾处理价格平均为 0. 25 元/t，工业固体废弃物排放量见表，工业固体废弃物处理价格平均为 0. 3 元/t，可得到 1997—2007 年固体废弃物污染价值（表 5—55）。

表 5—55　1997—2007 年和林格尔县固体废弃物处理价值评估结果（万元）

年份	1997	1998	1999	2000	2001	2002	2003	2004	2005	2006	2007
居民点废物处理价值	0. 61	0. 61	0. 61	0. 61	0. 61	0. 61	0. 61	0. 62	0. 62	0. 62	0. 62
工矿废物处理价值	0. 43	0. 59	0. 62	0. 56	1. 66	4. 25	6. 33	10. 25	12. 37	20. 22	30. 36
废物处理价值	1. 04	1. 20	1. 23	1. 17	2. 27	4. 87	6. 95	10. 87	12. 99	20. 84	30. 98

综合得到和林格尔县居民点及工矿用地生态系统服务价值（包括水污染处理价值、废气污染处理价值、固体废弃物污染处理价值）（表 5—56）。

表 5—56　和林格尔县居民点及工矿用地生态系统服务价值（万元）

年　份	水污染处理价值	废气污染处理价值	固体废弃物污染处理价值	居民点及工矿生态系统服务价值
1997	-50.79	-0.010	-1.04	-51.84
1998	-48.15	-0.008	-1.20	-49.36
1999	-46.96	-0.009	-1.23	-48.19
2000	-43.22	-0.010	-1.17	-44.40
2001	-47.10	-0.012	-2.27	-49.39
2002	-49.01	-0.013	-4.87	-53.90
2003	-50.35	-0.013	-6.95	-57.31
2004	-50.38	-0.011	-10.87	-61.25
2005	-50.80	-0.012	-12.99	-63.80
2006	-59.64	-0.014	-20.84	-80.49
2007	-85.45	-0.014	-30.98	-116.44

5.2.3.6　和林格尔县土地利用生态系统服务功能价值汇总

综合以上计算结果，得到全县土地利用生态系统服务功能价值（表5—57）。

在估算的土地利用生态系统服务价值中，食物生产及原材料属于直接服务价值，而生态旅游、净化空气、涵养水源、保持土壤、废弃物处理以及维持生物多样性属于间接服务价值，则可以得到和林格尔县土地利用生态系统服务价值中的直接服务价值和间接服务价值（表5—58）。在下面的分析中主要讨论土地利用生态系统间接服务价值。

表 5—57　和林格尔县土地利用生态系统服务功能价值（万元）

单位：hm^2

年份	农田	林地	草地	水域	居民点及工矿用地	总价值
1997	112510.6	280160.24	258870.72	12445.8	-51.84	663935.52
1998	116459.87	281574.37	261014.86	12649.48	-49.36	671649.22
1999	115927.18	301739.75	252679.64	12745.6	-48.19	683043.98
2000	117409.88	308258.26	252647.71	12442.54	-44.40	690713.99
2001	120413.97	309362.28	254356.35	13276.16	-49.39	697359.37
2002	130800.59	320826.78	262298.59	13503.54	-53.90	727375.60
2003	134498.01	353686.78	258710.47	14329.24	-57.31	761167.19
2004	147854.5	360684.8	264395.06	15460.41	-61.25	788333.52
2005	160826.4	362314.22	271547.51	16197.36	-63.80	810821.69
2006	179018.06	368505.85	277729.14	17262.93	-80.49	842435.49
2007	191634.72	373583.42	285371.08	17305.55	-116.44	867778.33

表 5—58　和林格尔县土地利用生态系统服务功能间接价值（万元）

单位：hm^2

年　份	直接服务价值	间接服务价值
1997	37856	626079.52
1998	45488	626161.22
1999	44566	638477.98
2000	49920	640793.99
2001	55632	641727.37
2002	79472	647903.6
2003	92918	668249.19
2004	120092	668241.52
2005	145691.5	665130.19
2006	181200	661235.49
2007	206573	661204.83

从图 5—16 可以看出和林格尔县 1997—2007 年土地利用生态系统直接服务价值呈现出递增趋势，并且从 2001 年以后直接服务价值年递增率很大，而间接服务价值呈现出“先增后减”的变化趋势。

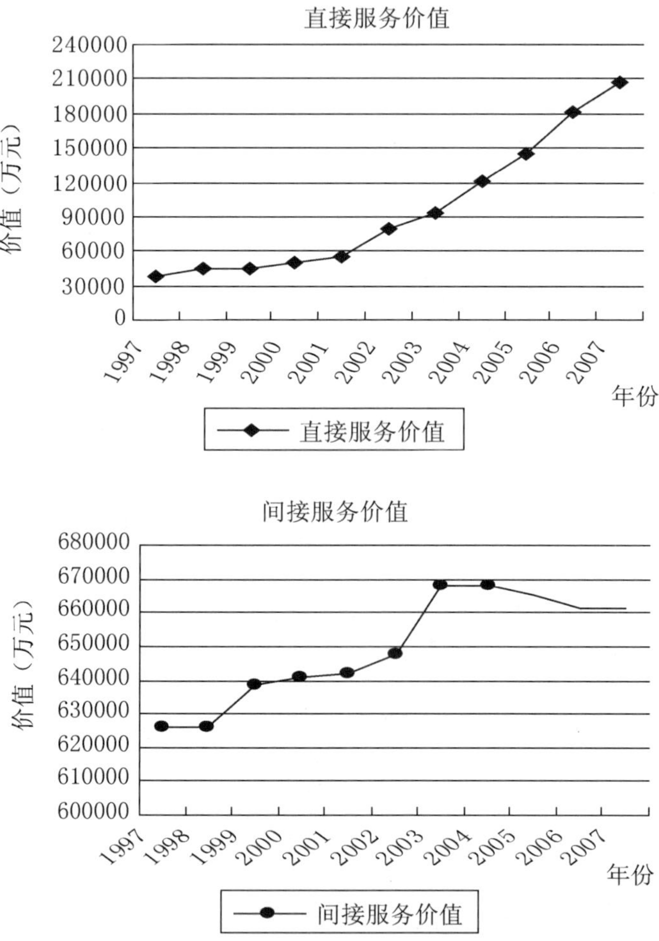

图 5—16　和林格尔县土地生态系统直接和间接服务价值

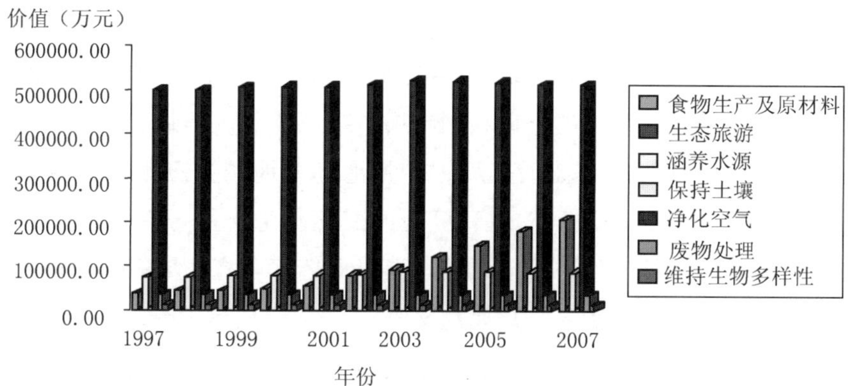

图 5—17　和林格尔县土地生态系统不同服务价值类型变化图

可见，1997—2007 年间和林格尔县土地利用生态系统间接服务价值中净化空气和涵养水源的服务价值最大，其次为废弃物处理和维持生物多样性服务价值，而直接服务食物生产及原材料价值增长最快。

5.2.4　土地利用生态系统间接服务功能价值分析

5.2.4.1　土地生态系统间接服务功能价值变化与土地利用变化关系

和林格尔县 1997—2007 年土地生态系统服务间接价值呈现“先增后减”的变化趋势，1997—2003 年间土地生态服务间接价值逐年递增，1997 年间接服务价值为 626079.52 × 104 元，至 2003 年末达到最大值 668249.19 × 104 元，价值增加了 42169.67 × 104 元。从 2003 年开始土地生态系统服务价值开始下降，到 2007 年末生态价值为 661204.83 × 104 元。分析土地利用与土地生态服务价值的变化可知：

（1）1997—2007 年生态服务间接价值共增加了 35125.31 × 104 元，变化率为 5.61%，年变化率为 0.51%。1997—2003 年期间，土地生态服务价值变化率为 6.74%，这一时期的变化明显要高于 2003—2007 年间生态服务间接价值的变化率（变化率为 -1.05%）。生态服务价值的变化主要影响因素就是土地利用类型的变化，土地利用类型的变化率也直接影响了土地生态系统服务价值的变化率。

（2）在 1997—2007 年期间，耕地减少了 8280.53hm^2，草地减少了 14350.77hm^2，林地增加了 13294.28hm^2，林地增加的服务价值

（59679.78×104元）比耕地和草地总共减少的生态服务价值（29349.62×104元）还要多30330.16×104元，可以看出林地在维持生态服务价值方面具有很大的作用，在今后的土地利用布局中应该充分认识到这一点。

（3）从整个研究时期来看，耕地、林地和草地的生态服务价值比重平均占到97.8%左右，耕地、林地和草地的变化对生态服务总价值产生很大的影响。另外，水域的生态价值系数较高，保持好现有水域面积对稳定土地生态价值，维持生态环境具有重要意义。

综上所述，和林格尔县土地利用正处在调整时期，土地利用变化导致生态价值的损失情况为：耕地和牧草地的生态价值减少，林地和水域的生态价值增加，居民点及工矿用地产生负的生态价值也呈现增加趋势，总的生态服务价值增加了35125.31×104元。

总的来看，和林格尔县各种土地利用生态服务价值呈现出不稳定变化，从这种变化中我们可以清楚地认识到土地利用的变化对土地生态服务价值具有较大的影响，从各种用地的生态服务价值变化可以知道调整土地结构将会使生态服务价值发生怎样的变化，对合理利用土地有参考价值。

5.2.4.2　土地生态系统间接服务功能价值变化与经济增长关系

1997—2007年是和林格尔县的经济飞速发展的十年，可以认为：1997—2000年为经济缓慢发展时段，其年均GDP增速仅为19.54%。二是2000—2007年为经济快速发展时段，尤其是盛乐工业园区的建设，以及蒙牛集团等大型企业的入住，为和林格尔县经济腾飞起到了积极地推动作用，其年均GDP增速为45.97%。在和林格尔县经济缓慢发展时段，土地利用结构变化较小，建设用地增长量不大，农业用地所占比重较大，当然草地林地仍然占主要的地位，土地的间接生态功能得到了较好的保护，土地生态系统服务价值表现为逐年增长；而进入经济快速发展时段以后，由于建设占用非建设用地不断加大，特别是耕地减少的速度很快，草地和林地的面积也逐渐减少，总之具有较高生态服务价值的土地面积减小，使得土地生态服务价值总量不断降低。注意到，和林格尔县的土地利用生态系统服务价值减少是在2003年以后，而GDP快速增长的时期是从2000年开始的，说明生态系统服务具有滞后性，我们在不知不觉中破坏了生态系统服务功能后，并不是马上能得到生态系统的反馈，而是在几年甚至是更长的时间才会有所表现，这也是人们利用土地资源往往不去考虑其利用后果的重要原因之一，这种利用是非可持续的。

2002 年和林格尔县 GDP 增长速度比 2001 年增加 34. 81 个百分点，达到 85. 06%，是研究期内增长速度变化最快的一年，而该年内土地生态服务价值非但没有减少，而且还处于增长状态，土地利用生态系统间接服务价值增加了 6176. 23 ×104 元，这其中一个原因就是从 2000 年开始的退耕还林还草政策以来，和林格尔县林地面积一直处于增长趋势，由于林地的生态系统间接服务价值比其他土地的要高，所以在经济快速发展时土地生态系统服务价值处于递增状态。由此可知，人为地合理地调节土地利用结构在一定程度上是能够增加间接服务价值的，能够实现人与自然和谐相处的理想目标。

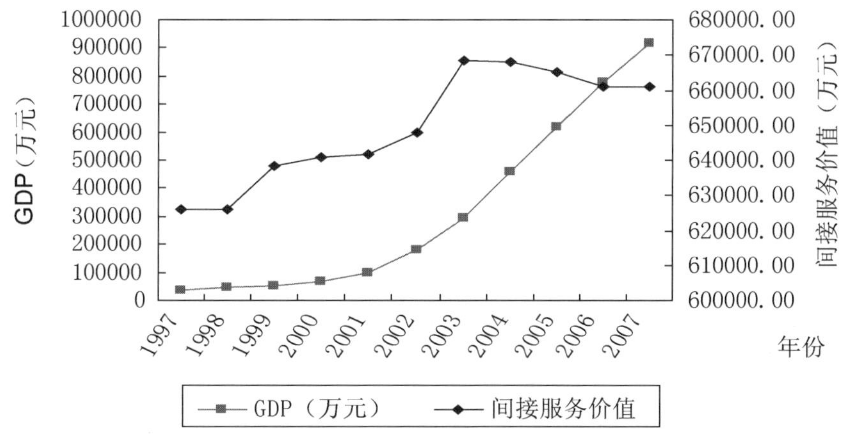

图 5—18　和林格尔县土地生态系统间接服务价值与 GDP 关系图

从 2003 年至 2007 年土地利用生态系统间接服务价值逐年递减，这里有两方面的原因，其一就是前面提到的生态系统服务的滞后性，其二就是最近几年随着和林格尔县经济的快速增长，建设用地面积的盲目扩大，尤其是最近几年和林格尔县经济翻倍增长，说明这一经济的快速发展在一定程度上是以土地生态系统服务价值的损耗为代价的。

通过计算可以得到，和林格尔县 1997 年土地生态系统服务价值为 GDP 的 16. 42 倍，并且有逐年降低的趋势，到了 2007 年为 0. 72 倍。从总体上看，研究期内和林格尔县的经济发展与生态系统服务功能之间呈现负相关。土地利用方式的转变已经迫不及待，土地利用结构的调整也需要以经济和生态为中心，不能只顾经济，不顾生态的利用土地。另外，对于工业建设用地的利用要考虑环境的因素，发展“绿色工业”，力争达到环境、经济、生态相互和谐统一。

从图5—18可以看出研究期内和林格尔县经济增长从缓慢增长到快速增长的变化过程，而全县土地生态系统间接服务价值从1997年的626079.52×104元逐年增加到2003年的668249.19×104元，然后又下降到2007年的661204.83×104元，和林格尔县土地利用生态系统间接服务价值变化的规律是：增长减缓——加速减小。这个变化充分说明了在一定程度上，研究区的经济快速发展时段在某种意义上讲是以环境的保护为代价的。

5.2.5 结论与建议

通过对和林格尔县1997—2007年土地利用生态系统服务价值的估算研究，得到以下结论：

（1）总体来看，和林格尔县1997—2007年土地生态系统服务间接价值呈现“先增后减”的变化趋势，1997—2003年间土地生态间接服务价值逐年递增，2003—2007年间土地生态间接服务价值逐年递减。

（2）生态服务价值的变化主要影响因素就是土地利用类型的变化，1997—2007年间和林格尔县土地利用处在调整时期，生态系统服务价值的变化与土地利用动态度有较好的吻合性。

（3）对比和林格尔县同期生态价值和经济发展可以看出，生态价值的增长率远远落后于经济的增长率，甚至在某些时期是以牺牲生态环境为代价来谋求经济的发展。因此，建议在追求经济增长的同时也要注重生态环境的建设，使经济、社会和生态和谐发展。

通过对结论的分析，提出以下几点建议：

（1）进一步加大土地利用规划的科学性，全面提高土地的使用效率；加大现有耕地及其他具有较高生态功能的土地的保护，通过加强农田水利基础设施建设、城镇绿化、控制水域的污染等措施，进一步提高各类型土地自身的生态价值，促进地区社会经济发展与生态环境改善的双赢。

（2）1997—2007年间和林格尔县生态系统服务价值的年均增长速率小于GDP增长速率，表明生态建设速度小于经济建设速度，应加大对生态建设的投入力度。今后一段时期内，仍要积极加大生态资金的争取力度，扩大生态建设项目范围，加大对生态建设的投入力度，协调各部门力争使生态建设项目更加适合和林格尔县的实际情况。

（3）逐步把土地利用生态系统服务价值核算作为国民经济核算内容之一，实施真正的“绿色 GDP”，并且根据县域的特点，构建服务价值评价长效机制，为区域生态系统安全预测提供可靠的数据支持。

5.3　和林格尔县耕地撂荒及原因探究

5.3.1　综述

5.3.1.1　耕地撂荒的内涵

关于“耕地撂荒”，专家学者们的界定与解释差别较大，与耕地“撂荒”类似的概念有“抛荒”、“弃耕”、“丢荒”等，国内目前尚无统一的定义。以李孔俊为首的学者认为，耕地撂荒是指农民因某种原因不愿意耕种或者因自然灾害，致使耕地荒芜一季或一季以上的一种现象，农民外出打工会把土地转包或委托于他人代为耕种、未导致荒芜的土地，以及自然灾害造成的暂时性的空白田都不属于耕地撂荒现象；张斌、徐邓耀与翟有龙等学者认为，当耕地处于一种未充分利用状态时也是一种隐性抛荒，所以将耕地抛荒定义为“由于生产经营者主观原因放弃而造成的耕地处于闲置或未充分利用的一种状态”，并从耕地利用程度的角度出发，将耕地抛荒细分为显性撂荒和隐性撂荒两种基本类型。

怎样正确理解耕地“弃耕、撂荒、抛荒与丢荒”这些概念呢？从字面意思来看，“弃耕”一词强调“土地生产经营者放弃耕耘的这一过程”，而“抛荒”、“撂荒”与“丢荒”则更加强调“耕地在被放弃耕耘后而处于一种荒芜时的状态”。四者在本质上并没有差别，均含有“耕地被抛弃而不再耕耘，并使其荒芜”的意思，其核心内涵均是“耕地处于荒芜的一种状态”。本文统称为“耕地撂荒”。

综上所述，我们给出“耕地撂荒”的综合定义：在现有耕地利用方式保持不变的情况下，在社会、经济与自然等因素的共同作用下，土地生产经营者在一定时期内对现有耕地停止或减少耕耘，从而导致耕地处于一种未知性的荒芜或未充分利用时的状态。当耕地因停止耕耘而处于闲置与荒地状态时，是耕地撂荒的狭义表现形式；当耕地因减少耕耘而处于未充分利用状态时，是耕地撂荒的广义表现形式。

据此，我们可以有效区分耕地的“轮休”与“退耕”。“轮休”是多出现在一些地多人少的地区或国家，当粮食等农产品出现大量过剩时，出于保护土地生产经营者的利益与维持耕地的地力的目的，而有计划、有规律进行的一种暂时性的停止耕种，待地力恢复后，又重新耕种的行为，具有明显的“用地与养地相结合”的目标；而“撂荒”却没有计划性，农地经营者并不知道自己将在什么时候撂荒、什么时候重新利用，一切将取决于各种因素动态变化的结果，利用与否具有很大的未知性。“退耕”的概念有广义和狭义之分。广义的退耕，是指出于政治、经济、社会与生态等原因，将耕地停止耕种并将其转为其他土地利用方式；狭义的退耕概念又称生态退耕，是将已对生态环境造成不良影响的耕地停止耕种，采取人工种植或自然封育等方式在其上恢复植被，或将原来有围湖、围沼造田形成的耕地停止耕种，使其恢复为原有的状态，以达到改变生态环境、抑制自然灾害的目的。可见，“退耕”改变了土地的利用方式，且有明显的计划性与目的性，与“撂荒”有本质差别。

通过查阅有关耕地撂荒的资料，我国现有学者就耕地撂荒的类型进行过讨论。根据耕地撂荒的表现形式、撂荒的原因与撂荒时间的长短等可将耕地撂荒分成不同类型。

从耕地撂荒的表现形式看，耕地撂荒分为显性撂荒与隐性撂荒两种类型。显性撂荒是指在本应种植的一定时段内（通常达到一季以上），土地生产经营者在现有耕地上不种植任何农作物而让田块荒芜的现象；隐性撂荒是指土地生产经营者照旧在田块上播种农作物，但投入田块的人、财、物有意识的降低（明显达不到要求或低于常年水平），从而导致耕地利用程度下降、产出水平降低的现象。

耕地撂荒的时间有长有短，据此可将耕地撂荒分为全年性撂荒与季节性撂荒两大类。季节性撂荒是指耕地撂荒的时间较短，只在一年中的某个季节出现撂荒现象。全年性撂荒是指耕地持续撂荒的时间至少在一年以上的现象。

根据耕地撂荒的原因，将耕地撂荒分为自然生态型撂荒与社会经济型撂荒。其中自然生态型撂荒又可进一步分为两种类型：生态型撂荒和灾毁型撂荒。内蒙古自治区的乌盟四子王旗、察右后旗、商都县、化德县、兴和县和包头市达茂旗南部等地区，近年来耕地沙化严重，每年有大量耕地因沙化而弃耕，均是典型的生态型撂荒。社会经济型撂荒根据具体的驱动原因，又可进一步分成三种类型：税费负担型撂荒、经济效益型撂荒和圈占型撂荒。

从农户撂荒的主动性看，耕地撂荒又分为主动性撂荒与被动性撂荒。前者不是因为农地本身自然条件与生产力发生变化，而是因农户生产效益、生产取向等自身原因发生变化，农户主动少耕或完全撂荒；而被动性撂荒是指外在的自然灾害与生态退化等因素的胁迫，导致耕地无法继续耕种，农户只好被迫撂荒。

和林格尔县的撂荒现象比较复杂，从撂荒的表现形势看，有显性撂荒也有隐性撂荒；从撂荒时间的长短分，既有全年性撂荒又有季节性撂荒；从耕地撂荒的原因角度，主要属于自然生态型撂荒里的生态型撂荒和灾毁型撂荒和社会经济型里的经济效益型撂荒。从农户撂荒的主动性看，主要属于主动撂荒。

5.3.1.2　耕地撂荒研究意义

目前，我国耕地撂荒现象比较严重的主要集中在自然条件比较差的地区。据不完全统计，近20多年来，出现耕地撂荒现象并进行调研或报道的地方多达161个，涉及21个省（区）的107个县（市）。从耕地撂荒案例在空间上的分布来看，主要集中在中部与东北地区。在161个耕地撂荒案例中，西部地区耕地撂荒的案例有8个，分布在5个省区中的8个县（市）之中；东部地区耕地撂荒案例有40个，分布在6个省区中的33个县（市）之中；中部地区耕地撂荒案例最多，共有113个，涉及10个省区的66个县（市）。弃耕、撂荒现象在我国较为普遍，特别是西部干旱半干旱地区、偏远山区等地。虽然2003年以来，农民种田负担的减轻直至农业税的取消在一定程度上缓解了这一问题，但它依然是存在于农地利用中的一个较为普遍的现象，引起国内外政界与学界专家的广泛关注。国内众多学者在实地调查的基础上，对我国各地出现的农地弃耕现象的现状特征、原因与对策进行了广泛的研究。

内蒙古农业区主要集中在内蒙古农牧交错带及其以东、以南地区，这些地区的耕地撂荒现象也相对比较严重，特别是石质丘陵和黄土丘陵区，如赤峰地区、乌兰察布市南部、呼和浩特市南部等地。这些地区是内蒙古主要的旱作农业区，也是内蒙古生态环境十分脆弱的地区，耕地撂荒对于地区农业经济发展、农业生活以及生态环境具有一定的影响。因此，有必要对这一地区的撂荒现象及其产生原因、造成的后果等方面进行研究。

另外，耕地撂荒研究为粮食安全和经济发展研究提供理论依据；耕地撂荒研究对加强促进农村经济发展与提高农民收入水平具有重要意义；耕地撂荒研究对加快农业基础设施建设有指导作用；耕地撂荒研究对保护区域环境、防止土地资源退化、理性利用土地资源等方面具有广泛的现实意义。

和林格尔县大多数乡镇属于石质丘陵和黄土丘陵地区，近年来耕地撂荒现象较为严重，其中有自然原因，更多的是社会、经济、政策、价值取向等人文原因。因此通过定量和定性分析和林格尔县耕地撂荒现状及其原因分析，可为和林格尔政府制定相关政策提供一定依据。本文通过遥感分析和实证调查，深入研究耕地撂荒对于本研究区土地利用效果的正、负面影响，正确认识当前社会经济发展条件下的耕地撂荒现象，研究防止耕地进一步撂荒，加大基本农田建设和土地整理力度，为下一步土地利用总体规划制定和理性利用土地资源提供可靠依据。

5.3.1.3 国内外相关研究

（1）国外土地休耕研究

国外的耕地撂荒是有计划的土地休耕。20 世纪 30 年代以来，为解决土地开发导致的土壤侵蚀等生态退化问题，美国先后实施了一系列的土地休耕保护项目。土地休耕保护项目脱胎于美国“土地银行项目”，如 1985 年美国国会通过的《食品安全保障法案》中设立了土地休耕保护项目。1986 年，土地休耕保护项目正式实施。1990 年和 1996 年，土地休耕保护项目在美国农业法案中被进一步完善。2002 年，美国将土地休耕保护项目执行期延长至 2007 年。美国农业部农场服务局负责实施土地休耕保护项目（CRP），目标是对那些土壤极易被侵蚀的和其他环境敏感的农田进行补贴，并采取长期性植被保护措施，达到改善水质、控制土壤侵蚀、改善野生动植物栖息地的目的。此外，美国农业部也希望通过实施该项目，缓解一下农产品过剩的潜在压力，据此出台了一系列针对农民的经济补偿和休耕措施的政策性规定、农民休耕的规定性程序等，如农场主或牧场主自愿申请加入土地休耕保护项目、农场主或牧场主要与政府签订长期合同、农场服务局每年向土地休耕保护项目参与者提供补贴、限定休耕年限等等。CRP 工程实施 20 多年来，美国的水土流失明显减少，土壤质量显著提高，环境质量大为改善。在美国土地休耕保护计划的执行过程中，其生态补偿的实施因其独特的理念和方式也取得了较大的成功，值得我国借鉴。

（2）国内关于撂荒研究

从农地撂荒现象出现的时间来看，我国耕地撂荒现象最早出现在 20 世纪 80 年代的中后期。当时由于农村经营体制变革后，农民的生产热情和土地的产出潜能得到了空前的释放，粮食生产连年丰收，出现了农产品相对过剩和“卖粮难”，再加上中央出台了鼓励发展农村二、三产业和农村剩余劳动力转移的相关政策，在我国的部分地区，出现了零星的土地撂荒现象，但由于在家务农的农村劳动力相对过剩，这些撂荒地很快被别人代耕，撂荒现象随之消失，没有造成大的社会影响。学术界对这一次耕地撂荒现象的调研并不多见。

真正引起学术界重视，并开展一系列实地考察与调研活动的撂荒现象，是在 90 年代以后出现的撂荒现象，主要集中在两个时期：1992—1995 年与 1998—现在。1992 年时我国粮食相对过剩，粮价较低，种田效率不高。而与此同时，城市发展集骤升温，开发区迅猛发展，为农民外出打工创造了机会。在这种背景下，耕地撂荒现象在上海、浙江、福建、辽宁、四川、山西等十多个省市出现。农户的大量举家外出与耕地撂荒，造成了较大的社会影响，一些地方采取了处罚抛荒者等“堵”的方法，但收效甚微。1995 年以后受供求关系变化影响，粮价开始回升，种田效率提高，加上农村土地二轮承包政策的推行，农地弃耕撂荒现象随之消失，这次撂荒现象从出现到消失持续了 3 年左右。1997 年以来，我国农业再次连年丰收，农产品普遍供大于求，粮食价格下跌幅度较大。广大农村，尤其是粮食主产区，出现了严重的“增产不增收”现象，大量农户弃农进城，耕地撂荒现象再次在我国大范围出现，而且呈逐年严重之势，从而演变成了我国近20多年来最为严重的第三次耕地撂荒现象。此次撂荒现象面积之广，程度之重，远大于前两次。

国内众多学者在实地调查的基础上，对我国各地出现的农地弃耕现象的现状特征、原因与对策进行了研究。但这些研究多以小地域、某个特定时期为切入点，研究结果重在说明某一时期、某一个地点耕地撂荒的现状、特点、原因及其对策等，如从耕地和粮食生产角度研究耕地资源流失的深层原因及其后果（谭术魁，宋艳艳，杨瑞珍，张晓松，邵映红，皮修平，刘润秋等），从定量化角度研究耕地撂荒对耕地数量和质量的影响（张斌、张蓬涛等）。多数学者认为，劳动力向非农领域转移是耕地撂荒的主要原因；还有从耕地撂荒的定量化角度研究的：徐邓耀、翟有龙等的《耕地抛荒的定量化评价方法》，对耕地从数量的角度进行了深入的研究；还有从政策方面研究的：温思美、赵德余的《我国农户经营的非专业化倾向及其根源研究》，张红宇的《正确看待农村土地撂荒现象》，王松、田锦凡、李汉宇的《修改土地法限制农民撂荒》，吴红缨、宋超的《连续两年撂荒由发包方收回》，认为从长远来看，对耕地撂荒的态度我们应该从正反两面辨证的进行分析。

对于内蒙古耕地撂荒的研究，近年来一些学者通过在呼和浩特、鄂尔多斯等地的调查研究，认为因农资价格过高，部分农民在压缩农资用量、缩小粮食种植面积的同时，将成亩的低产田或旱田撂荒。一些地方的农资价格水平已超出农民的承受力，保护农民的春耕积极性、遏止撂荒苗头已刻不容缓。

对耕地撂荒的研究方法，这些学者主要是对耕地进行定量研究，分析耕地撂荒的原因从而提出解决耕地撂荒解决的方法和对策。

5.3.1.4　数据资料来源

（1）数据资料来源

影像资料：利用2009年和林格尔县1：10000SPORT—5影像提供的信息，通过GIS（MAPGIS）软件处理，完成遥感影像解译、影像外业核实、拓扑错误检查、属性数据录入及数据整理、接边处理、建立空间数据拓扑关系、提取数据几个步骤获得全县耕地现状数据信息。

图件资料：收集1993年第一次土地利用详查图，仍然利用MAPGIS软件提取1993年耕地现状数据资料，并利用MAPGIS软件的空间叠加功能，完成两期耕地空间分布变化信息。

数据资料：收集历年和林格尔县土地利用变更调查成果、变更台帐和和林格尔县经济统计年鉴、和林格尔县产能核算成果等，提取相关数据资料。

文献资料：包括各时期政策文件、和林格尔县土地利用总体规划（1997—2010）、公开发表的相关文献等。

调查问卷资料：统计100份调查问卷，获得关于撂荒地相关信息，实证分析和林格尔县耕地撂荒的基本特征和原因。

考虑到实证研究的特殊性，研究主要包括以下几个主要步骤：问卷设计、样区选定、问卷发放、问卷回收、问卷统计。分别如下：

①问卷设计：

考虑到要充分全面调查和林格尔县耕地撂荒情况合理设计调查问卷，包括设计问卷调查的内容组成、结构、版式和问卷的难易程度，问卷内容分耕地撂荒前后的家庭基本情况、承包地利用与生产情况、耕地撂荒情况、十年来农村政策影响情况、灾害与生态环境变化情况几个方面（见下表5—59）。

②样区选定：

和林格尔县的自然环境既有平原地区，又有山地丘陵区，调查样区的选定要遵循各种自然环境条件兼顾的原则，还要根据调查问卷发放和收回的难易程度综合考虑样区的选定。我们分别向平原区、丘陵区、山区的四个乡镇的11个自然村发放了调查问卷。

③问卷发放：

调查问卷设计完成以后，在选定的样区进行调查问卷的发放，尽量选择年龄适中、问卷回答真实可靠的农户进行发放。记录发放的路径，以便回收调查问卷。

④问卷回收：

回收问卷是个很重要的问题，如果问卷不能及时、如数的收回，会影响整个调查的效率和全面性。

⑤问卷统计：

对收回的问卷进行数据的分类统计，为和林格尔县耕地撂荒的原因探究奠定了实证研究基础。

表 5—59　和林格尔县耕地撂荒农户调查问卷

＿＿＿＿（乡、镇）＿＿＿＿＿村

1、家庭基本情况		
家庭基本情况	耕地撂荒前	耕地撂荒后
家庭人数	(　　　) 人	
职业	口从事农业　人 口从事牧业　人 口上学　　　人 口在外打工　人 口其它	口从事农业　人 口从事牧业　人 口上学　　　人 口在外打工　人 口其它
主要劳力文化水平	口没上过学　口小学　口初中　口高中	
家庭年均总收入	口小于 500 元 口 500 ~ 1000 元 口 1000 ~ 2000 元 口 2000 ~ 5000 元 口 5000 ~ 10000 元 口大于 10000 元	口小于 500 元 口 500 ~ 1000 元 口 1000 ~ 2000 元 口 2000 ~ 5000 元 口 5000 ~ 10000 元 口大于 10000 元
2. 承包地利用与生产情况		
土地类型	退耕前（　　年）	退耕后（　　年）
您家耕地	面积	产量
粮食增产的原因	口施用良种、化肥、农药、机械、地膜耕种 口年景好 口政府的政策起的作用	口施用良种、化肥、农药、机械、地膜耕种 口年景好 口政府的政策起的作用
与退耕前比承包土地的承包期的变化?		口长了 口短了 口没有变化
您家的耕种、收庄稼方式?	口机种、机收 口机种、人收 口人种、机收 口全是人工	口机种、机收 口机种、人收 口人种、机收 口全是人工

续表

您家耕地灌溉是否有保证？没有保证的原因？	口灌溉设施不够 口没有剩余的钱 口成本太高 口产量本来就低，没有必要	口灌溉设施不够 口没有剩余的钱 口成本太高 口产量本来就低，没有必要
愿意采取耕种方式还是其它土地经营方式	愿意的原因：	不愿意的原因：
3. 耕地撂荒情况		
为什么撂荒？	口家庭劳动力不足　口外出打工　口耕地质量差　口种地收入低	
撂荒前后生活水平变化？	口生活水平提高　口生活水平没变化　口生活水平下降	
哪种地撂荒？	口盐碱地　口山坡地 口其他	
剩余劳动力去向？	口打工　口经商　口其它	
4. 十年来农村政策影响情况		
近十年来的农村政策有哪些？		
哪项农村政策对耕地撂荒的影响最大？	口退耕还林　口政府鼓励改变种植方式　口农用地使用权流转　口其它（　）	
5. 灾害与生态环境变化情况		
发生的自然灾害类型	口水灾口旱灾口虫灾口冰雹口霜冻	
灾害对耕地撂荒的影响程度？	口没有口很小口一般口很大	
哪项自然灾害对耕地撂荒的影响程度最大？	口水灾口旱灾口虫灾口冰雹口霜冻	

5.3.2 和林格尔县概况

5.3.2.1 自然概况

和林格尔县位于内蒙古自治区呼和浩特市东南部，属呼和浩特市郊县，地理坐标北纬39°58′~40°41′，东经111°26′~112°18′之间，面积3447.78平方公里。全境南北长90公里，东西宽85公里。

和林格尔县地处土默特平原向东南黄土高原和蛮汉山地的过渡地带，地势自东南向西北倾斜，全境海拔高度为 1016 - 2031m。依次分布有山地、丘陵和平原。山地分布于东部及东南部，海拔 1400 - 2028m，坡度一般大于 15°，占全县总面积的 20.40%。丘陵分布于中部和南部，多属黄土丘陵和覆沙丘陵，海拔高度 1100 - 1400m，占全县总面积的 57.30%。平原集中分布于西北部，由湖积盆地、冲湖积平原和冲湖积倾斜平原组成。海拔1016 - 1200m，地势开阔平坦，占全县总面积的 22.30%。故和林格尔县有“三丘一山一分川”的自然地貌特点，多样的地貌类型为土地综合利用和发展多种经营奠定了基础。

和林格尔县气候属中温带大陆性季风气候，年平均气温 5.6℃，年平均降雨量 417.57mm，但本县降水变化率大，并且降水量由东向西递减，农牧业收成不稳；植被主要有低山地森林、灌丛草原丘陵草原类型、低湿地草原化等类型；土壤类型有灰褐土、栗褐土、风沙土、盐碱土等，栗褐土为本县主要土壤类型；境内较大河流共 11 条，可利用水资源 3768.2 万 m^3。山区矿产资源、野生动植物资源较为丰富，为发展多种生产经营提供了条件。

5.3.2.2　社会经济发展状况

和林格尔县现辖 3 镇 4 乡，即羊群沟乡、黑老夭乡、大红城乡、舍必崖乡、城关镇、盛乐镇、新店子镇，全县现有 145 个行政村 5 个农场，共计 750 个自然村，有居委会 10 个。据 2009 年经济统计年鉴，2008 年末全县总人口为 190950 人，其中非农业人口为 38884 人，人口密度 55 人/km^2。和林格尔县是一个以蒙古族为主体，汉族占多数的多民族聚居区，共有 17 个民族。

据 2009 年经济统计年鉴，2008 年，全县地区生产总值达到 92 亿元，全社会固定资产投资总额完成 51.2 亿元，城镇居民人均可支配收入达到 12504 元，农民人均纯收入达到 5873 元，三次产业结构更趋合理，由 14 : 69 : 17调整为12 : 71 : 17。在农业方面，和林格尔县通过加大农业基础设施的投入力度，2008 年，全县农业完成产值 10.06 亿元。主要经济作物有玉米、胡麻、向日葵、小杂粮、豆类、马铃薯等。2008 年，粮食实播 70961 万亩，粮食总产量 18.2 万吨，人均产量达到 1123 公斤；在林业方面，经过多年治理，和林格尔县林地面积已由建国初的 15.6 万亩增加到现在的 205 万亩，林木覆盖率也从 3% 提高到 30.2%。

在工业方面，和林格尔县工业主要以乳、肉、沙棘、柠条、绒、石材加工为主，电力产业为正在积极发展的新型产业，工业在整个经济结构中所占的比例达到71%。和林格尔县以经济开发区为平台，加大招商引资的力度，使得工业在整个经济结构中所占的比例逐年增大。2008年，全部工业总产值完成155.7亿元，规模以上工业增加值完成53.4亿元。

5.3.3 和林格尔县耕地现状

（1）耕地结构

根据2009年末土地利用现状调查结果，和林格尔县耕地的总面积是106288.94公顷，占总土地面积的30.83%，其中旱地面积77126.27公顷，占耕地总面积的72.56%，水浇地面积29162.67公顷，占全县耕地总面积的27.44%。

表5—60 和林格尔县2009年各乡镇耕地面积比

名称	耕地占全县耕地比例（%）	水浇地占全县比例（%）	水浇地占本乡耕地面积比	旱地占全县比例（%）	旱地占本乡耕地面积比
城关镇	11.39	4.38	10.54	14.04	89.46
盛乐镇	29.39	50.32	46.97	21.48	53.03
新店子镇	9.69	3.41	9.65	12.07	90.35
舍必崖乡	21.57	31.53	40.11	17.80	59.89
大红城乡	16.29	9.71	16.36	18.78	83.64
羊群沟乡	6.39	0.04	0.19	8.79	99.81
黑老夭乡	5.28	0.60	3.13	7.05	96.87

从耕地的内部构成来看（表5—60），各乡镇均以旱地为主，其中盛乐镇和舍必崖乡耕地中水浇地的比例占到本乡耕地的40%以上，其次为大红城乡；其他乡镇则以旱地为主，其中羊群沟乡旱地比例达99.81%，几乎全部为旱耕地。

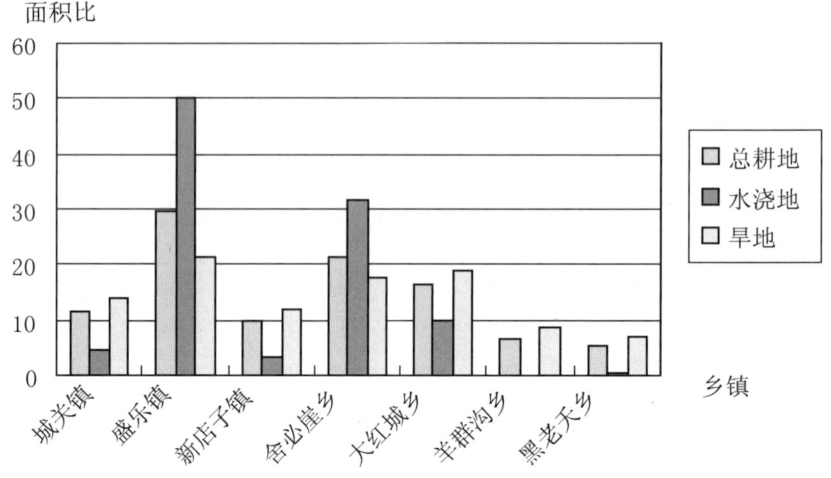

图 5—19 和林格尔县各乡镇耕地面积比

（2）耕地空间分布特征

从表 5—60 和图 5—19、图 5—20 可以看出，和林格尔县耕地面积最大的是盛乐镇，占和林格尔县耕地面积的 29.39%。其次是舍必崖乡，占耕地面积的 21.57%。两乡镇耕地占全县总耕地的 50.96%，即和林格尔县一半以上的耕地集中于此，其他耕地数量较多的是大红城乡。

在空间分布上（见图 5—20），耕地主要集中在西部和北部盛乐镇、舍必崖乡的平原滩川区；其次浑河及其支流（如马场河、古力半几河）沿岸地区水热条件好，也是耕地较为集中地区域。

另外，从水浇地和旱地的分布来看，81.86% 的水浇地集中在滩川平原区的盛乐镇、舍必崖乡，在大红城乡、城关镇和新店子有少量水浇地；旱地则主要分布在山地丘陵区和和林两岸，因此，各乡镇的山地丘陵区均有数量不等的旱地。

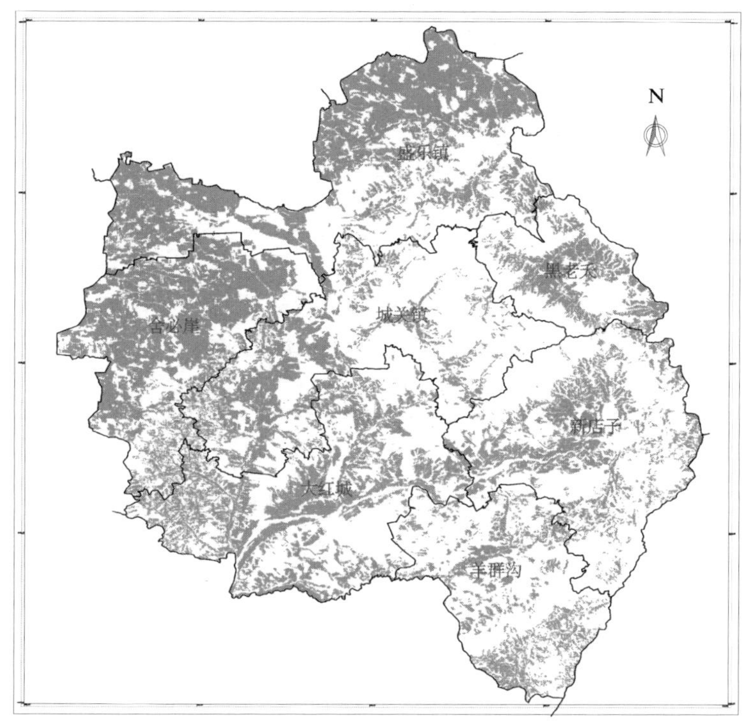

图 5—20 和林格尔县耕地面积随时间变化分布示意图

5.3.4 1996—2009 年和林格尔县耕地变化分析

5.3.4.1 耕地变化总体特征

从和林格尔县历年土地利用变更调查结果可知，1996—2009 年和林格尔县耕地大体呈减少趋势，13 年间，耕地共减少了 7132.73 公顷，但各历史时期变化的幅度不同。从图 5—21 可看出，基本上可分为三个时期：1996—1999 年间，和林格尔县的耕地面积呈增加的趋势，但增加的幅度不大，共增加了 1405.74 公顷；1999—2003 年间，和林格尔县耕地大幅度减少，其中以 2001—2003 年下降最为显著，两年共减少 6178.51 公顷；2003—2009 年间，耕地总量呈现缓慢变化趋势。

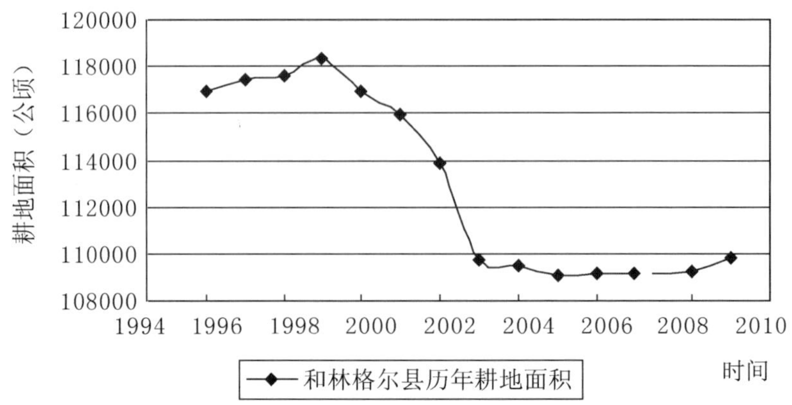

图 5—21　和林格尔县 1996—2009 年耕地面积随时间变化图

纵观和林格尔县自详查以来耕地变化特征和历年耕地增减情况，不难看出，耕地的变化与国家政策和全县社会经济发展有着极为密切的关系。国家西部大开发政策和生态退耕政策的实施，大量坡耕地与质量较差的旱地退耕，是导致 2001—2003 年耕地减少的主要原因；盛乐经济园区和全县社会经济发展带动了基础设施建设，建设用地、养殖用地占用了部分耕地是导致耕地减少的另一个原因，同时，撂荒与灾害毁损也使得部分耕地减少。自 2003 年以来，国家加强耕地保护制度的实施，严格执行“占补平衡、占一补一”、“占用耕地质量折抵”、“基本农田整理”等政策，大力加强耕地储备建设，自 2003 年后耕地变化较为平稳。

5.3.4.2　耕地增减分析

为了更好地了解耕地随时间变化特征，根据 1998—2009 年和林格尔县土地利用变更平衡表，来分析和林格尔县近十几年来耕地的流向，进一步分析耕地增减的深层次原因。

（1）耕地减少情况

1998 年至 2009 年末全县耕地累计减少 10045.78 公顷，各年份减少见表 5—61。1998 年至 2009 年全县耕地呈减少趋势且减少的幅度不一致，2003 年耕地减少最多达到 4423.78 公顷，2002 年耕地减少 2062.93 公顷，2000 年耕地减少 1566.36 公顷，12 年内耕地共减少 10045.78 公顷。

表 5—61　1998 年—2009 年和林格尔县耕地减少

单位：公顷

年度	1998	1999	2000	2001	2002	2003
面积	136.08	481.96	1566.36	129.42	2062.93	4423.78
比重（%）	1.35	4.8	15.59	1.29	20.54	44.04
年度	2004	2005	2006	2007	2008	2009
面积	321.42	611.04	212.65	12.6	9.13	78.42
比重（%）	3.2	6.08	2.12	0.13	0.09	0.78

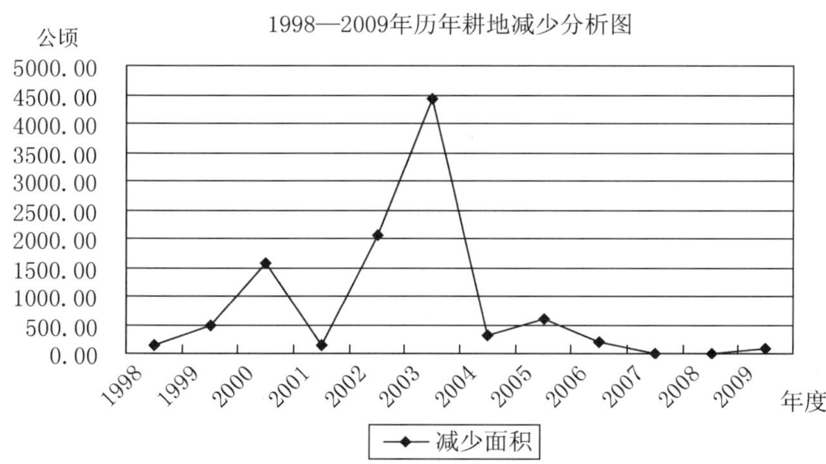

图 5—22　和林格尔县 1996—2009 年耕地面积随时间变化图

统计耕地减少去向，见表 5—62。12 年耕地减少主要去向是生态退耕，农业结构调整、建设占用及灾毁占用的耕地很少。12 年全县耕地减少 10045.78 公顷，其中生态退耕就达 8161.00 公顷，占耕地减少总量的 81.24%，是耕地减少的主要原因。农业结构调整、建设占用及灾毁仅占耕地减少总量的 18.76%，其中建设占用减少 1148.87 公顷，占耕地减少总量的 11.44%。

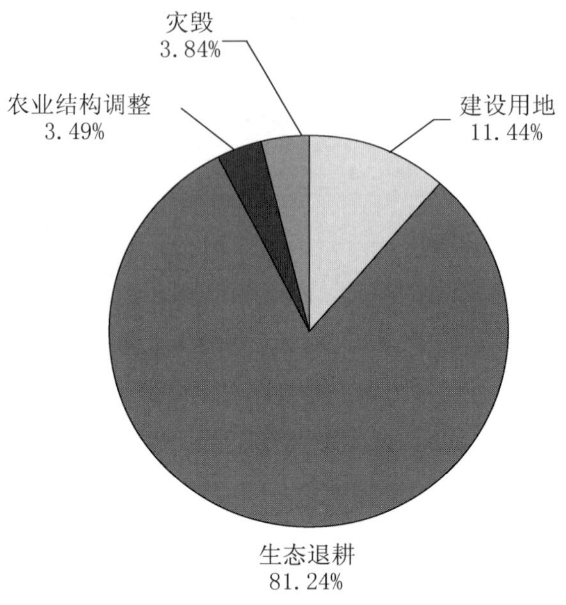

图5—23　和林格尔县1996—2009年历年耕地减少去向

生态退耕：1998年末至2009年全县生态退耕占用耕地8161.00公顷，主要来自未成林造林中坡度在15°—25°之间的一部分和坡度>25°的生态退耕。

农业结构调整：农业结构调整主要指种植业、林业、渔业、副业之间的结构调整，引起的土地利用结构的变化包括耕地、林地、园地、养殖水面等农用地结构内部调整，具体表现为耕地种果树等。1998末年至2009年末全县农业结构调整累计350.41公顷。

建设占用及灾毁：1998年末至2009年全县建设占用及灾毁占用耕地累计1534.38公顷，仅占耕地减少总量的15.28%。

表 5—62　1998—2009 年和林格尔县耕地减少去向

单位：公顷

			农用地						建设用地					未利用地			
	总计	比重	小计	比重（%）	园地	林地	牧草地	其他农用地	小计	比重（%）	城镇村及工矿用地	交通用地	水利设施	小计	比重（%）	未利用地	其他土地（水域）
合计	-10045.78		-8511.41	84.73					-1148.87	11.44				-385.51	3.84		
1998	-136.08	1.35	0.00	0.00	0.00	0.00	0.00	0.00	-130.78	11.38	0.00	0.00	-130.78	-5.30	1.37	0.00	-5.30
1999	-481.96	4.80	-407.18	4.78	-105.39	-172.47	-85.33	-43.99	-74.78	6.51	-66.76	0.00	-8.02	0.00	0.00	0.00	0.00
2000	-1566.36	15.59	-1451.40	17.05	-9.54	-443.60	-998.26	0.00	-114.96	10.01	-104.90	-9.68	-0.38	0.00	0.00	0.00	0.00
2001	-129.42	1.29	0.00	0.00	0.00	0.00	0.00	0.00	-129.42	11.26	-10.04	-119.38	0.00	0.00	0.00	0.00	0.00
2002	-2062.93	20.54	-1998.47	23.48	-5.94	-1518.94	-473.59	0.00	-46.31	4.03	-29.61	-16.70	0.00	-18.15	4.71	-18.15	0.00
2003	-4423.78	44.04	-4084.24	47.99	0.00	-3954.68	-99.67	-29.89	-310.29	27.01	-277.62	-32.67	0.00	-29.25	7.59	-27.99	-1.25
2004	-321.42	3.20	-202.24	2.38	0.00	-17.82	-86.02	-98.40	-117.83	10.26	-82.28	-31.21	-4.33	-1.35	0.35	-1.35	0.00
2005	-611.04	6.08	-319.92	3.76	0.00	-2.65	-298.81	-18.47	-103.93	9.05	-65.25	-38.68	0.00	-187.19	48.56	-187.19	0.00
2006	-212.65	2.12	-26.09	0.31	0.00	0.00	0.00	-26.09	-72.11	6.28	-71.67	-0.45	0.00	-114.45	29.69	-89.20	-25.25
2007	-12.60	0.13	-11.68	0.14	0.00	0.00	0.00	-11.68	-0.92	0.08	-0.92	0.00	0.00	0.00	0.00	0.00	0.00
2008	-9.13	0.09	-1.02	0.01	0.00	0.00	0.00	-1.02	-6.41	0.56	-6.41	0.00	0.00	-1.69	0.44	-1.69	0.00
2009	-78.42	0.78	-9.17	0.11	0.00	-2.59	-6.57	0.00	-41.12	3.58	-12.77	-28.35	0.00	-28.13	7.30	0.00	-28.13

资料来源：1999—2009 年历年和林格尔县土地利用变更调查统计

（2）耕地补充情况

1999 年末至 2009 年 12 年累计补充耕地 2604. 55 公顷。其中土地整理 724. 58 公顷，占补充总面积的 27. 82%；复垦 632. 57 公顷，占补充耕地总面积的 24. 29%；土地开发 1247. 39 公顷，占补充耕地总面积的 47. 89%，见表 5—63。

表 5—63　1998—2009 年和林格尔县耕地补充一览表

单位：公顷

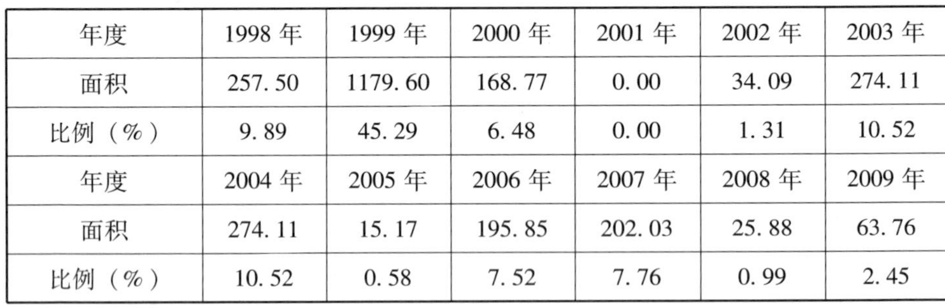

年度	1998 年	1999 年	2000 年	2001 年	2002 年	2003 年
面积	257. 50	1179. 60	168. 77	0. 00	34. 09	274. 11
比例（%）	9. 89	45. 29	6. 48	0. 00	1. 31	10. 52
年度	2004 年	2005 年	2006 年	2007 年	2008 年	2009 年
面积	274. 11	15. 17	195. 85	202. 03	25. 88	63. 76
比例（%）	10. 52	0. 58	7. 52	7. 76	0. 99	2. 45

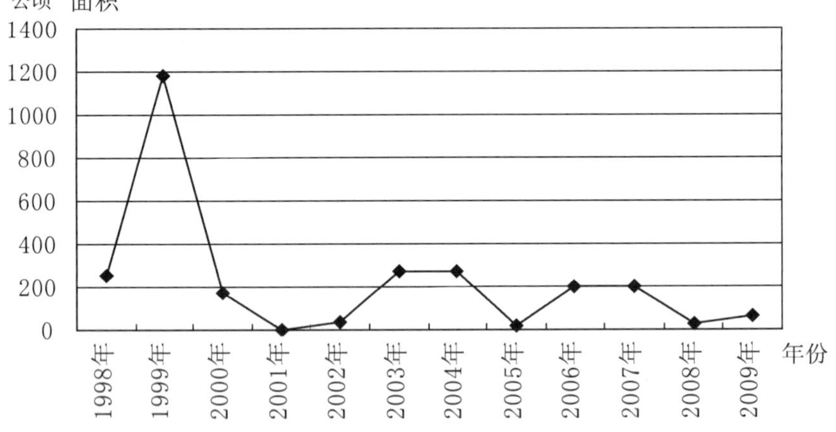

图 5—24　和林格尔县 1996—2009 年历年耕地增加数量

从图 5—24 和表 5—63 可以看出，2001 年未补充耕地，其他年份均有不同程度的补充。其中 1999 年补充面积最多达 1179. 6 公顷，其次为 1998 年补充耕地 257. 50 公顷，截至 2009 年末全县累计补充耕地达 2604. 5 公顷，年均补充耕地为 217. 05 公顷。

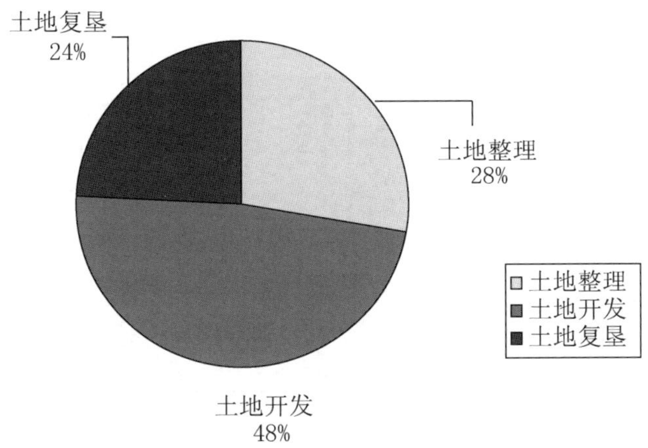

图 5—25　和林格尔县 1996—2009 年历年耕地增加数量

从补充耕地的来源看（表 5—64）：

土地开发：主要是对滩涂与荒草地的开发，12 年间累计增加有效耕地面积达 1247.39 公顷，占耕地补充总量的 47.89%。

整理及复垦：主要是对砖窑等独立工矿和农村居民点整理复垦，12 年间累计土地复垦面积达 632.57 公顷，土地整理达 724.58 公顷，分别占总补充面积的 24.29% 和 27.82%。

表 5—64　1998—2009 年和林格尔县耕地增加来源统计

单位：公顷

			农用地						建设用地					未利用地			
	总计	比重（%）	小计	比重（%）	园地	林地	牧草地	其他农用地	小计	比重（%）	城镇村及工矿用地	交通用地	水利设施	小计	比重（%）	未利用地	其他土地（水域）
合计	2604.55		2012.82	77.28					115.79	4.45				475.94	18.27		
1998	257.50	9.89	104.16	5.18	7.06	0.00	92.50	4.60	0.00	0.00	0.00	0.00	0.00	153.34	32.22	0.00	153.34
1999	1179.60	45.29	1159.55	57.61	0.00	274.52	883.03	2.00	19.55	16.88	19.07	0.48	0.00	0.50	0.11	0.00	0.50
2000	168.77	6.48	149.30	7.42	15.82	43.05	90.43	0.00	1.61	1.39	1.61	0.00	0.00	17.86	3.75	0.00	17.86
2001	0.00	0.00	0.00	0.00	0.00	0.00	0.00	0.00	0.00	0.00	0.00	0.00	0.00	0.00	0.00	0.00	0.00
2002	34.09	1.31	33.21	1.65	0.00	2.03	31.19	0.00	0.00	0.00	0.00	0.00	0.00	0.87	0.18	0.00	0.87
2003	274.11	10.52	239.47	11.90	0.99	0.94	232.90	4.63	5.50	4.75	5.50	0.00	0.00	29.14	6.12	0.00	29.14
2004	15.17	0.58	7.42	0.37	0.00	3.96	3.46	0.00	0.00	0.00	0.00	0.00	0.00	7.75	1.63	0.00	7.75
2005	195.85	7.52	128.30	6.37	0.00	106.51	21.70	0.09	67.55	58.34	67.55	0.00	0.00	0.00	0.00	0.00	0.00
2006	202.03	7.76	0.00	0.00	0.00	0.00	0.00	0.00	21.41	18.49	21.41	0.00	0.00	180.61	37.95	104.18	76.43
2007	25.88	0.99	0.00	0.00	0.00	0.00	0.00	0.00	0.17	0.14	0.17	0.00	0.00	25.71	5.40	4.63	21.09
2008	63.76	2.45	3.61	0.18	0.00	3.61	0.00	0.00	0.00	0.00	0.00	0.00	0.00	60.15	12.64	34.38	25.77
2009	187.80	7.21	187.80	9.33	0.00	183.41	4.39	0.00	0.00	0.00	0.00	0.00	0.00	0.00	0.00	0.00	0.00

资料来源：1999—2009 年历年和林格尔县土地利用变更调查统计

5.3.5 和林格尔县耕地撂荒遥感分析

5.3.5.1 数据获取过程

（1）提取其他草地及未利用地现状空间数据

运用 MAPGIS 软件，提取其他草地和未利用地空间数据信息，并进行图形错误处理、外业核实、数据统计分析等，完成和林格尔县其他草地及未利用地分布图（图 5—26）。

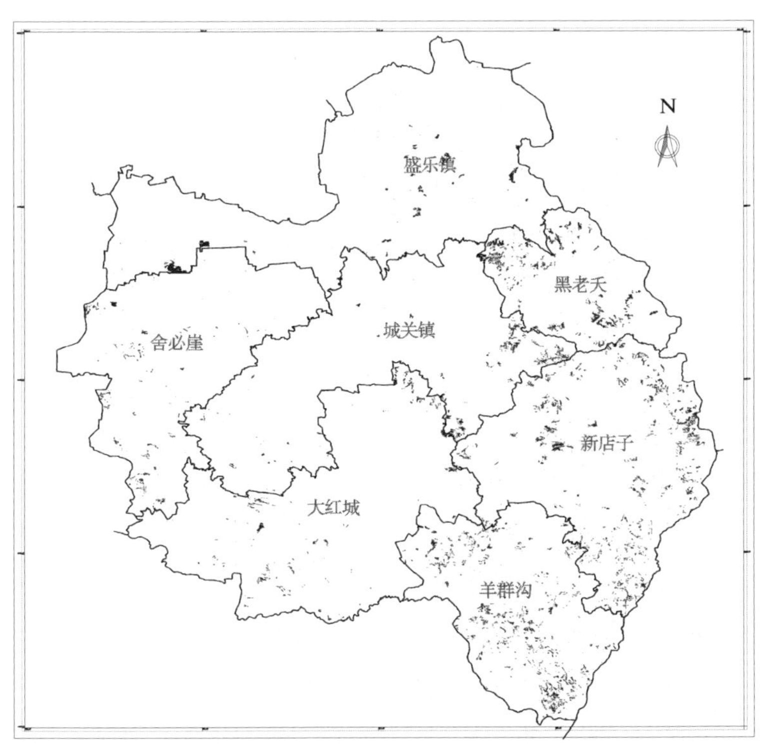

图 5—26　1996—2009 年和林格尔县撂荒地分布示意图

（2）提取 1996 年耕地现状空间数据

运用 MAPGIS 软件，利用 1996 年土地利用现状变更调查成果，提取和林格尔县耕地空间数据信息，并进行图形错误处理和数据统计分析等。

（3）耕地撂荒空间数据信息获取

运用 ARCGIS 软件相关模块功能，将 1996 年耕地图层与 2009 年其他草地及未利用地现状图层进行叠加处理，获得1996—2009年和林格尔县撂荒地分布的空间信息（图5—26）。

（4）数据信息提取

利用MAPGIS和ARCGIS软件的自动提取数据功能，提取耕地撂荒数据，即将和林格尔县的行政区界线图层加到以上得出的1996—2009年和林格尔县耕地撂荒图中，用MAPGIS的面积统计功能，分别统计出和林格尔县各乡镇的耕地撂荒面积（见表5—65），撂荒地总面积3719.95公顷，撂荒地现状如下列图表所示：

表5—65　和林格尔县1996—2009年耕地撂荒统计

	新店子镇	羊群沟乡	黑老夭乡	盛乐镇	城关镇	大红城乡	舍必崖乡
面积/公顷	990.90	738.92	630.86	467.57	363.90	305.37	222.43
比例/%	26.64	19.86	16.96	12.57	9.78	8.21	5.98

5.3.5.2　结果分析

（1）撂荒地数量较大

从表5—65可知，1993—2009年间，全县撂荒耕地总量达3719.95公顷，占1993年耕地总量的36.93%，平均变化率232.50公顷，其中以新店子、黑老夭、羊群沟等乡镇数量最大，这三个乡镇撂荒地面积为2560.68公顷，占和林格尔县撂荒地面积的63.46%。其他乡镇相对较小。

（2）撂荒地集中分布于东南山地丘陵区

图5—26显示，西北部平原区的盛乐镇、舍必崖乡，以及以丘陵为主的大红城乡、城关镇，其撂荒地分布稀疏，面积相对较小，这些乡镇少量平原区耕地撂荒为盐碱地、高台地上有零星坡耕地撂荒；而大量耕地撂荒图斑集中在东部山区，以及南部黄土丘陵和石质丘陵区，且主要为坡耕地撂荒。这些地区耕地撂荒主要还是由自然耕作条件恶劣，农业基础设施较差所致。

（3）耕地撂荒主要集中在2000—2006年期间

为了进一步说明耕地撂荒的变化特征，利用1998—2009年历年土地利用变更表，得出1998年到2009年间和林格尔县耕地变更为荒草地、盐碱地的面积，近似为耕地撂荒数量。

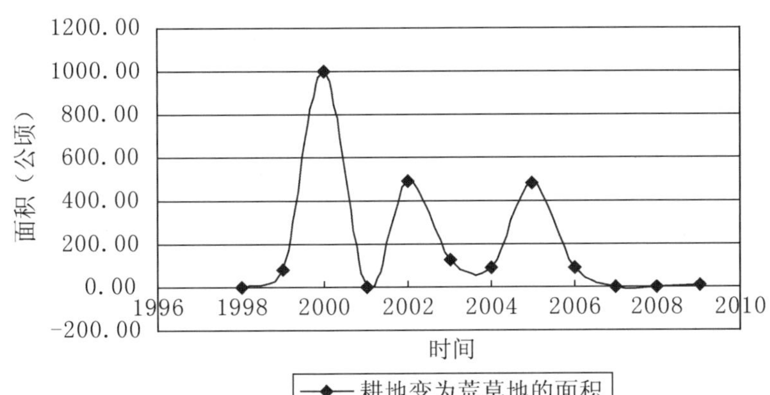

图 5—27　1998—2009 年研究区耕地变为荒草地

由表 5—66 和图 5—27 可以看出，1998—2009 年间，耕地撂荒是呈波浪式变化的；1998—2000 年间，耕地撂荒的数量很小；2000—2006 年间，耕地撂荒合计 2280. 23 公顷，占 14 年撂荒总面积的 96. 06%，2000 年达到了最大值（998. 26 公顷），其次是在 2002 年和 2005 年撂荒地面积达到了 491. 74 公顷和 486. 00 公顷；2007—2009 耕地撂荒数量很小。十年间耕地撂荒的总面积达到 2373. 82 公顷，平均每年撂荒 197. 82 公顷。当然，利用历年土地利用变更统计有许多不确定和不准确因素，以及个别年份数据未统计等，但从某种程度上也能反映出耕地撂荒的时间变化特征。

表 5—66　1998—2009 年耕地变更为荒草地、盐碱地面积统计

单位：公顷

年份	1998 年	1999 年	2000 年	2001 年	2002 年	2003 年
变更面积	0	85. 33	998. 26	0	491. 74	127. 66
年份	2004 年	2005 年	2006 年	2007 年	2008 年	2009 年
变更面积	87. 37	486. 00	89. 20	0	1. 69	6. 57

（4）耕地撂荒区域差异分析

撂荒率：各乡镇撂荒地的面积反映的是和林格尔县耕地撂荒的绝对数量上的关系，但各乡镇原有耕地面积和撂荒地面积之间的关系不容易看出，所以撂荒率是反映耕地撂荒程度的另一个尺度。撂荒率是已撂荒的耕地面积占总耕地面积的百分比。

表 5—67　和林格尔县各乡镇撂荒地面积和撂荒率

单位：公顷

乡镇	撂荒地面积	耕地面积	撂荒率
和林格尔县	3719.95	117478.86	3.17
新店子镇	990.90	17485.01	5.67
羊群沟乡	738.92	10173.91	7.26
黑老夭乡	630.86	6619.06	9.53
盛乐镇	467.57	29267.23	1.60
城关镇	363.90	17117.44	2.13
大红城乡	305.37	19566.46	1.56
舍必崖乡	222.43	17249.75	1.29

从表5—67 和图5—28 可知，和林格尔县耕地的总撂荒率为3.17%。其中，撂荒地面积最大的乡镇是新店子镇，但耕地撂荒率最大的却是位于东部山区的黑老夭乡，撂荒率为9.53%。

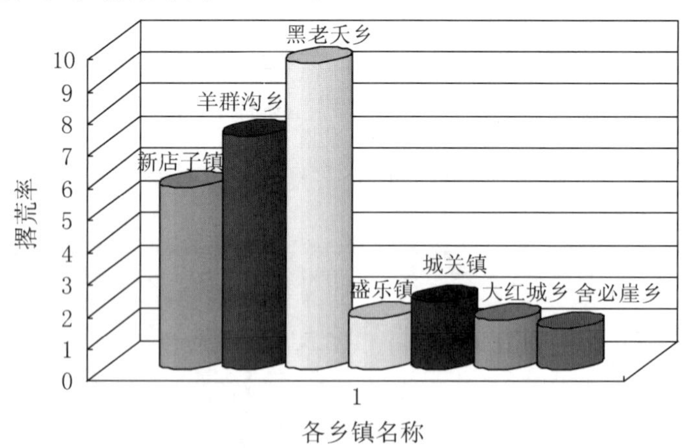

图 5—28　1998—2009 年和林格尔县耕地撂荒率

撂荒地等级：通过查阅等级划分资料、结合和林格尔县的实际情况和等级的过度性，根据撂荒率计算值，将其分为三个等级来进一步说明全县耕地撂荒的区域差异及各乡镇的撂荒程度。第一个等级的耕地撂荒率在5—10之间，第二个等级的撂荒率在2—5之间，第三个等级的撂荒率在1—2之间。

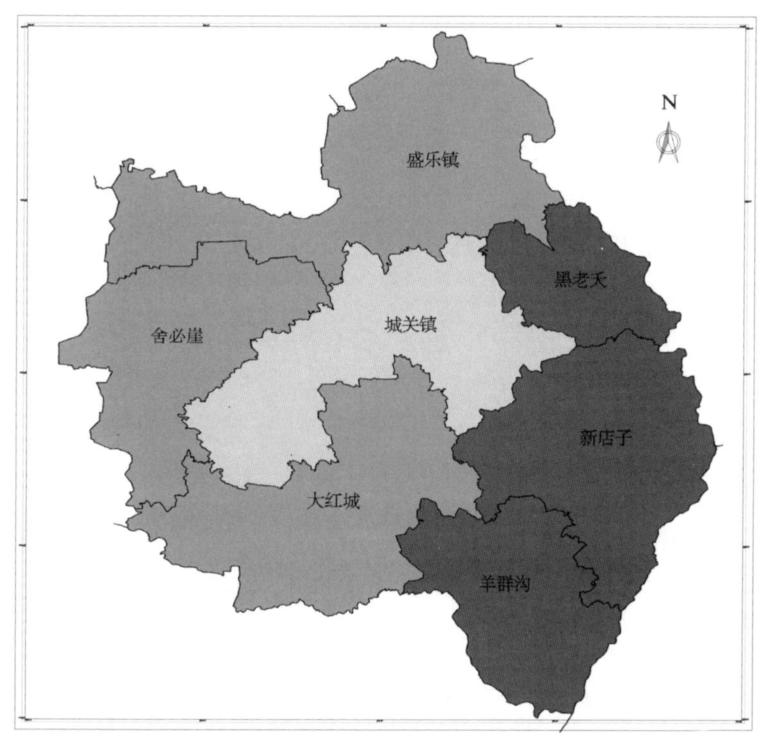

图5—29　1998—2009年和林格尔县耕地撂荒率

表5—68　和林格尔县撂荒地等级划分表

等别	撂荒率范围	黑老夭乡	羊群沟乡	新店子镇	城关镇	盛乐镇	大红城乡	舍必崖乡
1	5－10	9. 53	7. 26	5. 67				
2	2－5				2. 13			
3	1－2					1. 6	1. 56	1. 29

从表5－68、图5－29可看出，处在第一等级的乡镇有黑老夭乡、新店子镇和黑老夭乡，第二等别的乡镇是城关镇，第三个等别的乡镇是盛乐镇、舍必崖乡和大红城乡。呈现出从东部、东南向西北、北部逐渐减小的特点。

总的来看，和林格尔县耕地撂荒呈现出耕地空间分布不均、历年撂荒速度不均、各乡撂荒程度不等的特点，耕地撂荒数量和分布密度上总体呈从东南向西北逐渐减轻趋势。

5.3.6 和林格尔县耕地撂荒实证调查

为进一步证实上述研究结果，探究耕地撂荒的原因，选取了不同类型区作为野外调查区，对100户农户进行入户调查。从家庭基本情况、承包地利用与生产情况、耕地撂荒情况、十年来农村政策影响情况、灾害与生态环境变化情况等方面对耕地撂荒的原因做了深入的了解。

5.3.6.1 问卷设计内容

根据和林格尔县的耕地撂荒情况，设计问卷的内容是围绕着耕地撂荒展开的。问卷分为五个部分，为了更好的完成问卷，有些项目设了选项供农户进行选择。

（1）家庭基本情况

其中包括家庭基本情况，家庭人数，职业，主要劳动力水平，家庭年均收入，对于有些项目根据预计的情况列出选项供选择。

（2）承包地利用与生产情况

其中包括土地类型，耕地退耕前后的面积和产量，粮食增产的原因，与退耕前比承包土地的承包期变化，耕地、收庄稼方式，耕地灌溉是否有保障、有或没有保障的原因，愿意采取耕种方式还是其他土地经营方式。

（3）耕地撂荒情况

其中包括撂荒的原因，耕地撂荒前后生活水平变化，哪种地撂荒，剩余劳动力去向。

（4）十年来农村政策影响情况

其中包括近十年来的农村政策有哪些，哪些农村政策对耕地撂荒的影响最大。

（5）灾害与生态环境变化情况

其中包括发生的自然灾害类型，灾害对耕地撂荒的影响程度，哪项自然灾害对耕地撂荒的影响程度最大。

通过以上的问卷可以了解所调查的乡的具体农户的耕地撂荒情况，并可以了解所调查的乡镇的耕地撂荒情况，以达到研究的目的。

5.3.6.2　结果统计分析

对和林格尔县的四个乡镇的11个自然村进行了耕地撂荒的抽样调查。包括大红城的六犋牛沟、马家二十一号、高家二十四号、一生泉；羊群沟的五间房、十五号、阳坡村；盛乐镇的台儿营；城关镇的樊家夭、坝梁、榆西夭。一共发放了100份调查问卷。从耕地撂荒的绝对数量上看，大红城的34份调查问卷中，耕地撂荒374亩，羊群沟的23份调查问卷中耕地撂荒160亩，城关镇40份调查问卷中耕地撂荒151亩。统计结果显示：

（1）耕地撂荒前后的生活水平变化

表5—69　和林格尔县耕地撂荒前后生活水平变化调查统计表

撂荒前	撂荒后	户数
5000—10000元	>10000元	65
2000—5000元	>10000元	13
2000—5000元	5000—10000元	11
5000—10000元	5000—10000元	2
5000—10000元	500—1000元	2
1000—2000元	2000—5000元	1
>10000元	>10000元	1
>10000元	5000—10000元	1

表5—69显示，撂荒前后的收入水平，有65户撂荒前的收入是5000—10000元，撂荒后的收入增加；有13户撂荒前的收入是2000—5000元，撂荒后的收入是大于10000元；有11户撂荒前的收入是2000—5000元，撂荒后的收入是5000—10000元；有1户撂荒前收入在1000和2000之间，撂荒后在2000和5000之间；有2户是撂荒前后的收入都在5000—10000元之间；有1户撂荒前后的收入水平都是大于10000元；还有2户的收入撂荒前的大于撂荒后的收入。从以上统计我们可以看出，94%的村民撂荒后的收入是大于撂荒前的收入的，3%的村民撂荒前后的生活水平没有发生变化，3%的村民的收入在撂荒之后是减少的。

(2) 劳动力去向

根据表5—70，和林格尔县劳动力的去向有打工、经商和其他。在100份的调查问卷中，46%的劳动力是去打工，17%劳动力是出去经商，37%的劳动力去向是其他。

表5—70　和林格尔县劳动力去向调查统计表

劳动力去向	户数
打工	50
经商	19
其他	41

(3) 撂荒主要原因

根据表5—71，得出和林格尔县耕地撂荒的主要原因是家庭劳动力不足、耕地质量差、外出打工、种地收入低。在问卷调查中，87%的村民认为是种地收入低，79%的村民认为是耕地质量差，18%的村民认为是外出打工，7%的村民认为是家庭劳动力不足。

表5—71　和林格尔县耕地撂荒原因调查统计表

撂荒主要原因	户数
家庭劳动力不足	7
耕地质量差	79
外出打工	18
种地收入低	87

(4) 发生自然灾害的类型

根据表5—72，和林格尔县经常发生的自然灾害的类型是旱灾、虫灾、霜冻、冰雹。其中认为旱灾经常发生的占99%，认为虫灾经常发生的占97%，认为霜冻是经常发生的自然灾害的占89%，认为冰雹是经常发生的自然灾害的占12%。

表 5—72　和林格尔县自然灾害类型调查统计表

发生自然灾害的类型	户数
旱灾	99
虫灾	97
霜冻	89
冰雹	12

（5）自然灾害对耕地撂荒的影响程度

根据 5—73 表，97% 的农户认为对耕地撂荒影响最大的是旱灾，10% 的农户认为是霜冻，1% 的农户认为是虫灾。

表 5—73　和林格尔县自然灾害对耕地撂荒影响程度调查统计表

哪些自然灾害对耕地撂荒的影响最大	户数
旱灾	97
霜冻	10
虫灾	1

（6）撂荒地面积

根据表 5—74，参加调查的和林格尔县撂荒前耕地面积是 3538 亩，撂荒后的耕地面积是 2843 亩，撂荒了的面积是 695 亩。其中大红城撂荒了 374 亩，羊群沟撂荒了 160 亩，盛乐镇撂荒了 10 亩，城关镇撂荒了 151 亩。

表 5—74　和林格尔县耕地撂荒前后面积调查统计表

单位：亩

<table>
<tr><th>乡镇名</th><th>村名</th><th>撂荒前耕地面积</th><th>撂荒后耕地面积</th><th colspan="3">撂荒地面积</th></tr>
<tr><td rowspan="4">大红城</td><td>六椇牛沟</td><td>650</td><td>478</td><td>172</td><td rowspan="4">374</td><td rowspan="11">596</td></tr>
<tr><td>马家二十一号</td><td>270</td><td>205</td><td>65</td></tr>
<tr><td>高家二十四号</td><td>275</td><td>215</td><td>60</td></tr>
<tr><td>一生泉</td><td>282</td><td>205</td><td>77</td></tr>
<tr><td rowspan="3">羊群沟</td><td>五间房</td><td>290</td><td>240</td><td>50</td><td rowspan="3">160</td></tr>
<tr><td>十五号</td><td>240</td><td>190</td><td>50</td></tr>
<tr><td>阳坡村</td><td>265</td><td>205</td><td>60</td></tr>
<tr><td>盛乐镇</td><td>台几营</td><td>90</td><td>10</td><td>10</td><td>10</td></tr>
<tr><td rowspan="3">城关镇</td><td>樊家夭</td><td>264</td><td>239</td><td>25</td><td rowspan="3">151</td></tr>
<tr><td>坝梁</td><td>279</td><td>256</td><td>23</td></tr>
<tr><td>榆西夭</td><td>633</td><td>530</td><td>103</td></tr>
</table>

（7）撂荒前后产量变化

从表 5—75 可以看出，抽样调查的这四个乡镇中，虽然耕地被撂荒了，但粮食的产量并未减少。调查表中，撂荒前的总产量是 113. 09 万斤，撂荒后的总产量是 151. 28 万斤，产量增加了 38. 20 万斤。其中大红城乡增加了 9. 36 万斤，羊群沟乡增加了 151. 28 万斤，盛乐镇增加了 1. 6 万斤，城关镇增加了 15. 74 万斤。

表 5—75　和林格尔县耕地撂荒前后产量变化调查统计表

单位：万斤

	撂荒前耕地产量	撂荒后耕地产量	撂荒前后产量差
大红城	44. 60	53. 96	9. 36
羊群沟	24. 60	36. 10	11. 50
盛乐镇	3. 00	4. 60	1. 60
城关镇	40. 89	56. 62	15. 74
合计	113. 09	151. 28	38. 20

从上述统计可以看出，撂荒对家庭收入的影响不大，91%的家庭的年均总收入是提高的；撂荒的原因复杂，主要原因是家庭劳动力外出打工造成的劳动力不足、耕地质量差、种地收入低。劳动力的主要去向是打工和经商；自然条件是影响耕地撂荒的原因，发生自然灾害的主要类型是旱灾、虫灾、霜冻和冰雹，其中旱灾和虫灾对耕地撂荒的影响程度最大。国家和农村的一系列政策也是影响农户耕地撂荒的原因。到目前为止，和林格尔县的耕地撂荒还没有对粮食产量造成影响。

5.3.7 和林格尔县耕地撂荒原因分析

近几年，随着我国农业发展进入新阶段，农产品供求发生了显著变化，相对于现阶段的农产品需求，农产品供给出现阶段性、结构性和区域性过剩。加上国际粮食等大宗农产品价格持续走低，导致国内农产品价格，尤其是粮食价格低迷。在农村经济多元化和经营行为多样化的选择中，种植业经营，尤其是粮食生产是效益最低的选择，农民种粮效益比较低，直接导致农村不少地方出现了土地撂荒现象。和林格尔县的耕地撂荒有其自身的特点和影响因素，以下是对和林格尔县耕地撂荒的原因分析。

5.3.7.1 自然环境原因

自然环境条件差是造成和林格尔县耕地撂荒的客观原因。其中主要包括和林格尔县的山区地形、自然灾害频发、水土流失严重（土壤贫瘠）、水资源缺乏（干旱）、生产条件差等较差的自然条件。

（1）山区地形多样

和林格尔县地处土默特平原东南缘，是土默特平原向东南部晋西北黄土丘陵和蛮汉山脉过渡带。自然条件复杂，地貌地形多样，地势自东南向西北倾斜。与西北部系平原区和西南部丘陵比，东南部山丘密布，沟壑纵横，有“三丘一山一分川”之称。这样的山区地形导致了农民在山区耕种的难度比较大，当在更高的经济利益的驱使下，农民会首先放弃山区地形的耕地，而选择其他的行业。

（2）自然灾害频发

和林格尔县自然灾害频繁发生，耕地毁损严重。根据农户调查问卷，和林格尔县经常发生的自然灾害的类型是旱灾、虫灾、霜冻、冰雹。多年来，和林格尔县境内各种旱灾交替发生，由于耕地质量差，又加之会有自然灾害的发生，有一部分受灾害影响较大的耕地被撂荒。据调查，旱灾对耕地撂荒的影响最大，其次是霜冻和虫灾。从历年土地利用变更表统计中可知，因灾害导致的耕地减少 385.76 公顷。

（3）水资源缺乏

据有关资料显示，和林格尔的地表水资源，黄河的一级支流浑河从和林格尔南部东西横穿而过，流域面积 1794 平方公里，占到了全县总土地面积的 52.2%。宝贝河属黑河水系支流，发源于和林县东部。和林格尔县降水少，地表河流分布少，用于灌溉的水也少，地下水资源主要分布在平原区的巧尔什营、董家营、舍必崖、盛乐、公喇嘛、西沟门等地。其次，在丘陵盆地的城关、喇嘛盖、大红城、小红城等处，也有地下水分布。山区和丘陵区的洪水沟谷，常年流水少，多季节性洪流，可利用程度不高。从农户调查问卷可以看出，干旱是造成和林格尔县耕地撂荒的主要原因，这和地表缺水无法灌溉是分不开的。

（4）水土流失严重

和林格尔县东部与南部以石质低山和黄土丘陵地表形态为主，在短时降水作用下，地表极易被冲刷，造成水土流失。据和林格尔县城市总体规划基础资料，和林格尔县属黄土丘陵地类型，形成黄土丘陵水土流失严重区。全县严重水土流失面积 965.2 平方公里，占总面积 36.39；中等流失面积 965.2 平方公里，占总面积的 28.5%。水土流失造成的耕地受灾、无法耕种，也是导致耕地撂荒的直接原因。

（5）生产条件差

和林格尔县东部、南部属典型的山区农业型，由于自然条件差，又加之农业基础设施脆弱，抵御自然灾害能力较差，耕地的质量得不到保证。据和林格尔县城市总体规划基础资料，目前尚有 60% 的中低产田土亟待改造，有 65% 的农田灌溉渠系不配套，耕作、交通条件恶劣，农业生产全靠天吃饭，因而农民积极性不高，造成了部分耕地的撂荒。

5.3.7.2　经济发展原因

经济原因是导致耕地撂荒的前提，市场经济是由价值规律调节的经济，价值规律决定了经济行为的逐利性。自 1978 年中国农村实行家庭承包责任制后，农户是独立生产经营、自负盈亏的微观经济活动主体，农户拥有较充分的经营自主权。随着农村经济水平的提升，市场经济体制逐步确立，打破了农村封闭落后的自给自足的小农生产方式，各生产要素在农业和非农业部门之间流动的限制性条件逐步消除，追求经济效益最大化成为农民的首要目标。农户首先考虑的是如何用可支配的有限资源实现纯收入的最大化。从而导致农业部门内各生产要素向可获得性报酬高的非农业部门流动，由此导致农地被大量撂荒。

（1）种地收益低，影响了农民种粮积极性

农民经营农田的收益决定于农田的投入水平和作物的产出效益。近年来，由于受宏观经济环境和居民消费结构变化的影响，农户种田比较效益下降。在全国范围看，从 1997 年下半年开始，粮食、棉花、油料等农作物价格走低。中国价格信息中心对全国粮食主产区的调查显示，1998 年 10 月下旬，全国小麦、玉米和大豆每 50kg 的实际收购价格分别较 1997 年下降 11.55%、16.12%、8.76%。到 2000 年，全国小麦价格已降至 0.80 元/kg，下降幅度在 50% 以上。与农产品收购价格指数相比，农资价格指数下降的幅度却较小。统计数据显示，和林格尔县同年一季度，主要农资价格虽然纷纷回落，但幅度却不大，化肥平均价格为每吨 2830 元，同比下降 14%；农膜平均价格为每吨 12150 元，同比下降 10.2%；柴油平均价格为每吨 5940 元，同比下降 8.4%。这样，农产品收益逐年下滑，直接影响了农民的生产积极性，撂荒现象严重。下表是和林格尔县农民种植一亩玉米的投入和收入情况，生产成本较高，生产效率却较低。

表 5—76　和林格尔县农民种一亩玉米投入产出表

投入（元）	
5 斤种子	5 * 5 = 25
3.5 公斤地膜	3.5 * 6 = 21
浇水（一年三次，一次 30 元）	30 * 3 = 90
化肥（二胺，碳铵）	50
柴油	50
翻种	60

续表

收入（元）	
秸秆	100 元/亩
种子	1500 斤 * 价位

据调查，和林格尔县当地种子的价格是 0.58 元/斤，通过表 5—76 可以计算出：

一亩玉米的收入：1500 ×0.58 +100 – （25 +21 +90 +50 +50 +60） = 674 元

按平均每户 20 亩地计算：674 ×20 =13480 元。

以和林格尔为例，到 2009 年农业在农民家庭收入中的比重已越来越小，一对夫妇在蒙牛打工的月收入大约 4000 元，年收入大约 50000 元左右，大约是种植玉米收入的四倍，而且付出的辛苦要远远低于种地。

（2）外出打工人数增加，导致农村劳动力流失

在市场经济条件下，追求经济效益最大化是农户的目标。现阶段我国非农领域的劳动报酬要高于农业部门。根据农户调查问卷，和林格尔县农民从事其他产业的收入要远远大于仅靠种地而取得的收入。所以，只要在非农部门能获得就业机会，农村劳动力更愿意选择非农部门，甚至当非农部门提供的劳动报酬比农业部门稍低时也是如此，因为农户在农业生产经营中要承担各种风险，而仅提供劳动力时承担的风险要小得多。因此，农业部门大量劳动力流向非农部门，导致大量农地被弃耕撂荒。随着产业结构的调整，非农从业人员比重提高，劳动力流动的范围扩大。

（3）盛乐经济开发区带动，农村产业结构调整

随着农村二、三产业的快速发展，和林格尔县农村居民的收入结构发生很大变化。第一产业在农民总收入中的比重持续下降，第二产业的比重占绝对优势并稳步上升，“九五”期间第二产业年平均递增 60%；第三产业在总收入中的比重也在不断增长。自 1995 年 5 月位于呼和浩特市南 209 国道 34 公里处的和林格尔盛乐园区的破土动工和 1996 年蒙牛乳业股份有限公司的入驻，对和林格尔县的经济起到了“四两拨千斤”的作用，加快了产业结构的调整，围绕龙头企业组织社会化大生产，狠抓了乳业、肉食品产业、马

铃薯产业、沙棘产业等特色产业，使农民、农业与企业、市场紧密地联系在一起。经过几年的时间，全县的经济结构得到了显著改善。目前，和林格尔县的一、二、三产业结构已从20世纪90年代后期的70：20：10转变为28：57：15。这说明农业收入在非农经济发达区农民总收入中所占的比重已越来越小，农民已经从二、三产业中获得了稳定的收入，许多农民在生产上已经脱“农”，不再依赖于农业收入。

5.3.7.3 社会心理原因

（1）农村青少年一代弃农现象严重

农民本是一种职业概念，与教师、医生、工程师、商人一样属于不同的社会分工，是从事农业生产的劳动者。然而受数千年封建思想的影响，农民这一职业被赋予了社会地位的含义，在封建社会农民处于社会等级的底层。时至今日众多农村人不愿当农民，在青少年一代尤其突出。据对和林格尔县100户农户进行的调查，所有的农户都认为只有在没有其他方式谋生的条件下才会选择种地，38个农业兼营户年龄都在50岁以上，5个纯农户都是65岁的老人。对小学生和幼儿园的60多个小朋友的调查结果显示，对“长大了做什么”的回答，只有1个小学生写“想当一个农民”。对中学生进行“理想中的职业”调查，结果没有一人愿意当农民。经调查，农民家长也有同样的想法，轻视农业劳动，而且这种观念越来越严重。他们都希望自己的孩子能考上大学，走出农村，将来不再做农民。

（2）种地收入不足以支付农户日常支出

农民完全寄希望于土地已不现实，随着经济的发展，农民消费水平有了显著提高。2009年和林格尔县普通家庭年生活消费支出为1.5万—2.0万元，而其中的粮食消费支出仅为2000—3000元。农村居民家庭平均粮食消费支出不仅所占比例小，而且在生活消费支出中的比例逐年递减，与此同时，货币性消费支出在生活消费支出中的比例逐年增长。现阶段医疗消费和教育消费在农民消费中的比例增长尤其明显，农民的负担过重。1个普通农民家庭若有1个大学生和1个中学生，单学费支出每年就至少需要7000元，单纯依靠土地收入显然不切实际。

表 5—77　和林格尔县近三年农民人均纯收入统计表

年份	农民人均纯收入（元）
06 年	3800
07 年	4500
08 年	6100

（3）城镇化进程影响

随着我国市场经济的快速发展，我国农村社会经济面貌发生了深刻变化，尤其是进入 20 世纪 90 年代以后，以“奔小康、建新村”为目标，农村经济发展提高到一个新的水平。2002 年全县部分农民进入了第二、第三产业，农村城市化进程与区域经济发展的节拍相一致，而农村城市化水平的提高又进一步促进了经济的发展。近十年来，随着城乡差别的增大，农民生活质量不断提高、生活方式城市化、生活及公用设施水平微幅提升、公路密度变化快特征明显。一些偏远山区的农民在地方移民政策的鼓励下，逐渐向县域或中心城镇聚集，许多有条件的农民举家搬迁至乡镇或县城居住，一些自然村已全部走空，村周围耕地也自然撂荒，伴随而来的是移民村的出现、城镇的扩大等。据不完全统计，近十年，全县已无人或少人的自然村达 36 个。

另外，农村土地流转刺激部分农民弃耕。部分农户有转让土地的愿望。1993 年初中央农村政策研究室对 1 万个农户调查显示，5.1% 的农户愿意转出承包地，10.8% 主要从事二、三产业的农户愿意转出承包土地，65.9% 的农户愿意维持现状。据对和林格尔县的调查，和林格尔县的耕地撂荒也与土地流转有着一定的联系。

5.3.7.4　政策原因

（1）退耕还林政策

退耕还林就是政府从保护和改善生态环境出发，将易造成水土流失的坡耕地有计划、有步骤地停止耕种，按照适地适树的原则，因地制宜的植树造林，恢复林草植被。退耕还林工程建设包括两个方面的内容：一是坡耕地退耕还林；二是宜林荒山荒地造林。

自 1999 年我国提出生态退耕政策措施并开展试点以来，在各级政府领导和农民的积极参与下，整个退耕政策得到了有效落实并取得了显著成绩。退耕地区水土流失和土地沙化状况逐渐得到改善，生态环境不断好转，同时伴随农村经济结构调整，农民生活水平也迅速提高，促进了地方经济的发展。2000年，中国拉开了西部大开发的序幕，根据国土资源部和内蒙古自治区政府关于西部大开发土地资源调查评价的有关文件精神，呼和浩特市和林格尔县开展了生态退耕调查评价工作。生态退耕调查主要针对具有环境问题的耕地，通过调查其利用现状、经济条件、环境条件，评价和分析生态退耕的可行性，并确定耕地退耕的生态建设途径。

内蒙古自治区退耕还林管理办法中明确规定，凡是陡坡耕地、水土流失严重和生态区位重要、产量低而不稳的坡耕地及重点沙区沙化耕地，盐碱化严重的耕地，一定要优先安排退耕任务；对水土流失、风沙危害严重的生态脆弱地区及贫困山区、沙区优先安排退耕任务，每人留足3亩口粮田，杜绝出现全退户。内蒙古大部分地区降水量都在400毫米以下，特别是近几年，出现几十年不遇的持续大旱，造林成活率受到很大影响。又加上补植力度不够，造成了部分退耕还林、还草地的撂荒。

和林格尔县的退耕还林工作从2001年开始，但因山区耕地质量低，退耕中有部分不属于退耕范围的耕地，但经三年以上撂荒，发挥自然恢复能力，有助于山区生态环境改善。

（2）地方政策

1999年以前，和林格尔县长期徘徊在农业弱县、工业小县、财政穷县的怪圈之中，无法脱身。连续几年，全县的重要经济指标全部位居呼和浩特市倒数第一。面对贫困，1995年，和林格尔县县委、政府领导毅然做出建立盛乐经济园区的决定，对全县整体经济结构进行大调整，发展工业化和城镇化，实现国民经济的协调发展。

1999年，和林格尔县盛乐经济园区成功引入蒙牛入驻，随后华欧淀粉、绿鑫食品、盛乐制药、宇航人等一系列龙头企业也相继在和林格尔落户生根。从此，和林格尔县农业产业化、工业化、城镇化进程大力推进，一大批奶牛养殖专业户、专业村形成，一批现代化养殖场、养殖小区建成，农村社会化服务体系逐步形成。

据统计，目前在盛乐园区就业的有1.2万人，仅蒙牛公司就吸纳2000

多人就业，其中大部分是来自和林格尔县及其周边地区的农民。经调查，和林格尔附近的一个村庄的很多年轻人都在蒙牛公司上班。

在这种情况下，和林格尔县的农民在农业产业化、工业化、城镇化进程的大力推动下，有一部分农民从事了奶牛养殖业，从中可以获取比种植业更为可观的收益。和林格尔县大量劳动力流向工厂和部分农民为了可观的收益从事其他行业，造成了耕地利用程度下降和部分耕地被撂荒。

（3）生态移民政策

生态移民是指为了保护某个地区特殊的生态或让某个地区的生态得到修复而进行的移民，也指因自然环境恶劣，不具备就地扶贫的条件而将当地人民整体迁出的移民。

和林格尔县也已经开始了生态移民的试点工作，并编制村庄建设规划和产业发展规划，制定年度建设目标任务，按照规划完成年度建设任务。和林格尔县生态移民工程从 2001 年开始，每年按照生态移民规划，选择自然条件恶劣，风蚀沙化和水土流失严重、社会经济状况落后的地区为迁出区，并确定交通相对便利，基础设施较健全的乡（镇）为迁入区。

和林格尔县的移民政策类型主要有两种：一种是生态移民，另一种是新农村建设。

应“社会主义新农村”的要求，和林格尔县建设村镇、改善环境。包括住房改造、垃圾处理、安全用水、道路整治、村屯绿化等内容。所谓“新农村”包括五个方面，即新房舍、新设施、新环境、新农民、新风尚。这五者缺一不可，共同构成社会主义“新农村”的范畴。即要因地制宜地建设各具民族和地域风情的居住房，而且房屋建设要符合“节约型社会”的要求；要完善基础设施建设，道路、水电、广播、通讯、电信等配套设施要俱全，让现代农村共享信息文明；生态环境良好、生活环境优美，尤其是在环境卫生的处理能力上要体现出新的时代特征；使农民具备现代化素质，成为有理想、有文化、有道德、有纪律的“四有农民”；要移风易俗，提倡科学、文明、法治的生活观，加强农村的社会主义精神文明建设。

但是，有些安置工作还需要进一步完善。移民后，由于移民区与原居住村一般相距较远，普遍存在对耕地管理不够甚至抛荒现象。

通过上述分析，可以认为：自然原因是造成耕地撂荒的一个重要客观原因。和林格尔县的自然环境条件差，如山区地形多样，气候灾害频发、水资源缺乏（干旱）、水土流失严重（土壤贫瘠）和生产条件差等；市场经济条件下经济因素是驱动耕地撂荒的根本原因，主要表现在种田收益低，影响了农民种粮积极性，外出打工人数增加，导致农村劳动力流失以及经济园区带动，农村产业结构调整；和林格尔县耕地撂荒的社会心理因素主要表现在长期受传统观念的影响，青少年一代弃农现象严重，种地收入不足以支付农户日常支出，城市化进程影响以及农村土地流转所带来的可观收入刺激部分农民弃耕土地。退耕还林政策、地方政策和生态移民政策等政策因素也是影响耕地撂荒的直接和间接因素。

5.3.8 结论与对策

5.3.8.1 研究结论

1996—2009年间，和林格尔县撂荒地总面积3719.95公顷，撂荒率为3.29%，撂荒地主要集中在东南部山区，撂荒程度从东南向西北逐渐减轻；根据农户调查问卷，在农民生活水平提高的同时，和林格尔县撂荒现象也逐渐出现，撂荒地主要集中在山坡地和河槽地，农民认为劳动力不足、耕地质量差是造成耕地撂荒的主要原因，自然灾害和国家和地方对农民的政策也直接和间接影响着耕地撂荒。到目前为止，和林格尔县的耕地撂荒对粮食产量还没有造成影响。

自然原因是造成耕地撂荒的一个重要客观原因，市场经济条件下经济因素是驱动耕地撂荒的根本原因，同时一些社会因素也是影响和林的耕地撂荒的原因。最后，国家和内蒙古地区针对农业和农民出台的各项政策也是影响和林耕格尔县地撂荒的直接和间接因素，一定情况下，和林格尔县已撂荒的自然恢复为荒草地、天然草地，有助于生态环境的稳定和恢复。

5.3.8.2 对策与措施

农村耕地撂荒既是一个经济问题，更是一个社会问题，不但影响农民增收和农村经济发展，而且影响到农村社会稳定。和林格尔县1993—2009年耕地撂荒地3719.95公顷，占到耕地总量的3.37%，虽然到目前为止，和林格尔县耕地撂荒对粮食产量并未造成影响，而且和林的耕地的数量和质量也逐渐趋于合理，但根据新一轮规划编制中对耕地保有量要求，必须对耕地撂荒地进行限制，才能保证和林格尔县规划期内耕地保有量的稳定和粮食安全。因此，需采取切实可行的办法，既要使部分农民向非农产业转移，又要使有限的土地资源得以充分利用，使农村经济稳定、健康发展。

（1）改善农业生产条件，提高综合生产能力

和林格尔县的自然条件较差，如山区地形范围大，气候灾害频繁、水土流失严重、地表缺少、生产条件恶劣。要想克服这些客观条件上的不足，首先要加强农业基础设施建设，提高农田生产能力，发挥政府、村组集体和农民三方面积极性；其次要大力提倡使用先进小型农业机械，减轻劳动强度，弥补农村劳动力不足的现状，使有限的土地资源能够得到充分合理的使用，这是治理土地撂荒的根本之策。通过山地丘陵区中低产田改造，提高农业综合生产力。

（2）对农户采取有效的激励措施

经济原因是导致和林格尔县耕地撂荒的主要原因。应及时提高农产品最低保护价的水平，以保证农民种粮的比较效益，从而提高土地利用率。

（3）加大宣传力度，增强农民爱惜耕地的自觉性

社会原因是影响和林格尔县耕地撂荒的另外一个主要原因。青少年对农民这一职业的态度、农业收入在农户收入中的比重逐渐减小、农民不完全依靠土地收益，这些都必然导致耕地的经营意识下降及耕地的撂荒现象的发生。所以和林格尔县要加强农民教育，提高农民综合素质，建立和完善老、弱、病、残的保障制度，对确实没有能力耕种的老、弱、病、残的农民，实行国家基本生活保障制度，将其耕地调整给有能力耕种的农户种植。对确实有劳力、各种优惠政策落实到位而造成土地撂荒的农民，应当建立完善措施，强化教育。提高广大农民群众的市场意识，粮食安全意识，基本农田保护意识，培养青少年一代的爱农意识。

（4）加强政策建设，遏制耕地撂荒现象

政策原因在直接和间接影响着和林格尔县的耕地撂荒，政策对农民的引导是不容忽视的。因此加快土地使用权流转，在坚持农村家庭承包经营制度和稳定土地承包关系的基础上，遵循平等协商、依法、自愿、有偿的原则，积极稳妥地开展农村土地经营权流转试点，规范土地资源配置，遏制土地撂荒现象，发展规模经营。对于撂荒的农户，应积极引导其依法流转土地承包

经营权。对因地处偏僻、耕作条件差而撂荒的耕地，采取适当的形式，流转给有能力耕作的其他农户经营。

（5）因地制宜，合理利用土地

根据和林格尔县的实际情况，将解决耕地撂荒与实施对平原地区耕地的整理和退耕还林还草工程结合起来，对处在平原地区的大片集中耕地，进行基础建设等投入，提高耕地的质量；对那些处在山区或是确实无法耕种的贫瘠土地，继续实施有补贴的退耕还林还草政策，加大补植力度以达到合理解决和充分利用撂荒地的目的。

（6）安置移民，解决土地利用问题

移民后农户土地保留在原地，可选择在农忙季节回去耕种或承包给别人。这样不仅避免让农户在没有新的经济来源的情况下失去生存保障，也避免了大量耕地的撂荒，有利于保障移民工程稳定实施和粮食产量。

耕地撂荒问题是关系到区域粮食安全和生态环境稳定社会安定，以及人民生活水平提高的大问题，必须正确认识和谨慎对待。因此，有必要进一步深入研究这些区域。半干旱区农牧交错带地区，生态环境脆弱，耕地撂荒有其特有的社会、经济、生态意义。

5.4 武川县耕地资源可持续利用的景观生态评价

自从土地可持续利用的思想和概念被提出（1990，ICAR 等），特别是《土地可持续利用评价纲要》（1993，FAO）的提出，土地可持续利用评价研究日益受到人们的重视，在评价指标与标准、方法等方面都有很大的进展。景观生态学以其重视空间结构与生态过程的相互作用，强调物质、能量和有机体在空间异质性景观中的循环与交换，注重土地利用如何影响物质流和能量流的学科特点。景观指数的空间分析方法越来越广泛地应用于土地利用、自然资源管理等方面的研究中，也为土地可持续利用评价提供了一条新的途径，对土地持续利用评价的基本概念、原则、理论基础、指标选择、评价方法与过程都有重要的影响。任何区域都存在一个土地利用系统在空间上的最佳配置使得该区域的土地持续利用[3]。通过景观结构和生态过程的相互关系分析，探讨合理的土地利用配置，是土地持续利用评价的基础。景观生态学与土地可持续利用概念具有高度的一致性，将景观生态学原理与土地持续利用目标结合，进行土地持续利用的景观生态评价，有助于实现时空尺度上土地利用持续性的综合评价。

5.4.1 研究区概况

内蒙古呼和浩特市武川县属于北方农牧交错带北部边缘地带，地处阴山北麓向蒙古高原的过渡区，农业以种植业和畜牧业为主，地域上农牧业交错、经济上农牧业兼营，是农牧交错带的典型代表地区。2006 年统计，耕地面积为 118134hm^2，水浇地仅占现有耕地的 9% 左右，绝大部分耕地属于旱作农业。该县域农作物以小麦、莜麦、荞麦为主，经济作物以油菜、马铃薯为主，其中马铃薯种植面积最大，常年播种面积占总播种面积 30% 左右。

研究区属典型的山地丘陵区，山地面积占全县土地面积的 48%，境内多为季节性间歇河流，气候属半干旱大陆性气候，多年平均年降雨量为 350mm，降水主要集中在 7 - 8 月份，年蒸发量约是降水量的 5 倍多，故而有“十年九旱”之称。年平均温度 2.7℃，无霜期 90—120d，年平均风速 3m/s。土壤以栗钙土为主，有机质含量低，土质疏松，易风蚀沙化，年平均土壤风蚀总量达 73t。严重的风蚀沙化，致使表层肥沃土壤被冲刷，肥力下降，生产能力不高，粮食产量低而不稳，严重制约着本区经济可持续发展。

5.4.2 评价指标体系与数据处理

5.4.2.1 评价指标体系

按照景观生态学综合整体观，土地是一个自然综合体，土地利用是人类与自然环境相互作用的集中体现，它不仅涉及到土地利用的自然特性还包含了人类的干预，人类活动引起的土地覆被变化恰恰表现为景观特征的变化。因此，用景观结构、功能及变化等方面的指标可以较好的反映土地利用的变化与发展状况。由耕地及其相关的其他地类共同组成的农田景观是人类与自然相互作用形成的最重要景观类型，耕地可持续利用也是土地可持续利用变化的核心，因此，本文以县域耕地可持续利用为研究对象，从景观生产力、景观受胁度与景观稳定性 3 方面来构建耕地持续利用的景观生态评价指标体系（表5—78）。指标体系分为3个层次：第一层次为目标层，即耕地可持续利用（A）；第二层次为准则层，包括景观胁迫度（B1）、景观生产力（B2）、景观稳定性（B3）三大准则；第三层次为指标层，包括人口密度等13项指标。

表5—78　武川县耕地可持续利用景观生态评价指标体系

目标层（A）	评价准则（B）	评价指标（C）
耕地可持续利用	景观胁迫度	人口密度 x1
		土地利用程度指数 x2
		复种指数 x3
		土地沙化率 x4
	景观生产力	地均农业产值 x5
		粮食单产 x6
		马铃薯单产 x7
		单位面积化肥用量 x8
		耕地灌溉保证率 x9
		油菜单产 x10
	景观稳定性	景观多样性 x11
		景观破碎度 x12
		景观聚集度 x13

5.4.2.2　数据处理及主要指标模型

（1）数据处理

收集相关统计数据及资料，同时以TM影像为主要信息源采用人机交互方式解译出包含耕地、园地、林地、牧草地土地利用图，并采用FRAGSTATS3.3软件按乡镇计算各项景观指标值。指标体系中有正作用和负作用2种类型的指标，为了突出景观的地域差异性，采取不同极差标准化进行处理：

①对耕地持续利用起正作用的指标，如反映景观生产力的粮食单产、马铃薯单产、油菜单产等这类指标越大越好，采用 Ai =（Xi - Xi，min）/（Xi，max - Xi，min）进行量化。

②对耕地持续利用起负作用的指标，如景观受胁度和景观破碎度等该类指标越小越好，则采用 Ai =（Xi，max－Xi）/（Xi，max－Xi，min）进行量化。

③各景观指数

$$指标 = \sum_{i=1}^{m}\left[\frac{a_{ij}}{A}\right] \qquad (公式 5—29)$$

a_{ij}指标值，A 各指标的综合

④各乡镇综合指数

综合指数＝景观生产力指数＋景观稳定性－景观胁迫度

（2）主要指标计算模型

①复种指数

复种指数＝全年播种（或移栽）作物的总面积/耕地总面积×100%。

②土地利用程度变化

土地利用程度既反映了土地利用中土地本身的自然属性，也反映了人类因素与自然环境因素的综合效应。本文仅研究耕地利用程度、分级指数为 3。

③人口密度和沙化率

人口密度＝人口总数/区域总面积

土地沙化率＝沙化面积/区域总面积

④景观多样性指数

本文采用基于 Shannon 多样性指数均匀度 SHEI 进行计算[6]

$$SHEI = \frac{-\sum_{i=1}^{m}(P_i lnP_i)}{lnm} \qquad (公式 5—30)$$

P_i 是生态系统类型，i 在景观的面积比例，m 是景观类型数目

⑤景观破碎度

这里采用面积加权的平均形状因子（AWMSI）。

$$AWMSI = \sum_{i=1}^{m}\sum_{j=1}^{n}\left[\left(\frac{0.25p_{ij}}{\sqrt{a_{ij}}}\right)\left(\frac{a_{ij}}{A}\right)\right] \qquad (公式 5—31)$$

a_{ij}是某一景观类型中所有拼块的面积，p_{ij}是生态系统类型，i 在景观的面积比例，A 是斑块总面积。

⑥景观聚集度

本文采用蔓延度指数（CONTAG）。

$$CONTAG = \left[1 + \frac{\sum_{i=1}^{m}\sum_{k=1}^{m}\left[\left(P_i \frac{g_{ik}}{\sum_{k=1}^{m} g_{ik}}\right) ln\left(P_i \frac{g_{ik}}{\sum_{k=1}^{m} g_{ik}}\right)\right]}{2lnm}\right](100)$$

（公式 5—32）

P_i 是生态系统类型 i 在景观的面积比例，g_{ik} 拼块类型之间相邻的格网单元数目占总相邻的格网单元数目的比例，m 是景观类型数目。

5.4.3 评价结果分析

从评价结果上可以看出，景观生产力、景观胁迫度、景观稳定性时空分布的异质性较好的反映了土地可持续科持续利用的时空变化特征（表 5—79）。

表 5—79　武川县耕地可持续利用的景观生态评价指数

	景观生产力			景观胁迫度			景观稳定性			综合指标		
乡镇	2000年	2005年	差值	2000年	2005年	差值	2000年	2005年	差值	2000年	2005年	差值
大青山	0.67	0.91	0.24	0.67	0.81	0.13	0.39	0.38	−0.01	0.39	0.48	0.10
得胜沟	0.54	0.53	−0.01	0.58	0.40	−0.18	0.40	0.38	−0.02	0.36	0.52	0.16
二份子	0.69	0.55	−0.14	0.43	0.35	−0.09	0.36	0.38	0.02	0.61	0.58	−0.03
哈拉和少	0.78	0.81	0.03	0.33	0.28	−0.05	0.39	0.38	−0.01	0.84	0.91	0.07
哈乐	1.04	0.97	−0.07	0.34	0.38	0.04	0.39	0.38	−0.01	1.09	0.97	−0.12
可镇	0.81	0.55	−0.26	0.68	0.81	0.12	0.36	0.36	0.00	0.48	0.10	−0.38
上秃亥	0.89	0.98	0.09	0.43	0.59	0.16	0.35	0.37	0.02	0.80	0.75	−0.05
西乌兰不浪	0.59	0.70	0.11	0.52	0.38	−0.14	0.36	0.37	0.01	0.43	0.69	0.26

5.4.3.1　景观生产力

2000—2005 年间武川县景观生产力变化较大，各乡镇指数增减不一。其中景观生产力减少的有可镇、二份子、哈乐、得胜沟，减少的指数分别为 0.26、0.14、0.07、0.007；而大青山、西乌兰不浪、上秃亥、哈拉合少的景观生产力增加，指数增加分别为 0.24、0.12、0.09、0.03。

可以看出武川县景观生产力降低的乡镇主要是非农业人口比重的建制镇，2000—2005年间正是这些乡镇社会经济发展的相对较快的时期，农业人口大量外流，务农人员相对减少，基础设施建设、基本农田建设、农业贷款相对增加，耕地单位面积产量提高，农业收入增加，使得以耕地为主的农田景观生产力迅速增加。这也是景观生产力提高的主要原因之一。

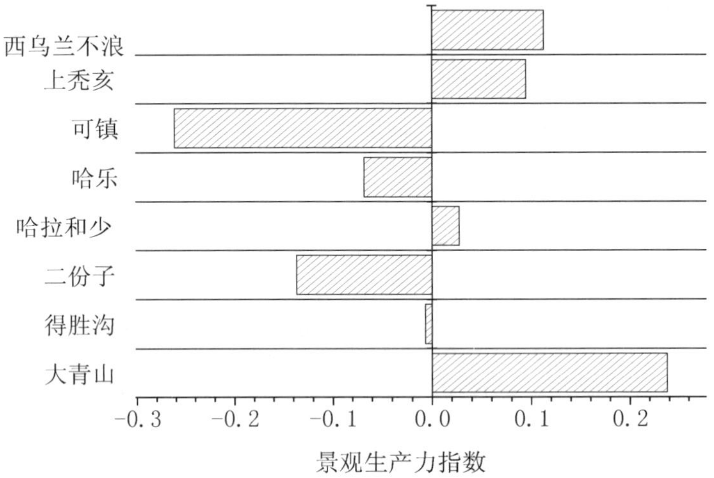

图5—30　武川县耕地景观生产力变化图

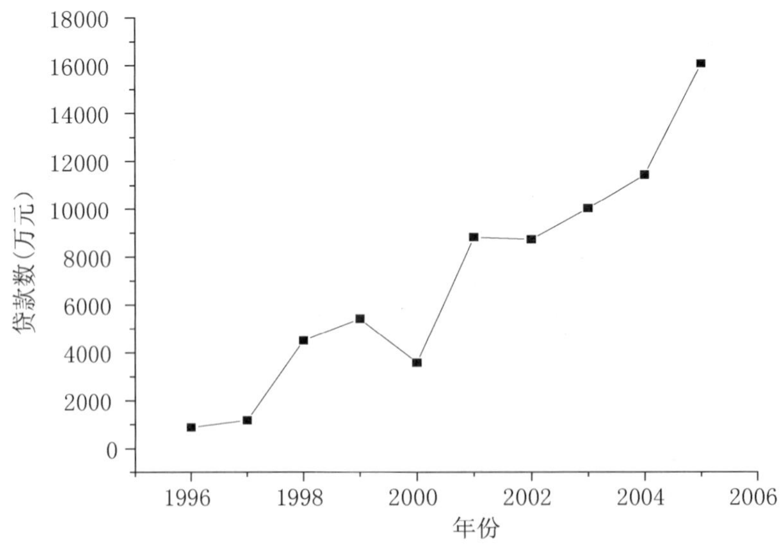

图5—31　1996—2006年武川县农业贷款

5.4.3.2 景观胁迫度

景观胁迫度的变化：得胜沟、西乌兰不浪、二份子、哈拉和少4个乡镇的景观胁迫度在减少，减少的指数分别为0.18、0.14、0.09、0.05；而上秃亥、大青山、可镇、哈乐4个乡镇的景观胁迫度在增加，增加的幅度为0.16、0.13、0.12、0.04。

武川县是呼和浩特市退耕还林还草的较为集中的区域，2000—2005年间退耕还林还草工程、生态建设工程使得武川县生态环境功能有所改善，其中上秃亥、大青山、可镇、哈乐4个乡镇取得明显的成效。

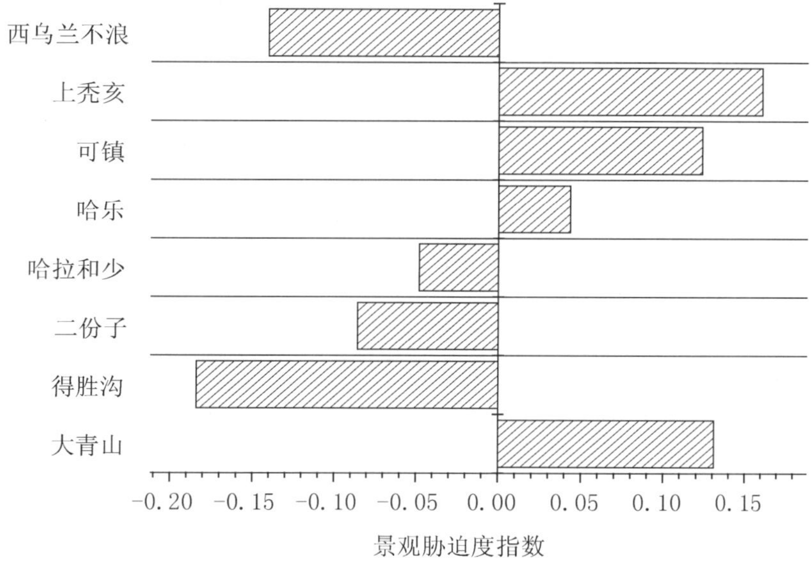

图5—32 武川县耕地景观胁迫度变化

5.4.3.3 景观稳定性

生态系统具有的保持或恢复自身结构和功能相对稳定的能力，叫做生态系统的稳定性，它包括抵抗力稳定性和恢复力稳定性等方面。武川县景观稳定性变化并不明显：其中得胜沟、大青山、哈乐、哈拉和少的景观稳定性在减弱，指数减少的幅度分别为0.02、0.01、0.009、0.007；二份子、上秃亥、西乌兰不浪、可镇的景观稳定性在增强，增加的幅度分别为0.018、0.017、0.009、0.002。

近几年武川县政府对农业的投资力度逐年增加，进行了基本农田整理、恢复，大力推行退耕还林还草工程，生态环境得到改善，因此景观稳定性变化较小。

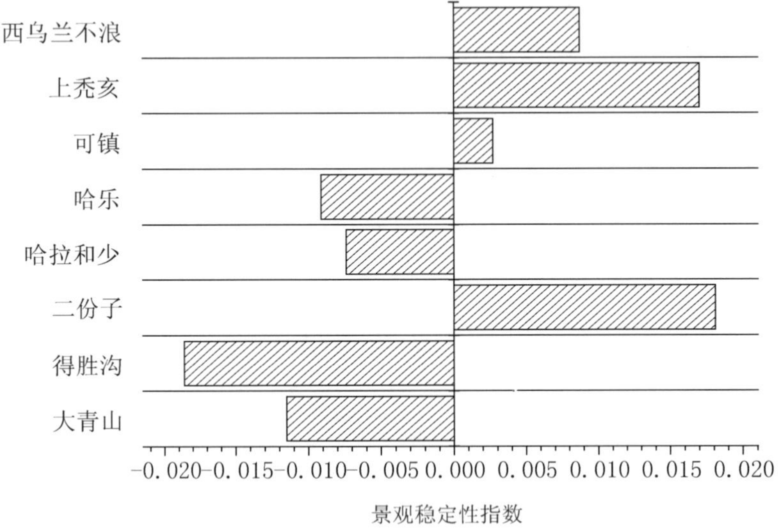

图 5—33　武川县景观稳定性变化图

5.4.3.4　耕地持续利用综合变化

在 8 个乡镇中综合指数增加的有西乌兰不浪镇、得胜沟乡、大青山乡、哈拉和少乡 4 个乡镇，其指数增加值分别是 0.2617、0.1586、0.0953、0.0685，该区域草原景观占优势，农田景观占一定比例，且景观连结度较高，生态退耕以来草地的恢复较明显；可镇、哈乐镇、上秃亥乡、二份子乡的权重在减少，减少值为 0.3820、0.1203、0.0489、0.0328，该区域以农田景观为基质，草原景观占一定比例。国家在退耕还林还草工程中草地面积有了明显的增加，全县已退耕 245400 亩，全部还林，并按照退一还二的原则，已完成荒坡造林 60 余万亩。天然林从 2000 年始已全面禁伐，封山育林 20 余万亩。全县森林覆盖率由 2000 年的 8.7% 提高到现在的 13%。城镇化水平的快速发展和近三年旱灾是耕地可持续利用水平降低的主要原因。

呼和浩特市武川县处于内蒙古中部农牧交错带的边缘地带，运用景观生态学指标对区域耕地资源进行可持续性评价研究，可以较好的反映耕地资源的可持续利用程度。

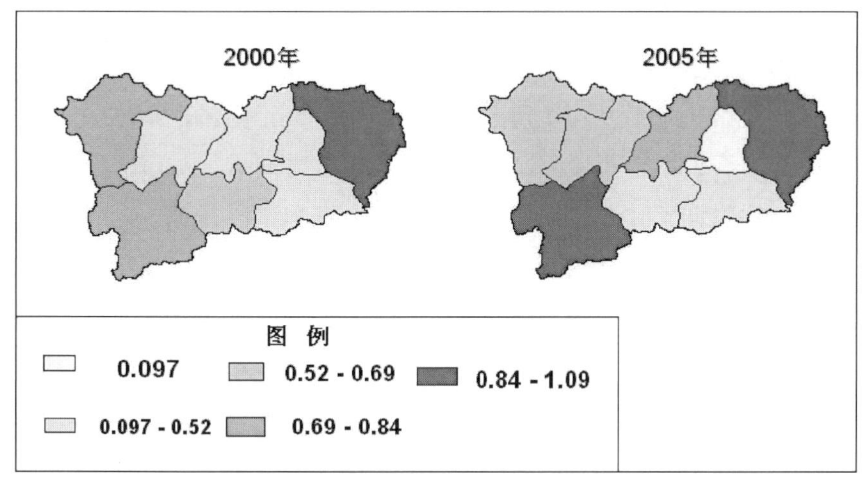

图 5—34 武川县耕地可持续利用景观生态值空间分布（2000—2005 年）

5.4.3.5 研究结论

（1）近五年来武川县耕地可持续利用程度总体处于平稳趋势

2000—2005 年武川县耕地可持续利用程度指数为 0.01，总体上处于平稳趋势，西部耕地可持续利用程度大于东部地区。在 8 个乡镇中综合指数增加的有西乌兰不浪镇、得胜沟乡、大青山乡、哈拉和少乡 4 个乡镇，其指数增加值分别是 0.2617、0.1586、0.0953、0.0685；可镇、哈乐镇、上秃亥乡、二份子乡的权重在减少，减少值为 0.3820、0.1203、0.0489、0.0328。

（2）武川县耕地可持续利用程度区域差异显著

从耕地可持续性利用指数的空间分布来看，基本上可以分为耕地可持续利用程度加强区和耕地可持续利用程度减弱区。

武川县耕地可持续利用程度加强区包括县域中西部的西乌兰不浪、得胜沟乡。该区域处于石质低山丘陵草原恢复亚区，草原景观占优势，农田景观占一定比例，区域地势平坦，土壤相对肥沃，农业基础设施也比较完善，土地生产力水平比较高，生态农业发展已初具规模，景观系统也比较稳定。从土地利用方向上看，该区应积极发展高效益的生态农业，在稳定粮食、油菜生产的基础上，加大发展马铃薯特色农业，建设无公害的农产品基地，积极改善农业生态环境；同时积极改善投资环境，继续加大资金、技术投入及招商引资力度，深化特色农产品加工业发展，提高土地利用的经济效益。

武川县耕地可持续利用程度减弱区包括县域东部的可镇、哈乐镇，该区域处于滩川生态农业保护亚区，多以坡耕地为主。该区景观生产力水平相对较低，土地利用景观空间比较破碎，景观稳定性也处于较低水平；近几年可镇、哈乐镇城镇化水平发展较快，建设用地占用大量的耕地是该区域耕地可持续利用程度降低的主要原因。从土地利用发展方向看，该区应在现有林地的基础上，通过调整林业用地结构，逐步恢复其地带性植被，提高林地经济效益和生态功能，进一步推行退耕还林还草工程。

（3）武川县耕地可持续利用的制约因素有待进一步克服

耕地重用轻养、城市化、工业化的快速发展使耕地景观生态环境脆弱等因素制约着武川县耕地可持续利用。为了实现耕地的可持续利用，提出以下措施：控制人口增长，制定科学的城市发展规划；严格控制非农建设用地，切实保护耕地；加强农业生态环境建设；提高耕地利用效率，加强对中低产田土的改造和整治；加强耕地利用监测，确保耕地资源的有效利用。

5.5 1986—2000 年呼和浩特市城市边缘区土地利用景观变化研究*

呼和浩特市地处我国北方生态环境脆弱的农牧交错带，也是我国东部经济发达地区与西部欠发达地区的过渡地带。作为少数民族地区的首府城市，伴随着二十世纪末我国改革开放的深入和西部大开发的进程，城市及其周边地区发生了很大的变化，土地利用景观变化尤为显著。

5.5.1 研究区概况

呼和浩特市市区位于内蒙古中西部阴山山脉中段大青山南麓的土默特平原东端，地势北高南低，东高西低，平均海拔 1050 米，平均坡度 3°—5°；属温带大陆性半干旱季风气候，年平均温度 6.2℃，年平均降水量 400 毫米左右；自然植被为典型草原；土壤主要由栗钙土、草甸土、灰褐土及其亚类组成；地下水较为丰富。早在 2000 多年前该地区就有人居住，历史上曾有

* 本文是内蒙古自然科学基金项目（20010905—02）成果之一。

多个朝代在此建立重要的边城，如辽代丰洲城、明代归化城等。解放以来，呼和浩特市成为内蒙古自治区政治、文化、经济中心，国家历史文化名城，各项事业得到发展迅速。据统计资料，2000 年末呼和浩特市建城区面积为 83 平方米公里；市辖区人口 106.28 万人，其中非农业人口 79.28 万人。

本次城市边缘研究区面积为 621.66 平方公里（不包括城区），是城市景观向乡村农田景观过渡的地区，或称城郊结合部、生态交错带，也是城市与远郊区物质与能量频繁交换的地区。土地利用方式多样，覆被变化较为迅速，研究区北部、西北部山地以牧业、林业用地为主，110 国道沿线以城市边缘工业用地为主，研究区西、东、南部以农用地为主。

5.5.2 研究方法

研究采用呼和浩特市区及近郊 1987 年与 2000 年两期大比例尺彩色航空影像图作为信息源，同时结合呼和浩特市土地利用现状图（2000 年）、呼和浩特市土地利用总体规划图（1997—2010 年）等作为补充信息。对影像图进行目视解译和用最大似然判别法确定类型，在 MAPGIS 系统支持下进行空间叠加后，获得研究区土地利用空间转移矩阵和叠加图，从而可清晰地看出近十几年呼和浩特市城市边缘区土地利用景观变化的主要特征。

本文参照国际上比较流行的 NASA 分类系统，结合我国土地现行利用分类方案，将呼和浩特市城市边缘区土地利用景观类型划分为农田、园地、林地、灌草地、建设用地、绿化用地、交通用地、水面及未利用土地 9 个类型，其中建设用地又划分出 4 个二级类，即工业仓储建筑景观、商业行政文教医药建筑景观、城乡居住地景观及特殊用地景观，未利用土地又分为湿地、裸地 2 个亚类（见表 5—80）。

5.5.3 土地利用景观变化过程分析

5.5.3.1 土地利用景观类型结构及其区域差异

从表 5—78 中可知，土地利用景观结构两期均以农田占有主导地位（59.59%，50.73%），草地、林地、建设用地等占有一定比例，其他类型所占比例较小。从两期土地利用景观类型面积比（占有率）的变化来看，呈下降趋势的有农田、草地、湿地、林地、园地、未利用地等类型，其中草地减少幅度最大（5.23%），农田仅下降了0.86%；呈增加趋势的是城市扩展中的各种建设用地、绿地、交通用地、水面等类型，其中建设用地增加幅度最大（5.99%），面积比仅次于农田、草地。也就是说近13年来，呼市城市边缘区的土地利用景观类型变化是以建设用地的增加和草地的减少为主导的。以农田景观为例，存在着明显的区域差异（见表5—81，图5—35），东侧赛罕区和新城区的城市边缘区农田在其总土地面积中仍占很大比例，而西侧回民区和玉泉区的城市边缘区农田面积比较小（25.59%、40.68%）。城市边缘区各类型的南北差异也较为显著，北侧回民区和新城区城市边缘区农田耕地结构比是降低的（10.56%、4.54%），同时建设用地、绿地、交通用地则不同程度的增加，如建设用地两区分别增加了8.19%和7.53%；而南侧玉泉区和赛罕区虽耕地有所增加，但幅度较小，建设用地增加的幅度也小于北部两区。总体变化表现为：建设用地北、西部增幅大于东、南部增幅，呈东西伸展、北部辐射、南部点式发展；农田耕地类型呈北减南增、西减东增趋势；林地呈北增南减之势等。

表5—80　呼和浩特市城市边缘区土地利用景观类型变化转换矩阵

单位：hm^2、%

2000 1987	农田	园地	林地	草地	建设用地	绿地	交通用地	水域	未利用土地	合计（占有率）	合减
A 农田 B C	29013.06 90.45 91.99	12.5 0.04 8.74	176.84 0.55 4.44	781.96 2.44 7.10	1636.33 5.10 21.96	111.54 0.35 9.26	162.63 0.51 12.73	65.86 0.21 5.19	112.18 0.34 4.71	32072.9 (51.59)	3059.84
A 园地 B C		118.7 60.17 83.04		2.06 1.04 0.02	5.73 2.90 0.08	68.15 34.55 5.66	2.62 1.33 0.21			197.26 (0.32)	78.56
A 林地 B C	215.62 4.97 0.68		3058.45 70.55 76.85	135.74 3.13 1.23	310.6 7.16 4.17	571.61 13.18 47.46	12.87 0.30 1.01	10.92 0.25 0.86	19.51 0.45 1.08	4335.32 (6.97)	1276.87
A 草地 B C	1830.22 12.36 5.80	11.74 0.08 8.21	691.78 4.85 17.38	9551.57 66.99 86.77	1269.23 8.90 17.03	115.35 0.81 5.17	62.25 0.44 4.87	271.96 1.91 21.51	454.17 11.44 23.17	14528.27 (22.94)	4706.7
A 建筑 B C				6.46 0.17 0.06	3722.71 99.55 49.96	5.07 0.13 0.42	2.47 0.06 0.19		2.81 0.17 0.11	3739.52 (6.01)	28.73

续表

1987 \ 2000	农田	园地	林地	草地	建设用地	绿地	交通用地	水域	未利用土地	合计（占有率）	合减
A	50.03			43.94	121.30	296.25	3.37				
绿地 B	9.72			8.53	0.24	0.58	0.65			514.89（0.83）	218.64
C	0.16			0.40	1.63	24.60	0.26				
A					13.0	1.08	1014.83				
交通 B					1.26	0.10	98.63			1028.91（1.74）	14.08
C					0.17	0.08	79.47				
A	6.65			40.91	36.21			729.91	54.99		
水域 B	0.76			4.71	4.17			84.03	6.33	868.67（1.40）	138.76
C	0.02			0.37	0.49			57.72	2.92		
未利 A	423.97		52.91	444.66	336.48	35.39	16.0	185.78	3655.16		
用土 B	18.43		2.51	17.97	7.15	1.32	0.55	8.1	70.96	5150.4（7.84）	1605.94
地 C	1.35		.33	4.04	4.52	2.94	1.25	14.7	85.13		
合计占有率	31539.55（50.73）	142.94（0.23）	3979.98（6.4）	11007.3（17.71）	7451.59（12.0）	1204.44（1.94）	1277.04（2.05）	1264.52（2.03）	4298.82（6.91）	62166.18（100）	
合增	2526.79	24.24	921.53	1455.73	3740.80	908.19	262.21	534.61	515.84	754.32	11128.12
变化率	-1.62	-27.54	-8.20	-22.80	+99.26	+133.9	+24.12	+45.57		-22.19	

说明：矩阵中，行表示 k 时期 i 种景观类型，列表示 $k+1$ 期 j 种景观类型；A 表示 k 期景观类型中转变为 $k+1$ 期各种景观类型的面积，即原始景观类型转移矩阵。$B_{ij}=A_{ij}\times 100/\sum_{i=1}^{m}A_{ij}$表示 k 期 i 种景观类型转变为 $k+1$ 期 j 种 $j=1$ 景观类型的比；合减与合增分别表示 k 期 i 种景观类型减少或$k+1$ 期 j 种景观类型增加的面积；合计分别表示 k 期与 $k+1$ 期各种景观类型面积及所占景观总面积结构比例；变化率 = $\left(\sum_{i=1}^{m}A_{ij}-\sum_{i=1}^{m}A_{ij}\right)/\sum_{i=1}^{m}A_{ij}$表示 $k+1$ 期各种景观类型相对于 k 期的变化程度。

表 5—81　各行政区城市边缘区土地利用景观类型的面积比结构

单位：hm^2、%

行政区	年份	农田	园地	林地	草地	建设用地	绿地	交通	水域	未利用地	总面积
新城区	1987	57.45	0	3.99	24.02	5.73	0.49	1.31	0.001	6.98	11531.85
	2000	52.91	0	4.92	20.47	13.94	2.42	2.02	0.001	5.48	
回民区	1987	36.15	1.64	12.23	33.17	3.63	1.91	1.42	1.07	10.06	8614.99
	2000	25.59	0.85	13.76	32.26	11.16	5.91	2.47	0.08	7.92	
玉泉区	1987	39.96	0.09	50.05	30.33	8.65	0.41	1.57	3.43	11.49	13016.07
	2000	40.68	0.17	4.67	21.65	14.75	0.86	3.86	5.37	10.27	

续表

行政区	年份	农田	园地	林地	草地	建设用地	绿地	交通	水域	未利用地	总面积
赛罕区	1987	59. 51	0. 21	7. 49	16. 14	5. 65	0. 82	1. 90	1. 43	6. 83	9003. 27
	2000	61. 85	0. 17	5. 58	10. 52	10. 21	1. 91	2. 16	1. 92	5. 68	

5. 5. 3. 2　土地利用景观主要类型的动态变化过程

（1）农田耕地变化特征

农田耕地空间分布由近城区向外逐渐增多，近十几年变更集中在建城区周围，高速公路、110 国道等交通干线两侧，及金川、如意开发区和石化组团等点上，即城市边缘区农田耕地呈点、线式减少。变更方向在 110 国道北侧主要以建设用地、退耕还林地为主，而其他区域则以建设用地为主。研究时段内，农田耕地共减少 3059. 84 公顷，其中变更为建设用地 1636. 33 公顷，占总减少量的 53. 48%，占 1987 年耕地面积的 5. 1%。同期新增耕地 2526. 49 公顷，其中由草地转化而来的占所增耕地的 72. 44%，主要分布在玉泉区和赛罕区南部的大小黑河两岸。增减相抵，研究时段内耕地实际减少 533. 35 公顷，变化率仅 1. 62%，变化较小（见表 5—78、图 5—34）。

（2）草地变化特征

草地以其大幅度减少为主要变化特征，期内共减少面积 4706. 7 公顷，占 1987 年该景观总面积的 33. 01%，主要变更方向为建筑用地和农田用地（见表 5—80）。

其次还有一部分变为林地、湿地及水域等；同期由于人工草地种植、退耕撂荒草地等又使草地增加 1455. 73 公顷，期内草地净减少 3205. 97 公顷。从空间分布来看，北部集中于山麓地带及金川开发区周围；南部主要集中于大、小黑河两岸（见图 5—35）。

图 5—35　武川县耕地可持续利用景观生态值空间分布（2000—2005 年）

（3）林地与绿地变化特征

城市的扩展使得城市边缘区不断向外推进，随着建设用地取代农用地而成为土地覆盖的主要类型的同时，主要用于美化生活、改善城市生态环境的另一种土地覆盖类型——绿地也不断增加。研究期内生产防护绿地、生态保护绿地及公共美化绿地面积也迅速增加（见表 5—78）。主要由城市边缘区外围原近郊的林地转化而来，这部分面积为 517. 61 公顷，占绿地增加量的 47. 46%，其次由草地、园地、耕地、未利用土地经过人工绿化所致。

虽然城市边缘区林地的变化总趋势是减少的，但同期大规模的植树造林、生态退耕还林还草工程、“蓝天绿地”工程的实施，使得林地面积净减少仅 759. 26 公顷（见表 5—78）。林地的变更方向主要以绿地、建设用地、农田和草地为主（见图 5—36）。

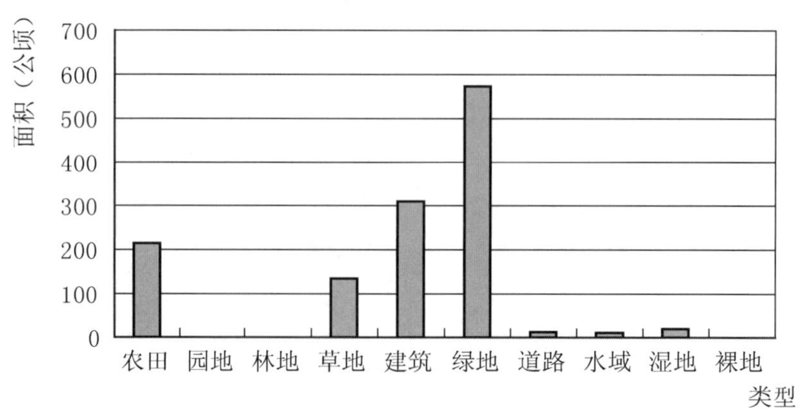

图 5—36　城市边缘区林地变化为其他类型

(4) 建设用地变化特征

城市边缘区各用地类型的动态变化中，建设地类型的变化是十分显著的。研究期内共减少 28.73 公顷，而增加量为 3740.80 公顷，净增加 3712.07 公顷（见表 5—78），从其来向上看：①主要由耕地、草地类型变化而来，二者共占总增加量的 78.27%。建设用地的空间变化则表现出明显的“三点一带”分布特征，即北郊沿呼包高速公路与第一防风林带之间建设用地迅速取代农田耕地，使得后者仅呈斑块状零星分布于各建设用地之间；西北金川开发区、东郊如意开发区、白塔机场组团、南郊的石化组团等点，总体上具有明显的西部地区特征—道路经济与开发区经济的特点（见图 5—36）。

其他土地利用景观类型亦有不同程度的变化，这里不一一述之。

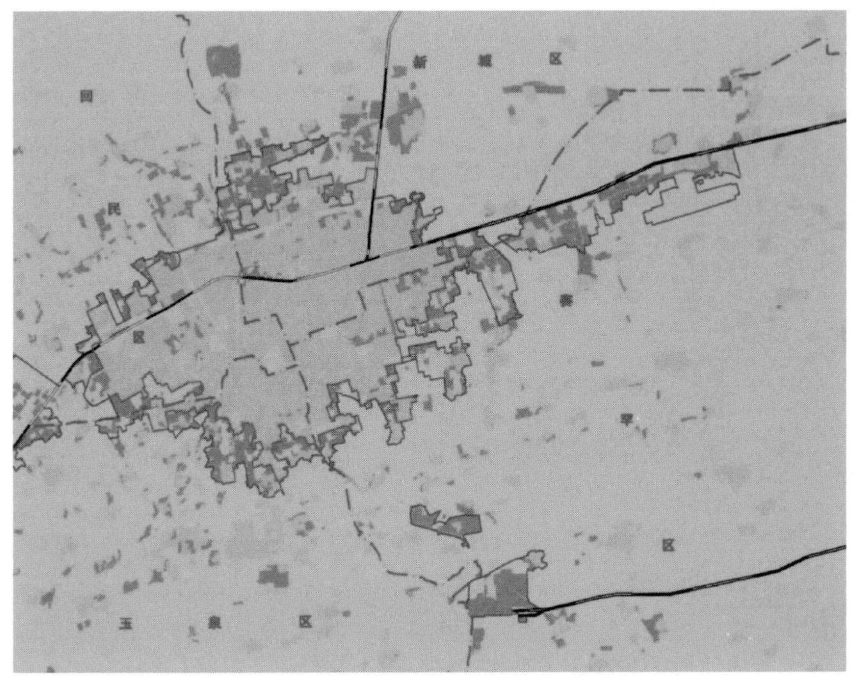

图 5—37　城市边缘区建设用地增加分布示意图

5.5.4　城市边缘区土地利用景观变化影响因素

5.5.4.1　自然因素对土地利用景观变化的影响

在研究期内，自然因素对呼和浩特城市边缘区土地利用景观变化的影响较小。仅在研究区南部大、小黑河流域由于局部地下水的变化和河流改道的变化引起草地与未利用土地（湿地部分）之间的变化（见表 5—78），如玉泉区和赛罕区范围内有草地 323.42 公顷变化为湿地、129.39 公顷变为裸地；相反还有 221.16 公顷湿地变为草地，由自然因素引起的其他土地利用类型变化较小。

5.5.4.2　社会人文因素对土地利用景观变化的影响

社会人文因素是呼和浩特市城市边缘区土地利用景观变化的主要原因。研究时段正值呼和浩特市“八五”、“九五”规划实施期间，也是国家西部大开发战略转移，进行大规模的城市建设和社会经济发展的时期，各部门各行业将目光投向城市边缘区——这一良好区位条件的区域，从而使得区域内的土地利用景观表现出极为显著的变化。分析其人文因素，以下几个方面起决定性作用。

（1）政策导向的决定作用

80 年代末期，伴随着我国经济建设经过 10 年的改革开放取得的初步成果，呼和浩特市政府将经济发展重点转移到了经济建设方面，并将外向型经济作为经济发展的战略重点和主攻方向。城市边缘区乡镇企业如异军突起般迅速发展起来，原郊区乡镇企业数由 1992 年的 11302 个发展至 1998 年的 31649 个，纯利润增加了 13.3 倍。呼市政府全面贯彻党的十四大精神，展开了大规模的经济建设，短短的 10 年间，建成东西经济技术开发区并行，北部高速公路带动、南部二环路。石化组团加强的城市和城郊经济建设，使城市规模迅速扩大，城市边缘区也向外扩展。伴随着城市建设和改造的进行，市政府 1999 年又出台了“实施生态市战略，重塑首府绿色形象，开创呼市生态建设的新局面”的一系列重大举措和连续展开了一系列生态工程建设项目，从而对城郊结合的土地利用景观产生了很大的影响。

（2）城市总体规划实施对土地利用景观的影响

呼和浩特市总体规划始于 1938 年，后来经过 1951 年、1956 年、1976 年、1997 年等四次调整与修改，使城市总体规模与方向逐步适应社会经济发展的需要。新一轮的“呼和浩特市城市总体规划”（1996—2010 年）确定了呼市城市布局的城区、市区、市城三个圈层结构系统。1999—2000 年又进行了市行政区界线的重新调整工作，取消原郊区，成立了新城、赛罕、回民、玉泉四区，并将原郊区 5 个乡政府设为建制镇，从而带动了城市边缘区社会经济的全面发展，也引起了该区域土地利用景观类型的空间的强烈变化和相互转化。

（3）开发区建设对土地利用景观的影响

近 13 年来的呼和浩特市社会经济迅速发展及城郊结合土地利用景观变化是与开发区建设密切相关的，1992 年以来，西郊金川开发区，东郊如意开发区，南郊石化组团工业区等相继建成，极大地带动了周围乡镇企业的迅速发展，使得这些点上工矿建设用地迅速取代草地、农田耕地等类型，成为土地利用景观变化最强烈的地区。

（4）人口变化对土地利用景观的影响

呼和浩特市在经历了400多年发展历史后，从1575年的城市人口反3.5万人、面积仅0.09平方公里的边塞小镇发展到今天人口达79.28万人、面积83平方公里的综合性城市。近13年来是呼市人口增加的又一次高峰，1987—2000年市区人口增加27.54%，而城市边缘区人口增加了54.66%。同期城市边缘区建设用地面积增加99.26%，其中城乡居民地建设用地增加了64.02%，可见该区域建设用地的增多直接受人口增加的影响。另外，人口增多在空间上的分布与建设用地的空间是一致的，即表现出沿交通干线的线状、各开发区的点面式及城区边缘扩散式分布。

另外，1993—1994年内蒙古第一条高速公路——呼包高速公路建成，又带动了城市建设用地迅速北扩，110国道与高速公路之间，在短短的五年建设期内用地景观取代了农田景观而成为这一地带的基质景观。

总之，作为西部半干旱区综合性城市的呼和浩特市在城市发展过程中，城市边缘区土地利用景观变化的影响因素及总体特征表现为：土地利用景观变化的驱动力是政府政策性导向和城市总体规划的要求所决定的；区域社会经济的发展和开发区建设是土地利用景观的直接原因；人口增长是土地利用景观变化的主要影响因素。土地利用景观变化呈现出点、线式空间变化；以农用地为主要利用方式的传统结构尚未被打破。

参考文献：

［1］杨瑞珍：《我国耕地资源流失原因的深层剖析与政策建议》，载《中国人口·资源与环境》2005年第3期。

［2］黄富祥，王跃思：《我国西北干旱半干旱区现实土地利用决策研究》，载《水土保持学报》2001年第6期。

［3］邵晓梅，杨勤业等：《山东省耕地变化趋势及驱动力研究》，载《地理研究》2001年第5期。

［4］李兆富，杨贵山：《苏州市近50年耕地资源变化过程与经济发展关系研究》，载《资源科学》2005年第4期。

［5］刘书楷：《国外与台湾地区土地使用管制和农地保护的经验》，载《中国土地科学》1998年第6期。

［6］陈茵茵，黄伟：《美国的农地保护及其对我国耕地保护的借鉴意义》，载《南

京农业大学学报（社会科学版）》2002 年第 2 期。

［7］佘国强：《湖南省耕地变化特点、驱动力及可持续利用研究》，载《中国农业资源与区划》2005 年第 1 期。

［8］李宪文，林培：《国内外耕地利用与保护的理论基础及其进展》，载《地理科学进展》2001 年第 2 期。

［9］王群：《城镇化进程中土地资源持续利用问题》，载《中国土地科学》2003 年第 2 期。

［10］高珮义：《中外城镇化比较研究》，南开大学出版社，2004 年。

［11］许恒周，吴冠岑：《城镇化进程中江苏省耕地资源非农化转化的实证分析》，载《广东土地科学》2007 年第 2 期。

［12］叶忱，黄贤金：《江苏省人口、耕地与经济发展关系的研究》，载《中国人口资源与环境》2000 年第 4 期。

［13］谈明洪，李秀彬，吕昌河：《20 世纪 90 年代中国大中城市建设用地扩张及其对耕地的占用》，载《中国科学 D 辑》2004 年第 12 期。

［14］张军岩，贾绍凤等：《石家庄城镇化进程中的耕地变化》，载《地理学报》2003 年第 7 期。

［15］李小燕，任志远等：《区域粮食安全与耕地总量动态平衡测算研究》，载《干旱地区农业研究》2005 年第 5 期。

［16］纪昌品，欧名豪等：《江西省经济发展与耕地资源变化关系研究》，载《江西农业学报》2009 年第 2 期。

［17］杨桂山：《长江三角洲近 50 年耕地数量变化的过程与驱动机制研究田》，载《自然资源学报》2001 年第 2 期。

［18］张正栋：《35a 以来海南岛耕地变化与人口经济发展间的相关分析》，载《中国沙漠》2005 年第 5 期。

［19］曲福田，吴丽梅：《经济增长与耕地非农化的库兹涅夫区县假说及验证》，载《资源科学》2004 年第 5 期。

［20］王万茂，张颖：《土地整理与可持续发展》，载《中国人口资源与环境》2004 年第 1 期。

［21］冯年华：《人地协调论与区域土地资源可持续利用》，载《南京农业大学学报（社会科学版）》2002 年第 2 期。

［22］梅建屏，金晓斌等：《县域经济发展对耕地影响的空间差异分析》，载《西北大学学报》2009 年第 4 期。

［23］赵荣钦，黄爱民等：《农田生态系统服务功能及其评价方法研究》，载《农业系统科学与综合研究》2003 年第 4 期

［24］章家恩，饶卫民：《农业生态系统服务与可持续利用对策探讨》，载《生态学杂志》2004 年第 4 期。

［25］赵海珍，李文华等：《拉萨河谷地区青棵农田生态系统服务的评价》，载《自然资源学报》2004 年第 5 期。

［26］杨志新，郑大玮：《文化. 北京郊区农田生态系统服务功能价值的评估研究》，载《自然资源学报》2005 年第 4 期。

［27］侯元兆，张佩昌等：《中国森林资源核算研究》，中国林业出版社，1995 年。

［28］李金昌：《生态价值论》，重庆大学出版社，1999 年。

［29］蒋延玲，周广胜：《中国主要森林生态系统公益的评估》，载《植物生态学报》1999 年第 5 期。

［30］肖寒，欧阳志云等：《森林生态系统服务功能及其生态经济价值评估初探—以海南岛尖峰岭热带森林为例》，载《应用生态学报》2000 年第 4 期。

［31］施晓清，赵景柱等：《生态系统的净化服务及其价值研究》，载《应用生态学报》200 年第 6 期。

［32］谭术魁：《农民为何撂荒》，载《中国土地科学》2001 年第 5 期。

［33］皮修平，娄炳林：《农村土地抛荒的原因分析及治理对策》，载《探索》2002 年第 1 期。

［34］杨涛，朱博文等：《对农村耕地抛荒现象的透视》，载《中国人口・资源与环境》2002 年第 2 期。

［35］张斌：《我国农村抛荒耕地问题探讨》，载《农业现代化研究》2001 年第 6 期。

［36］郑鼎玖，许大文：《农村土地抛荒问题的调查与分析》，载《农业经济问题》2000 年第 12 期。

［37］李孔俊：《土地抛荒的经济学视角》，载《广西教育学院学报》2002 年第 5 期。

［38］文华成：《四川丘区农村耕地撂荒问题研究》，载《农村经济》2003 年第 10 期。

［39］张斌，徐邓耀等：《耕地抛荒的定量化评价方法》，载《贵州农业科学》2003 年第 5 期。

［40］谭术魁：《耕地撂荒程度描述、可持续性评判指标体系及其模式》，载《中国

土地科学》2003 年第 6 期。

［41］张斌，翟有龙等：《耕地抛荒的评价指标及应用研究初探》，载《中国农业资源与区划》2003 年第 5 期。

［42］张怀献，范和平：《安徽省耕地抛荒周期性波动初探》，载《安徽农业学》2002 年第 3 期。

［43］王丽琦：《农村土地抛荒的“新土地革命”的社会分析》，载《江西农业大学学报》2002 年第 4 期。

［44］刘润秋，宋艳艳：《农地抛荒的深层次原因探析》，载《农村经济》2006 年第 1 期。

［45］邵映红：《农村耕地抛荒现象的成因以及对策分析》，载《中国供销合作经济》2003 年第 3 期。

［46］史清华：《农户经济增长与发展研究》，中国农业出版社，1999 年。

［47］邱扬，傅伯杰：《土地持续利用评价的景观生态学基础》，载《资源科学》2000 年第 6 期。

［48］陈百明：《区域土地可持续利用指标体系框架的构建与评价》，载《地理科学进展》2002 年第 3 期。

［49］彭建，王仰麟：《海岸带土地持续利用景观生态评价》，载《地理学报》2003 年第 3 期。

［50］傅伯杰：《土地可持续利用评价的指标体系与方法》，载《自然资源学报》1997 年第 2 期。

［51］曲福田主编：《可持续发展的理论与政策选择［M］》，中国经济出版社，2000 年。

［52］内蒙古自治区统计局：《2000—2008 年内蒙占统计年鉴》，中国统计出版社，2000—2008 年。

［53］吴红缨，宋超：《连续两年撂荒由发包方收回》，载《21 世纪经济报道》，2008 年 2 月 21 日。

［54］王松，田锦凡等：《修改土地法限制农民撂荒》，载《中华工商时报》，2007 年 3 月 7 日。